喜多川歌麿「咲分言葉の花　おかみさん」（大判錦絵・亨和頃）
（たばこと塩の博物館編集『浮世絵』財・専売弘済会、1984年、34頁）

「天狗煙草」ポスター（岩谷商会・明治33＝1900年頃）
（たばこと塩の博物館編集『ポスター1』財・たばこ産業弘済会、1987年、15頁）

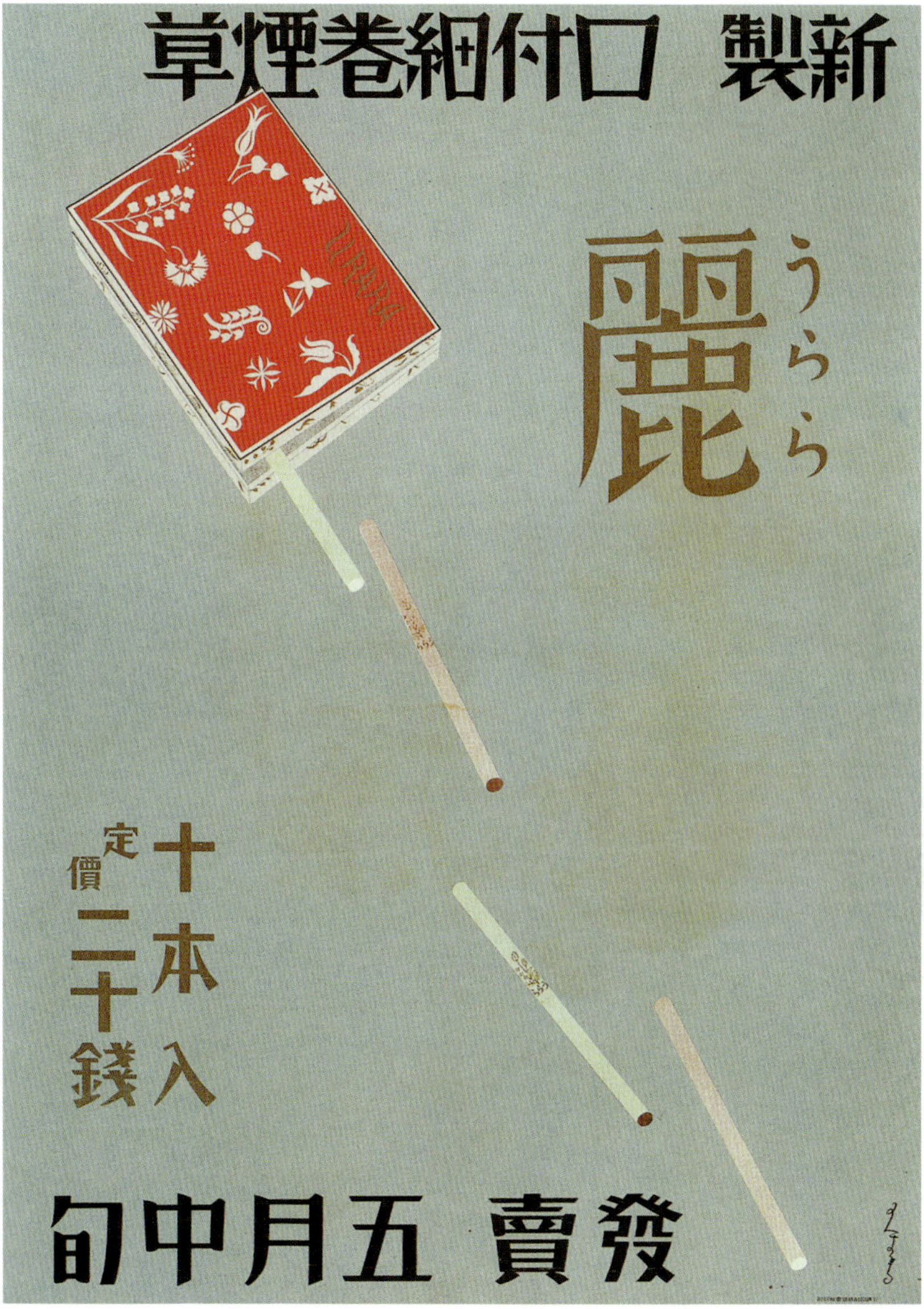

「麗（うらら）」ポスター（野村昇デザイン・大蔵省専売局・昭和7＝1932年）
（たばこと塩の博物館『ポスター①』財・たばこ産業弘済会、1987年、47頁）

「たばこは動くアクセサリー」ポスター（藤本四八撮影・日本専売公社、昭和35＝1960年）
（たばこと塩の博物館『ポスター[1]』財・たばこ産業弘済会、1987年、81頁）

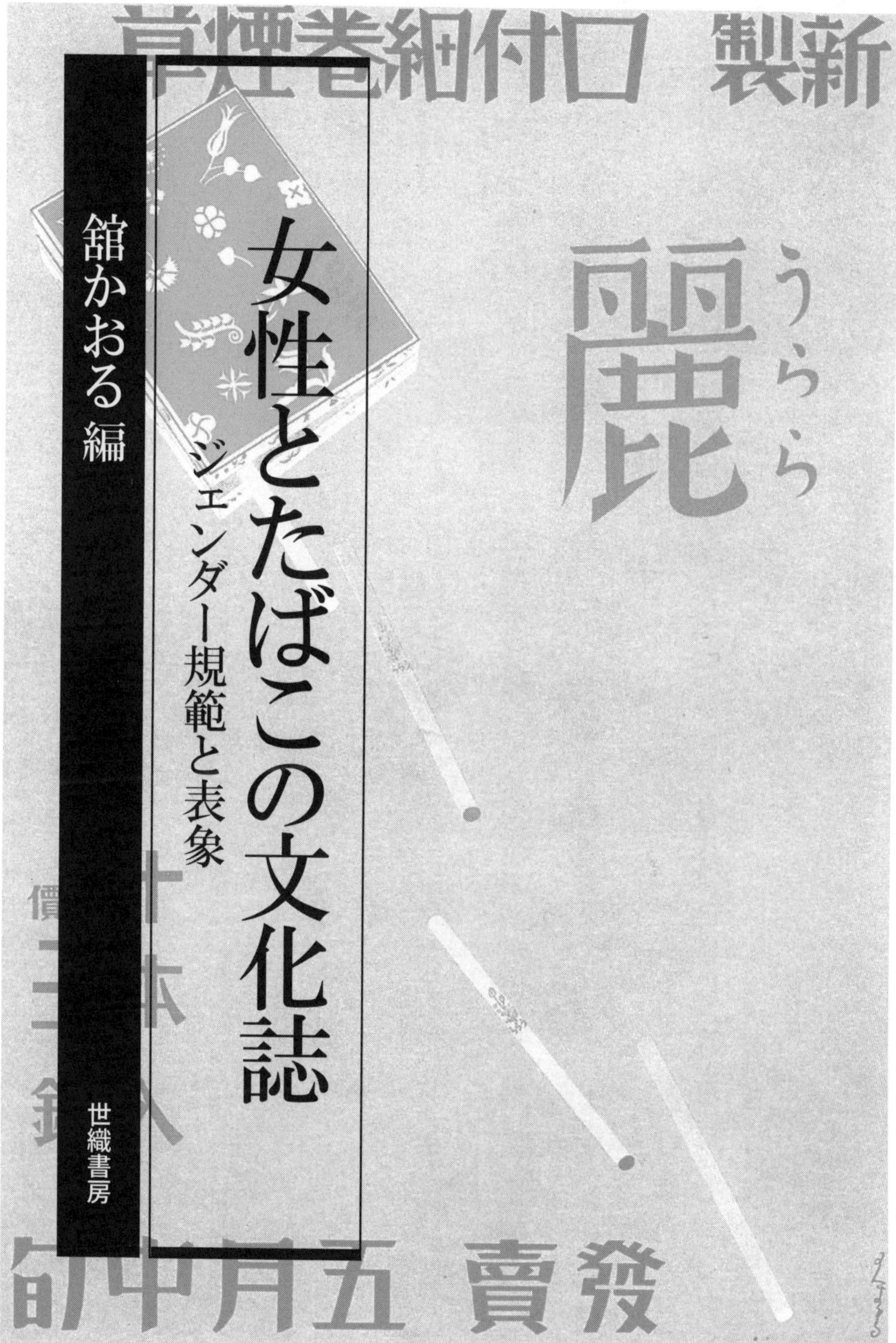

女性とたばこの文化誌

ジェンダー規範と表象

舘かおる 編

世織書房

はじめに

研究テーマとの出合いとその追究は、偶然の集積のように起こることがある。共同研究のメンバーの研究関心が相乗的に高揚していくとき、テーマは次から次と湧き出てくる。「女性とたばこ」研究は、そのような勢いで、十年近くも続いた。まず、私たちの研究の切り口は、ある新聞記事により方向づけられたことから紹介しよう。

「ミスの座　煙と消える」、「『ミス』は喫煙ダメ」——。

これは、平成三（一九九一）年四月一一日の『朝日新聞』と同四月一二日の『茨城新聞』に掲載された記事のタイトルである。

ことの真相は、茨城県土浦市で開かれた「ミス土浦コンテスト」（土浦市、土浦観光協会主催）で審査員の二次審査の採点では最高点であった女性が、ロビーで「堂々とたばこを吸っていた」ことを理由に六位に降格されたという内容であった。主催者側は、「素行も大事な審査のポイント」であることを理由にしているが、コラムニストの天野祐吉氏は、「男からみて都合のいい素行基準はナンセンス」というコメントをしている。そこには「たばこを吸

図　「ミスの座　煙と消える」

う女性」は「素行の良くない女」という認識が見える。一方、降格された女性の言い分は、「たばこを吸う、吸わないは個人の自由のはず」であり、「禁煙とされていたわけではないし、ロビーで喫っていただけであるのに」と、喫煙ルールを守っていたにもかかわらず素行が悪いとされたことに納得できない様子である。記事の中にも「たばこを吸うとミスになれないの？」の声もあがっているとあるが、ここでは喫煙ルールを守っていたかどうかが問題ではなく、ミスコンテストに応募する女性がたばこを吸うことが問題とされたのである。

　妊娠能力や胎児への悪影響という、母体となる女性の健康上の理由や男女ともに喫煙は健康によくないので禁煙すべきという理由から喫煙を規制するのではなく、「とにかく若い女性がたばこを吸うのはけしからん」という抵抗感は、一九九〇年段階ではこのように強いものであった。「女性とたばこ」をめぐっての研究の切り口を考えていたときの、この記事との出合いは、私たちの研究を方向づけることとなった。このような女性の喫煙タブー規範は、どのようにして成立し、変容しつつ今日に至っているのであろうか。

　私たちはこの研究テーマの分析に、ジェンダー（gender）という概念を導入した。ジェンダーとは、日本においても一九九〇年代以降、急速に広まった概念だが、とりあえず本書では、「性別」の社会構築性や「性別カテゴリー」間の関係性に注目して、諸現象を分析する概念として用いている。

　研究を重ねる中で二〇〇〇年頃までの「喫煙」ほど、男性か女性かという性別の違いによって社会から期待されること、規定される規範が異なることを如実に示しているものはないと言っていいほどの事例であることが明らかになってきた。

しかし女性の喫煙タブー規範が強く存在するとしても、喫煙する女性もいれば、しない女性もいる。女性の喫煙を推奨する男性もいれば糾弾する男性もいる。すべての人間が「規範」によって規定されるとは限らず、また、常に規範に規定されているわけではない。規範を受容することもあれば反発することもあり、規範とは無縁に生きることもできる。「規範」とは、決して単一に、普遍的に作用するものではない。個々人に多様に作用するものである。一方、個々人の規範意識を見ることによって、その時代の社会通念と見られていた規範ではなく、別の規範のあり様が見えてくることもある。

さらに私たちは、規範の作用形態に注目することの重要性にも気付いた。そもそも社会における規範は、人びとの判断・評価・行為などの基準となるべき道徳として原則化され、教育によって社会化され、制度として装置化されている。だが、その規範が個々人の内面に作用するか否か、またどのように作用するかという、現実の規範の作用形態を明らかにすることが、規範をテーマとする研究にとっては重要なアプローチとなるのである。

詳しくは本論にゆずるが、女性の喫煙タブー規範の成立は日本の近代化と深く関わるものであった。近代以降、女性の喫煙は基本的に強固なタブー規範により規制されるが、規範の規制力が作用する形態は実に重層的である。女性の喫煙タブー規範は、階級や年齢、職種などにより、かなりその規制力が異なる。また女性の喫煙をさほどタブー視しない場合に、規範の規制力がなくなるかというと、そうではなく、喫煙の所作や年齢、職種により女性を差異化する規範が生じている。

ところで、規範をめぐる研究方法においては、人間の意識と社会制度との連関を明らかにしなければならない。ゆえに、研究資料も図書、新聞、雑誌、小説、俳句・川柳などの文書資料ばかりではなく、版本、ポスター、雑誌広告などの図像資料、CMなどの映像資料、流行歌などの音声資料、インタビューやアンケート調査、記述調査などによって作成されたデータ資料など、実にさまざまな資料を対象にして分析にあたった。資料の一つひとつを読み進めていた私たちは、喫煙規範がいかに表象と結びついているかに直面することになり、次第に「女性とたばこ」をめぐる言説や表象がどのように存在し、それがジェンダー規範としてどのように作用し続けてきたかを近代日本を中心に、具体的かつ網羅的に記述していくことになった。本書のタイトルを『女性とたばこの文化誌――ジェンダー規範と表象』と題した所似である。

＊

思いがけなくも大部になった本書の構成を説明しておこう。

第Ⅰ部「女性の喫煙規範の成立と揺らぎ」では、女性の喫煙をタブー視する社会規範の成立の時期及びその要因を明らかにすることを試みた。またそうした規範が、実際の女性の喫煙にどのように作用しているか、江戸期、明治・大正・昭和戦前期を中心に、その諸相を映しだした。

第Ⅱ部「たばこ広告とジェンダー表象」では、近代産業の販売商品となり、担税商品となった「たばこ」の広告戦略を取り上げた。近代の広告媒体を象徴するポスター、テレビコマーシャルにおける「たばこ」広告の分析は、「女性の喫煙」と「戦争」や「男らしさ」との関係を照らしだすことになった。

第Ⅲ部「メディアにおける女性の喫煙表現」では、流行歌、映画、小説、週刊誌という、馴染みのあるメディア媒体に現われた、女性の喫煙に対する意味付与を検討してみた。

第Ⅳ部「たばこ産業の中の女性たち」では、たばこ工場の女性労働者、「たばこ屋の娘」など、たばこを生産する女性、販売する女性の存在に注目し、そのセクシュアリティ表象や労働形態の分析を試みた。

第Ⅴ部「女性の喫煙倫理とジェンダー」では、女性の喫煙タブー規範に抗して喫煙する女性主体のあり様、そうした存在への批判に基づく禁煙運動、嫌煙運動の展開などを取り上げ、「喫煙倫理」を視野にいれて考察した。

最後に、「たばこ」に関わる考察は、ジェンダー研究にとっても、その学問的深化を導き、新たな社会システムの構築を促すものであることを提起した。巻末には、本書における記述を中心に「女性とたばこ」関連年表を作成して掲載した。

＊

なお、本書の基となった論考は、一九九二年～二〇〇〇年にまとめられたものである。それ以降のたばこをめぐる状況の変化は、最小限の加筆や年表作成にとどめた。たとえば、二〇〇三年一月に「たばこ規制枠組条約」によるたばこ広告の原則禁止がＷＨＯの策定会議で採択され、二〇〇五年二月に発効した。日本の厚生省も、二〇〇〇年に策定した「健康日本21」以降、成人の喫煙率を減少させる目標を遂行している。さらに二〇〇八年七月には、たばこ自販機用の成人識別ＩＣカードタスポが全国稼動し、未成年に対する規制も厳しくなった。二〇〇〇年頃には夢想にすぎなかった無煙たばこや電子たばこも販売されるようになった。

このような時勢になぜ喫煙タブー規範を論じた「たばこ」の本などを出版するのかといぶかしく思う読者もおられると思う。しかし、「たばこ」から「ジェンダー」のあり様が見え、また二〇世紀の「近代社会」というものの原則や現象が照らしだされる。本書が試みた「女性とたばこ」のジェンダー分析によってえた知見が、私たちがこれからの二一世紀社会を形成していく際に、多くの示唆を与えることになることを期待している。

舘かおる

女性とたばこの文化誌＊目次

5 ■ 135

日清・日露戦争期におけるシガレットのジェンダー化 松浦いね

Ⅳ たばこ産業の中の女性たち

V　女性の喫煙倫理とジェンダー

18・405 占領下における女性とたばこ　堀千鶴子

19・425 現代の喫煙倫理とジェンダー　松浦いね

新聞投書の内容分析から

【凡例】

一、本書における「たばこ」の表記は数々ある。基本的には、その時代の社会、文化の中の、そのときどきの場面での表記に依っている。植物や嗜好品、商品としての場合は、煙草、タバコ、莨、tobacco 等と表記し、社会的文化的コンテキストで用いる場合や、「たばことは何か」といったような、包括的な意味あいで用いるときは、「たばこ」と記している場合が多い。

二、引用は原則として、旧漢字は新漢字に改めた。仮名遣いは執筆者の記述にそった。また文中の（　）内は引用者の補足である。

三、図の出典は巻末「図版一覧」に記している。

女性とたばこの文化誌

I 女性の喫煙規範の成立と揺らぎ

女性の喫煙規範のうち、「男性は喫煙してもよい」が、「女性は喫煙すべきではない」という社会規範を、ここでは「喫煙タブー規範」と称する。女性の喫煙タブー規範は、いつ頃、如何にして成立したのだろうか。

ここで扱う「規範」というものは、個々人の行為を縛るものとして作用したり、逆に規範破りの行為に走らせたり、あるいは、人によってはタブー規範が存在することも知らずに、行為していたりする。このような「規範」が、階級・階層、職種、年齢、民族などにより、重層的に作用する形態を見るためには、江戸から明治への移行として語ることを避け、明治期から論述を始め、喫煙タブー規範が揺らいでいく大正期、昭和戦前期に、新たな女性の喫煙規範が生じる様態を見たうえで、江戸期の絵図に描かれた、女性の喫煙規範の作用形態を見ることにしよう。

1 近代日本における女性の喫煙規範の成立

近代日本における女性の喫煙規範成立については、明治三一（一八九八）年の明治民法によって女性が非「一人前」と見なされるようになった頃から、喫煙する資格を失ったという長谷説[1]、出産と儒教道徳との関連にその規制原因をとらえた宮城説[2]、喫煙規制については、長谷説に依拠して展開される天野説[3]などがあるが、それらは、明治期の儒教道徳、及び良妻賢母主義思想と制度の成立によって説明されていることで共通している。しかも、時期は、明治三一年の「民法」親族編・相続編公布が、女性の差別的地位を法的に規定したものとして、特に女性史上、注目される時期にあたることから、明治三〇年代後半から四〇年代と考えられてきた。だが、従来の見解は、規範成立を現実化する諸要因について、やや単一的にすぎる解釈と思われる。一六世紀後半に輸入され、江戸期にわたって、全階層の女性に浸透していた女性の喫煙が規制されるようになるには、さまざまな要因が、複合的に作用したのではないだろうか。そして次第に女性喫煙をタブー視する社会的な規範として成立していったと思われる。本章では、従来の解釈を再考し、その規範の成立要因について検討していきたい。

1 「婦徳」と喫煙

明治二八（一八九五）年七月一〇日発行の第九五号『風俗画報』に「今日にありては則ち処としてこの草を植さざることなく、人としてこの草を嗜まざることなし」という記述が見られる。明治時代に入った当初、女性の煙管《きせる》による喫煙は、江戸期に引き続き、あらゆる階層の嗜好品として、ごく日常的に行われていた。その様子は、前掲の記述のほか、当時の文学作品においても窺い知ることができる。たとえば、樋口一葉の作品では、『別れ霜』の医学士を兄に持つ良家の子女花子、『十三夜』の没落士族出身で高級官僚の妻となったお関、『にごりえ』の酌婦お力など、実にさまざまな階層・キャラクターにわたって、それぞれの生活の中でさりげなく喫煙場面が描かれている。その女性の喫煙には、大正期あたりから小説において悪女の記号として使われたような特別の意味は、まだ付与されていない(4)。それだけ、女性一般に浸透している嗜好としてなじみのあるものだったのだろう。

女性にも喫煙が一般的であった重要な要因の一つとしては、作法としてのたばこの側面を見逃すことはできない。たばこは、もてなしにおいて、まず第一に客に出されるものであり、現在の接客時におけるお茶と同じような役割を果たしていたようである（図1）。煙草盆の出し方にも作法があり、明治期に数多く刊行された女性作法書(5)やそれを転載したある仏教系の女性雑誌(6)の「婦女の心得」欄には「女禮式」と題して「煙草盆進め様ならびに収め様」が、以下のように書かれている。

煙草の内の火壺をば、客の左のかたに、唾壺を右のかたにして、之を両手に持ちて出て、受くる人前にて跪づき之を置き、両手にて少しく進め、上座に廻りて起ち還るべし。収むる時は、前の如く出て跪づき、両手にて煙草盆を少しく手前に引寄せ、両手に持ちて還るべし

さらに、同誌の明治二二（一八八九）年四月三日発行の一五号には、同じく「女禮式」と題して、女性の喫煙の心得が、以下のように紹介されている。

図1　たばこの作法

煙草は上輩の前にては、吸はぬ事なり、若し事宜に依り吸ふことあらば挨拶して吸ふべし、又吸ひ殻を敲《たた》くに上輩へは勿論、同輩の前にても、直に唾壺を敲くこと失礼なり、先づ手掌にて受け敲くべし、縦ひ直に敲くことあるも、高音のせぬ様に心掛くべし

そもそもたばこは、千宗旦(7)以降、茶道にも取り入れられており、煙草盆、煙管は、待合・腰掛・薄茶などの茶事の際には必ずだされるものである(8)。そこでは、喫煙の所作(9)並びに道具類(10)が、格式ある洗練された様式としての意味を持っていた。

また、明治二五（一八九二）年一一月一〇日発行の『風俗画報』四七号に、東京花之本流生花開祖、花之本宗壽が「生花道志るべ」

図2　生け花の中のたばこ盆

と題してその作法を執筆した記事の中に、素湯、煙草盆、菓子、茶の順で、生け花の会を始める「法式」[11]が挿絵つき（図２）で紹介されており[12]、茶道にとどまらず、華道の様式においても煙管・煙草盆が組み込まれていることがわかる。明治二〇（一八八七）年に文部大臣森有礼が「良妻賢母」を女子教育の方針として以来、女学校の正課に取り入れられ、日本女性のたしなみとして奨励された、茶道・華道において煙管・煙草盆による喫煙のあり様が、作法として位置づけられていることは、まさにたばこが当時の「婦徳」という名の規範に背反するものではなかったことを意味している。

ところが、生活様式一般の西洋化をめぐって、女性喫煙の位置づけは揺れ動くことになる。というのも、当時西洋の作法では、たばこは女性の前では遠慮しなければならない男性の嗜好品と紹介されたため、風俗面で西洋化を積極的に取り入れつつ、女性喫煙だけは例外的に許容するものと、あくまで蛮習として否定するものとで異なった意見が生じたのである。

たとえば、明治二六（一八九三）年五月一三日発行の『女学雑誌』第三四四号には、鹿鳴館の貴婦人たちの喫煙室での喫煙が、いささかも非難をまじえず報じられており[13]、社交儀礼の一部としても認められていたことがわかる。その一方、同年一一月発行の『家庭雑誌』第一七号の「西洋禮式一斑」欄に「吸煙」と題して、女性の前では男性は、喫煙を遠慮するものであること、喫煙の煙は、他人の迷惑になることなどの西洋における喫煙の作法が紹介されている。とりわけ、日本女性の喫煙風景を批判的に描きながら、西洋の婦人が喫煙しない点に注目しており、「婦人の身として煙管を持つは貴女に有るまじき事ならずや」と女性の喫煙を戒めている。また、明治二七（一八九四）年五月発行の『少文林』（中村丈太郎編、文林会）という雑誌にも、「日本人は、何が故に、日本婦人の喫煙するを怪まざるか（略）婦徳に於ては、之を用ゐざるを善しとすべし。西洋人は、西洋婦人の吸煙せざるを以て美徳となす」と、明らかに日本女性の婦徳として喫煙を禁じることを主張している。日本において伝統的な作法にかなっていた女性の煙管による喫煙は、西洋作法の導入や西洋風俗の変化に伴って、評価が二分され、女性喫煙規範が変動せざるをえなくなるのである。

2　喫煙規制とジェンダー

ここで、女性に限らない一般的な社会の喫煙規制の状況を見ることにしよう。

近代における喫煙規制は、明治一九（一八八六）年の東京府における執務中の喫煙禁止(14)あたりに端を発する。続いて明治二〇（一八八七）年の千葉県郡役所の喫煙時間と喫煙室の設定、(15)明治二七（一八九四）年の小学校における生徒の喫煙を禁ずる文部大臣による訓令、明治三三（一九〇〇）年の「未成年者喫煙禁止法」、及びそれに伴って、教師の喫煙禁止申し合わせ、(16)明治三四（一九〇一）年の浅草警察署の喫煙禁止、(17)明治三六（一九〇三）年に文部省内で結成された同盟禁煙団の団員による執務中の喫煙禁止、(18)明治三七（一九〇四）年の電車での喫煙禁止、(19)同年、京橋区役所の執務中喫煙禁止、(20)明治四一（一九〇八）年の急行列車に喫煙室の設置など、(21)公的な場面で、喫煙は、次第に規制の対象となっていく。このように、公共の場での喫煙が規制されたのは、それだけ喫煙者が増えたためであり、それは、開国によって輸入され、明治五（一八七二）年頃に国産のものが製造を開始されてよりほぼ一五年間の時をへて、広く一般に見られるようになった紙巻きたばこの普及と決して無縁ではない。携帯に便利な紙巻きたばこは、当時めざましい勢いで普及していた。

ところで、この規制根拠としては、たばこが、まず第一に、「事務の渋滞」[22]、つまり効率的な仕事を阻害するものであること、第二に、日清・日露戦争に伴って「贅沢品」[23]とされたこと、第三に、「健康に害を及ぼす」[24]ものであること、のほぼ三点に集約できる。いわば、効率・質素険約・衛生といった近代日本の要請する価値基準に抵触するものとして、たばこは老若男女を問わず公的な場所において規制の対象に置かれるようになるのである。

このように、公的規制としては男性・女性の別はなかったが、実際には、規制の作用の仕方に、女性と男性では著しい違いが見られる。それは、公的規制が存在しても男性喫煙が取り立てて男性像を傷つけるようなイメージをもたらさないのに対して、女性喫煙は明らかに社会規範から逸脱した女という記号が付与されるようになってしまうためである。

たとえば、文学作品の中に次のような描写が見られる。

倉地が立つと、葉子も床を出た。そしてそのへんを片づけたり、煙草を吸ったりしている間に（葉子は船の中で煙草を吸う事を覚えてしまったのだった。）[25]

これは、明治四四（一九一一）年から、大正八（一九一九）年にかけて執筆された、有島武郎の『或る女』の一節である。葉子は夫のいるアメリカへ向かう船上で、妻子ある、船の事務長の倉地に出会い激しい恋に陥る。この葉子の喫煙は、性と倫理逸脱を喚起させる端的な小道具として使われている。

ナオミは毎朝十一時過ぎまで、起きるでもなく睡るでもなく、寝床の中でうつらうつらと、煙草を吸ったり新聞を読んだりしています。煙草はディミトリノの細巻、新聞は都新聞、それから雑誌のクラシックやヴォーグを読みます。いや読むのでなく、中の写真を、一枚々々丁寧に眺めています。[26]

これは、大正一三（一九二四）年から一四（一九二五）年にかけて発表された、谷崎潤一郎の『痴人の愛』にでてくるナオミであり、ナオミの喫煙は、不特定多数の男性との性交渉を最終的に夫に認めさせた究極の享楽生活の場面に描かれる。

この二人は、自らの性欲につき動かされた、自由奔放な生き方をする女性として描かれていることで共通している。かつて、「悪女」物の典型として読まれてきたこれらの作品において、それぞれの喫煙場面に表現される、道徳を逸脱し、性的放縦な女性としての記号は、ほぼ決定的になる。近世以来、伝統的な作法にもかなっていた女性喫煙が、なぜここまで社会的道徳を逸脱したイメージとして定着していくのだろうか。

3 衛生思想と女性

先にあげた、公的な喫煙規制の根拠の中で、とりわけ、衛生思想というのは、明治の新国家体制の確立の中で西洋医学を主体とした近代医療行政を制度化するにあたり「政府が積極的に国民一般に対して衛生知識の普及と意識をたかめるために[27]」推し進められたものである。特に、明治二〇（一八八七）年九月二〇日に設立された、女性向けの「私立大日本婦人衛生会」は、大正一五（一九二六）年一二月まで、衛生思想の啓蒙活動を積極的に展開し、その普及に大いに貢献した。

会の機関紙『婦人衛生会雑誌』には、四五号（明治二六年八月四日発行）より、頻繁にたばこに関する記事が見受けられる[28]。そのほとんどが[29]、喫煙が身体に悪影響を及ぼすという当時の医学的見地が、繰り返し紹介されたもので、身体の発達阻害に始まって[30]、肺病[31]、伝染病の媒介[32]、喘息、頭痛、消化不良、脳充血、慢性胃病、神経衰弱[33]、歯、歯茎[34]、眼病、不眠、心悸亢進《しんきこうしん》、脳病、胃病、記憶力・知力の減退[35]、眩暈《めまい》、睡気、耳の力を弱める、顔の色を悪くさせる、手足の冷え、吐き気、腹痛、脳神経、慢性鼻カタール、咽頭カタール、胃カタール、消化（栄養）障害、神経障害[36]、子孫に対する神経衰弱、消化不良の遺伝[37]など広範囲にわたる病害が指摘されている。かねてから、体に良くないとの風評はあったろうが、明治二〇年代後半より、科学的根拠という一つの権威によって、喫煙が万病のもとであるとの情報が伝えられていく。これらの記事では、老若男女にかかわらず、身体への悪影響が問題視されているが、中でも特に女性に対しては、その他のものが比較的淡々とした報告調であるのに対し、かなり強い口調で喫煙が戒められている。

今日の世の中で最も危険なる然も最も普通な習慣は煙草を喫する事でありませう。罪なき子女等で神経衰弱に苦しめられ消化器官の不良に痛みを覚ゆる原因は其母たる婦人が其《その》欲するが儘《まま》に喫煙したる度に正比例するものであります。婦人たるもの大いに戒心せねばなりません（『婦人衛生会雑誌』明治四一年三月、二二二号）。

近代における衛生思想と女性との関わりを考えてみると、まず良妻賢母主義と関わって、家庭の衛生管理を女性の重要な務めの一つとして定着させたことがあげられる。そのため、衛生知識は、特に、婦人の修養として扱われ、婦人雑誌には必ず衛生欄が設けられるようになる。さらに、当時、女性は主に健康な子を産む「母」としての役割が、社会から期待されており、特に「遺伝」に関わることは、女性にとって重要課題とされていく。ここにおいて、女性の喫煙は、良き「母」からの逸脱という意味が作られたのである。これは、先にあげた『或る女』の葉子、『痴人の愛』のナオミがいずれも子供を産まない（拒否する）女性として描かれていることと符合している。つまり近代における衛生思想の導入と普及は、女性の意識及び規範形成にとりわけ深く関わっており、女性の喫煙規制にも大きく関与したのである。

4　宗教団体による女性の喫煙の是非

1　キリスト教とたばこ

日本においてたばこは、宗教、ことにキリスト教との関わりが深い。慶長年間の「南蛮屏風」[38]に、煙管を手にしたフランシスコ会の会士たちが描かれていることからもわかるように、たばこが日本に伝来したのは、織豊時代のキリスト教伝道（カトリック）をきっかけにしている。当時、フランシスコ会では、たばこを薬として扱っていたという。[39]その後、三百年の時をへて、日本へのキリスト教布教は再度たばこと接点を持ったが、その対応はかつてのキリスト者たちとまったく異なっていた。キリスト教は日本に初めて喫煙習慣をもたらしたが、皮肉なことに禁煙を日本で最初に運動として推し進めたのもキリスト教であったのである。

キリスト教における倫理・戒律を検討する際、その原典になるものはまず聖書であるが、周知のとおり聖書には「酒」についてはふれられているが、たばこについてはまったく言及がない。さらに、カトリックとプロテスタント諸教派におけるそれぞれの会則にも、禁煙についてはどの派にも記述されていない。正教会の会則『聖規則書』[40]が禁止しているのは、姦淫と賭博と酒などであるが、メソジストの会則[41]で禁止箇条にあげられているものは、華美な衣服と離婚と酒と奴隷売買であり、組合教会[42]と日本基督教会[43]の『教会規約』には何も禁止項目がない。しかし、それぞれの諸教派が発行する機関紙にはたばこに関する記事は多く、禁煙が確かにキリスト教の倫理課題の一つであったことが見てとれる。

まず、明治のプロテスタント派の源流の一つである熊本バンド出身の小崎弘道が発行する組合教会系の雑誌『東京毎週新報』の第八号（明治一六年一〇月）には、伝道のため「飲酒吹煙等を止め」てお金をためる青年が「基督教の勢も進歩する」一例として称賛され、第九号（明治一六年一〇月一二日）には、「喫烟の弊害ハ今更之を言ふにもおよばねど近頃英京龍動《ロンドン》よりの報道を見るに益其弊害の大なるを感ずるなり」として、たばこが「健康を害し無用の散財をなす」ものであることを記している。しかし、雑誌で禁煙の啓蒙を行うというより、当時すでに禁煙の教えが信徒に定着していたことは、『基督教新聞』[44]一八一号（明治二〇年一月一二日）の「基督信者の遊戯」と題した雑録の中で「世間の人」が基督教徒を「酒も呑まず煙草も喫へず芝居ハ悪ろし寄席ハ害あり」と考えて敬遠していることに対する反論の記事からもうかがえる。

会衆派であった組合教会の禁煙主義が早くから徹底していたことを示すものとしては、明治一一（一八七八）年、同志社グループの伝道によって今治に愛隣社が結成され、その受洗の際に信徒が「信仰の道に反するものとして」[45]煙草商と酒造業を廃業したことがあげられるだろう。

教勢としてはこの組合教会につぐプロテスタント集団で、組合教会との対抗意識があった一致教会（長老派）でも、喫煙は問題視されている。横浜バンド出身の植村正久が発行する一致教会の機関紙『福音週報』一四号（明治二三年六月一三日）には「烟草の價値」と題して禁煙の根拠が三点あげられている。第一には、「歯が黒くなり、息が臭くなり、着物までがヤニ臭くなり、掃除した庭でも、ステーションの待合でも、人によると、隠居が茶人で奇麗にしてある、火鉢の中へも、唾をプップと」するなどの「行儀」の悪さ、第二には、アメリカの徴兵の際、たばこによる心臓病が原因で採用されなかったことを紹介して「健康」を害するものであること、第三には、たばこ代を一ケ月分、一年分と計算して、「これだけの金銭がありますなら」「品行のためになる雑誌や、書物」「滋養物の牛乳や玉子」「帽子や沓」も買うことができ、「鳥渡《ちょっと》の病気」くらいは心配ないと「費用」の無駄が説明されている。

また、メソジストの機関紙『護教』（山路愛山主筆）では、八一号（明治二三年一月二一日）に「煙害論」と題した博士ジョセフ・パーカー氏の「喫煙者は無神論者也、不可思議論者也、不信神家也」という見解を紹介したり、四一四号（明治三二年七月一日）の「禁煙と経済」では、ミセス・ラージが、六一年前に「教会員として喫煙するのは甚《はなは》だ宜《よろ》しからず」と教友に忠告されて禁煙を始めて以来、そのたばこ代を貯蓄し、今では一一万八千九百二四円二六銭になって教育活動や慈善事業をする余裕ができたとの手記が掲載されている。四四六号（明治三三年二月一〇日）の「禁烟物語」には、当時、すでに牧師や教会員に禁煙が徹底されている様子が描写されているが、メソジストでは、『鳥居坂教会百年史』(46)によると禁煙の教えは伝道開始の明治七（一八七四）年にすでに行われていた。

一　芝居寄席へ出入すべからず
二　酒煙草の類は無駄で有害なり必ず用ふ可からず
三　主のお祈を朝夕なすべし
四　衣類など立派にす可からず
五　己れを愛する如く他人を愛さなければならない

これら五点が「キリスト教の要点である」として、カナダメソジストのマクドナルド牧師から申しわたされていたという。

その他のプロテスタントとしては、福沢諭吉からも支援を受けた「聖書無謬、三位一体、原罪のいずれも認めない[47]」ユニテリアンでも、二〇八号からその機関紙となった『六合雑誌』二二九号（明治三三年）には、「今更衛生上煙草の青年を害することを詳論するの必要を見ず」とことわりながらも医学調査を紹介し、「直接他人に害を及ぼすの点より見れば、喫煙の害は飲酒の害に優ること遥なり」と述べられているし、自由主義神学ではあるものの、三位一体論ではユニテリアンと一線を画していたドイツ普及福音教会の宣教師シュピンナーは、その滞日日記の中でたばこに対する不快感を記述している[48]。

以上のように禁煙の教えは、明治初期の日本のプロテスタント諸教派に共通しているが、そもそも、諸教派に分裂する以前の「公会主義」時代に、すでに喫煙がキリスト教倫理に反するものとして認識がもたれていた。日本キリスト教界最初の週刊誌『七一雑報』七号（明治九年二月一八日）には、「酒や烟草もなんのその」として信仰心の気概を表明する「或人年始状の抜書」と題する記事があり、三八号（同年九月二二日）には、汽車の中で喫煙者の煙のために頭痛がするなど被害を被ったことに抗議する投書が掲載されている。さらに四五号（明治九年一一月一〇日）には、「病のこと」と題して「酒、烟草、莫爾比涅《モルヒネ》、阿片等の麻痺剤を用ゆること世の尤《もっ》とも悪き習慣」でそれらは体に悪い「毒物」であるとの認識が示されているのである。

このアメリカン・ボードが発行した『七一雑報』は超教派のキリスト教雑誌であり、日本のプロテスタント界が、その始まりにおいて、アメリカ会衆派・長老派・バプテスト派の合同伝道会社のアメリカン・ボードによって伝道が開始されたことは、禁煙に関して一つの倫理基盤を共有する一因にもなったと思われる。

ただ、『禁煙運動の歴史』[49]が説明するような、禁煙は「熱心なピューリタンの信仰に基づいて」展開してきたという説には、大きな見落としがある。禁煙は明治初期のキリスト教の中で、プロテスタント諸教派だけが主張したわけではないからである。

2 教派を超える禁煙の教え

カトリックの機関紙『公教万報』は、発行二周年目の明治一五（一八八二）年に、突然たばこに関する記事を連載し始める。それまで、禁煙に関する記事はまったくなく、プロテスタントに対しては、反感を剝きだしにしていた。「煙草考《えんそうこう》」と題された評論は、二七号（六月一日）、二八号（六月一六日）、二九号（七月一日）、三〇号（七月一六日）、三二号（八月一六日）と五回連載され、その中でたばこの歴史について、原産地、西洋と日本、中国への拡大経路、名前の由来、品質、喫煙の仕方などたばこ文化への深い造詣を駆使する中で、従来言われてきた「嗅煙草ハ眼目を明らかにし刻煙草は脈絡を運動し胸膈を寛ふし煩悶を解き」という効能を否定し、「男子一六歳より以上婦女に至りては老少を論ぜずして之を吸食すれば真気日に衰へ陰血日に涸れ暗に天年を損へる者たり」とその害を主張、それにくわえて経済的損失まで言及するなど念のいった記事となっている。さらに三六号（一〇月一六日）には、合衆国の一学士が発表した煙草の経済的損失と、体に悪い点の五〇項目中二〇項目を列挙するなど禁煙のボルテージは高まっていく。[50]

ロジェ・メールは、カトリックとプロテスタントの倫理を、両者がたえまなく変動していることを強調しながらも、カトリック倫理が「創造の時の過去を基点として物を考え」るのに対し、プロテスタントの倫理が「終末論的希望の中にその土台を求め」ることから「社会構造、立法、等のたえまない刷新をうながす」ことになると、両者の間の決定的な差異を説明しているが、[51]開国直後の日本においては、旧来の生活の刷新ということがプロテスタントのみならず、カトリックにおいても強く志向されていたようである。

また神田駿河台に明治二四（一八九一）年に当時の金額で二四万円という巨額な建築費を使って大聖堂を建築し、都会の知識階層の注目を集めていたハリストス正教会では、大司教ニコライは酒を嗜み、[52]信徒でイコン画家として有名な山下りんも酒豪であった[53]ということからも、絶対禁酒というような厳しい戒律はなかったようであるが、禁煙については戒律がないにもかかわらず、信者自ら「定められた日に精進を守らねばならないと学ぶと、実際に本気で守り、肉や魚は精進日でなくとも食べないので精進日に肉や魚を断つということができないとなると、朝食を断ったり、茶、タバコなどを断つにまで至」っていたとのニコライの報告がある。(54) 信仰のあかしとしての禁欲を自分たちの生活の中で表現可能なことに置き換える際、たばこが利用されていたのである。

3　日本基督教婦人矯風会

以上のようなキリスト教による禁煙思想のもとで、特に運動体として禁煙を強く社会に働きかける活動を行い、喫煙におけるジェンダー規範の形成にも影響を与えたのが、日本基督教婦人矯風会である。

日本基督教婦人矯風会の前身である東京婦人矯風会は、明治一九（一八八六）年六月に「World's Woman's Christian Temperance Union」（万国婦人禁酒会、または世界キリスト教婦人矯風会。以下、「WWCTU」とする）のマリー・レビットが来日し、日本各地で禁酒演説を行ったことをきっかけにして、同年一二月六日、「社會の弊風を矯め道徳を修め飲酒喫煙を禁じ以て婦人の品位を開進するを目的とす」という規約を制定し、矢嶋楫子《やじまかじこ》を会頭として、禁酒・禁煙・廃娼を運動方針に掲げ、以後精力的に活動を展開した女性団体である。

そもそもWWCTUの会則に禁煙の項目はなく、活動目標は禁酒に関してだけは共通するものの、規約会則や運動方針の作成は各国の矯風会にまかされていた。(55) 日本と同時期に設立された各国の矯風会の規約において禁煙を運動方針として明示した矯風会はなく、(56)『世界キリスト教婦人矯風会一〇〇年史』(57) の中で、禁煙運動に関して唯一記述されているのが、明治二六（一八九三）年に日本の矯風会が、禁煙した人から集めた煙管千本で鐘を作ってシカゴの博覧会に展示したことである。(58) 日本の矯風会の禁煙に対する積極的な取り組みは、他国の矯風会と比較しても際立っていた。

会の機関紙である『東京婦人矯風雑誌』一号に、「君ハ喫煙するや」と題して、アメリカの海軍学校の体格検査の記事が紹介されているが、ここでは、喫煙が体格に著しく悪い影響を及ぼすこと、さらに心臓病との関連が指摘されている。以後、矯風会はもっぱら海外の記事を紹介しながら、あらゆる病名を列挙し、喫煙による「死」を持ちだしては恐怖心をあおり、いかにたばこが健康にとって害があるかを徹底的に説いていくことになる。(59) 特に女性に関しては、同誌五一号（明治二五年八月二八日発行）に『婦人と煙草』と題して、たばこは、婦人生殖器のために有害であるとの、フランス医科大学に所属する、デ・クロアー氏の見解をのせて注意を促している。

これらを見ると、矯風会は当時の西洋医学の見解に基づいて、日本でも広まりつつあった衛生思想とも関連しあいながら、(60) その道徳の価値基準を作り上げていることがうかがえる。さらに、主に男性によって引き起こされている買売春、飲酒、喫煙といった罪深き行為を容認している社会を率先して改良していくのは、女性の務めと自負する矯風会にとって、女性喫煙は、男性喫煙にもまして、決して容認できない行為ととらえられていた。

しかし、矯風会が禁煙を廃娼、禁酒とともに運動として展開した最大の要因は、それらが女性自身のための女権獲得の必須条件として認識されていたからにほかならない。浅井柞《さく》は「矯風会之目的」(61) の中で廃娼・禁酒・禁煙の共通点を「肉欲」の統制ととらえ「肉欲に耽つて之を制するを知らざる者の多きは其社会の未だ全く進歩せざるの実証なりと云ふべし」と断言している。たばこは単に体に悪いから喫煙してはいけないというだけではなく、妻妾同居など女性の忍従を強いてきた男性の放縦な「肉欲」に通じるため、矯風されねばならない悪徳として位置づけたのである。

もともとキリスト教では生殖は認められるが快楽としての「肉欲」は否定されるため、禁欲は信仰のあかしとなるが、矯風会の女性たちにとっての「肉欲」は信仰の問題にとどまらず、女性の尊厳を守り、女権を獲得するための糾弾対象ともなった。だからこそ、当時の男性キリスト者たちの運動以上にその活動は苛烈なものとなっていったし、佐々木豊寿《とよじゅ》の主張に見られるような「男性攻撃[62]」の度合いが強いものとして展開することになったのである。

ただ、このことは「禁酒・禁煙」では同意見である男性キリスト者たちに、彼女たちの活動に対する脅威と反感を呼び起こす結果となった。内村鑑三[63]をはじめとする男性キリスト者たちは、女性が人前で演説したり、政治活動するようなことはキリスト教の「女徳」に反するものだとして矯風会の運動を否定するが、彼女たちはこれらの批判に時には迷いながらも決して引かず、ＷＷＣＴＵという国を越える女性の連帯を支えに「請願運動」という女性の政治運動体としての活動は進められていった。

近代日本の女性解放における矯風会の取り組みに対しては、家父長制家族制度と対決しなかったことを批判する奥田暁子[64]や、廃娼運動に見られた差別意識や天皇同化思想を指摘する片野真佐子、藤目ゆき[65]の批判はあるが、少なくとも彼女たちはキリスト教内のジェンダー問題にも対峙しつつ言論活動を展開していた。ただ、キリスト教倫理から出発した彼女たちが、禁煙をキリスト教の教派を越える連帯の一助として、あるいは喫煙を女権を阻む一因として把握し、衛生思想とも絡みながら女性運動の課題としたことが、その後の喫煙タブー規範を女性により強く作用させる素地を作ったといえるだろう。

東京婦人矯風会は明治一九（一八八六）年発足時には、五一名ほどの参加者であったが、十年をまたずして、その機関誌は一万部を越えるようになるほど[66]、勢力拡大が著しく、その運動は徹底していた。実際、明治三三（一九〇〇）年の未成年者喫煙禁止法の制定、公共の場での喫煙禁止、昭和七年の女性用シガレット「麗」の製造中止などは日本基督教婦人矯風会の積極的な運動によったものである。

４　浄土真宗本願寺派『婦人教会雑誌』

一方で、在来の宗教はたばこに対してどのような立場をとっていたのだろうか。

前述の『東京婦人矯風雑誌』創刊と同年の、明治二一（一八八八）年、浄土真宗本願寺派僧侶水渓智応により仏教系婦人雑誌『婦人教会雑誌』（後に『婦人雑誌』と改題）が刊行されている。この雑誌は、「婦人の要務を教へ婦人の令徳を修繕するに、仏教の主意を以てするにあり」[67]を掲げ、内容も仏教の道理による婦人の道徳の啓蒙が中心となっている。しかし、大正八（一九一九）年一二月に全三八二号をもって終刊としたこの雑誌は、女性の喫煙が、道徳的にも、衛生的にも婦徳に反する事項としてあがらないばかりか、矯風会の雑誌とは対照的に婦人の学ぶべき作法の一つととらえられている。先に紹介したように、創刊直後の明治二一年三月二四日発行の二号には、「婦女の心得」欄の「女禮式」には、煙草盆の勧め方と収め方の作法がこと細かに紹介され、明治二二（一八八九）年四月三日発行の一五号には、同じく「女禮式」に、たばこを吸うときの心得が書かれている。さらに、さまざまな記事の挿絵の中に、キセルを手にした女性が数多く描かれており、少なくとも、煙管を使った女性の喫煙は、仏道における婦徳に反する行為とはまったく考えていない事が見受けられる。

図３　教育熱心な母親と煙草盆

図３は、子どもに何か教え込んでいる図であり、子への指導の重要さを説いた文章の挿絵に使われているものであるが、煙管を脇において座っている女性は、良い母の見本として描かれているのである。

これらには、喫煙規制を掲げる新興外来のキリスト教への対抗心も手伝って、喫煙を日本の伝統的な習慣かつ、洗練された作法として位置づけようとする積極的な姿勢が感じられる。ただ、注目すべきは、これはあくまで煙管での喫煙に限ってのことであり、新風俗である紙巻きたばこに関しては、驚くほど、まったく異なった対応を見せる。明治三九（一九〇六）年一二月三日発行の二二七号には、「暗國堕落鐵道の時間表」と題した諷刺がある。午前七時三〇分に「巻煙草村」を出発駅として「味淋ゲ原」「ビール峠」「よっぱらい坂」「喧嘩ゲ濱」「なまけが淵」「貧乏森」「質貸澤」「乞食町」「盗賊池」「獄屋村」「鬼塚」「黄泉河」などをへて、ついに夜中の一二時に「地獄谷」に到着するもので、紙巻きたばこが地獄に向かう堕落の第一歩として戒められている。この他にはいっさい、挿絵等においても紙巻きたばこに関する記事は見あたらない。

ここには、酒ではビール、たばこでは紙巻きたばこに象徴される、西洋化がもたらす新風俗に対しての仏教界の強い反発が示されている。当初、キリスト教への対抗としてその喫煙規制に同調しなかった仏教界も「反西洋」という主張のもとに、女性への喫煙規制においては同じ立場をとる結果になった。いわば、伝統固守派にとって、刻みたばこから紙巻きたばこへの様式の変化は、女性の喫煙規制に決定的な影響をもたらしたのである。

5　紙巻きたばこと女性喫煙のディスクール

1　広告

では、新風俗である紙巻きたばこは、当初、女性にどのように供給されたのであろうか。明治三七（一九〇四）年官営となるまで民営であったたばこ会社は、紙巻きたばこ販売において、圧倒的な広告戦略の展開のもとに、大きなブームを引き起こし、急激な需要を作りだしていった。それらの広告の中には、売り手側が、明らかに女性を販売対象として認識していたことがわかるものがある。

図4は、明治三〇（一八九七）年頃の村井兄弟商會発行の「星印」という名前の口付紙巻きたばこ用ポスターで、着物姿の上流階級の夫人がゆったりとしたソファーに腰掛けて喫煙しており、高級、風格、西洋化といったイメー

ジをもたせる図になっている。図５は、明治三四（一九〇一）年頃の村井兄弟商會のヒーローという名の巻きたばこ用ポスターで、着物姿の女性が虎の背中に腰掛け、落ち着き払ってたばこの煙を吐いており、圧倒される図柄である。何事にも動じない、まさに、女丈夫といった様子のこの女性は、斜めに構えて無表情。紙巻きたばこの喫煙が、日常性、あるいは、貞淑な女性像を超えたものとして広告に表現されている。

また、明治三一年五月二日発行の『太陽』に掲載された江副商店による雑誌広告で、そのコピーに「ゴールデンライト及びサイクルは、香味佳良なるに比して価格低廉なる他に其類ひろく且《かつ》品質やはらかにして最も御婦人方の御嗜好にも適するんば尚一層御愛需を乞ふ」とある。本来、嗜好に男女差が存在するのか疑問だが、低価格、高品質をうたう大衆化路線を垣間見せつつ、ここでは、女性は柔らかな味を好むものと規定して、特に女性をこの商品のターゲットとしている。ただ、このコピーは、翌月の六月二日発行の同雑誌に再び掲載された後、まったく姿を消してしまう。当時広告は、同じ物が繰り返し使用されていたことを考えると、何らかの理由に

図４　上流階級婦人の喫煙図（明治30年頃の口付紙巻煙草ポスター）

図５　堂々たる婦人の喫煙（明治34年頃の紙巻煙草ポスター）

よって、販売方針の変更があったことが推測される。また、中産階級の婦人を対象に、かなりの読者数を獲得した『家庭雑誌』(68)の明治二五(一八九二)年九月一五日に発行された創刊号に、東京新橋竹川町の肥前屋舶來煙草直輸入卸問屋の輸入たばこ「カメオー」と「ピンヘッド」の広告があり、主婦層開拓の意志をうかがうことができる。

しかし、以後一度もこの雑誌には、紙巻きたばこの広告が掲載されることはない。これは、明治三一年八月一五日に一一九号をもって終刊するまで、同雑誌中の全四件のたばこ記事(69)がすべてたばこの害を説くものであることと無縁ではなかろう。

以上から、確かに、売り手は女性を販売対象としているが、その広告の展開が、早いうちから頓挫、あるいは、持続していかないところをみると、女性の紙巻きたばこ喫煙には、初めの頃からかなり強い抵抗感が存在していたことがわかる。

では、その中で女性の喫煙実態は、どのようなものだったのだろう。

2 新風俗と男性優位主義

女性の紙巻きたばこの喫煙について書かれたものに、明治二三(一八九〇)年三月一〇日発行の『風俗画報』一四号に「女は女　男は男」と題された記事がある。そこには、

女は女のやうなるこそ望ましけれ、女の男のやうなるは望ましきことにはあらぬなり、(略)男の飲む酒は女も飲むべく男の喫する巻烟草は女も喫すべし男女生打混じて割烹店の二階に五更の鶏を聞き文明開化は箇様なるものとせバうれども天晴の女子と思召すか(略)西洋はいざしらず日本にては古臭き語なれども男女有別の四字は撤去せぬ方が風俗の爲めには宜敷《よろし》からん

とあって、主旨は女性が紙巻きたばこを吸うことに対する批判であるが、逆に当時、女性の紙巻きたばこの喫煙実態があったことを知らせてくれる。そして、紙巻きたばこ導入当初、男性と同じことを女性が行うことはまかりならん、といった男性優位主義を根拠とし、それを保持するための女性と男性の区別として、女性の喫煙規制が説かれているのである。

これと、ほぼ同様の主張と考えられるものに、明治二九(一八九六)年四月二五日発行の『家庭雑誌』第七六号の「好ましからぬ流行」と題したエッセイがある。

此頃外に出でゝ何よりも先づ目につくは、女や子供の巻たばこをくゆらすことなり。これは目下大流行にて黒縮緬の紋付着たる奥様も前掛かけたる下女、小学校に通ふ子供、新聞売の小僧はいふもさらなり、乞食の子供まで巻たばこを口にし、甚だしきは母に抱かれたる幼児の口より煙の立上るを見うく、衛生上経済上の事は先づ措きて風儀上誠に見苦しく宜しからざる流行といふべし。蓼喰ふ虫もすきゞゝにて女子供に喫煙す可からずと云ふ法律もあるまじけれど、成る可くならば斯《かか》る流行はやめたきものなり。外の事は兎も角も第一生意気に見へ、子供などは、別して老少年の風ありて、直接間接の害誡に少なからず覚ゆ。

この記事も、女性の紙巻きたばこの喫煙が、明らかに存在したことを知らせてくれる。くわえて、子供の喫煙も取り上げられ、女性と子供の喫煙が一括りにされて、それらへの嫌悪感が表明されている。ここで、その非難の第一の根拠となっているのは、「生意気」という点である。

「生意気」という言葉は、明治時代、袴姿の女学生に頻繁に使われた言葉であり、岸田俊子は、明治二三(一八九〇）年一一月二九日発行の『女学雑誌』第二四一号において、「生意気論」と題して、その理不尽ともいえる非難に次のように激しく抗議した。生意気とは、知ったかぶりをすること、雷同すること、無学のものを嘲弄すること、都会の軽薄な風習に染まること等であって、女性がはっきり物を話すこと、会合に出掛けること、知識があること、女権拡張を唱えることなどに向けられる、その生意気という非難は妥当なものではない、と。岸田俊子は、正面切って、従来の女性差別に異を唱えて、価値転換を図ったが、「生意気」という言葉は、その後も相変わらず、主に、男性の権威を犯すことを諌める言葉として、女性に使用され続けた。いわば、男性の専有する領域に女性が参入することへの男性側の不快感の表われとして、この「生意気」という言葉が使用されており、「生意気」とは、男性優位主義を保持するための、女性と子供を排除する言辞であったのである。

以上のように、女性の紙巻きたばこの喫煙が、当初からそれを強く批判する言説においてしか見られないことは、男の領域とされた新風俗を女性が享受することが、いかに厳しいものであったかを知らせてくれる。文明開化によって生活習慣の転換が行われる中で、日本のものよりワンランク上と考えられる西洋のものを、男性同様、あるいは男性に先駆けて取り入れることは女性には許されなかった。そして女性性、男性性といった恣意的に差異化されたジェンダーによって、女性と男性では著しく異なる喫煙規範を形成させたのである。

したがって、近代における女性の喫煙規範は、煙管を使った刻みたばこから紙巻きたばことといった、まったく新しい喫煙方法への転換に最も強く関わっているということがいえる。近世以来、女性にも日常化し、さらに洗練された一つの作法にまで高められていた刻みたばこに対して、新風俗として登場した紙巻きたばこは、従来の喫煙の持つ意味をそのまま継承することはできず、女性に対する喫煙規範も時代の要請する新たな要因を加えて変容せざるをえなかった。まず、男性の独占するものを保持したいという男性優位主義、及び浄土真宗などにも見られた伝統固守派が、紙巻きたばことという新風俗参入を女性に阻み、一方、従来容認されていた煙管による女性喫煙も、紙巻き、煙管を問わない欧化派、衛生思想、日本基督教矯風会などのさまざまな陣営から問題視されてしまう。それにくわえて、男性以上に女性により強く作用した、質素倹約といった時代の価値基準に喫煙行動が抵触し、女性の喫煙規制は、ほぼ網の目状態に張りめぐらされていったといえる。女性の喫煙規制規範は、紙巻きたばこが普及し始めた明治二〇(一八八七)年代から、強固な規範として形成されていくのである。

6 上流階級の女性たちの喫煙空間

1 帝国婦人協会の設立と上流階級の女性の形成

しかし、明治二〇年代以降、紙巻きたばこ時代に入っても、前述した女性に対する喫煙規範とはまったく関わりなく喫煙を自由に楽しむ女性たちがいた。上流階級の女性たちである。

いったいなぜ上流の女性は喫煙のタブー規範の枠外にいられたのか。上流階級には喫煙のジェンダー規範はないのか。上流階級にとって衛生思想はどのように受け止められていたのだろうか。

女官時代より皇后の寵愛厚く、内親王御用掛や華族女学校の学監を勤めるなど、皇族をはじめとした上流女性の知的指導者の立場にあった下田歌子が主宰した、帝国婦人協会の機関紙『日本婦人』(70)を対象に上流階級の女性たちとたばこの関わりについてみて見ることにしよう。

帝国婦人協会は、下田歌子を会長として明治三一(一八九八)年に上流階級の女性を中心として発足した女性団体である。この会は、教育、文学、工芸、商業、救恤《きゅうじゅつ》の五部門を柱に特に教育部門に力を入れ、実践女学校、女子工芸学校、慈善女学校など学校設立を精力的に展開し、下層女性の教育をめざした。また、明治三二(一八九九)年一二月より、会長下田による、女性の役割に関する薫陶、教養指導、皇后をはじめとする皇族、華族女学校の近況、協会の事業報告、その他の女性団体の動向などが書かれた、機関紙『日本婦人』が発行され、会員に配布された。

会員は、皇族を総裁として、名誉会員、特別会員、通常会員の三種類から構成されている。「主旨適要」には会員として「地位資格を問はず」と明記され、通常会員は、毎月二銭以上という会費が設定されているが、実際、機関紙の中にでてくる名前から判断すると、会に関係していたのは下田の以前から関わりの深い、皇族、宮中の女官たち、華族、華族女学校関係など、華族を中心とした上流女性が中心で、中・下層に広く開かれていた団体とはいえない。また、会員の身分を華族に限定しないまでも、この会が学校設立という大規模な資金を必要とする事業団体であることから、「本会ヨリ特に推薦シタル碩徳博識ノ紳士貴女、若《も》クハ一時又ハ五年以内ニ金五百円以上ヲ醵《きょ》出《しゅつ》スル者」という名誉会員、「一時又ハ五年以内ニ金五十円以上ヲ醵出スル者」という特別会員など、会の事業に資産を提供しうる富裕な階層の女性が会員として期待されていた。

下田は当時、華族女学校の学監を勤めていた関係上、華族女学校の生徒の多くが協会に関わっていたようで、明治三六（一九〇三）年に帝国婦人協会付属学校に新たな建設費用が必要になった際、下田の教え子である華族女学校の卒業生を中心に一六〇名の貴婦人が発起人となって二千人以上を集める大園遊会を開催して純益五千円を集めており、協会における上流女性の動員力、集金力は大きかった。月一度開催していた会の「常集会」には「貴婦人令嬢」が出席し、協会が設立した女子工芸学校の生徒が作った作品を買い、下田会長の話を聞き、遊びに興じ、会食するという、上流の女性の社交の場にもなっていた。

ところで、おおよそ明治時代の上流階級は、明治維新の身分変動により、天皇を頂点として皇族・華族・官僚・財閥・大地主から形成されていた。明治二一（一八八八）年から昭和一〇（一九三五）年までの階級構成の変化を数量分析した大橋隆憲によると上流層（支配階級）の比率は、明治二一（一八八八）年の一・三％から、明治四二

（一九〇九）年の四・一％まで、明治期に急激に増加している[71]。これは、士族や平民の中で資産を手に入れたものが数字を最も押し上げているのは間違いないが、華族自体も増加していたことは見逃せない。

そもそも華族は、明治二（一八六九）年、四二七家誕生したが、五年後の明治七（一八七四）年には、四五一家となり、華族令の制定された明治一七（一八八四）年には五三〇家に増加するなど、その後も昭和二〇（一九四五）年の敗戦時の九二四家まで漸次増加していた[72]。

藤沼清輔は、「戦前の上流階級の生活といっても、旧公卿華族と大名華族、さらには官僚・軍人あがりの新華族とではその生活様式が大きく違う」ことを述べているが[73]、まったく異なった文化的背景を持った人びとが華族として順次追加され、それに加えて華族とは身分が異なったまま莫大な経済力を持つ人びとを含めた上流階級など、もとより統一された価値観や文化など存在しえなかった。そこで政府は、近代の上流形成にともなって、文化背景のそれぞれ異なった人びとを、天皇のもとに、天皇制を支え保持する支配階層として統合するために、学習院や、華族女学校などの教育機関を作ったのである。

帝国婦人協会の存在は、その試みの延長線上にあったといえよう。特に、日清戦争後における国家主義的潮流の高まりにおいて帝国婦人協会が行ったことは、下層女性の教育・慈善事業であると同時に、上流の女性に、その事業主体となることを求めた上流女性教育でもあったのである。下田は、上流女性に国家のために下層女性の教育を推進し、慈善活動を行うことこそ、自らの階級と性が拠ってたつ新たな文化的アイデンティティであることを示すことで、上流女性の統合を図ろうとしたのであった。

2 〝上流階級の女性〟の喫煙

明治三二（一八九九）年一二月に創刊された帝国婦人協会の機関紙『日本婦人』には、たばこに関する記述が広告をはじめとして、室内装飾、茶道、華道、小説、短歌、流行、衛生、演説などさまざまな欄に見られる。そこには、明治二〇（一八八七）年頃より始まった矯風会の禁煙運動や、女性の喫煙に対する批判とはまったく隔絶した喫煙の容認空間がある。

一三号（明治三三年一一月）の文藻欄に「烟草」と題して、次のような四首が掲載されている。

手にとらぬ人こそなけれつかのまに消えて跡なきたばこなれども　　伯爵　東久世通禧

かけてほす賤か軒端の煙草《けふりぐさ》雲井にまても立やのほらん　　侯爵夫人　蜂須賀随子

いつの世に誰かつみそめて煙草《けぶりぐさ》世にもてはやすものとなりけん　　大谷文子

草の名の煙のことくなりにけりくゆらしなから昔思へば　　南郷柳子

これらは、一つの題が提示され、出席者が歌を出しあう歌会で作られた歌であろう。四首すべてに、喫煙に対する否定的なニュアンスがまったく見られず、蜂須賀随子のたばこ畑の様子を歌ったもの以外、たばこへの愛着が叙情的に歌われている。

流行欄では、上流階級の女性たちが、実際どのような喫煙具を所持していたのかを窺い知ることができる。二一号（明治三四年七月）に「夏持の巻たばこ入」が「糸編の巻たばこ入は、撚りの強き錦糸にて編上げたる極軟柔なる舶来品にして、色糸にて模様を顕はしたるもあれど、生地の方却て好手多く追々流行の気味合なり」として紹介され、続けて「一閑張の巻たばこ入」が「蓋筒の表裏には光琳風の漆絵した清楚したる品なれば、糸編と同様夏季の流行を見るに至るべし」とある。上流女性は、シガレットを喫煙し、シガレットケースは、輸入ものと国産もの、いずれも使用していた。

一方で、刻みたばこの喫煙も続いていた。一二三号（同年九月）には「風避けたばこ盆」が、「二三十年廃れ居りたる古風のたばこ盆昨年頃より追々流行するやうなれり（略）拵へは紫檀の箱形なれば風避をかける面倒なく把手を支那竹になしたるなど、風雅なる烟草盆なり、火入れは古銅なれば申し分なけれども、他の安価物にて間に合はするには、織部模し、青磁模しなどが好かるべし、價はたばこ盆二円二捨五銭火入参四拾銭位なり」とある。

六九号（明治三八年七月）には「懐中煙草入の地質は鹽瀬の友禅縫箔入りにて形は花見小袖の仕立、模様は勿論元禄模様にて煙管入は共切に同様の模様価は二円位、夏持として適当なるは白鹽瀬、白絽、明石等の地質最も善く之に黒繪を施したるなど随分凝つたものなり価は大差なく一圓五十銭より二円」、七五号（明治三九年一月）には、「莨入に、吹寄せ模様絵画の好み多きよし」「煙草入の類はオリーブ色替り鹽瀬地に楓の描画、同紺地に浪に千鳥の織出し、同広東縞千鳥浮模様、同地白秋の蔦、籠の金絲の縫取、縫織オリーブ地に古代菊唐草の縫取、何れも見事なり煙管は昔に復りて姫如真、小宮形、延べの駕籠煙管など世に出でたり何れも銀製に赤銅、四ッ金作りにて花鳥などは皆象眼なり中にも延べの細き四方張と茶筅形は面白き造りなり」など、芸術品とみまごう意匠をこらしたたばこ入れ、煙管入れ、煙管などが紹介されている。

『日本婦人』の中には、華族女学校の教師による作法・礼式の教えが掲載されていたが、華道では、一一号（明治三三年九月）の「六花仙式」の「會式」の説明の中で「たばこ盆火鉢など十分注意あるべし」との記述があり、茶道では、一八号（明治三四年四月）に伯爵松浦詮が石州流の薄茶の「點法」に「火鉢手たばこ盆菓子を出す」と、

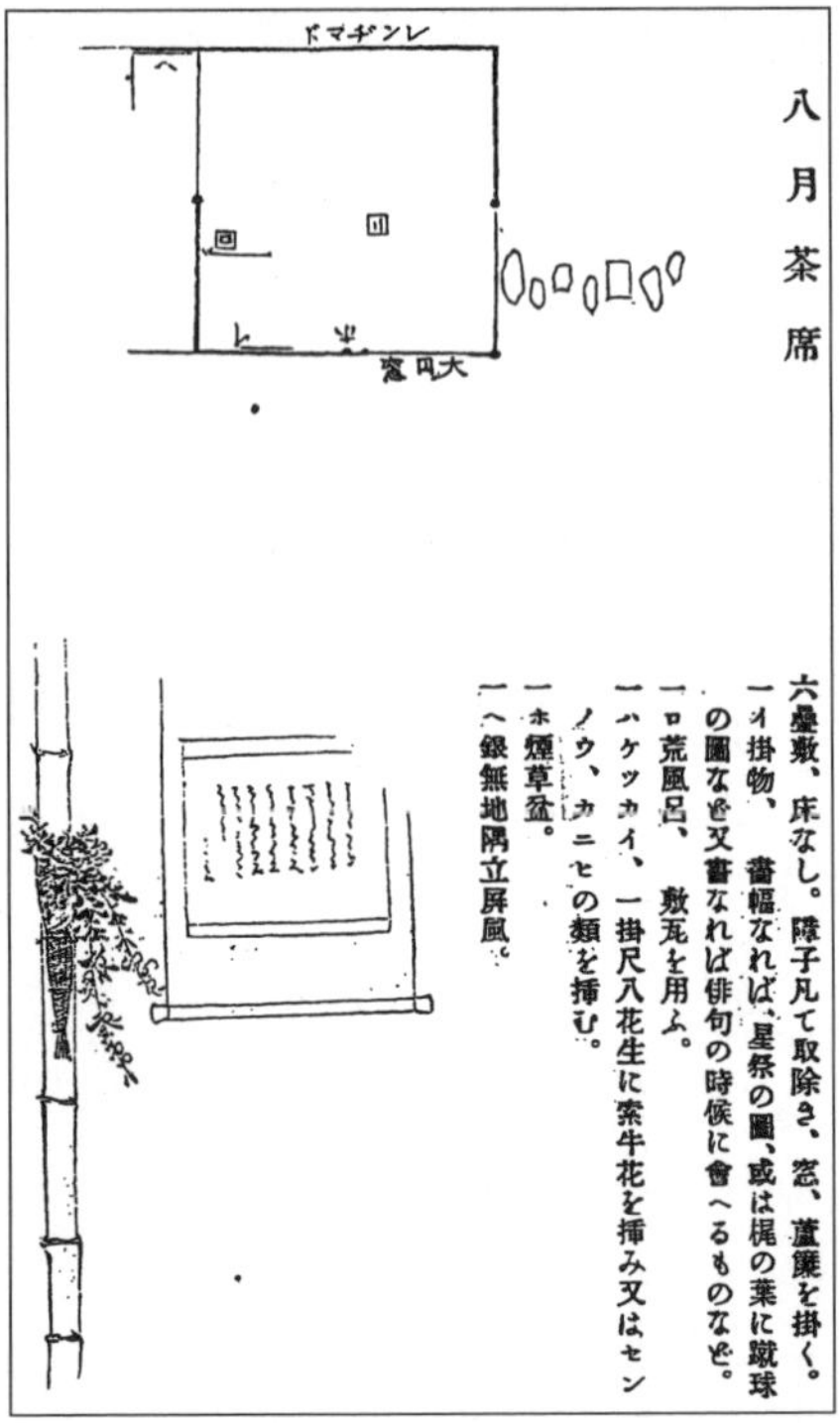

図6　近藤嘉三「八月茶席」

その手順が記されている。これらは、いずれもたばこを伝統や格式ある作法の中に位置づけるものであった。

さらに、たばこを茶道や華道といった特別のときだけでなく、日常生活においても美的な調度品として位置づけたのが「室内装飾」の欄における喫煙具の配置である。

「室内装飾」欄は、三号（明治三三年一月）より一四号（同年一二月）まで毎号、華族女学校教師近藤嘉三が、毎月の室内調度品の配置を図で示した（図6）。五月の広間では、円形卓の上に卓上喫煙具を置き、六月の広間では、部屋中央に煙草盆、六月の茶席では、床の間よりの中央に煙草盆、七月の草庵では、やや中柱寄りの中央に煙草盆、七月の広間では、記号間違いか位置は不明だが、煙草盆、煙管、煙草箱の三点をそろえるように指示されている。八月の茶席には大窓の近くに煙草盆が配置、九月の広間には、部屋中央二か所に煙草盆、九月の草庵には風炉よりの部屋中央に煙草盆が配置されている。一一月の談話室では、菊花織出のテーブルクロスをかけた中央の円卓に喫煙具を置き、一二月の広間には床の間よりに煙草盆と火鉢、一二月の茶室には、床の間よりの部屋中央に煙草盆など、月ごとに変える室内装飾にあわせ、その配置も変化させている。

ブルデューは、『ディスタンクシオン』[74]において、あらゆる文化的慣習行動がそれぞれの階級を示す指標となることを明らかにしたが、『日本婦人』に見られる上流女性の喫煙空間は、まさに「ありふれたものから自ら差異化し」、喫煙に洗練や美という社交の場での様式を持ち込むことで他の階級からの「卓越化」を際立たせている。特に、明治上流女性の卓越化の文化モデルは、それぞれ異なる出自階層の文化の構成要素であった、雅な宮中文化、贅沢な上流武家文化に加えて、社交としての上流西洋文化が取り込まれ、それらが質素倹約を美徳とする、下田の士族文化とせめぎあいながら、新たに明治上流女性文化として合成された点において特色があろう。

3　皇后の喫煙

以上のように、上流女性の洗練と美の表われとしての喫煙空間が『日本婦人』誌上において確認できるが、それらの前提として、上流女性の範たる明治天皇の皇后（後の昭憲皇太后）の喫煙が考えられる。皇后は、天皇とともに喫煙習慣があり[75]、天皇と皇后用には明治三七（一九〇四）年の専売後もそれぞれ特製たばこが製造されていた。皇后用に特別に刻みたばこが製造されており、天皇用と併せてそれらの特製品は「御料たばこ」[76]と呼ばれていた。

皇后は刻みたばこだけでなく、紙巻きたばこも喫煙していたことが皇后の作った短歌[77]「おほかたは灰となりけり巻煙草手にとりながらかたりあふまに」（明治三二年作）、「巻たばこ短くなりぬおもふどち昔のことをかたりあふまに」（明治四〇年作）などから推測される。この他にも、「けぶり草つみてくゆらすしばらくはちぢのおもひもきゆるなりけり」（明治一二年以前）、「たへがたきこの日ざかりもうとまぬはたばこくゆらす火にこそありけれ」（明治三一年作）、「窓のうちもけぶるばかりに煙草くゆらせながらながめくらしつ」（同年）などから、皇后が愛煙家だった様子がうかがわれる。生前詠んだ約二万八千首の中で一般に公開されている四千五百八首のうち、たばこに関わる歌は全部で十四首ある。その中でもたばこを詠んだ歌は八首あり、明治三〇年代に集中している。

皇后の話題が多かった『日本婦人』の中には、皇后の喫煙について実際ふれたものはないが、皇后が愛煙家であったことは皇后の側に仕えていた下田がよく承知していたはずであり、上流の女性たちにも知られていたであろう。

下田自身、どのような喫煙習慣があったのか不明だが、下田が女官時代に作った歌の中にたばこに関する歌がある。「おしなべて萌えし草葉のこと更にけぶりとなるが時めきにけり」と「一筋に立ちのぼらんとけぶり草かよふ管をもたのまざるらん」の二首で、前者の題は「煙草」、後者の題は「巻莨」である。いずれも勅題によって歌われており明治五（一八七二）年から明治一二（一八七九）年までに作られたものである。(78)

これらを見ると宮中では、皇后をはじめとして女官でも刻みたばこと紙巻きたばこのいずれも喫煙する習慣があったことが窺える。前述した『日本婦人』の中でも、上流女性は、刻みも紙巻きのいずれも喫煙していた。一般には刻みから紙巻きという喫煙形態の変化が「女が紙巻きたばこを喫煙をするのは生意気だ」という言辞を生みだし、喫煙に関するジェンダー規範形成の要因の一つになっていたが、少なくとも富裕な最上層の階級の女性にとっては、刻みより高価な紙巻きという新しい喫煙形態は何ら障害とはならなかった。

なぜなら、上流女性には刻みも紙巻きも、社交の場で洗練された美しい作法や道具類を使って喫煙することが、上流女性のたしなみとして求められていたからである。

4 たばこの害と衛生思想

ところで、女性の喫煙がさまざまに描写される『日本婦人』の喫煙空間の中で、たばこを否定的にとらえた言説がまったくないわけではない。やはりそれは衛生欄に登場する。

五号（明治三三年三月）の衛生欄において医学博士の三宅秀は次のように述べている。

其外衛生上多少の害毒を有する禁酒会摂酒会或は禁煙会など、云ふて酒や煙草を用ゐることを戒めるのも、多くは宗教の側から出たものであつて、是等の物を濫用する習慣は、當に経済上に弊害有るばかりでなく、多少身体を損なふものなれば之を防ぎ得るときは取りも直さず、衛生上の利益になるのであつて、世間に広く夫等の事を成し遂げて健康を保たうとするには、唯衛生の思想を促がすのみよりも、矢張り宗教の力を籍《(ママ)》りなければならむので有ります。又前回にも申した通りに、神仏の為に汚穢を除くと云ふことで、自ら清潔法の行はれると云ふ場合も有りまして、総て古くより仕来たりました夫等の事は、好く意して考へまするとと皆衛生上の利益になることばかりで有ります。併《しかし》ながら又一方から見まするとと宗教の為めに衛生の事の害せられて居ることもありまするからして、宗教が法律上より取締まられる場合になつたならば、善い方にばかり宗教を採用ゐて、我々の最も恐れて居る宗教上の迷信を除かなければなるまいと思ひます。

ここには喫煙が特に女性にとってよくないといった、ジェンダー規範はなく、たばこの害に関しては「多少」程度の認識が見られるばかりである。そして何よりも見逃せないのは、禁酒禁煙を標榜する宗教に対する根強い不信感が示されていることである。

帝国婦人協会は、宗教倫理の一環として禁煙を声高に主張した日本基督教婦人矯風会や、衛生思想の普及につとめた大日本衛生会とは、雑誌を寄贈しあい人的交流もあったにもかかわらず、たばこの害に関する認識には大きな隔たりがあるが、この根底には下田のキリスト教に対する抵抗感も関係していたと思われる。下田のキリスト教に対する不信感は、さかのぼれば明治二一（一八八八）年の「愛知・岐阜の旅中、基督教教育の興隆なるを憂う」三島通庸宛の書簡からもうかがえるが、明治四三（一九一〇）年に書かれた『婦人常識訓』(79)でも、「欧米の神」は、歴史上のものではないこと、国家的なものでないこと、想像上から作られた観念にすぎないことなどを指摘し、日本神道に比較して否定的にとらえられている。天皇を絶対化し、皇后を上流女性の範とする下田の国家認識に、キリスト教は受け入れがたいものだったのである。

そのような下田にとって、禁酒禁煙は、衛生問題というより、むしろキリスト教の宗教倫理としてとらえられていたのだろう。そして禁酒禁煙のスローガンへの違和感が、矯風会の動向を、廃娼運動としてほぼ毎号『日本婦人』に掲載したにもかかわらず、禁酒禁煙にはほとんど言及しないという形で表われたのだ。

ただ、下田は女性のからだと健康に関する衛生思想を軽んじていたわけではない。禁酒禁煙は衛生に関わる重大事とは考えていなかったが、「ますます能《よ》く、女子体育の実践を奨励せしむるに至り、強健なる母の多数を占むるに至らば、国民全体の強健を計る、何の難き事か是れあらん」（二〇号・明治三四年六月）として、女性の健康な体と優れた体格は女性の身体運動から根本的に作れるという信念に基づいて、九号（明治三三年七月）より華族女学校の助教、小野太郎が指導する「戸外遊戯」欄を設けて女性の体育活動を推奨した。

「戸外遊戯」欄では、ローンテニス（庭球）にはじまって、クロッケー（循環球）、柱環《めぐ》りなどの競技説明がされていくが、体育の重要性を説く医学博士高木兼寛の衛生欄とも連携しながら、協会の取り組む事業の一つとして熱心に取り組まれていく。いわば、上流女性にとっても国家の基礎となる母体の育成という点で、衛生思想は強固な規範として作用していたが、酒やたばこの禁欲や節制といったキリスト教的発想とはあえて異なるような形の衛生実践が試みられたのである。すでに華族女学校で行っていた体育教育の成果からも、下田はこの方法に確信を持っていた。喫煙は上流女性の守るべき衛生思想に反するものと位置づけられなかったのである。

7　〝上流階級の女性〟にとっての国家意識と喫煙

1　帝国婦人協会と国益至上主義

『日本婦人』には、創刊号よりたばこ関連の広告が掲載されている。一、二号の岩谷商会（図7）に始まり、三号には美術装飾品類、携帯小間物類を扱う「梅屋　沓谷瀧次郎」の広告があり、「御煙草入類」「御巻煙草入類」が商品として紹介されている。また、四号には、煙草盆用の炭として「香梅炭」という商品の広告を麹町の「稲垣辰男」がだしている。これらの喫煙具類の広告は、その後も繰り返し掲載されている。

これらの広告の中で、『日本婦人』におけるたばこの意味を考えるうえで一番注目されるのは、図7の岩谷商会の広告である。

明治三二（一八九九）年一二月発行の創刊号に掲載された岩谷商会の広告は、「愛国の婦女子に告ぐ」というコピーで、岩谷商店が「百萬圓」という多額の税を納めていること、また紙巻たばこ製造の女工が三万人、紙巻たばこ葉扱女工が一千人という数字をだして女工募集を行いつつ、たばこ製造は「国家事業」であり、いかに国家に貢献しているかが誇示されている。

愛國の婦女子に告ぐ
一天狗紙巻煙草女工三萬人
一天狗紙巻煙草葉扱女工一千人
東洋煙草大王
天狗煙草製造元
税金たった百萬圓
慈善職工五萬人
商一位國益親玉大明神
東京市銀座三丁目
岩谷商會
會主　岩谷松平　謹白
図7　明治32年『日本婦人』創刊号に掲載された岩谷商会の広告

天狗たばこで一世を風靡した岩谷商会が、当時さまざまな広告を新聞や雑誌に掲載し、村井兄弟社との宣伝合戦やナショナリズムを全面におしたてた広告で購買欲をあおったことはよく知られているが、「国家」への貢献度を納税額として表示し、それが当時説得力を持ちえたのは、日清戦争後の軍備拡張による国家財政の逼迫状態に関わっている。巨額の経費調達が必要になった政府は、明治三一（一八九八）年一月より葉たばこ専売を実施、その後、さらに明治三七（一九〇四）年よりたばこの製造専売にふみきるのは、日露戦争の戦費調達の必要性からである。つまり、たばこは国家にとって富国強兵政策を推進するうえでなくてはならない産業であり、国家財源であったのである。

図7の広告は数ある岩谷の広告のうちでは他のメディアには見られない型であり、特に帝国婦人協会という団体の特性を意識して作られた広告といえよう。『日本婦人』が毎号誌面で説くのは女性の役割についてであるが、それは常に「国家」に結びつけてその意義が説明されている。「国家の元気は異性の男子にあらずして、却りて、余輩同性の女子に在るものなり」（四号「女子と國家の元気と」）、「日本の婦人は、自分の夫を捨てゝも自分の国に尽し、自分の君に尽すのが、日本の婦人の道である日本人の規則である」（五七号「戦友の愛」明治三七年七月）。

質素倹約も、衛生も、女子体育も、女性の身の回りのものすべてが、自分個人のためでなく、夫や家族のためでもなく「国家」の利益のために果たさなければならない女性の役割として位置づけられるのである。この国家・国益至上主義に表われる帝国婦人協会のナショナリズムは、岩谷商会の「国家の為」という言説と響きあう。

下田は、日露戦争時に発行された五五号の「軍国婦人の心得」で「名と利とは是非結び附いて、所謂強兵であつて、しかも富国になるやうにしなければならぬ」「利財経済の道を深く講じねばなるまい」として、国家経済への強い関心を示している。また、六〇号には高木兼寛が、「軍国の経済に就て婦人の心得」と題して帝国婦人協会の常集会で話した演説筆記が掲載されている。その中に「沢山の金が要る、其金を、何して政府は取立てるかと云ふに、悉く税と云ふものに在る、（略）けれども、是れとても限りがある、（略）煙草税から取上げて遣はなければならない。（略）此負担を国民は辞することが出来ない、之を辞するやうなことがあれば戦争を継続することは出来ない、何あろうとも勝つまで之を続けなければならない」と富国強兵の推進を第一に考えた国家経済論を展開した。

帝国主義の国家政策に完全に同調する帝国婦人協会の国家意識そのものが、たばこを「有用なもの」として価値づける論理根拠を用意していたといえるだろう。

2　慰問袋とたばこ

明治三七（一九〇四）年に日露戦争が開始されると、たばこは『日本婦人』に、国のために戦う軍人支援のために戦地へ送る贈り物の一つとして掲示される。五八号（明治三七年八月）の「戦地への贈り物」記事は、『萬朝報』の転載ということだが「有益なる事柄」として、たばこに関しては次のような注文がされている。「煙草は日本の巻煙草は荷量《にがさ》になって携帯に不便だから西洋莨が宜しい」「刻煙草に煙管を添へて送られたならば非常に重宝であろう」。

この品目の指定は、「陸軍一等主計某」によるもので、「追送品に依って其の妻君なる人の性格や教育の程度や平生の嗜みがよく判明」し、さらに品目によって「如何に其良人に對して忠実であるかゞ察せらる」ということが前置きされたうえで、現場の兵士に「心根の行届いた」品物と感じられ、喜ばれ、勇気づける戦地への追送品とは何かを一般軍人婦人に指導、紹介したものである。

前述した岩谷商会のたばこは国産であり、国家財政に税収として貢献するということで国家主義の『日本婦人』との接点が計られていたが、今度は軍人の直接の要求から、西洋たばこが、『日本婦人』の国家主義に取り込まれていくのである。

帝国婦人協会は慰問袋を戦地に送り、それに対する感謝状を送られているが、付属学校の生徒に作らせたハンカチ以外は、身の回りのものということで具体的に内容が記述されていないので、その中にたばこが、それも刻みたばこや西洋たばこが入っていたか確認できない。ただ、六五号（明治三八年三月）には、小樽佛教婦人会がたばこを軍に寄贈したことが「地方だより」の中で紹介されており、女性が戦地にたばこを送るという行為は一般化していたと考えられる。

軍人へ配布された「恩賜のたばこ」や、軍に寄贈されるたばこの集中によって、たばこは戦中期、一般には男性のものとしてのシンボル化がされるが、『日本婦人』の流行欄での取り扱いを見るかぎり、喫煙のジェンダー規範は持ち込まれていない。むしろ、たばこと帝国主義推進の要である軍人のつながりは、下田の国家至上主義において喫煙を容認する方向にのみ作用した。

3　たばこ産業と下層女性の労働保障

しかし、帝国婦人協会にとって、たばこが何よりも社会にとって必要なものであるという確信を与えていたのは、たばこ会社がたばこ製造において女工を採用している点にあった。拙稿「小説『煙草工女』における労働とジェンダー」(本書16章)でもふれたが、明治時代のたばこ製造の担い手の大部分は下層の女性たちであった。図7の岩谷商会の『日本婦人』用広告にも、女工の数の多さがアピールされているが、一号には岩谷商会が下層女性に仕事を提供することが「我が会の主旨、即ち、下層の女子を救養せんと欲する、希望にもかなひて、悦ばしきことなり。又以て、本店の盛なるを見るべし」として帝国婦人協会としてたばこ会社の経営方針を評価する、非常に好意的な記事が掲載されている。帝国婦人協会と岩谷との親和性は、続く二号の「岩谷商会　銀座三丁目の同商会は、天狗煙草其他各種煙草の他大島紬、薩摩飛白等を販売せり。品質は請合いにして割合に廉価なりといふ」という記事にも表われている。

そもそも帝国婦人協会には、下層女性の救済事業によって上流女性の統合を計るという意図があり、たばこ産業はまさに下層の女性に仕事を提供するものとして重要なものだった。七七号(明治三九年三月)では「昨今の婦人内職」と題して、「真綿引延し、足袋、鼻緒、蝙蝠傘地縫、燐寸箱張」など一五種類ある内職のトップに「煙草捲」があげられている。七九号（同年五月）にも、「婦人の職業其新旧に就き詳細に取調べたものを見るに先つ従来のもの」の中の、「私服仕立」の次に「捲煙草」があがっている。

下層の女性の孝婦ぶりをたたえる記事にも、内職としてたばこ巻をする女性の話が掲載されていた。現状から考えれば、上流女性の喫煙は、下層の女性の職場の確保につながるものであり、喫煙を否定することは、下層の女性が今得ている収入源を断つことにもなるのである。下田は、日露戦争時に「節検」は大切なことだが、急に下女をやめるようなことをすれば、下層の女性が失職するなどそのしわ寄せが下層にいくので慎重にするようにという警告を、五五号（明治三七年五月）の「軍國婦人の心得」と六一号（明治三七年一一月）の「軍國婦人の心得に就いて」で発しており、下層の経済維持に常に関心が払われていた。

さらに、日露戦争時、出征軍人の残された妻は、たばこ労働についたものも多かった。帝国婦人協会と組織は別だが上流女性たちは、出征軍人の残された家族の生活困窮を支援するため、各地で「軍人家族授産婦人会」や「出征軍人幼児保育所」など婦人授産会を設置していく様子が『日本婦人』で紹介されている。六〇号（明治三七年一〇月）の「京橋区出征軍人幼児保育所」では、次のような取材記事が掲載されている。

己れ試みに一人の元気善き少女を捕へて「年幾ツ?」と問へば可愛らしい手を広げて「五ツ」と答へたり「名は何と云ふの?」「かをる」「阿父《おとつ》さんは何うしたの?」「兵隊さんに行つているの」「阿母《おつか》さんは何してゐるの?」「煙草屋へ行つたの」

また、七二号（明治三八年一〇月）では、「本所区軍人家族授産婦人会」で「栗塚夫人龍子上村夫人誠子諸氏が区内出征軍人家族の困窮者に生業扶助の目的を以て煙草の行商を為さしめ其の成績良好なりし事を報せし」とある。たばこ労働は、もともとの下層女性の仕事のみならず、戦争によって困窮者となった軍人妻の受け皿にもなっているという現状認識が、上流の女性に共有されていたのである。

4 上流階級の女性における喫煙規範の形成

明治二〇年代以降、中産階級において浸透した「女性が喫煙するのは好ましくない」という規範が形成されていく中で、上流の女性たちはそれに一切関わらない喫煙空間におり、喫煙におけるジェンダー規範は女性の階層によってまったく異なる作用形態をとっていた。上流の女性は、たばこを上流女性の文化の卓越化、たばこの害を重要視しない衛生思想、富国強兵政策への同調とたばこの国家財政への貢献、下層の女性の労働保障問題などがそれぞれ結びつきながら、支配階層としてのナショナリズムの視点に立つことでその有用性をとらえていた点に大きな特色がある。美子《はるこ》皇后の喫煙習慣も、上流階級女性の喫煙モデルと考えられる。皇后は当時「理想の日本女性」であり「女性道徳の体現者」(80)として表象されるなど、中産階級の女性にとっても国民化のシンボルであったが、皇后の喫煙習慣に関しては一般的に知らされておらず(81)、喫煙行動に関しては上流に限ったモデルになっていた。

しかし、上流女性における喫煙のジェンダー・バランスは、明治四〇年代以降次第に変化していく。明治四一(一九〇八)年、専売制実施後から特別に作られていた、桜の花と葉の模様がついた貴婦人用細巻きたばこは廃止され、翌明治四二(一九〇九)年、皇后は衛生と題して「身のためにならずとすれどとにかくにとりやめがたき煙ぐさかな」「かりそめのことはおもわでくらすこそ世にながらへむ薬なるらめ」とたばこの害を強調する衛生思想に対する反発を短歌に詠んだ。皇后さえ無視しえないほど、たばこを問題視する衛生思想の声が高まってきたのである。

大正天皇は愛煙家で、特製の御料たばこが製造されたが、貞明皇后には喫煙習慣がなかったのか、皇后用の御料たばこは作られることがなかった。[82]下田歌子は大正四（一九一五）年、「煙草の害は恐るべきもので、強大なるニコチンの害を不知不識受けるものである位の事は、今日の人は誰一人として知らぬものはありますまい」[83]とついに喫煙批判に転じていった。彼女が仕えた昭憲皇太后（美子皇后）の死の翌年のことである。

2 女性の喫煙についてのディスクールとジェンダー規範
――大正・昭和戦前期を中心に

本章は、明治二〇（一八八七）年代から始まり三〇年代後半には定着したと見なされている、女性に対する喫煙のタブー規範が、その後どのような展開を見せるのかを明らかにすることを目的としている。したがって、「規範」の社会通念としての浸透度を把握するとともに「規範」から逸脱するもの、「規範」の作用する外部にあるものへの着目も忘れるわけにはいかない。

女性の喫煙は第一次世界大戦後から徐々に増加し、昭和期に入ると風俗現象ともなった。(1) この現象は従来の女性に対する喫煙タブー規範にいくばくかの変容をもたらしたとされているが、その変容が何故生じたのかを見るためには、規範が規制として作用する場面、緩和される場面、新たな規範にすりかえられるときのありようを分析する必要がある。

本章では当時の社会通念とその変化を示していると思われる新聞や雑誌などにおけるディスクール（言説）を中心に取り上げ、規範の作用するところを論じてみることにする。同時に、わずかに見られる女性の喫煙に関するポスターや広告、雑誌の表紙などの資料を補足的に用いて、そのメッセージ性、イメージ化を視覚的ディスクールとして扱ってみることにした。

「たばこ」をめぐる規範は男・女というジェンダーの規範、上流階級か下層階級かという身分規範、生産者か消費者か、知的労働か肉体労働かといった労働の規範などと結合して作用する。その重層性は、「モダン」と称される大正期、昭和戦前期に至るとより鮮やかに見えてくるようである。

1　女性の喫煙規範の展開

1　定着化の過程

瀬戸内晴美の小説に、大正九（一九二〇）年頃の風俗として、「その頃の女性の喫煙者は少なく、玄人か年寄でない限り珍しいことであった」というくだりがある。(2)女性でたばこを吸うのは、水商売の人、一般の人では年寄だけというイメージは、大正中期に社会の規範として定着していたようである。このような規範意識は、大正年間に成人として過ごした人びとへの松浦らの聞き書きによる研究の成果とも対応している。(3)

松浦らの研究による、この時期の女性に対する喫煙規範の特色をまとめると、たばこを吸う女性は①水商売などの特定の職業に従事する者であり、②貞淑ではなく「翔んでいる女性」というイメージ、③男の領域に参入する生意気な女という反発があり、④中でも結婚前の娘は世間の規制力も特に厳しい、⑤既婚の場合は主婦にも喫煙を容認するケースがあり、特に年齢が高い人に対するほど喫煙タブー意識が弱い、ということになる。個々人の女性にとっては、生活圏が家庭に限られているか、喫煙にふれる機会があるか、たばこを買う現金を自分で裁量する余地があるかなどの条件によって喫煙したことを松浦は指摘している。また前章であげた私立大日本婦人衛生会や日本基督教婦人矯風会等による、健康上、衛生上の規制意識、特に女性については子産み、子育てへの甚だしい悪影響といった規制に関わる認識は、松浦らの聞き書きの中からはあまり見られない。むしろ喫煙のきっかけは、妊娠中のつわりのときに吸い始めたとか、喫煙すれば子供ができる、または毒消しになるといった言い伝えによるとの話も決して少なくない。松浦らのインフォーマントが石材商の妻、飲食店のおかみ、髪結い、カフェの経営者、主婦といった階層の人びとに限られているためであるかもしれないが、少なくともそうした女性にとっては、喫煙規範は未婚か既婚か、年齢が高いか低いかという年齢の軸、水商売か否かという職種（労働）の軸が、喫煙規制か容認かの基準となり、若い（未婚の）カタギの女性が喫煙することには強い規制力が働いていたといえる。

一方、女性の喫煙規範について、当時の新聞記事などではどういった論調が見られるであろうか。

大正八（一九一九）年六月一日の『読売新聞』には、統計的に正確ではないが、「喫煙する男子とせざる男子の割合は八と二、女子の喫煙は、せざる女子に較べて、二と八の割合であろう」と記している。(4) この割合は、先の松浦らの聞き書きのインフォーマントの発言とも対応している。(5) 同記事の内容は、「女髪結いの禁煙」についてであったが、その論旨は、〝日本の女性に喫煙の習慣を有せざる者が多いことは、誠に喜ばしい〟として、女髪結いが禁煙を断行したといっても、「世間普通の婦人の習慣に帰る」ことであり、さほど感心することでもないと述べている。ただ経済的に独立している女髪結いたちが、多年の習慣を悪いこととして矯正しようとするのは敬服に値するとして、女性の経済力と女権拡張の風潮に言及している。こうした言説は、〝女性が喫煙しないのは世間普通の習慣〟という認識がすでに定着していることを示している。

ただし、大正四（一九一五）年五月二四日の『報知新聞』では、「貴婦人界の流行」として、貴婦人の喫煙するのは、欧米ではやっている「サロメ」という巻煙草であるという記事をのせている。「貴婦人中に煙草を喫う人は近来あまり見受けないが、外国人と交際する人には見受ける」とあって、以前には貴婦人が喫煙することは、よく見受けたというニュアンスがあり、この論調は決して規制的ではない。〝貴婦人で喫煙する人はいままで多く見受けた〟という言説と、〝女子には喫煙の習慣を有せざる者が多い〟という言説を、大正四（一九一五）年と、大正八（一九一九）年の時代的変化として説明するのはあまりにも説得力がないであろう。むしろ「女子には」のカテゴリーの外に貴婦人という階層が置かれていたと考えるほうが妥当である。すでに前章で明らかにしたように、外国人と交際するような貴婦人という身分の女性たち、華族や上流階級の女性の喫煙は例外に置かれていた。

たとえば、上流士族の娘に生まれ、男爵家に嫁いだ加藤（石本）シヅエの山のような花嫁道具の中には、着物や貴金属・寝具・家具とならんで「きせる用たばこ盆」と「組シガレット用セット」が含まれていた[6]。年齢の軸、職種の軸のほかに、華族、士族、平民といった身分階層の軸が女性に対する喫煙規制の強弱に関わっているのである。

ただ喫煙の健康上の害については、社会通念として次第に浸透していったといってよい。大正一五（一九二六）年一〇月の『都新聞』に、「いやな流行は若い男女の喫煙」という記事があり、学生や婦人の喫煙の増加はここ二、三年著しいが、心臓や気管支等健康上の害が大きいので慎しむようにしたいと論じている。喫煙者の中に見られる健康上の問題が見過ごしにできないこともあったために、「たばこは体に悪い」といった考えが次第に流布していった形跡はその他の資料からも見ることができる。

もう一つ、大正年間に付加された女性に対する喫煙規範に関わる論調を確認しておく必要がある。前章にも述べられていたように、欧米を基準として日本を論じる傾向は、近代日本においては規範を形成する際の重要な要素となっている。女性の喫煙については、欧米女性の喫煙が一般的でなかったとされた明治期には、欧米の女性は喫煙しないが日本女性は喫煙する、これは日本の習慣であり容認すべきものとする論調は決して小さなものではなかった。しかし一方、それは日本の悪習であるから、喫煙をやめるべきという主張も生じている。[7]ところが第一次大戦後、のちに述べるように女性解放とモダニズムの影響から欧米女性の喫煙が増加したときには、[8]日本女性が喫煙しないことは美風であり、絶対壊してはならないという論旨の展開がでてきた。欧米の女性は喫煙するのだから日本女性も大いに喫煙せよといった主張はほとんど見られない。むしろ喫煙は西欧かぶれで不道徳であり日本の美習を破壊するものといった新たな批判原理を付加して規制をより強固にした側面が見られる。女性の喫煙のタブー化は、健康上の有害説の流布と欧米女性の言動に対する警戒心からくる道徳的規制といった要素とが関連しながら展開していく過程が察知される。

2　喫煙をめぐる女性たちの動き

大正年間は第一期フェミニズム運動期と称されるように、明治四四（一九一一）年の『青鞜』創刊を皮切りに女性運動が盛んになった時期である。大正五（一九一六）年には『婦人公論』、同六（一九一七）年には『主婦の友』が創刊されるなど、女性たちの動きや言論活動も盛んになる。こうした動きの中で喫煙をめぐって女性たちはどのような言論を示すのであろうか。残念ながら、先の雑誌などには喫煙について論じられたものは少ない。女性の喫煙をタブーとする規範を女性たち自ら内面化していたとも見られるし、法律的・制度的に規定された不平等ではないがゆえに、運動の目標にはなりにくいテーマであったと見ることもできる。

『主婦の友』は昭和六（一九三一）年には六〇万部、昭和一六（一九四一）年には一八〇万部刊行された、かなり幅広い階層の主婦に読まれていた雑誌であり、『婦人の友』が羽仁もと子主宰のキリスト教を基盤とする、都市の中・上流階級の「奥さま」向けの雑誌であったことと比較すると、その層の厚さは群を抜いていた。記事を見ても、一部エリート女性の言説とは異なる現実生活に裏付けられたものが多く見られる。その『主婦の友』において、

「たばこ」関係の記事は実に少ない。昭和二〇(一九四五)年までの『主婦の友』全号のうち、「たばこ」関連記事は一〇点に満たず、その内容は、「たばこ代を倹約していかに貯蓄をふやしたか」、「夫に禁煙を断行させるためにどんな苦労をしたか」、「子供が喫煙に興味を持たぬようどの様な教育的配慮をしているか」といった類の内容である(9)。規範上、女性が喫煙するのはよくないこととされていたため、女性は喫煙主体としては登場せず、「夫、子供の喫煙を管理する主体」であり、何よりも家計を預かる主婦としては、「倹約や貯蓄の対象としてのたばこ代」という関わり方がほとんどであったことが記事からは見てとれる。しかし、だからといって主婦が喫煙しなかったとは言い切れない。ただ、喫煙タブーの規範を批判して論じるなどといった発想を持ちにくかったことは確かであろう。『主婦の友』購読層の多くの主婦たちは、「女はたばこを吸うべきではない」という規範を受容することにさほどの抵抗感はなかったようである。

一方、喫煙が習慣化していた女性たちの中には、禁煙という方向への動きを見せるものもあった。たとえば先に紹介した「女髪結いの禁煙」(10)の記事は、新橋や麹町、浅草、小石川、下谷の一〇名の女髪結いたちが禁煙を断行すべく誓文し、禁を破れば百円の罰金に処し、そのお金は慈善事業に寄付するというものである。その経緯を記事から窺い知る限りでは、健康第一を要件とする髪結いが、酒や煙草の身体に及ぼす害という理由から発念したということである。記事には一人ひとりの喫煙や禁煙の具体的な状況も紹介されている。一人の髪結いは、六つ七つの頃から煙草が好きで吸うことを許されぬから来客の煙管掃除をして脂《ヤニ》の匂いをかいで喫煙欲を慰めていたのに「禁煙は血の涙が溢《こぼ》れる思い」と語っている。また禁煙の呼びかけには「就中《とりわけ》上流家庭に出入りする名流髪結い」は率先して禁煙すべきという点が重視されていて、上流家庭では禁煙しないとみっともないといった感覚がこの頃存在していたことがわかる。別の髪結いは、子供から「ニコチンの中毒をうけるから喫煙はやめなさい」といわれ、恥ずかしい思いをしていたのでちょうどよい機会になったと話しているとある。

そもそも女髪結いには喫煙者が多かったらしく、その理由として「たばこは鬢つけ油の毒を消す」と考えられていたという報告が前述の松浦らの調査にもある。しかしながらこの理由は、規範に抗する心理的抵抗を弱めるいわば言訳めいたものとして使われていたとも思われるし、後述するたばこの効用として信じられていたともいえる。髪結いという伝統的な女性の職業世界では、近世からの慣習が強く継承されており、その中に喫煙習慣も含まれていた。こうした職場にも、健康上よくないとわかっている喫煙をし続けるのは、人間としての見識も疑われるといった見方がでてきたのである。

ともあれ、子供からニコチン中毒になるといった注意を受けるほど、たばこの害の認識は浸透していたと見ることができる。それには前章で紹介した日本基督教婦人矯風会の禁煙活動に依拠するところが大きい。明治・大正・昭和と禁煙運動の中心は矯風会であった。矯風会の「矯風」とはまさに社会改良を進め社会悪をなくし、悪に陥らないよう人間を神の名をもとに善導することを基本方針としているため、売春と飲酒と喫煙の三つの社会悪に取り組み、精力的に活動を繰り広げた。明治三三（一九〇〇）年の「未成年者喫煙禁止法」公布の推進者は、矯風会の会員の夫、根本正代議士であった。矯風会が婦人を中心とする社会改良団体として立ったのは、社会悪を生みだしているのは男性中心の社会であり、男性が中心となってその改良に邁進しないから、女性が使命としてそれを担うとする認識に基づいていた。それゆえに、健康上の害を説き、まずは公共の場での禁煙を訴え、公共交通機関での禁煙車を実現させた。また子供たちに禁煙教育が必要であるとして、大正一一（一九二二）年に全国の二五五二七校の小学校に禁煙・禁酒のパンフレットを送付した(11)。矯風会は、廃娼運動を精力的に推進したが、一方で、こうした禁煙運動を展開していたのであり、一つの女性運動のありようを示していた。

3　平塚らいてうと喫煙

ところで、いわゆる女性解放運動の推進者である女性たちはどのような喫煙規範を有していたのであろうか。たとえば、女たちが吉原遊郭に行き五色の酒を飲んだとしてジャーナリズムを騒がせた青鞜の女たちの喫煙はどのような意味を持ったのであろうか。残念ながら『青鞜』の記事そのものには、喫煙に関するものはない。青鞜の女たちの自伝や伝記の類いにも喫煙にふれている記述は少ない。岩野清子の『愛の争闘』には清子の喫煙の描写が見られるが、意味づけはできない。青鞜の女たちの中でやはり堂々たる喫煙者は平塚らいてうである。らいてうは、喫煙の動機を自伝『元始、女性は太陽であった　上』の中で次のように語っている。[12] 明治三九（一九〇六）年、らいてう二一歳のときである。

日本女子大学校を卒業したらいてうは、英語の力をつけ原書をより早く正確に読みたいために女子英学塾の予科二年に入学するが、授業は会話、暗誦、書き取りなどに多く時間がとられ、教科書も興味をひく内容ではなく、また細かい規則でやかましくしばるのでうんざりしていた。「こんなふうで、学校に対する飽き足りなさと自分へのじれったさもあってのことか、しまいにはたぶんいたずらっ気もともなって、教室でわざと煙草を吸ったりしたものです」。授業中ではなく、授業がすんだすぐ後とか弁当の時ではあったが、「まわりは、わたくしより少なくとも三年くらいは年下の、今年高女を出てすぐ来たというような学生が多いのですから、特に当時のことではあり、みんなびっくりして、ただこちらを見ているばかり、学校としての問題にはならずにこのことはすみました」とある。

ただ喫煙を始めたのは、このときが初めてではなく、「どんなきっかけではじまったものかはっきり思い出せませんが、あるいは座禅の合間のほんのひと休みというような時に、人真似に、人から一本もらって味を覚えたのかもしれません。とにかく初めのうちは人前ではさけ、自分の部屋に入ると、勉強中に少しずつ吸っていたものです」と述べている。女子大学卒業後の禅の修行に励んでいた頃のことで、「敷島」とか「大和」とかいった当時の口付の紙巻き煙草だったという。らいてうは、女子大三年の夏から座禅を始め、卒業後はさらにはげしく打ち込み、「見性悟入」にまで達する。こうした生活の中にいたらいてうは喫煙の機会とそれを手にする小遣いとがあり、禅と勉強に励む毎日にごく自然に喫煙が習慣化していったことと思われる。八六歳で死去するまで、実に悠然と喫煙していたらいてうの姿を語る人も多く、写真にも残されている（図1）。自伝には紙巻き煙草とあるが、孫にあたる築添正生氏の記憶では、「キザミが好きで、キセルでおいしそうに吸っていました。京都で羅宇の長いキセルをみつけてプレゼントして喜ばれた」ことがあるという[13]。

図1　80歳の誕生日（1966年2月10日）の平塚らいてう

らいてうの場合、おそらく二一歳頃から喫煙を始めたものと思われるが、「男が吸うから女も吸いたい」といった動機ではなかった。もともとらいてうの発想や行動は、自分が何をしたいか確固としたものが先にあり、後からそれは女に禁止されていることだとわかると闘わざるをえなくなるという回路を通っている。女学校時代も富士山への登山を企てたが、父親に「女や子どもの行くところではない」といわれ、反発するといった具合であった。

女性の喫煙についての話の中には、女も男のまねをしたいのであろうが、それは浅はかな行為だといった論評が頻繁にでてくる。しかし、らいてうの喫煙は、「男のまね」や「男らしさに近付くため」のものではなく、自分のしたいことをやってみるといった性格のものであった。もしそれが女性に禁止されている規範ならば、進んで挑戦していったのだ。

らいてうの女性解放思想にはそれが明確に示されている。

外界の圧迫や、拘束から脱せしめ、所謂高等教育を授け、広く一般の職業に就かせ、参政権をも与へ、家庭と云ふ小天地から、親と云ひ、夫と云ふ保護者の手を離れて所謂独立の生活をさせたからとてそれが何で私共女性の自由解放であらう。成程それも真の自由解放の域に達しめるよき境遇と料金を与へるものかもしれない。併し到底方便である。手段である。……私は、むやみと男性を羨み男性を真似て彼らの歩んだ道を少しく遅れて歩まうとする女性を見るにしのびない。(14)

らいてうにとっての女性解放とは、男女というジェンダーの違いによる制度上の格差を問題にし、女も男と同等同権になることではなかった。現に存在する規範は、男が中心となって作った規範と制度であると認識して、女の視点から新たな規範を創りだすことをめざしたのである。

女の自己表現としての女性解放運動を志していたらいてうは、喫煙においても自己の自由と他者の自由を認めあう「自己表現としての喫煙」を意図していたと思われる。こうしたらいてうの喫煙の姿は、女性への喫煙タブー規範に挑戦するものであり、かつ規範自体を超えていく意味合いを持つものであった。青鞜、主婦の友、矯風会などの大正期のこれらの女性の言動のありようは、女性の喫煙タブー規範の受容と挑戦の形が一様ではなかったことを示している。

4　女性の喫煙と民俗の世界

ディスクールの世界には、農村、山村、漁村の女性たちはなかなか登場しない。世相の変化を取り上げる新聞や雑誌は、都市的な変化を追うのに忙しく、農山漁村を扱うにしても経済状況や産業の変化との関連で見ることが多く、そこに生きる人びとの「変わらない」風俗や心性まではなかなか取り上げない。農山漁村の習慣や心性を把握することを意図した学問の一つに民俗学（フォークロア）がある。特に柳田国男の民俗学は、近代化によって変わらない人びとの姿の部分を「常民」という形で提起し、人間の意識の古層と事柄の持っていた本質を照らしだしたが、そのことによってむしろ、近代化による日本の変化と都市化との隔絶が浮き彫りになったともいえる。

民俗学で「女性とたばこ」に言及した文献として広く知られているのは柳田国男の「女と煙草」である。[15] 柳田はまず、琉球の祝女が国王にたばこの葉を供えた記録を取り上げ、たばこと信仰の結びつきを指摘する。荒海をわたって一生に一度の拝揭がかなったことを神の恩寵と解して、感謝の印としてたばこを供えたと解するのである。また陸前の登米《とよま》で生まれた人の話では、たばこをのむ前に、刻みたばこを三つまみずつ入れ、火入れの新しい火に置いて供えて「口中一切の病を除かせ給え」と地蔵尊に念じてから喫煙したという。信仰上の行為として、神仏に「煙草を供える」ということが行われていることに柳田は注目する。実は柳田は青森のイタコが何よりたばこが好きで一五歳から吸っていたという話を聞いて先の琉球の話を思いだし、信仰とのつながりを指摘したのであるが、柳田のこの指摘に触発され和歌森太郎は、女が神がかり、仏の口寄せなどをするための手段としてたばこを吸うようになったのではないかとイタコの話から連想する。[16] つまり、呪術力を喚起するためのたばこという解釈である。

こうしたたばこの性格は、少し形を変えて民間信仰や俗信として村々に伝承されている。たばこの煙には邪悪を払う力があると信じられていたようだ。また口腔の殺菌力があるとし、小さな傷口にあてがったりもしたという。邪悪を払い、治療や殺菌に役立つというたばこの伝承は一七世紀の欧米にもあり、薬用、延命長寿、万病治療に効果があると信じられ、特に梅毒の特効薬とされていたらしい。[17]

日本の古譚などには、狐や狸にだまされたと思うとき、たばこを吸うとよいとか、妖怪にとりつかれたとき、たばこを吸うと金縛り状態がとけるといった言い伝えがある。[18]また蛇がたばこのやにを嫌うとか、熊野では「ブト」という虫に刺されないためにたばこを吸ったという話を、詩人で小説家の佐藤春夫が記している。[19]たばこが殺菌や防虫といった実用的な効能によって用いられていた例は、欧米や日本のみならず各地にあるようである。

再び柳田にもどるが、柳田は「ツケザシ」、つまり、吸付けたばこという行為についても指摘している。吸付けたばことというのは、単に火をつけてやるとか、たばこを貸すとかいうためだけではなく、自分もゆっくり吸ってからそのあとを相手に渡すのである。ツケザシの「吸付け煙草」は、古来のモヤイ、すなわち共同飲食（同一の物を同時に食い、新生命力・呪力、魂をともどもに体内に宿す）の心理と関係があるというのである。もともとツケザシは、本来、酒宴の一つの作法であり、最初は同じ器から分ち飲むことで男女の情を交わす方式だったものが受け継がれて、たばこに及んだ。日本の近世では遊郭で客と遊女の間の吸付けたばこが見られる。吸口が二つに分かれている「夫婦きせる」などという煙管も作られている。また休憩時に皆がたばこを吸う場合は、主人、長者と同席では先に吸わないとか、吸い付けるたばこの作法が発達したという。

ところで、「休憩する」ことを「一服する」と表現する語法は現在でも使われている。もちろん「一服」とは「煙草の一服」だが、休憩を「タバコ」という地域は日本の各地で見られる（表1）。もともと午前一〇時、午後三時の休みに食事をしないでたばこを吸ったのが始まりといわれているが、昔はお茶を飲むよりたばこを吸うことの方が多く行われていたらしい。[20]「たばこする」の方は、現在ごく一部の地域にしか残っていないようだが、「一服」ということばは都会のオフィスでも使われている。そういえば「三返回《さんべんまわ》って煙草《たばこ》にしょ」という言葉はもはや現在では知る人も少ないだろう。軍隊の見回りから起こったという話もあるが、もともとは「夜回りを三度してから休憩する」の意だという。転じて「物事を念入りに行なった上で休憩しましょう。休むことはひとまず後にして仕事に手落ちがないように十分気を付けよということ」であり、[21]出典は、近世の人情本『花筐《はながたみ》』五であるという。近世

表１　「休憩」を意味する「たばこ」という言葉

方　言	意　味	分　　　布	出　典
た　ば　こ	休憩	秋田県雄勝郡、富山、岩手、宮城、広島、岡山、但馬	全国方言辞典
〃	〃	宮城、富山、但馬、岡山、広島	佐渡方言辞典
〃	〃	和歌山県熊野海岸	熊野田植歌
〃	休憩すること	広島、岡山、秋田	長浜庫吉調査 日本の民俗・秋田編
〃	休憩（田植時に用いる）	秋田、広島	日本の民俗・秋田編、広島編
〃	休憩、おやつ	富山市近在	長浜庫吉調査
〃	休憩、一服（ちょっと休むこと）	岡部	岡部の方言と風物
〃	休憩、中間職	宮城県本吉郡大島	沿海手帖（柳田国男）
〃	中休み休憩	山形県東置賜（大川）、西置賜（白鷹）、長井、中津川、南置賜（南原）、西村山（谷地）、南村山（柏倉門伝）、東村山（千布）、寒河江、最上、楯山、東田川（大泉）	山形県方言辞典
た　ぼ　こ	休憩、おやつ	富山市近在	長浜庫吉調査
〃	休憩する	岡山県	〃
た　ば　ご	中休み	秋田地方、岩手県和賀郡沢内村	〃
〃	休憩、中休み	米沢	米沢方言辞典
（たばごにしてください）			
た　ば　ご（コビル）	休憩、軽い食事	秋田	日本の民俗・秋田編
た ん ば こ	休憩	秋田県	長浜庫吉調査
た　わ　こ	休憩、おやつ	富山市近在	長浜庫吉調査
た ば こ た ぼ こ た わ こ	おやつ	富山県、東北、九州	〃
たばこやすみ	中休み	岩手県紫波郡飯岡村	〃
〃	休憩、中休み 朝10時頃の休み	米沢 山形	米沢方言辞典 日本の民俗・山形編
〃	休憩、朝10時	山形県東置賜（上郷）、西置賜（長井周辺）	山形県方言辞典
（コビル）	昼3時	南置賜（南原）、東村山（楯山）、西村山（寒河江）、庄内	日本の民俗・山形編
たばこがり	仕事の中休み	肥後南の関町	長浜庫吉調査
たばこあがり	たばこを吸うこと	筑前朝倉郡三輪村	〃
たばこにする	休むこと	富山	〃
〃	休憩にする	出雲斐伊川流域	〃
〃	仕事を休む	佐渡通中筋	〃
たばこばし	休憩のこと	熊本県球磨郡	綜合日本民俗語（二）
たばこどき	午前10時頃	佐渡	佐渡方言辞典
たばこすき（たばこあがり）	午前11時頃	〃	〃

出典：大渓元千代『たばこの方言』（前篇）1980年（TASC Montly, Vol.6, No.60）より。

の夜回りから起こり、軍隊でも同じ意味で使われたのかもしれない。

民俗の世界の伝承の中にたばこを追ってみても、そこには、女性のみが喫煙から排除されるような様子や、女性の喫煙をタブーとする規範は浮かび上がってこない。近世から明治の三〇年代まで、農山漁村での女性の喫煙風景は日常的であった。先述した佐藤春夫も、紀州の椿の葉で巻いた椿煙草を「女でも盛んに吸った」と述べ、昭和一〇（一九三五）年の執筆時から少なくとも「四、五十年前までは男女ともに当今の人より多く用ひた」と書いている。昭和一〇年当時も女性の喫煙はあるのだが、四〇、五〇年前まではもっと喫煙していたと回想している(22)。佐藤はまた専売法が施行されて自生煙草を用いることができなくなったことに言及しているが、それにより農村の女性喫煙者が減ったことも推察される。これは、タブー規範のためではなく、お金をだしてたばこを買うことになったためともいえる。

限られた資料ではあるが、次に紹介する例からも、農村で女性の喫煙をタブー視して規制する力はそれ程強くなかったことが推察される。たとえば、山梨の石和の村長、稲村半四郎が母を思い出して綴ったドキュメント『ある農婦の一生――明治・大正・昭和に生きる――』によれば、父母は酒は飲まなかったが煙草は吸ったという。村ではたばこを吸う人を「タバコのみ」といったが、母は「人並み以上のタバコのみ」であり、刻みたばこのうちで一番安価な「なでしこ」の四〇匁玉を三つ買っていて巻き煙草は吸わなかったという。「うちで吸う時は、長いらお（細い竹の筒）のついたきせるであったが、仕事の時は自分で縫った縞の布のタバコ入れに刻みタバコを入れ、短いらおのきせるをいっしょに帯の間にはさんで持っていて、休むたびごとに吸った」という。そのしぐさについても稲村は細かく描写しており、農村の女性の喫煙の姿が彷彿としてくる。

たとえば三、四人でいっしょに田植えや田の草取りをする場合、自分の受持分をすばやくやり終わって腰をそらし、田の中に立ったまま帯の間からタバコとマッチときせるを取り出してタバコをきせるにつめて火をつける。スーッと一服吸って青い煙りを吐き出す。タバコのほく（吸いがら）に火が残っているのを左手でころがしながら右手でタバコをきせるにつめて、ほくの火でもう一服つける。その頃、ほかの人たちはやっと自分の分をやり終える。つまりおなじ時間におなじ仕事量とタバコ一服をやる、というふうだった。[23]

仕事のとき以外でも、いわゆる寝タバコも吸っていたという。病気になってからは体にさわるためタバコをやめようと思ったが、結局はやめられなかったらしい。かわりに稲村の父が妻の病を思いはかってタバコをやめたが、母の棺に最後のふたをするとき父は「『こんどはおれもタバコを吸うから、おまんも病気を気にしなんでゆっくり歩いて行けや』と母の外出用のタバコ入れへ『ききょう』をいっぱい詰めて、きせるやマッチといっしょに帯へはさんでやったとのことであった」。常喫していた「なでしこ」ではなく、上等な刻みたばこである「ききょう」を入れてやった父の母への情愛を稲村はしみじみと記している。

また昭和六、七（一九三一、一九三二）年頃の、熊本県の須恵村に調査に行った米国の文化人類学者による『須恵村の女たち』には次のように記されている。

女たちのほとんどが酒を飲み、幾人かは酒が出されるとどんな機会でも大酒を飲んだ。（飲物は焼酎で、この地方で作られ、売られていた）女たちはまた、煙草や、その小さな火皿の故に、ときどき冗談に「ひとふかし」といわれた日本式パイプ（きせる）を吸った。喫煙は女たちのあいだで、広くいきわたった習慣になっている。松本さんは私に、次のように語った。医者に「頭の病気」によくないから喫煙をやめるようにいわれたとき、彼女は止めようとしてつらい日々を過ごしたが、結局やめられなかった。だから、彼女はいまでも吸っているが、少しだけである。煙草を吸う人のする空咳《せき》には、味噌汁か塩のうがい水がよい、と彼女はすすめている。江田しずは、最初の妊娠までまったく煙草を吸わなかったといっていた。彼女は、つわりの終わりの時期に吸い始め、いまではきせるなしにはいられないといっていた。先日、免田の夜店にいく途中でも、彼女はきせるを持って来るのを忘れ、とても吸いたくなったので、煙草を一本もらいたいと私に頼んだ。女たちは彼女に、初めて彼女が煙草を吸うのを夫が見たとき、嫌がったかどうか、たずねた。彼女は、夫は驚いたが、嫌がる様子はなかったといった。松本さんも、「夫も吸うなら、夫は反対せん」といっていた。(24)

ここでも先にふれた「つわりの時期に吸い始め」たという事例が見られる。

大正から昭和六、七年（一九一〇年代〜一九二〇年代）頃の限られた資料からではあるが、先述の佐藤春夫の回想にあるように農村で女が喫煙するのが日常的であったのは明治三〇年代（一九〇〇年過ぎ）頃までで、専売法が施行され自生たばこを用いることができなくなったためかその後あまり一般的ではなくなり、大正一〇（一九二一）年代以降からは再び女性の喫煙者が増えてくるといった流れが窺われる。また、規範の規制力については、特にこの二つの資料からは、夫婦で喫煙するなら何も規制はないといった様子が見てとれる。ただ、先に紹介した松浦の調査にもあるように、いずれも既婚の農婦たちである。夫とともに、むしろ、夫以上に労働していた農婦たちに「生意気」「はしたない」「怠惰」といった規範は、適合しないものであったのであろう。

村の「一人前」の基準から見ると、イニシエーション（成人式・成女式）のすんでいない年齢段階の男女については、たばこは認められるものではなかった。しかし、その規範を成立させている論拠は、「未成年者喫煙禁止法」や「はしたない」といった性格のものではなく、労働力として「一人前」と認められ、結婚しているか否かという「常民世界の一人前概念」にかかっていたと思われる。また、健康上の害というより「病気に悪い」といった理由による喫煙規制は、男女にかかわらず見られる。煙草は治療や殺菌の効用があると信じられていた民俗の世界で、新たに定着した喫煙規範は「病人が煙草を吸うのはよくない」ということであったといえよう。

一方農村社会の禁煙論には、たとえば昭和八、九(一九三三、一九三四)年の『家の光』に見られるように、個人、男女青年団、婦人会の実践による「生活改善」と呼ばれる消費節約行為の一つとして列挙されている。しかしながら、こうした『家の光』による農村の消費節約による生産の向上といった論調は、しだいに特に農村社会の若者たちの意識とのズレを生じてくる。その現象を把握するには、「昭和モダニズムと喫煙」へと話を進めねばならない。

2 昭和モダニズムと喫煙規範の変容

1 婦人向け煙草「麗《うらら》」の発売

昭和期に入ると、女性の喫煙に関するディスクールはがぜんふえてくる。昭和七(一九三二)年に発売された婦人向け煙草「麗」をめぐっての攻防によることも大きな要因であるが、専売局が新たに婦人向け煙草を発売しようとするほど、女性の喫煙は増加しており、それは風俗現象として、かなりの共通認識となっていた。

新開のコラムにも「私は若い良家の女子の公然と煙草を吸うているのを何度となく見かける。活動館や劇場でも、また公園の腰掛けでも」(昭和四(一九二九)年頃の『東京朝日新聞』(以下、『東朝新聞』とする)。宇賀田文庫蔵)と書かれたり(25)、欧米でも第一次大戦後に女性の喫煙が流行し始めたが、それは、戦争によって煙草の需要が急増したことに加えて女性が職業進出して喫煙の機会が増えたためであり、日本でもこうした〝現代的様相〟を呈してきたのは、最近のことであると述べている記事もある〔森澤博「婦人煙草と喫煙」『婦人画報』昭和六(一九三一)年一一月号〕。新聞の投書欄に「私はこのごろでは、喫茶店や駅の待合い室など人眼のある所でもかまわず煙草をすふ事にしている。一時、煙草を止さうかとためらってゐた時代もあったが、今ではどんどん吸ふ。煙草は、特に女性には生理的不快を一掃してくれる様に思はれるのである。（略）私ははっきりいふ『私はダテにシャレで吸ふのではない』と。かく申す私は、当年二十三歳の職業を持つ女です。（市外春子）」（『東京日日新聞』（以下、『東日新聞』とする）昭和六（一九三一）年七月一七日）という投書を寄せたりしている。

また、『犯罪科学』というそれほど一般的とは思われない雑誌にまで「若い女のくせに、煙草をのむといって、顔をしかめた人のあった事もいつの間にか昔の話になりそうである。（略）年とった女は煙草をのんでもよい。若い女はいけないという理由は薄弱である。そこでこの頃は、誰もそんなしかめ顔をしなくなった。若い女は主として巻煙草をふかす。従って、これが一つの新しい情景になった」（丸木砂土「煙草をふかす女」『犯罪科学』昭和六（一九三一）年一月号）と書かれてある。さらに「モガさんご存じ？」と題して、「婦人の間に近頃、煙草を吸ふ方が多くなってきたやうであるが、その時自分の吐き出す煙りは決して自分の顔へかけてはならない。それは顔の皮膚を荒し、お化粧をくづすから。それから煙草のヤニで指さきや爪さきを黄色くしないやうに気をつけなくてはならないが、もしさうなったら、オキシフルにアンモニアを少し加えてふくのがよい」（『東日新聞』昭和六年一一月二五日）とあり、女性の喫煙方法やマナーについてまでが記事になっているのである。

一方、「婦人が煙草をのむと乳児の死亡率を高める――アメリカで唱えられる新説」（『東日新聞』昭和七（一九三二）年一月一二日）と題して、「妊婦や産婦の喫煙は、胎児や乳児に極めて有害な作用を及ぼし、ニコチン中毒によって生まれた乳児は、その肝臓を害ねてあるから死亡率も高くなる」という実験データが示されたことが紹介されている。しかし総じて、こうした喫煙の害を説く論調より、女性の喫煙を〝現代的様相〟としてそれほど批判的にではなく取り上げている傾向がある。こうした状況の中で専売局は、婦人向け煙草「麗」の発売を計画する。この

「麗」をめぐっての批判的言辞と反対運動から昭和七年頃の女性の喫煙タブー規範が明らかにされてくる（図2）。

女性の喫煙の現代的様相における喫煙派の主張については、後で述べることとして、まずは禁煙派の運動と言辞を見てみよう。

昭和六（一九三一）年の九月頃から専売局が婦人向け煙草を発売する意向であることが明らかになり、それをめぐっての記事が新開紙上に急増する。昭和六年九月二日の『東朝新聞』には、専売局は外国婦人の間に喫煙がますます流行しているので、日本でも婦人向け煙草を発売してもいいのではないかという考えから実行に踏み切る意向との記事がでている。同年九月一〇日の同紙は矯風会の抗議にもかかわらず準備を進めていると報じている。

昭和六年九月一四日の『東朝新聞』は、「政府で婦人煙草をつくると云ふが、婦人にタバコは毒ではないか？」と題して、東京市衛生試験所技師医学博士富永哲夫氏の談話を載せている。それによれば「どんなものでも良い悪いの二つの方面があり、ニコチンの量が多い場合は、精神不安状態になり、めまい、頭痛、不眠となる。特に心臓に負担をかけ、消化作用もさまたげられ、小じわが増え、顔色が悪くなる。女性の方がニコチンに対して弱いといえるが、しかし適量とあらば、沈んだ気持ちを追いはらひ、気分が引き立ち爽やかな心持ちになる。また性欲の衝動を鈍らせ、過食過飲を防ぎ、社交上にもある程度の利益を与へる」と述べている。また専売局が「太った人がのめばやせる」とか「頭がすっきりする」といった宣伝をする

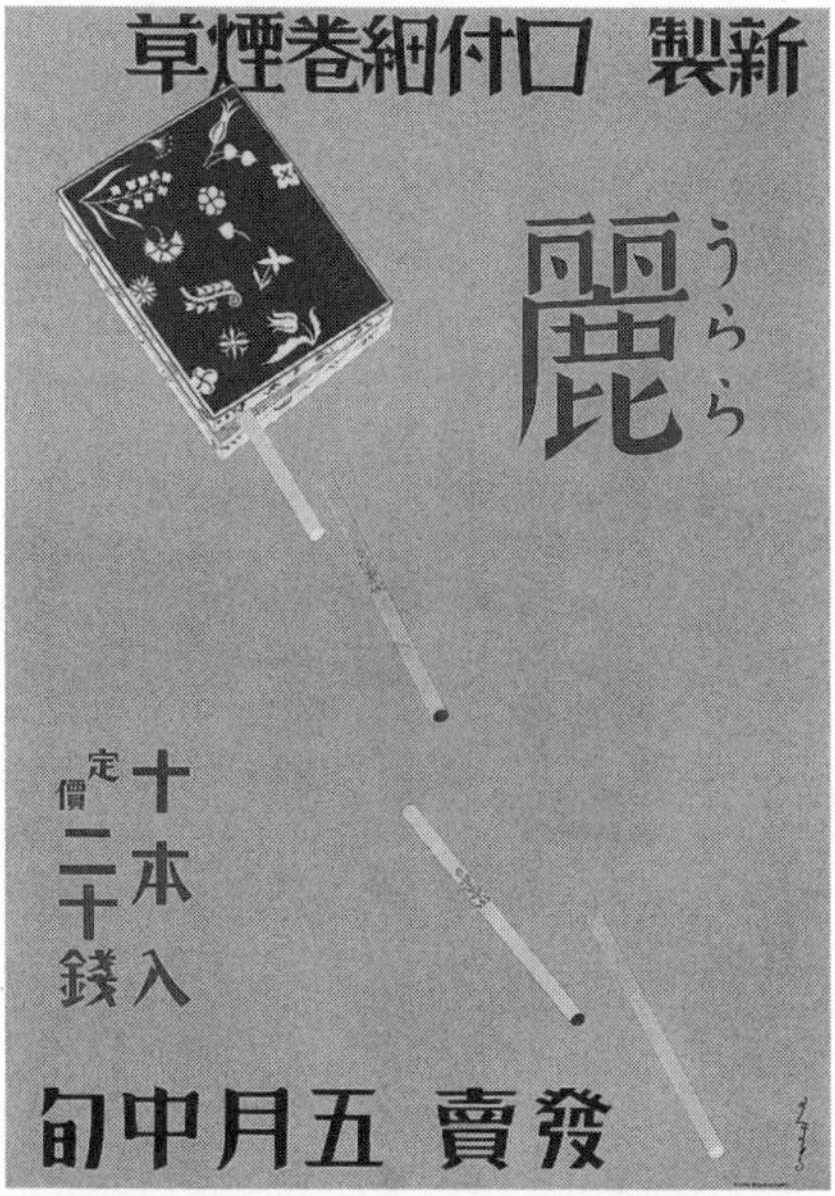

図2　1932（昭和7）年製作の婦人向けたばこ「麗」のポスター

意向があるとの噂からコメントを求めると、「やせるのは中毒症状で病的なものである」と述べている。翌一五日の『読売新聞』では、「煙草は有毒無益の嗜好品なので、特に積極的に供給する必要はなく、まず日本婦人の健康に基づいた論議を」と呼びかけている。まず女性の身体に及ぼす煙草の害の是非が論点の一つとなった。

次に同年九月一五日の『読売新聞』で、色波鳩江は「婦人の喫煙と良俗の犠牲」と題して、国家経済を現在の窮迫状況から赤字を塗りかえようとして婦人煙草を発売して税金の増収を図ろうとすることは、「現政府の金権万能主義で、財政のためには国民の美風良俗もを犠牲にして顧みぬ無茶無恥無責任の甚だしきものとして、我等は一斉に立ってその非行に反対し、反省を促さなければならない」大問題であるとし、国家経済の建て直しならば、一般大衆ではなく富豪の宴遊税や自動車の通行税等を徴収すればよいことであり、「女性の良俗美風を犠牲にすべきではない」と論じている。同年一〇月二四日の『東日新聞』の「女性の声」投書欄には、婦人煙草発売の理由が政府の赤字補填と知って驚嘆したとあり、「婦人の喫煙が、生まれる子供の精神の上に、また体質上に、子女の教養の上に、一家経済の上に、如何ばかりの害のあるものか、お役人様方におわかりにならぬのでせうか。またいよいよ実現の暁にお役人様方は、夫人および令嬢その他に喫煙をお奨めになりませうか。（府下あや子）」と国民の将来の影響を考えていない役人になさけなくて涙がでると書いている。『経済往来』の同年一〇月号にも、「新発売婦人タバコとは専売局もよくよく窮したものだ。増収が目的なら……未成年禁煙法を撤廃する方がずっと頭がいい」と揶揄されている。「麗」発売の意図が政府の赤字補填策と知っての専売局に対する批判は、女性の喫煙の是非以上に強いものであった。

一方、専売局側は、「本当に女性の好みにあった婦人煙草を提供したいのであり、やせられるとか疲労回復を宣伝語に掲げて女性の喫煙を奨励しているわけではない」（『東朝新聞』昭和六（一九三一）年九月一九日）と弁明するのだが、女医の吉岡弥生らは、「日本の男は煙草に害されているのに、婦人にまで政府が喫煙させようとするのは何事！　不衛生を奨励し、風紀を悪化してまで専売局の金庫に奉仕させようとする、そんなことにはどこまでも反対しなければなりません」（『週刊朝日』同年一〇月一一日）といった厳しい批判と決意表明を見せるのである。

また昭和七（一九三二）年一月九日の『東日新聞』には、次のような投書が見られる。

「一昔前のいはゆる『新しい女』は、五色の酒を啜ってにじのような気焔をあげて、世人をアッといはせました。現代の『新しい女』は、煙草を吸って相手を煙に巻いて得意然としてゐます。……最近は煙草が如何に母の肉体に悪影響を与へ、新しく生まれる子供を蝕むか、医学的実証さへなされてゐます。男性の悪い真似から女性の新しさが生まれてはきません、むしろ男性の悪徳陋習を浄化して新時代を創造することにわれわれの面目があるのではないでせうか」

現代の女性の喫煙を男の真似ととらえ、女子の健康を第一に考えてむしろ男性の形成した社会を浄化するところに女性の使命があると述べ、いわば女性の母性を重視し、社会を是正する立場から女性の喫煙を批判し、女性運動の目的を示しているのは興味深い。昭和七年二月二日の『東日新聞』には、「婦人運動にたずさわる人々から第一番に婦人用煙草の反対運動をしていただきたい。（市内K子）」との投稿が掲載されている。喫煙するのは男の真似であり、女性の良俗に反するという見地から、悪習に染まっている男性社会を浄化するという、道徳的な規範意識は、母子の健康を論拠に言説をリードしていった。

2　矯風会の「麗」発売阻止運動

さて、ここで「麗」発売阻止の運動を主に期待された矯風会の活動を追ってみよう。(26)

矯風会は、婦人煙草発売の意向を知った直後の昭和六（一九三一）年九月八日に守屋東らが専売局佐々木長官を訪ね、婦人煙草の発売中止を申し入れた。同年九月一六日には矯風会、桜陰会、桜楓会、清香会の四婦人団体が発起して、熊本市の三〇余団体に呼びかけ熊本県聯合婦人会として文部、大蔵、内務の各大臣、専売局長官に陳情書を送った。その要旨を見ると、「政府自ら消費節約を奨励しながら婦人に喫煙を勧めるのは矛盾している」、婦人用煙草の発売は「我国婦人の美風を破り、一家の経済上、家庭の教育上、社会風教上、又国民の保健上、母性の保護上等に及ぼす悪しき影響力は大であり、国家の一大事」と憂慮しているとある。そして未成年者喫煙禁止法三三周年にあたる昭和七（一九三二）年三月六日には、矯風会の守屋東を中心に、高島米峰、根本正らが発起人となって日本禁煙同盟会を創立した。ところが同年三月一二日に専売局は、婦人用煙草の名称を「麗」とし、五月中旬から発売することを公表した。

「麗」はオランダの「ミス・ブランシュ」をモデルにして意匠をこらしており、一〇本入り二〇銭であった。一〇本入り七銭のゴールデンバットと比較すると、高級感のあるタバコである。ただちに東京では守屋東禁煙同盟会委員長らが専売局長官に反対の陳情をし、大阪の林歌子矯風会会頭らも四月一八日に大阪地方専売局に有田局長を訪れ、強力に反対意見を述べた。

新聞の論調は、専売局の「麗」発売については批判的であり、特に評価するといったものは見当たらない。昭和七（一九三二）五月四日の『東朝新聞』の社説は、煙草の健康上の害は「母たることが実際において第一義であるべき婦人」にとっては重大な問題であり「日本の若い女の喫煙が現在でも既に苦々しい程度に進んで居るのに、営利以外何等の理由なく西洋女の軽そうな新悪徳を政府として奨励する」のと同じことであると憤りをかくさない。同年五月一日の『婦女新聞』では、「日本婦人の美風を破壊して男子の陥っている悪習の中に引き込んでしまうもの」であり、一営利会社ならともかく、「官権の威力を背にし専売の特権を握っている政府の機関が収益本位に行動して社会の美風を害うことを顧みないようでは正義道徳を維持できない。矯風会に委せておくだけでなく、一般男子も反対運動に力を添えるべき」と男性の参加を呼びかけている。そして五月六日、次の二七団体三〇名の賛成をえて、代表一五〇名が大蔵省専売局を訪れ長官に嘆願した。

●陳情団体名（当日署名のもの）

日本基督教婦人矯風会頭　小崎千代
日本女子大学校々長　井上秀子
東京女子大学々長　安井哲子
東京聯合婦人会長　吉岡弥生
日本美以教会婦人局局長　古田とみ
日本救世軍代表　山室民子
婦人補導団代表　林富美子
イエス団代表　賀川はる子
東京基督教女子青年会総幹事　加藤高子
婦人矯風会東京部会代表　宮崎文子
婦人平和協会々長　河井道子
婦人矯風会平和部長　ガントレット恒子
同　風俗部長　久布白落実
同　少年部長　守屋　東
家政学院長　大江すみ
女医会代表　竹内茂代
大妻高等女学校　大妻こたか
三輪田高等女学校　三輪田繁子
日本聖公会婦人補助会長　林歌子
東京聯合婦人会役員　田中芳子
婦人新聞社代表　福島貞子
東京基督教聯合婦人会代表　小平照子
日本母の会代表　渡瀬かめ
同　編輯長　太田菊子
文華裁縫女学校長　伊藤錦子
四谷婦人会役員　山田わか子
「主婦の友」社長　石川武美
「婦女界」社長　都河龍
基督教女子青年会同盟代表　山本琴子
山脇高等女学校長　山脇房子

次の日から矯風会が中心になり全国一〇四七の女学校に婦人たばこ反対の文書を送り、発送費五〇円は林副会頭が受け持ったという。東京の女学校では「麗」不買同盟ができたり全校生徒の署名を送ってきたり、大阪の女学校は禁煙同盟に加盟するなど、大変な反響であった。賛同団体は、キリスト教系団体と女子大学・女学校などの女子教育関係者、『婦女新聞』、『主婦の友』、『婦人界』などの婦人ジャーナリズムであった。これを見るといわゆる女性解放運動の団体や個人名がまったくない。その陳情の際、青山学院の小泉郁子が、「学院一二〇〇名の名において『麗』発売をやめることによって専売局の受ける損失を賠償する覚悟があり、全国の女学生からお金を集めて償うので、発売を中止してほしい」と述べたとあり、女性解放運動家たちはこうした発想には到底同調できるものではなかったであろう。たとえば奥むめおの主宰する職業婦人社の機関紙『婦人運動』においては、一〇本入二〇銭の「麗」発売の政府の意図を問題にしており、専売局批判はするが女性の喫煙批判はしていない。むしろ女性の喫煙を「生意気の真似、男の真似、モダニズム文化の女性の浮薄《ふはく》な模倣性とのみいえようか」といった言辞を載せている(『婦人運動』昭和七(一九三二)年八月一日)。結局「麗」は発売され、話題性もあってかその朝に売り切れといった状況になった。しかし、「麗」の販売は、実質六年間であり、女性喫煙者には人気がなく、増収にもつながらなかったようであった。「麗」の発売をめぐってのディスクールには、税金の増収を意図した専売局の姿勢への批判が大きなポイントとなっていた。

それでは、「麗」の発売をめぐる運動や言説は、女性の喫煙規範についてはどのような変化を生じさせたのであろうか。

「麗」発売反対派の禁煙規範を見ると、大正年間を通じて新たな規範が強調されていることが見てとれる。貯蓄倹約、家庭教育、社会風教、国民の保健、母性保護といった観点からの女性の喫煙への一般的な批判の論拠の中でも、たばこは健康上有害といった認識のうえに、とくに母子の心身に悪影響があるので「母たることを第一義とする女性は留意すべき」という規範が重視されたといえるであろう。大正年間を通じて強調された女性の「母性」役割の浸透とニコチンの母子に及ぼす害についての実験データが結合して形成された規範というべきものであった。(27)女子教育家たちは母性役割の提唱者であったし、矯風会などの女性運動家たちは、母性を重視した女権運動論者であったので「女性の良俗」といった道徳的規範には抵触しなかった。「麗」発売反対派のジェンダー規範は、子産み子育てを第一義とする母たる女性、一家の主婦としての女性にあった。そしてその論拠は医学的データに依拠していたがために、そのイデオロギー的規範性に気付きにくかったといえるであろう。

男性には「生意気」として排除された女性の喫煙を、女性自らが「母性役割」と「母子の健康保持」のためのタブー規範として成立させ、「男の真似をしない女による社会改良」という運動規範をも提示していったのであった。これによって「母性を体現しない女性」と「喫煙する女性」はイコールで結ばれてしまった。矯風会の久布白落実、守屋東が新聞のインタビューに答えて語った「煙草をのむ婦人は、芸者、女給などの職業婦人、それから上流家庭の奥さん、貴婦人といった階級、つまり生活がぜいたくで刺戟のほしい女性達に限られている」という認識は、まさにそれを物語っている〔昭和七（一九三二）年七月二八日『東日新聞』〕。女性の喫煙者にこうした規定を施すことは、「煙草をのむ女たち」を女性に対する規範の外に置き、規制はしなかったが、そのかわり「排除」してしまうことになった。女子教育家たちは、女性の喫煙タブー規範を「女の良俗」とし、キリスト者たちは「社会的善」としたことにより、規範の外部にある女性たちは規範の逸脱者となり、そうした女性たちの心性を把握するといった発想に立ってみることすら無用にしたといえる。女性の喫煙者は、男性のみならず禁煙派の女性たちによって特殊化され、厳しく批判されることになった。

次にこうした喫煙規範の外部に置かれた女性たちの実態と心性を、昭和モダニズムという時代に喫煙する女性の姿の中に追っていこう。

3 「モダン」という時代の女性の喫煙

日本が「モダン」という時代認識を抱き始めたのは、関東大震災のショックから立ち直り始めた大正一四（一九二五）年頃からであった[28]。

モダンガールという言葉が流行し、女学生は袴からセーラー服姿へと変身していく。翌大正一五（一九二六）年の職業婦人調査では、職業婦人の数は約三五八万人と発表された。『大阪毎日新聞』に初の婦人スポーツ記者として入社した人見絹枝がスウェーデンで行われた第二回女子陸上競技大会で優勝（走り幅跳び）をとげたのも同年であった。日本タイピスト協会（昭和二（一九二七）年創立）や職業婦人協会（昭和三（一九二八）年）が創立され、『主婦の友』には「ママさん」といった言葉が登場する（同年）。『モダン日本』が創刊され（昭和五（一九三〇）年）、日本で最初の独身女性のための大塚女子アパートメントが完成する（同年）。大阪のカフェー「美人座」が東京に進出し、大原社会問題研究所では、「女給調査」を行う（昭和六（一九三一）年）。それまで活動写真館は男女別席であったが、昭和六年警視庁は男女別席の撤廃を決定した。エロ・グロ・ナンセンスの語が流行し、浅草オペラ館と新宿のムーランルージュが開場する。野村胡堂の「銭形平次捕物控」の連載、映画化が始まり、小林多喜二の『蟹工船』は発禁になるものの、第一回プロレタリア映画同盟は作品発表を行う。

「モダン」という時代は、女性たちが洋服を着て街にでて、社会や役所で働き、喫茶店でコーヒーを飲み、男友達と映画を見てアパートに帰るといった風景を都市にもたらした。セーラー服の女学生たちも少女文化を形成し、主婦たちは世帯じみない「ママ」というアメリカの母親に憧れを抱きもした。上流階級の婦人たちは「有閑マダム」となり、令嬢たちは「深窓」からでて、音楽、絵画、写真、スポーツといった創造活動に、または享楽的な暮らしにと忙しかった。庶民層とてエロ・グロ・ナンセンスといわれる都市の消費的な文化の中で、新しい娯楽を楽しんだ。こうした享楽的な社会風俗をマルキストたちはブルジョワ文化、資本主義的退廃と批判してプロレタリア文化の樹立に向かった。農村でも、若者層を中心に都市のこうした文化への関心が高まり、農村を離れる者も続出した。だからこそ農村に生きる者による文化の創造という活動も生まれた[29]。「モダン」という時代は、このように新旧のあらゆる階層の人びとに「変化」をもたらし新しい文化を生じさせた。つまり昭和モダニズムとは、都市中流階級以上のインテリを中心とした西欧文化の享受者、日本的土着性を払拭した服装や感性の表現者だけをさすのではなく、エロ・グロ・ナンセンス、プロレタリア文化、農村更生の文化をも内包しているものなのである。

　こうしたドラスティックな文化の創出は、女性の喫煙に大いなる変化を与え、その喫煙タブー規範も変容せざるをえないことは想像に難くない（図3）。先に紹介したように若い女性が紙巻き煙草を喫煙する風景を〝現代的様相〟ととらえ、〝顔をしかめる人も少なくなった〟と認識している者もいれば、〝日本女性の美風を破り、母子の健康衛生上甚だゆゆしき事態〟と論評したり、禁煙運動に邁進する者もいた。ここでは実際に喫煙する女性たちの姿と意識を少しでも明らかにし、「モダン」という時代の女性にとっての喫煙の意味を考えてみたい。そして、一方でこうした女性たちの喫煙をタブー視するのではないが、新たな規範の枠の中で容認しようとする男性たちの意識を取り上げてみることにしよう。

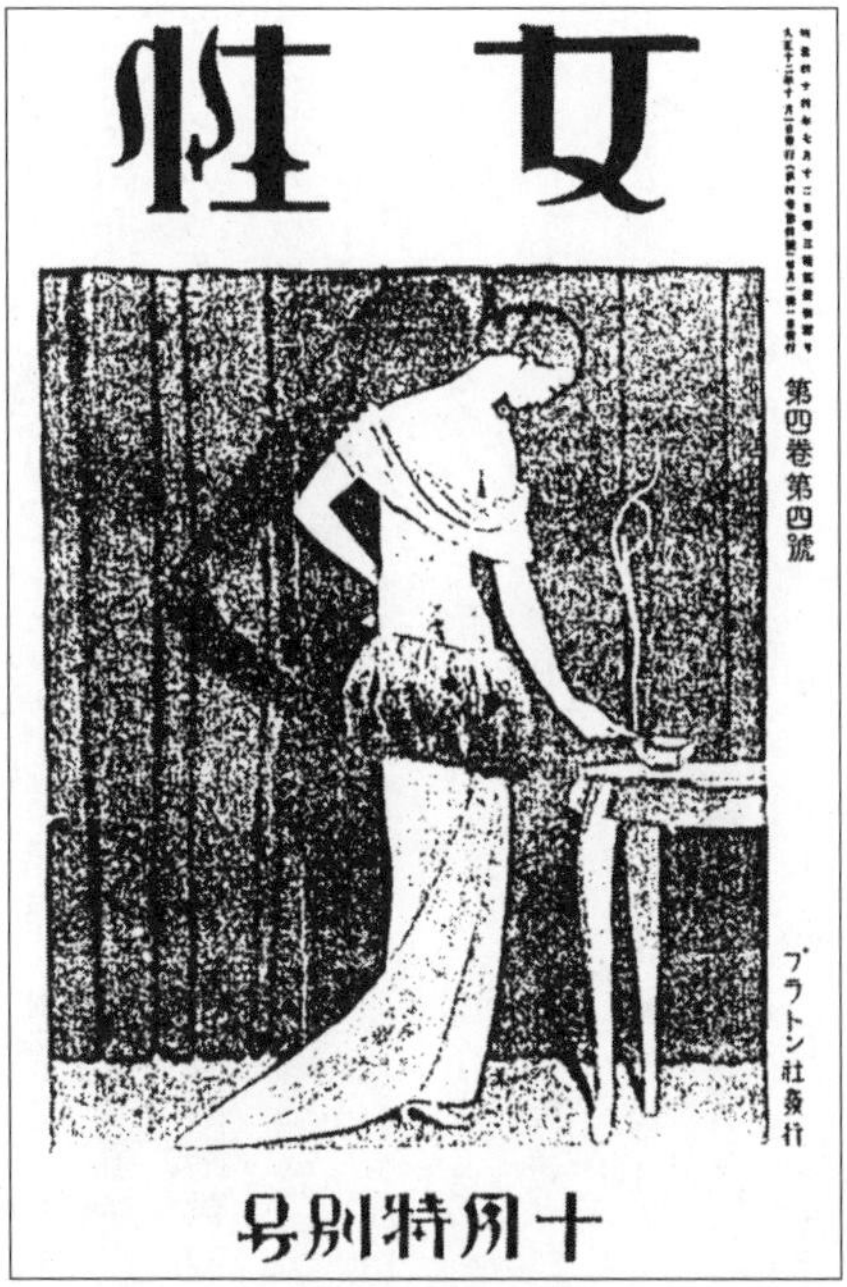

図3　モダンという時代の女性

　前項で、矯風会の久布白落実らが、喫煙する女性は「芸者、女給などの職業婦人、それから上流家庭の奥さん、貴婦人といった階級、つまり生活がぜいたくで刺戟のほしい女性達に限られている」と述べていることを紹介したが、実際には女学生、タイピストや事務員といった職業婦人、女工などの労働婦人、作家や映画スターといった女性たちに喫煙者がふえていた。有閑階級の人びとが舶来のたばこを吸うことが多かったのに対し、こうした女性たちは「ゴールデンバット」を吸うところから「バットガール」と称された（昭和七（一九三二）年七月二八日『東日新聞』）。女学生の喫煙はさほど多いとは思われないのだが、女学生の一番の喫煙理由として、〝煙草を吸うとやせるから〟と紹介されている記事がよくある。これは「麗」発売の際の専売局の宣伝文句に使われるかもしれなかった煙草の「効用」であった。先の医学博士たちは、過食や間食を防いだり、ニコチン中毒による食欲不振の結果に過ぎないとして、その効用に賛意を示していないが、「ダイエットにたばこ」という現代にも通用しているこの効用のアピールは、この昭和モダニズム期に登場したのである。だからこそ「喫煙の害は肌や顔色を悪くする」（『サンデー毎日』昭和九（一九三四）年七月一五日）、「美容を望むならば喫煙は女性の敵」（同、昭和一一年（一九三六）年六月一四日）、といった形で喫煙の害を説く必要が生じてくるのである。母子の健康上、衛生上の害を理由とする規範は、子産み、子育て期にある既婚女性にしか適用しない規範であったが、従来はほとんど見ることのなかった未婚・独身女性の喫煙に対しては、「美容」をもって禁煙を説いて規範としたのである。

さて、職業婦人の喫煙が昭和モダニズムを特色づける女性の喫煙の姿とされているが、この職業婦人なる存在のイメージにはかなり幅がある。一般には職業婦人とは「多少智能を要する職業に携わるところの有職者階級」に属するもので、教師、タイピスト、事務員、店員、看護婦、交換手などの職種につき、教師は別とし、都会を職場とする女性をさしているといわれる。(30) 昭和七（一九三二）年五月一九日の『九州日報』では、「職業婦人のサラリーは」と題して、女医、記者、外交員、事務員、店員、電話交換手、タイピスト、エレベーターガール、案内係、接待係、出札係、掃除婦、雑役婦、炊事婦などをあげてその収入の差を報じている。婦人雑誌では「職業婦人の二四時間」〔『女性』大正一二（一九二三）年六月号〕と題する記事において、日本の代表的職業婦人として、毛糸店主人、画家、舞台女優、文筆業、記者、フランス語や英語の個人教授、職業婦人の会主宰者、婦人服デザイナー、デパート勤務、映画女優の生活を紹介している。「職業婦人座談会」〔『婦人文芸』昭和一〇（一九三五）年一〇月一日号〕に登場する職業婦人は、バス車掌、会社事務員、教員、銀行事務員、工場事務員、市役所事務員、タイピストであり、明らかなことは、職業婦人の就労理由は経済的独立、それも働かねば食べられないからという人びとがほとんどであるということである。

同じ『婦人文芸』の昭和一一（一九三六）年一〇月号には「職業婦人はサラリーをどう使ふか?」という記事があり、区役所勤務、市バス車掌、事務員、デパート店員、派出看護婦、化学女工（製作所女工）、会社事務員、電話交換手の九人の職業婦人のうち二人の煙草代が明示されている。区役所勤務のS嬢は、月給四一円のうち、煙草代に二円五〇銭使っている。派出看護婦は月給四六円三〇銭のうち煙草代に二円一〇銭使っており、だいたい「ゴールデンバット」を一日一箱と記してあり、先の区役所勤務のS嬢も「ゴールデンバット」を愛用しているようで、まさにバットガールの実態を示している。一日一箱のバットを吸う恒常的喫煙の職業婦人は九人中二人位の割合であることが一つの資料から示されたが、では労働婦人あるいは内職を主にする階層の女性たちの実態はどんなものであったのだろうか。

次に紹介するのは、いわゆる労働婦人のデータではなく、同潤会が細民地区とされる深川区猿江町と横浜市中区南太田町に不良住宅改良事業として建築した猿江アパートと南太田町共同住宅居住者に対して昭和五（一九三〇）年に行った生活調査のデータである(31)。猿江町アパートの配偶者の職業として硝子工、敷布織女工、籐表製造工、菓子雑貨商、飲食物行商、常傭人夫、日傭人夫、女髪結い、雑役夫（婦）などがあげられており、内職としては、雑巾刺、箸袋入、和服裁縫、毛糸織物穴カガリ釦付けの順に多い。南太田町共同住宅の配偶者の職業には、雑業が圧倒的に多く（四五人中二九人）、日傭人夫、物乞い、製糸女工、貝細工職、飲食物行商、女髪結いなどがある。副業としては、雑業、家事手伝い、和服裁縫とあり、いわゆる細民層に属する人といえるであろう。

表2にあるように、配偶者の喫煙率は、猿江町で二〇・七％、南太田町で五一％であり、かなり高率である。これは、猿江町には女工や行商人が多く、南太田町には雑役や人夫が多いことと関係していると思われる。ちなみに飲酒については、猿江町では、世帯主四五・三％、配偶者〇・一％、南太田町は、世帯主四〇％、配偶者二・七％であり、調査報告では、「一般社会において細民の大部分は、飲酒すると考えるが、かかる常識に反し、居住者の経済的窮迫は飲酒を許さざる状況」であったと述べている。

表2　煙草を喫するもの

煙草種別＼住宅別	猿江 世帯主	猿江 配偶	猿江 計	南太田町 世帯主	南太田町 配偶	南太田町 計
バット	六六	一四	八〇	七四	二四	九八
朝日	二	〇	二	一	〇	一
あやめ	四	一	五	七	三	一〇
なでしこ	二	一	三	一四	一一	二五
はぎ	三	〇	三	二	四	六
さつき	一	〇	一	三	一	四
其他（名称不明）	二二	七	二九	一四	六	二〇
合計	一〇〇	二三	一二三	一一六（ママ）	五〇（ママ）	一六六（ママ）
総数ニ対スル割合	七三・〇％	二〇・七％	五〇・〇％	七二・六％	五一・〇％	六八・〇％

出典：同潤会「共同住宅居住者生活調査」（第1回）1930年（南博編『近代庶民生活誌』6、三一書房、1984年、385頁）。

細民層、特に雑役的職種についている女性の二人に一人が喫煙している姿は、いつ頃からよく見られた情景なのか、明治期から昭和期を通じて変わらない姿であったのかについては、未調査なので確かなことはわからないが、水商売の女性のみならず、都市の底辺労働に従事する女性たちの喫煙イメージが女性の喫煙タブー規範の形成にどのようにかかわるものであったのか、それもまた明らかにする必要があろう。

4　喫煙する女性イメージの変容

次に、作家や経営者・女優といった雇用労働以外の女性の喫煙状況を見てみよう。作家の林芙美子は愛煙家で知られ、机の上には「ゴールデンバット」が常置してあったのだが、「好きな煙草」という題に答えて「平凡な気持の時、一日バット二箱を吸ひますが、お金のはいった時、愉しい時、さみしい時ゲルベゾルデだのマセドニアを吸ひます。──亦《また》時にチェリィを続けてみる時がありますが、巻き方がヤボなのでバットに逆もどりします」（『話』昭和八（一九三三）年六月一日）と述べている。また映画女優の栗島すみ子は、「ホープ。一日に三、四本と云ふ所で御座います。特に一箱位の時もあります。私のは吸ふのではなく匂と煙を愛するのです」（同前）と自分の喫煙の趣味を語っている。映画女優の入江たか子は、「映画の役所《やくどころ》によって喫《の》む位のもの」で、「娘役では喫まず妖婦や芸人等に扮した時は喫む」と書いている（同）。

また昭和九（一九三四）年に開かれた「女流愛煙家座談会」（『莨《たばこ》』昭和九年六月号）では、北條たま子（グランド銀座）、藤原千良（アヅキ洗粉主）、森三千代（文筆家）、軽部清子（三映社）、吉行アグリ（美容家）など作家、映画スター、実業家、美容家などの職業婦人が集まってたばこ談議を行っていて、彼女たちの喫煙意識を伺い知ることができる。まず男子の煙草の喫《す》い方への不満として、自分だけ旨《うま》そうに煙を吐いて相手（特に女）の喫いたい気持をわからない、話に夢中になってたばこの灰がどんどんたまっているのに気付かない、女であればたばこの火をつけるのがあたり前であるかのように要求する、などの態度や発想に非難が集中している。また、さすが愛煙家と称される女性の集りだけあって、「バット」だ、「桃山」だ、「白梅」だとたばこの銘柄についての話はつきることがない。「麗」については、「何だか玩具《おもちゃ》じみている」「あの表装では買う気がしない」と不評であり、「ゴールデンバット」以外に安くて、柔らかくておいしい婦人煙草をもっと発売してくれることを要望している。

彼女たちは煙草の効用について、人間関係の「親しみを増す」、「人と逢う約束をして待っている時良いと思ひます」、「ソワソワしている時のむと落ち着く」、「腹の立った時にも気分転換に良い」などをあげ、「私の母はどんな急ぎの場合でも必ず出かける前に二服吸ってから出かけるのが習慣でした」とも語っている。女性たちにとっての喫煙が、自分の気持を落ち着かせたり転換させたりすること、つまり精神コントロールとしての効用が何より強かったことが窺われる。その際、味や香りを吟味したり、煙管やパイプ、ライター、マッチといった小道具を備えたりするのも楽しみであったようだ。こうした女性愛煙家たちは、喫煙タブー規範や健康の害については、まったく言及していない。そこには、喫煙と女性の自主性、近代性を結びつけ、タブー規範が弱められた昭和モダニズムの社会風潮が窺われる。

それをさらによく示しているのが、『スタアは煙草がお好き」(『スタア』昭和九(一九三四)年頃)という記事である。「銀幕のスタア」たちが演じる「モダン」という時代の映像において、煙草は重要なファッションであった。先の座談会でも北條たま子は、「新興のスタジオにゐた時分は仕事のために随分練習したものです」と語っている。「スタアは煙草がお好き」の特集では、〝田中絹代は箱の赤いデザインが好きでうらゝを愛用し、岡田嘉子は外国製煙草ばかり、飯田蝶子は白梅のきざみ、入江たか子はミス・ブランシェの愛好者、鈴木澄子は煙管に福寿草をつめて〟と新旧さまざまにスターたちの愛用の煙草を紹介している。洋装でも和装でもファッショナブルに着こなし昭和モダニズムを漂わす銀幕のスターたちにたばこはぴったり似あっていた。こうした文脈の中において、女性の喫煙はタブーから魅力的なものの表象へと変容していった。女性の作家や画家たちがたばこをくゆらす姿も、「生意気」や「不粋」から「知的」なイメージへと変わっていった。

一方、芸者などの水商売の女性たちの喫煙は、タブー規範成立後もとぎれることなく継続していたが、それは、芸者自身が家庭婦人に対してある種の対抗心をもって、喫煙を自分のアイデンティティとするまでの意味を与えていたからである。『芸者——苦闘の半生涯』(平凡社、一九五七年)を書いた増田小夜は、学歴をたずねられて「私は芸者をしておりまして、芸者学校を出ております。妾もしておりましたと煙草をぷかぷか吸ってやれたらさぞ気持がよかろうにと思い、溜飲の下げられないのが残念でした」と記している。『江戸っ子芸者一代記』（草思社、一九八三年）の中で中村喜春は、特急「つばめ」の上流階級の人びとが乗る展望車に乗ったとき、「素人の奥様の容装で上品に構えて、喫いたい煙草もがまんしていた」喜代勇姐さんの思い出を書いている。男性たちも、遊女よりモダンな雰囲気を漂わす娼婦に、より一層の魅力を感じるといったように変わってきて、国際都市神戸の「黒いドレスの女、紅いドレスの女、流行型の女達が、白蛇かワニ皮の鞜の脚を組んでソーファか、なんかに腰を下ろしながら、器用に莨《たばこ》を吹かして居る様は、なかなか魅力である」（守安麗之介「国際娘《こうべのおんな》と莨《たばこ》」『莨』昭和一〇（一九三五）年新年号）、といったディスクールが登場するようになるのである。

「有閑マダム」と称されるようになっていた上流階級の奥様たちが、街にでて、「紅い箱に金で文字を綴ったマダム・ポールモールという舶来の煙草をバッグからとりだし、ホールでお茶を喫みながら、小生意気に見えないポーズで、女らしい技巧でうまさうに莨をふかす。美しい紫煙、薄暮の空のやうな色の煙りが柔らかい日射のなかに溶けてゆく光景が生じてゐた」（石黒露雄「随筆紫煙」『莨』昭和九（一九三四）年八月号）。こうしたマダムたちの美しさは、有閑階級のブルジョワ的な美しさにほかならないのだが、倦怠感やデカダンのみではなく「モダン」「シック」といった洗練された上品な美しさを示すものであった。帽子をかぶったマダムが手に煙草を持っている白木屋の帽子広告の図柄（図4）でも十分イメージできるように、「上品な洋装に帽子の似合う女性に煙草」の組み合わせは、すでにタブーを越え、魅力あるものの表象になっていた。

マダムだけではなく、令嬢たちの喫煙も、「漫画愛煙婦人の春」（『週刊朝日』昭和八（一九三三）年一月一日）（図5）に見られるように、新しい媚態とされた。女学生は〝やせる〟ため、職業婦人は〝気分転換〟や〝精神コントロール〟のため、スターはイメージ生産者という仕事のために喫煙した。芸者や女給は「玄人」というプロの世界

図4　シックな装いのマダムのたばこ

に生きているという誇示や存在証明、有閑マダムは「モダン」「シック」という自己の魅力を引き立てるファッションとして、煙草を手にした。

男性たちはこうした女性の喫煙をまたさまざまに論じた。一つには、日本の美風を汚す忌々しき事態とする道学者流の批判、またとにかく生意気や不愉快といった理屈なき言辞、さらに母子の健康上、美容上問題であるといった医学的見地に立った禁煙論である。だが一方、女性の喫煙心理を分析したうえで、女性の喫煙を肯定的に語る男性のディスクールも表れてきた。次の二つの資料は昭和六（一九三一）年と一一（一九三六）年のものであり、一つは専売局の出している雑誌、もう一つは先述した『犯罪科学』という雑誌であるが、驚くほどその内容は類似している。

その要旨は、女性の喫煙者の増加は世界的動向であり、時代的な流れであるが、それは女の独立や成熟、自重の表れであり、〝男への抗議〟を示していると考えられるというものである（丸木砂土「煙草をふかす女」『犯罪科学』昭和六（一九三一）年一月号）。男性から見て、職業婦人の喫煙などは男に依存しない女の姿の象徴として見えたのだと思われる。

福岡地方専売局主宰の座談会では、喫煙と婦人の参政権にふれ、外国では婦人が参政権をえてから喫煙が流行したらしい、という問いかけに対して、中山専売局長は、女が男と同一の地位になったからであり、我国でも将来必ず同じ様な状況がおこるであろうと述べている（福岡地方専売局編・刊『「たばこ」を語る』昭和一一（一九三六）年）。

図5　媚態をふりまくモダン令嬢のたばこ

すなわち、女性の社会進出や職業進出は喫煙を促すものととらえられているのである。

そのほか、性欲鎮静や堕胎や妊娠予防が女性の喫煙の効用として考えられてきたことを『犯罪科学』はあげているが、データが示されているわけではなく、従来からなんとなく信じられてきたものらしい。しかしながら、これまであまり表立っては語られなかった、男のヤニ臭い口が女の性欲を刺激するとか、女の喫煙する姿は男の性欲を喚起するといった事例をあげながら説明しているディスクールは、まさに喫煙を性的なイメージとしてとらえていることを示している。このように、男女の喫煙をセクシュアルな「性」と結びつけ、性的イメージの高揚に煙草を介在させる発想は、すでにこの時期に存在していた。

また、女は煙草を喫うことを「シック」だと思っているらしいが、男にも〝頗《すこぶ》る優雅〟と映り、男を引きつける魅力があると述べている文章も見られる。それがゆえに、女が優雅に煙草を吸わない姿には嫌悪の情を顕にする。「(往来で)煙草を口にくわえ、曲り角から電車やバスが出現すると如何にも残念そうにスパスパやってから乗りこむ女を見受けますが、あんなにいやなものはありません」(「婦人煙草と喫煙」『婦人画報』昭和六(一九三一)年一一月号)。

女性が煙草を優雅に吸うのならいいが、下品な吸い方をするのは見るのも嫌だという口ぶりである。つまり昭和モダニズムの女性の喫煙規範は、職業婦人の自己表現や精神コントロールとしての喫煙を女の側の要求として認めるが、あくまでも労働を想起させせない、消費文化の中で煙草をくゆらす女性の喫煙の姿を「美」として期待するものであった。

女性に対する喫煙タブー規範は大正年間を通じて定着しつつ変容のきざしを見せ、昭和モダニズムの時代に新たな女性の喫煙規範として成立した。ここで明らかになったことは、女性の喫煙というジェンダー規範が、階級、身分や労働の形態の違いにより異なって作用し、女性の喫煙タブーの受容と挑戦の姿もまた一様でないことである。また、民俗世界の喫煙意識をさぐる中で、女性の喫煙タブー規範が都市を中心とする近代化の過程のディスクールとして成立した性格のものであったことも垣間見ることができた。

＊

男性の言説に見られるジェンダー規範と、それを投影または反発して、女性自身が自己認識として成立させたジェンダー規範との違いも浮き彫りになった。たとえば女性禁煙必須論の論拠としては、わが国の婦人の美風、家庭教育、国民保健や社会風教上、女子の保健上甚だしき悪影響があるといったことが主張されるが、禁煙運動を展開した女子教育家や女性キリスト教者たちは、大正期の良妻賢母主義を特徴づける母性強調のイデオロギー性の検討が不十分なまま、禁煙の根拠として「母親役割」を提示した。その結果、「母性を体現しない女性」イコール「喫煙する女性」のイメージを成立させ、「喫煙する女性」を特殊化し、「女の良俗」や「社会的善」を護れない女性として断罪することになった。

だが、平塚らいてうの例に見られるように、かならずしも女性運動家がすべて禁煙派とは限らない。むしろ、体制イデオロギーへの挑戦の姿勢から積極的な喫煙者であった場合も少なくない。しかしながら、昭和モダニズム期には、こうした意識的な規範挑戦の喫煙者に限らず、多くの喫煙者が生まれた。職業婦人、女給、有閑マダム、令嬢、銀幕のスターたち——。男性たちからは、女性の喫煙者の増加に対する批判的な言辞とともに、女性の独立や成熟、自尊の念の表れであり、婦人参政権運動など男女同権意識から来るものであろうととらえ、こうした様相を容認する発言も見えてくる。

しかしながら、女性の喫煙を新たな規範の枠に入れる言説も登場する。「美しく喫煙するならば女性の喫煙も魅力的である」、「女の喫煙は男の性欲を喚起する」といった性的イメージを喚起する「美」の規範である。

大正年間から昭和モダニズム期にかけて、女性たちは、それこそ多様な動機で、多様な意味を持ちながら喫煙していた。それはまさに、女性の喫煙に表れた「モダニティ」の内実であった。

3 江戸時代の女性の喫煙の諸相

　本書は、女性の喫煙タブー規範の成立状況を明らかにするために、あえて明治期から論述を始めた。そして、大正期、昭和戦前期に、女性の喫煙タブー規範が揺らぎ、変容したことをまず述べてきた。この女性の喫煙タブー規範成立の要因として、私たちが発見したことは、すでに述べてきたように、近代化の過程で進行した。刻み煙草から紙巻煙草つまりシガレット喫煙への変化が、女性の喫煙タブー規範の成立に深く関わっているということであった。この仮説の実証には、明治期以前の喫煙の様相を押さえておく必要がある。したがって本章では、主に、江戸時代の絵図に描かれた女性の喫煙の諸相を取りだしてみることにしたい。厳密な検証には、まだ多くの検討が必要であるが、とりあえず、絵図類から江戸期の女性の喫煙の姿を垣間見ることにしよう。

　文政三（一八二〇）年から文政一二（一八二九）年の間、オランダ商館員として日本に滞在したフォン・オーヒメール・フィッセルは、その著書『日本風俗備考』（原題『日本国の知識への寄与』）の中で次のように述べている。

どの客に対しても区別なくまっさきに勧められるものは、一杯のお茶、それから煙管と煙草である。この煙草という植物は、ポルトガル人が日本人に伝えたもので、その結果、喫煙は日本人の間では男女を問わずきわめて一般的な習慣となった。日本人はみな各自が煙管と煙草入れを常に携帯するようになり、どんな忙しい時でも、好んで二、三服の煙草をのみお茶を飲むために、休憩してしばらくの間仕事をやすむ習慣となったものと思う。日本人は煙草を撚糸のように細かに刻む。そしてそれを阿片かまたはそのほかの麻酔性の、あるいは芳香性の薬物と混合することをしないで、全く純粋なままで、中国人とおなじように、短いパイプに小さな球状に丸めて詰めて吸うのである。日本人の婦人の間では、火をつけた煙管を男友だちや女友だちに提供することは、丁寧の作法である。つまりそれが友情と愛情の証拠となるのである。(1)

フィッセルの叙述によれば、当時の日本では接客にはお茶と煙草が欠かせないものであり、日本では男女ともに喫煙は一般的であった。また、喫煙は日本人の生活の中で欠くことのできないものであるとされている。また、ここには、日本への煙草の移入、日本人の煙草の吸い方の特徴も描かれている。さらに、日本の女性は、「友情と愛情の証拠」に煙管のやりとりをするとしている。

江戸時代の女性の喫煙については、浮世絵などにより、遊女が喫煙したことは一般的に知られていると思われるが、武家・商家・農民などの諸階層の女性の喫煙について検討されることはなく、また、注目すらされずにきた。本章では江戸時代に女性は喫煙したのか、という素朴な疑問を出発点として、江戸時代の女性の喫煙の諸相を描こうとするものである。

1　女性の喫煙の諸相

江戸時代の女性は喫煙をしていたのか

「昔はたばこのむ女稀なりしぞ、娘容儀草子《むすめかたぎぞうし》に、昔は女たばこ呑むこと、遊女の外は怪我にもなかりしことなるに、今たばこのまぬ女と、精進する出家が稀なりと云り」と「嬉遊笑覧《きゆうしょうらん》」(2)は述べ、当時は大方の女が喫煙し、あるいは喫煙を是認しているとしている。では、女はどんな煙草を吸ったのであろうか。享和二（一八〇二）年の守山孝盛の「賎《しず》のをだ巻」(3)は「その頃（寛延年間）、女は龍王、もきの類、男は館服部などを呑たり、今はうつりかわりて、もき――至て和かく、色は黄なり――など呑む女は一人もなし、貴賎男女ともに国府たばこならでは、呑ぬやうに成たりむ」と昔は女は女性用の柔らかい煙草を吸っていたが、現在は男と同様に国府煙草を呑むとしている。同三年の「後は昔物語」(4)も近ごろの国府煙草の流行の理由を、その火付きのよさにもとめながら、「其頃（昔）は和泉新田とて、白く黄色なるたばこを、女は多分のみたりと見ゆ、傾城もこれをのみたりと聞く」と国府煙草の流行を述べている。

時代によって、ときの人の嗜好にあわせた煙草が流行していることを知ることができるが、女性用の煙草も変遷し、享和期には男女とも国府煙草が流行していた。また、「後は昔物語」の記述は、普通の女と遊女を弁別し、ともに同じ銘柄を用いていたと述べている。傾城・遊女は世間一般の女と区別されてはいるが、「嬉遊笑覧」が「昔」は遊女のみが吸っていたとすることとは違いがある。これは、遊女などからの喫煙の風習が社会の女たちに広がったものか、それとも「娘容儀草子」の女性の喫煙への評価によるものか検討の余地があろう。ともあれ、享和頃には女性の喫煙は一般的であり、しかも流行中の国府煙草を男性と同じように用いていたのである。

ところで、男女の喫煙風景はいかに表現されているのか。「鶉衣前編拾遺《うずらごろもぜんぺんしゅうい》」(5)は「出女の長きせるは、夕ぐれの柱にもたれて、口紅さじと吸たる、少は心つかいすらんを、船頭の短きせるは、舳さきに匍匐て、有明の月を詠じながら、大海へ吸がら投たるよ、いかに心のはれやかならむ」と女の長きせると男（労働者）の短きせるを対比させ、女の長きせるは夕ぐれに柱にもたれて、口紅をさし、ゆっくりとした風情で吸うものとしている。一方、「ひとりね」(6)は、「女郎様などの、鼻の穴より吹出給はんは、いまり焼の香炉の如く、見苦しなんどはおろかの事なり、けぶもさめてはてぬべし」と煙を鼻からだすことを非難している。

図１　柴の上で喫煙する女（文化８年）

文字によって表現された煙草をめぐる諸事情を見てみたが、喫煙は習慣であり、世俗の中で一般化すればするほど、文字記録としては残りにくいといえるであろう。日常は記録されにくいものであり、喫煙は日常の中の習慣であるために、より一層記録として残されにくい。そこで以下では、絵入りの「木版本」に描かれた図版を検討し、喫煙風景に注目してみたいと思う。また、本章の目的は江戸時代の女性の喫煙と女性の社会的地位の問題を考えようとすることにもある。そこでまず始めに、江戸時代に膨大に版行された「女訓書」とそこに挿入された絵図を中心に検討することにしたい(7)。

「女訓書」を中心に女性の喫煙風景を見る

たばこと塩の博物館には喫煙風景が描かれた『版本』が数多く所蔵されている(8)。また、江戸時代には女性の教養・教育のために「女大学」と

図2　店番する女の喫煙（明和6年）

図3　下女の喫煙

総称される「女訓書」が版行され、女への規範が挿絵とともに表示されている。両者によって女性の喫煙の風景を検討する。

遊女の煙管のやりとりは廓にあっては礼儀の一つとされ、遊女の喫煙は当然と見なせる。のちに紹介するように、『版本』にはこの種の女性の喫煙風景が数多く載せられている。しかし、遊女以外の女性の喫煙も描かれている。

たとえば図1の文化八（一八一一）年の「春宵《しゅんしょう》一服《いっぷく》煙草《たばこ》二抄《にしょう》」では、柴の上に座った後向きの女から、着飾った女が煙管で火をもらっている。図2にあるように明和六（一七六九）年の「売飴《あめうり》土平伝《どへいでん》」では、小間物屋の店先で店番をする女が煙管を持っている。いずれも遊女ではない女の喫煙である。

「女訓書」の挿図では、室内の光景が圧倒的に多い。そこでは、煙草盆は場面にとって不可欠のもののごとく置かれており、男女の喫煙光景が散見される。詳細は後述するが、ここでは「女訓書」の代表的なものである「女式目」の冒頭の絵をあげる（図3）。「女式目」は、江戸時代前期に刊行された女子用往来の代表的なものであり、中期まで何度も版を重ねた。女性の生活全般にわたる教育書・教訓書であり、身分の違いによる作法などが示されている。図3には「下々おおくめしつかい給ふてい」という説明がある。縁先で下女が煙草を吸っているが、図には煙

図4　おいらんの喫煙（天明6年）

図5　遊女と若侍の喫煙

草への書き込みは見られない。女性の喫煙場面が描かれていても、そこには喫煙に対する説明がないのが通例であった。

図4、5、6は、いずれも廓で、遊女が喫煙している場面である。図4は、主客が煙管をくわえ、遊女は自分の煙管を若い男に手渡そうとしている。その奥には幇間が見える。遊女が若い男に自分の好意を示そうとしているところであろうか。図5は、遊女と若い侍が火鉢に寄り添い仲睦まじくしている場面で、遊女が煙草を吸っている。梅の木の横に「替なよ誓文くずされ蜜柑酒」と記されている。遊女と男との約束の場面であろう。図6は寝具の中の遊女が枕元の煙草盆に煙管をのばしている。遊女が客とともにいる場面で喫煙している風景は多数あり、遊廓での煙草の役割の重要性を示している。

図7は、万治頃（一六五八～一六六〇年）の成立とされる「をんな仁義物語」の一場面である。上層の女が座敷の奥に座り、両前横に少し若い女が正座し、家人と思われる女が茶を運んできたところである。真ん中に足つきの煙草盆が置かれている。明らかに女性の客に対する接待の煙草盆である。このような図柄は、たばこと塩の博物館の『版本』には登場人物の男女を問わず、頻出する。「昔々物語」[9]は江戸初期の話として、接待としての喫煙を述

べ、客は亭主に勧められて、双方が譲りあった後に喫煙するという、「煙草道」ともいうべき作法があったことを記している。この場面においても「煙草道」に則って喫煙されたのであろうか。

しかしながら図2の「売飴土平伝」の場面では、商家の店先でこの家の妻と思われる女が煙管を持ち、道行く人を見ていたが、店番中の商人の妻の喫煙はべつに不審なものではなかったのであろう。

図8は「女今川」の図である。「上ろう文かき給ふてい」と記されており、身分の高い女が手紙を書いている光景を示したものである。縁先で下女二人が煙草を吸っている。図3において見られたのと同様に、喫煙者は召使ないし下女である。その喫煙に対する非難めいた言葉はなく、喫煙は場面構成の一つの要素のごとくである。

図6　三つ布団の中での喫煙（文政3年）

図7　接待の煙草

図9は作業中の女の煙管のやりとりを描いている。おそらく農民であろう。仕事に急かされ休められずも、煙管で一服というところであろう。冒頭においてフィッセルが、煙管のやりとりは親愛の情の表れと述べていることを指摘しているが、この図はまさしくそれを表現したものといえよう。農婦もまた喫煙をしたのである。

図10は、庶民の夫婦喧嘩の場

図８　下女同士の喫煙

図９　農婦の喫煙（宝暦４年）

面である。夫はすりこぎ棒を振り上げ、妻は煙管を支えにして、はでに口論中である。これは天保七（一八三六）年の「秀玉《しゅうぎょく》百《ひゃく》人《にん》一首《いっしゅ》小倉《おぐら》栞《しおり》」に掲載されているものであるが、文政一二（一八二九）年の「教《おしえ》百《ひゃく》人《にん》一首《いっしゅ》倭文《やまとぶん》庫《こ》」にもほぼ同様の絵が

図１０　夫婦けんか（天保７年）

載っており、そこでは妻は手に何も持っていない。つまり図10の妻は煙管を持ってはいるが、妻の喫煙が喧嘩の原因になっているわけではないと見ることができる。むしろ、裏店の庶民の女も普通に喫煙していたことを示すものと考えられる。

図11、図12はものを教える女である。前者は手習い師匠であり、後者は裁縫の師匠である。師匠が煙管を持ち、教授中である。このような女は、武家あるいは町人階層の女・上層の農民の女と考えられ、教授中の典型的な姿として描かれたものである。煙管はこのような姿に必要な道具立てであったともいえる。教授者は被教授者に対して煙管でさし示すのである。この場合の煙管は、子弟関係を象徴するものであろう。

図13、図14、図15は「女訓書」の、嫁の姑に対する態度を述べたものの挿図である。図13と図14は、姑が嫁に小

言をいっており、嫁は甚だ不満気である。文面の趣旨は「いかに見目形がよくても性格が悪い女への非難」であり、嫁の素直でない態度を諫めることがこの図の趣旨であるが、小言をいっている姑は煙管を立てたり、煙管で嫁をさし示したりしている。姑の喫煙は、むしろ嫁に姑の権威を示しながら小言をいうときの道具立てとなっている。図15は嫁と姑との仲睦まじい姿を描いている。ゆっくり喫煙する姑に嫁が団扇で風を送っている。いかにものんびりとした光景である。状況はどうあれ、嫁と姑との場面では姑が喫煙することは当然のことであり、好ましくないものとは決して考えられていなかったのである。

文化五（一八〇八）年の「女《おんな》撰要《せんよう》和《わ》国織《こくおり》」は「女中《じょちゅう》風俗《ふうぞく》品定《しなさだめ》」として、公家、武家、町百姓、後家、妾《てかけ》、太夫、茶屋女の風俗、あるべき姿を描いている。この内、後家（図16）と妾（図17）とが喫煙中である。

図11　手習い師匠の喫煙（文政2年）

図12　裁縫師匠の喫煙（文政2年）

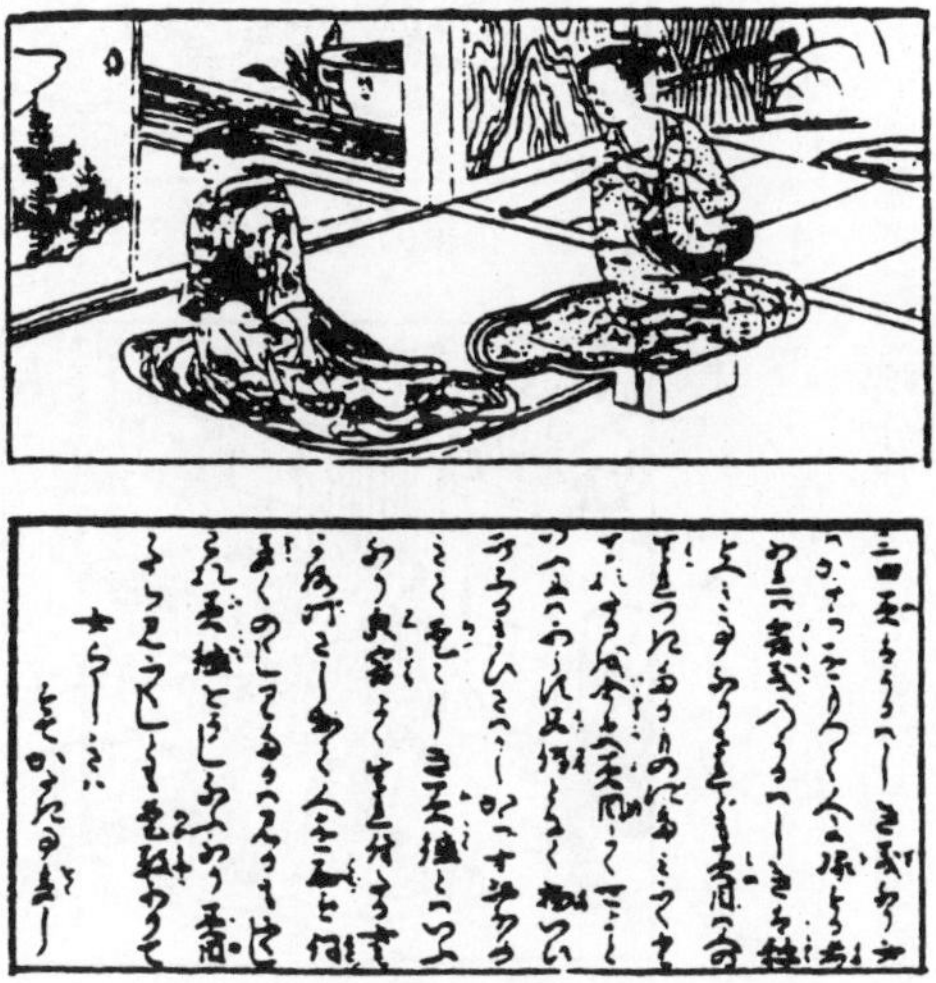
図13　小言をいう姑の喫煙（慶応2年）

図15　姑の喫煙と嫁（明和３年）

図14　姑と煙管（慶応年間）

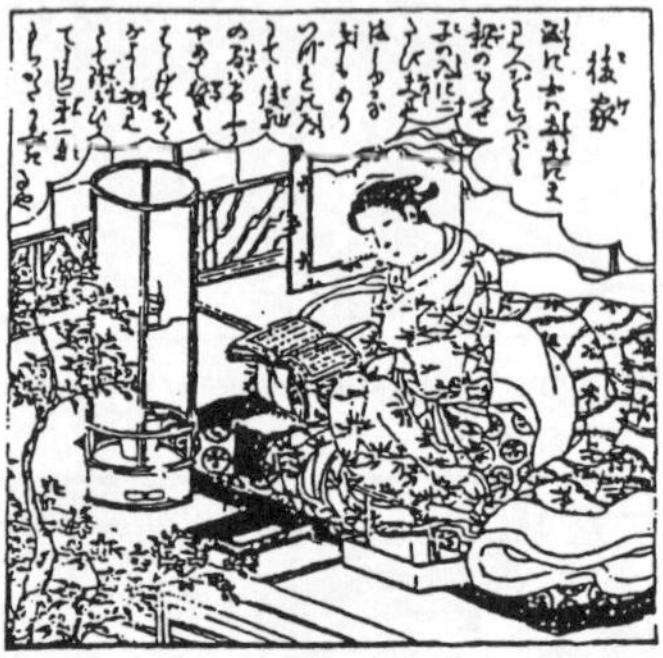

図16　後家の喫煙（文化５年）

図17　妾の喫煙（文化５年）

図16の文章は「誠に『女は両夫にま見えず』といへとも、親のおふせ、子の為に二たび夫にまみゆる事もあり、いずれの道にても、後家のあひだは、けしやう（化粧）やめて、髪もはらげておくがよし。物見とて、随分ひかへてよろし。第一、身持ちかたかるべき事」というもので、喫煙にふれてはいないが、後家になったならば他出せず、むしろ家の中で煙草を吸いながら読書でもしているのがよろしい、ということであろう。

図17は、妾の挿図である。なまめかしい女が猫に煙管を向けている。文章は「外にかこはれいるとも、奥さまに召し仕はるるとも、其夫のあひにまかせて勢ひにつのらず、よくよく身をつつしみ、下々出る入る人までもあなどるべからず」というものである。「よくよく身をつつし」む姿が猫を飼い、室内で喫煙する光景で示されているといえるであろう。

図18は、後家となった女ができの悪い息子に説教をしている光景である。後家となっ

たならば、子が若いうちはしっかり教育して、家を盛りたてよというもので、母は煙管を立てながら息子に小言をいっている。後家の階層は明らかではないが、妾の場合と同様、喫煙は非難されるべきものではなく、当然のことと考えられているといえよう。

「女訓書」と『版本』に掲載された挿図を中心に見てきたが、これらにおいて、女性は当たり前のごとくに喫煙していることが明らかになった。しかも、女性の喫煙に対する非難がましい見解は一切ない。一般的には女性の喫煙そのものは、広範に行われ、非難も大きいものではなかったと明らかにいえる。

最後に、夫から喫煙を禁じられた武家の女の例を紹介する。

頼静子は宝暦一〇（一七六〇）年に大坂の儒者の家に生まれ、安永八（一七七九）年に儒者頼春水の妻となり、夫の広島藩出仕に伴い、天明五（一七八五）年から広島で暮らした。江戸期の高名な文化人頼山陽の母である。静子の日記は、春水の日記とともに『頼山陽全書』[10]に収められている。これによると、静子が煙草を初めて吸ったのは、天明五年一一月一一日であった。すなわち、一〇月三日に「たばこ壱斤」の記載があり、一一月一一日「たばこ初呑み　代一匁」と記されている。そして、一四日には大坂の実家からの荷物に「国府たばこ」が入っていた。天明七年正月の大坂からの書状にも「たばこ」が添えられていた。しかし、同八年江戸藩邸へ出発しようとした春水は、留守中の心得一三カ条を静子に申し渡したが、その中に「煙草禁候事」があった。静子はこれを自らの日記に「たばこ禁制被仰付、恐入也」と記している。以降、静子の日記には到来物としての煙

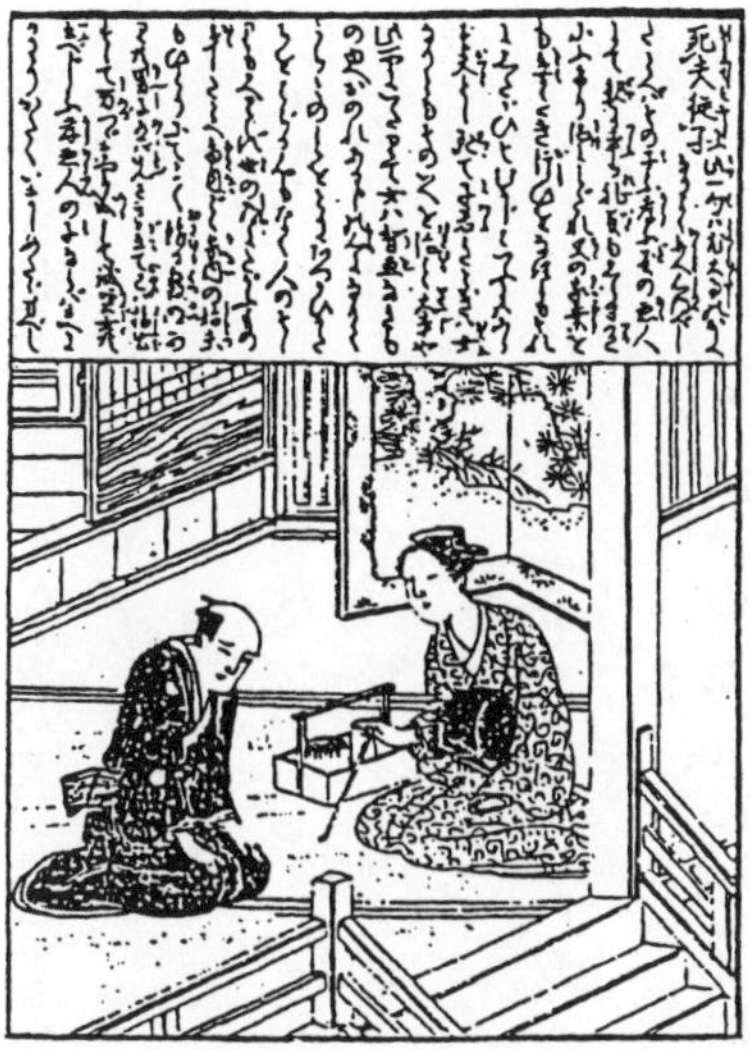

図18　後家と倅（慶応2年）

草の記載が散見されるが、自身の喫煙は確認できない。

文化一二（一八一五）年暮に春水が死去した。文化一五年正月京都にいた息子山陽から書状が届いているが「うす葉たばこ添」であった。「うす葉たばこ」は女性用の煙草であり、静子への山陽の贈り物と思われる。文政二（一八一九）年、静子は京都へ旅行をしているが、買い物の書き上げに明らかに本人のものと考えられる「たばこ」がある。以降も贈り物として煙草をたびたび貰っている。同八年、静子は手習い師匠をしていたが、正月一七日に弟子から「たばこ具のきんちゃくさし、手ざいく」を贈られている。静子の喫煙は公然のものであったのであろう。静子も図11、図12のようなしぐさで弟子に教えたのであろうか。

2　喫煙のしぐさに見る人間関係

現在では、喫煙に対する規制の中に、喫煙そのものとは別に喫煙をする際の人間関係あるいは環境への配慮が要求され、銜《くわ》え煙草への非難などが見られる一方で、格好よい吸い方も喧伝されている。これまで、江戸時代においては喫煙そのものへの非難は大きいものではなく、むしろ女性をふくめての喫煙は一般的であったことを明らかにしてきた。本項では、江戸時代において女性の喫煙場面はどのような人間関係の中で描かれているか、また女性の喫煙のしぐさはどのようなものであったのかを検討することにしたい。

女性一人の喫煙

女性の喫煙場面を描いたもので比較的多いのは、一人での喫煙である。

図16、図17、図19、図20、図21、図22は、いずれも女性がゆっくりと一人で煙草を吸っている場面である。すで

に述べたように図16、図17は、後家と妾の喫煙場面である。後家は布団を背に煙管をくわえながら読書中であり、妾は立膝でゆったりとした風情で煙管を持っている。ともに文面は喫煙を非難するものではなく、むしろ喫煙が当然のものとして描かれている。図19は娘が立膝で煙管に火をつけようとしているところである。喫煙している娘の文面は「雨の音よいほととときすをとつれや」というもので、この情景は女が一人で男の訪れを待っている、というところであろう。

図20は「狂歌奇妙集」の春の部に載せられたもので、一服して息をついているところである。文面は「煙草のむくちより春は来にけらし烟も霞む鼻の先かな」である。これは狂歌のためであろうが、喫煙への揶揄を少し感ずる。

しかし、喫煙への非難ではないという前提でこの狂歌を読むと、鼻から煙をだすことに対する非難めいたものかもしれない。この女性も立膝で、ゆったりとした風情である。

図19　女一人の喫煙（明和7年）

図20　女一人の喫煙（享保15年）

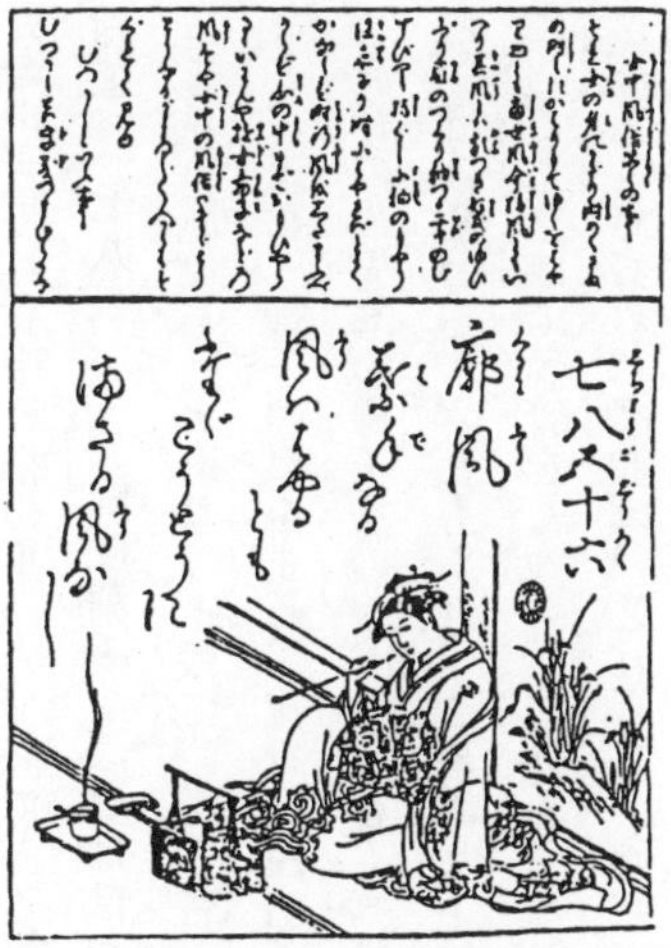

図21　立膝で喫煙する御女中（天明7年）

図22　立膝でくつろぐ喫煙（天明7年）

図21は「女九九の声」の「女中風俗の事」の挿図である。絵に書き込まれた文面は、「七八五十六　廓風葉手《はで》なる風《ふう》はやるともただこうとうにまさる風《ふう》なし」とあり、上段で、髪、帯、眉、袖、染色、模様など、遊女・舞子の風をまねず流行に左右されるなと述べている。流行の最先端の様子なのか、それとも高踏なのかで喫煙に対する評価は変わるが、ともあれ、この御女中は一人でお茶を目の前にして、立膝で煙管をくゆらしている。これもまた、ゆったりとした光景である。図22は、これも若い娘が立膝で煙管を持ち、外の風景をはるかに見渡しているところである。文面は「立春の霞、春の来るけさの雲路のうす霞いづれかさきに立ちはじめけん」というものである。春霞と煙草の煙を対比しているようであるが、喫煙そのものへの非難はふくまれていない。たいへんのどかな光景を描き、表現したものであろう。

女性が一人で喫煙している場面を見ると、その多くが立膝であること、いずれもがゆったりとした風情であることを特徴としてあげることができる。立膝は現代では、行儀が悪いとされるが、江戸期にはゆったりとするときには立膝をすることが普通であった。

人間関係と喫煙規範

女性の喫煙場面では、複数の女性が描かれている場面もよく見られる。すでに述べたように、図13、図14、図15は嫁と姑との関係である。悪い関係と良い関係の二様であるが、いずれも姑が煙管を持っている。図14と図15の姑は立膝である。

すでに見た図1では、柴に腰掛けた庶民の女から上層の女が火を貰っていて、ここには立場の上下関係はない。文面は「くゆらせるのべのきせるは桜ばり　よしの烟草の立るしら雲」である。本書は山東京山の作であり、兄の京伝は煙草の小物などを扱う商人で、その宣伝のうまさから財をなしたが、その宣伝の一部である。煙管の火のやりとりがのどかに描かれている。

図23は、御内儀という感じの女と若い女がおり、障子を開けて男が覗いている。「女の行跡《みもち》」と題された文面は、要するに正妻は妾と仲よくせよというものである。この絵は正妻が妾と親しく話をしている光景である。煙管を持っているのは正妻である。図24は、立膝で煙管を持つ女性に対して、一方の女性が帯と思われる物を押し戴いている姿である。文面は「五七三十五　御料人とかしづかれてもしもじもに情をかけぬ人ハひとかは」とあり、召使の女にも心配りをせよということで、贈り物を与えている場面であろう。

女性が二人でおり、二人の間に上下関係がある場合には立場が上の女性が喫煙をしている。ここでも喫煙している女性は立膝が多い。

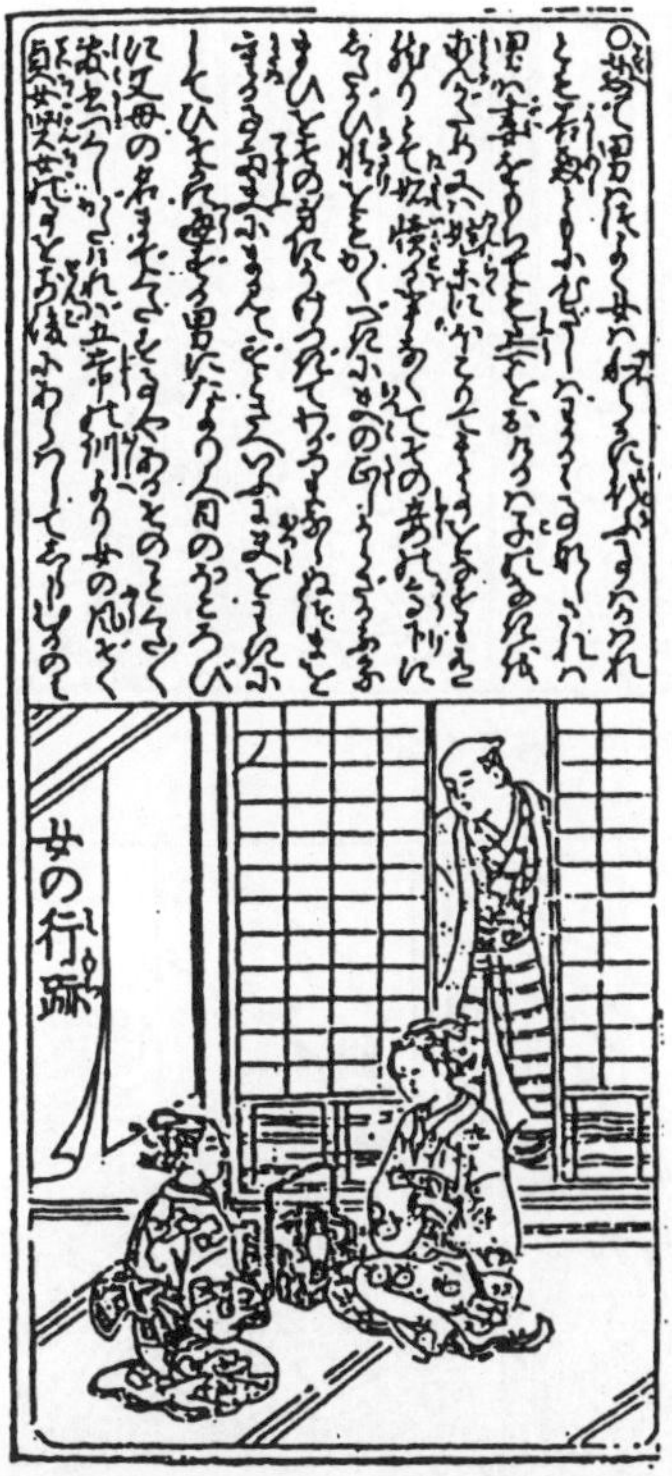

図23　女のみもち（宝暦6年）

図24　女主人と使用人（天明7年）

図25　女たちの喫煙（寛政3年）

図26　縁先での喫煙（延享4年）

前掲の図11、図12の物を教える女性では、教授する側が煙管を持っている。図12の女性も立膝である。

図25、図26、図27、図28、図29は女性が複数でいる場面を描いたものである。図25、図26、図27は屋内の、図28、図29は屋外の場面である。

図25はこたつを中心に四人の女がおり、こたつの上に猫がいる。一人が煙草箱から煙草をだして、煙管に詰めようとしているところである。平凡で、ゆったりとした冬の日を感じさせる。この女たちの関係は対等なものであろう。図26は五人の女が描かれており、これもくつろいだ雰囲気である。一人の女が縁先でもう一人の女と談笑しながら煙管を持っている。仲のよい女友達の集りのようだ。この五人にも上下関係は感じられない。図27は「産子《さんし》の清乱《せいらん》」という項に付された挿図である。文面では子育ての心構えを述べているが、図には子供二人と女三人が描かれている。一人は母であろうが、他の二人は子供で姉妹であろうか。年長と思われる女が腹ばいになって喫煙している。家族内での女どうし、特に血縁関係にあっては喫煙は非難されないことを示している。

図28は妾《てかけ》風俗と題されたものである。川の畔の縁台の上に女が二人おり、一方が煙管を持って立膝でいる。六月

の風景とされており、もう一方の女が団扇を持っていることから、妾の夕涼みであろう。この二人には上下関係は見られず、仲のよい妾の姿である。妾の夕涼みのゆったりとした風景には煙管が似合う。図29は「対氷池鴛鴦」と題された図である。対等な関係と思われる五人の女性が、氷の張った池の畔に佇む姿が描かれている。内の一人が煙管を持っている。冬の野辺での観氷の光景であろう。

男性が登場する場面での女性の喫煙はごく僅かである。図30は座敷で双六をしている場面であるが、登場人物は女三人と元服前の男の子二人である。一人の女が腹ばいになって、煙管を持っている。また、前述したように、図18は後家となった女が息子に小言をいっている図であるが、男性が登場する場面では、この図のように男性が目下の場合にのみ女性の喫煙が描かれていることが多い。しかし図31では、年をとった夫婦が夕涼みをしており、老

図27　家族の女どうしの喫煙（延享元年）

図28　夕涼み（享和元年）

図29　観氷（享和元年）

図 30　遊びと喫煙（天明５年）

図 31　老夫婦の喫煙（天保６年）

妻が煙管を持っている。老後の仲睦まじい夫婦の和やかな光景で、文面の趣旨は女にも男と同様に小学、大学を教えよというものである。図から受ける雰囲気は対等な夫婦関係であり、歳をとれば、あるいは隠居をすれば夫の前での喫煙も自由である、という印象を受ける。

以上、これまで図に描かれた女性の喫煙風景から、次のようなことがいえる。描かれる女性の喫煙は単独で行われていることが多いこと。この場合、女性はゆったりとくつろいでいることが多い。次に多いのが女性だけの喫煙場面であり、対等な関係のときには場面にゆとりが感じられ、上下関係がある場合には目上の女性が喫煙をしている。この場合に、その場の雰囲気はのどやかな場合もあれば、険悪な場合もある。また廓以外では、女性の喫煙は基本的に男性の前ではなされないようである。男性の前での女性の喫煙は、男性が女性より目下の場合である。しかし、老齢となれば、あるいは隠居をした場合にはこの規範からはずれることが見出される。

描かれている女性の喫煙姿はたいへん特徴的である。すなわち、多くが立膝であること、ついで多いのが腹ばいである。正座は少なく、縁台などの上にいる場合でも立膝が多い。喫煙とともに立膝も非難の対象ではなかったようである。

「女訓書」の研究によれば、「女訓書」はいくつかの系統に分類されている。その内「仮名教訓」系の「今川了俊息女教訓文」の冒頭に「女中慎むべきこと」として一七カ条が載せられている。(11) その中に、大酒のこと、大食すること、とともに「烟草《たばこ》あく程のむ事」があげられている。すなわち女性の規範としては、酒も煙草も禁止ではなく、ほどよく嗜めということであった。ほどほどにする女性の喫煙は対人関係上での規範はあったかもしれないが、禁止の対象ではなく、むしろゆとりを象徴するものとして扱われることが多かったといえよう。

3　男女の生業と喫煙

女性の喫煙の具体相を見てきたが、本節においては、江戸中期に刊行され、当時の職業の態様を図と説明文によって知ることができる『人倫訓蒙図彙《じんりんくんもうずい》』(12) 及び『百人女郎品定《ひゃくにんじょろうしなさだめ》』(13) によって、男女の喫煙状況と生業との関わり、及び性差の異同を確認し、生業と関連して描かれる場合の喫煙に差異化が見られるか否かを検討する。

『人倫訓蒙図彙』

『人倫訓蒙図彙』は元禄三（一六九〇）年に成立したものである。横田冬彦によれば「『人倫』とは人間の様々な身分・状態・関係・職能などの呼称・名辞が含まれ、近世に入るとそのうち民衆の諸職業を列記する部分がきわめて肥大化したため、それをその労働の性質によって分類することで成立した」書物であり、巻一から巻七までによって成り立っている。(14) 各巻の表題は表に見るとおりであり、全部で五〇〇以上の職種が図入りで描かれ、それぞれ

表

巻　別	男の喫煙	女の喫煙
巻一　公卿、武家、僧	武家使者の駕篭舁	
巻二　諸師諸芸（「能芸部」）		
巻三　農村・山村・漁村などの生業（「作業部」）	農人、船頭、炭焼、馬方の客	「苗持」の早乙女
巻四　諸職（一）（「商人部」）	唐物やの客	
巻五　諸職（二）（「細工人部」）	張子師	
巻六　諸職（三）（「職之部」）		焼餅師
巻七　諸職（四）（「勧進餬部」芸能関係）		天じん 格子女郎

注：巻別の分類は解説による。下段の「　」内は原典の表題。
出典：『人倫訓蒙図彙』より作成。

の職に解説が付されている。ここに取り上げられている職種のうち、女の生業とされているのは一割以下にすぎないが、ここに描かれている図には、その生業に携わる人びとの一般的な風俗・慣習が示されていると考えられる。

『人倫訓蒙図彙』の中で喫煙の見られるものを探してみると、表のとおり、数としては非常に少ない。図中に喫煙の見られない生業の者は決して喫煙しないわけではないと考えられるが、ここでは喫煙者が見られる図についてのみ、生業と結びついて男女の喫煙に差異化が見られるかどうかを検討することにする。

男女ともに喫煙が見られるのは、農業の場面である。

「農人」（図32）では、鍬《くわ》で田起をする男の横で、腰を下ろした男が火縄で煙管に火をつけている。傍らに鍬と鋤《すき》が置かれており、農作業のあい間の一服というところであろう。説明文は「農夫」として「夫《それ》農人の業は、国家の大要にして人をやしなふ功なり。此ゆへに上天子といへども、賎が業をばよくしろしめし、民の竈《かまど》のゆたかならん事をおぼしめし、御めぐみの御政国土泰平の基は是民の業なり」としている。

図33では、田の中に田植えをする女が三人おり、一人の女が田の畦に腰掛けて喫煙中である。説明文は「田植女の業なり。小乙女《さおとめ》といふは、若き女のかねぐろにして、かさふかく、こゑやさしげに、田うたとてうたふ一ふしの、都にはぢず、やさしくも、しのばしくもみゆるを、いふならん」と、早乙女とは若妻の仕事であることを述べたう

えで、その姿や声、歌を称賛している。喫煙する早乙女の傍らには火縄が置かれ、田植をする早乙女の傍らには煙管が置かれていて、手のあいたときに一服する喫煙であることが示されている。

「作業部」と題される巻三では、農人のほか船頭、炭焼及び馬方の客が喫煙している。いずれも男である。

「船頭」（図34）では、海に浮かんだ舟の上で船頭が空を仰いでいるが、その手に煙を発している煙管が握られている。説明文では船頭の生業の危うさと楽しみを述べている。命を預ける空模様を伺う船頭の手に煙管があるのである。「炭焼」（図35）は、炭焼窯の傍らで、炭俵に炭を詰め込んでいる男が銜え煙管である。窯の火で煙管に火をつけたのであろうか、作業中の一服である。

「馬方」（図36）では、荷を積み、客を乗せた馬を馬方が鞭を持って牽いているが、馬上の武家と思われる男が煙管を持っている。「馬方」という生業とは直接関わらない「武家」の一服である。働いている馬方は喫煙していない。似たような状況と

図 32　農人と種時

図 33　喫煙する早乙女

図 34　船頭

図 35　炭焼

して、武家の使者の駕籠《かご》舁《かき》が主人を待っているふうで煙管を燻《くゆ》らせている図が巻一に描かれている（図37）。主人あるいは客のために働いている最中は喫煙しないが、手持ち時間には喫煙するという様子が見てとれる。

図38は、「張子師」（男）が細工の手を休めて喫煙中である。説明文によると張子師は「犬はり子をはじめ、一切のかたちをあらはし、香合《かうばこ》等をつくる。絵師これにゑがくなり。所々に住す」とされている。張子を作る職人が所々に住んでいるとしている。仕事の中の休憩中の一服というところであろう。

一方、女では焼餅師の女が竈の向こうに座って喫煙中である（図39）。説明文は「大和大路五条の角にあって、これをあひす。其外所々にあり」と述べている。焼餅の焼け具合を見る女主人であろうか、あるいは女房であろうか。竈に火があるこの状況は喫煙にはうってつけであろう。

巻四の「商人部」の「唐物や」（図40）では、店先で主人と客が折衝中であるが、客が煙管をくわえている。説明文によると「唐物や」は「器物、香具、革、紙、薬、墨、筆等、万長崎着岸の物をかひとりて、これをあきなふ。所々にあり」という商売であり、高価な品を扱う商売であった。上等な客が交渉をしながら煙管を吹かしているの

図36　馬上の客

図37　武家使者の駕籠舁

図38　張子師

であろう。

巻七の芸能関係では、喫煙が描かれているのは、いずれも遊廓の女である。これについては次項にゆずる。

『人倫訓蒙図彙』に描かれた図を見る限りでは、農業、諸職の中で男女いずれもが生業とする職種において、労働のあい間の一服という形での喫煙が男女ともに見られる。その一方で、船頭、炭焼など男に限られる職種においても仕事のあい間の一服が見られる。しかし、この一服はこのような職種を生業としない女には機会のない一服であろう。

『百人女郎品定』

『人倫訓蒙図彙』に女の生業としてあげられているのは、巻一では一種、巻三では一〇種、巻四では四種、巻五では二種、巻六では一五種、巻七では一四種である。これらの女のうち喫煙が描かれるのは三種であり、その中で田植の早乙女（図33）と焼餅師（図39）については、男の喫煙と意味において差のない喫煙であることは前述したとおりである。『人倫訓蒙図彙』に描かれているもう一つの女の喫煙は「傾城」の喫煙であり、これは巻七に含まれる職である。巻七に描かれる女の生業は概ね売春を伴っていると見なすことができるものである。

図39　焼餅師

図40　唐物屋

女の生業と喫煙とが結びつくのは、このように限られたものなのか、さらに具体相を見るために、『百人女郎品定』を検討する。

『百人女郎品定』は享保一七（一七三二）年、京都八文字屋八左衛門の刊行によるもので、女の諸身分・諸職種一覧を全面的に扱ったものである。上下二巻からなり、身分系列で区分され、女の姿態の図に生業が注記されており、一〇〇種の生業があげられている。横田はこれを表のように分類している。

上巻は、A皇族・女官、公家・下女、神職・下女、武家、B専門芸能者、C町人・商家、D「職人女」、E農山村に五分類されている。下巻は、F遊廓の女、G妾、H茶屋女等、I奉公人、J勧進、Kその他、L私娼に七分類されている。この分類は基本的に『人倫訓蒙図彙』の分類と同様である。

『百人女郎品定』において、A・Cは「〇〇妻・〇〇室」のように、夫の身分によって生業が示されるものが多く、彼女らは家政を担っていたが、家内使用人が付随する身分であった。家内使用人は『人倫訓蒙図彙』には描かれていない。Eは夫婦同職協業の生業であり、それ以外のB・D及びF以下には女自身の職種が示されている。

『百人女郎品定』において、喫煙中、あるいは喫煙具が描かれるのは下巻に集中している。Fの大天神・小天神・さんちゃ女郎・うめちゃ女郎、Hの風呂女・茶屋女、Iの売春婦の奉公人、宿の奉公人、Jの歌比丘尼《うたびくに》・梓神子《あずさみこ》、Kの取上《とりあげ》ばゝ（産婆）、Lの惣嫁《そうか》・夜鷹《よたか》である。

たとえば、図41の奉公人宿には店先に煙草盆が置かれ、奉公人宿のかゝの傍らで奉公人、あるいは奉公人となろうとする女が喫煙中である。

図42は、「取上ばゝ」が今まさに赤子に産湯を遣わせている図である。盥《たらい》の傍らに喫煙具が置かれている。一段落したら一服どうぞということであろう。労働後の骨休めとして喫煙が考えられていると見ることができよう。図43も梓神子の傍らに喫煙具が置かれている。梓神子は死者の口寄せをする勧進者であり、まわりの女たちが死者の

声を聞いてか、泣き崩れている。産婆や梓神子は生死に関わる生業であり、このような女の重要な仕事の終了後には喫煙がなされるのが一般的であったと考えられる。

『百人女郎品定』下巻のF・H・Lには、喫煙する女が多く描かれているが、これらは売春を行う女たちである。『人倫訓蒙図彙』の巻七に描かれている喫煙する女も遊廓の女である。

表　『百人女郎品定』の内容

区　分	職　種
〈上　巻〉	
A　皇族・女官	1女帝，2皇后，3皇女，7尼御所，8斎宮 16女官，4内侍，5典，6おすえ，9おほう子，10采女，11女孀，12半（端女衆）
公家・下女	13公卿室，14公卿姫君，15御乳，17女中
神職・下女	18神職室，19神職娘，20神子，21同下女
武家	22武家室，23大名の姫君，24大名の国御前
B　専門芸能者	25女俳諧，26女医，27御髪揃，28女右筆，29御物師，30瞽女，31舞子
C　町人・商家	32町人上品の室，33腰元（中居），34有徳人の室，35町人中品の妻，36商人の妻（娘・下女）
D「職人女」	37扇屋折手，38組屋女，39鹿子結，40綿摘（苧績），41締物師（悉皆屋），42牙婆，43衣屋，44草履鼻緒練，45糸繰（管巻），46機匠
E　農山村	47白川の石売，48八瀬の黒木売，49大原の柴売，50百姓の女房
〈下　巻〉	
F　遊廓の遊女	51京島原大夫，52新艘，53引舟，54大天神，55小天神，56鹿恋，57端女郎，58くつわの女房，59揚屋の花車，60遣手，61かぶろ，62かぶろ種 63江戸吉原大夫，64新艘，65太鼓女郎，66さんちや女郎，67うめちや女郎，68揚屋の女房 69大坂新町大夫，70天神，71かぶろ，72局女郎塩ノ位，73影ノ位，74月ノ位
G　妾	75月囲物，76妾奉公人，82二瀬
H　茶屋女等	77風呂女，78釣物女，79茶屋女，80茶屋娘分，81茶屋香車，84水茶屋，85豆腐茶屋，83芝居の札茶屋，89旅籠屋出女，91大湯女，92小湯女
I　奉公人	86奉公人の女共，87奉公人宿かゝ
J　勧進	88歌比丘尼，90時宗の室，93大原神子，96梓神子
K　その他	94取上ばゝ（産婆），95おちやない，97綿繰，98素麺の粉引
L　私娼	99夜の水茶屋，100惣嫁・夜鷹

出典：横田冬彦作成図を一部修正。脇田晴子／S・B・ハンレー編『ジェンダーの日本史 下』東京大学出版会，1995，370頁。

図41　奉公人の女どもの喫煙

図42　取上げばゞ（産婆）と煙草盆

図43　あづさ神子と煙草盆

図44では、格子の中で客待をしている二人の傾城が煙管を持っている。説明文には、傾城は年季勤めであること、年季が明けても借財が返せなければ解放されないこと、衣装と飲食は親方がだす、とある。彼女らにとっては人待ちも働きのうちであり、労働中の小道具として煙管を手に持っている。

図45は、夜の水茶屋の縁台の傍らで夜鷹と並んだ惣嫁が煙管を持っている。惣嫁は夜鷹と同様、最下層の売春婦であった。これらは春を直接に売る女たちであり、人待ちの状態、仕事のあい間のゆっくりとした状態での喫煙が描かれている。いずれも喫煙が女たちの生業と深く関わっているものとして、描かれているといえよう。

前項で述べたように、農業に従事する女、職人の女では、男と同様の状況での喫煙が見られた。ここでは「女の」生業としてかなりのウエートを占めると思われる（生業が細分化されている）遊女系、その他の喫煙について見た。「奉公人宿」の場面では喫煙の意味が必ずしも生業と結びついているとは考えられないが、もっとも数多くの喫煙の見られた遊廓の女、その他売春を伴う生業の女の喫煙は、女だけの差別化された生業と強く結びついた喫煙である。また、産婆や梓神子の喫煙具の表現から、生死に関わる女の生業に喫煙が強く結びついていることが明らかになった。『百人女郎品定』下巻の身分系列を示している順番で、これら産婆や梓神子などの生死に関わる女の生業は低く位置づけられている。『百人女郎品定』を中心にした分析からは、低い身分に位置づけられた生業の女と喫煙は結びつけられていることを指摘できる。

図 44　格子女郎の喫煙

図 45　惣嫁・夜鷹の喫煙

4　幕末から明治初年の女性の喫煙

今泉みねは、徳川幕府の蘭法医桂川甫周の娘として生まれ、幕末・維新期の思い出を『名ごりの夢』[15]に描いている。その中の「思い出の秋―萩―」では、大人の喫煙のまねをして、みんなを喜ばせたことを語っているが、「身は姫じゃ―たばこの火」では、「向島におやしきの女中連が花見に行った時、役者の噂かなんかをしきりにしていますと、ちょうどその前を噂の主が歩いていました。その役者はさぞ喜ぶだろうとうぬぼれて、女中たちのそばによって、たばこの火をかりましたところが、女中はいきなり草履をぬいでその裏にぽーんと火をたたきつけて、無言でさし出したということは何かの茶話でききました」という話を紹介している。お屋敷の女中は煙草を吸い、役者は気を引こうと火を借りるのであった。女性に声を掛けるきっかけとして、煙草の火が使われている。

明治初期の日本の日常生活を記録したE・S・モースは『日本その日その日』で、明治一〇（一八七七）年の三井の店頭の光景として、「一人の男が絶えずそれにつき添って茶をつくりそれを小さな茶碗に注ぎ込み、少年たちはお盆を持って、お茶を観客にくばる為にそこへ来た。炭火を入れた火鉢は、男女の喫煙家のために――もっともお客は概して女である――都合よく配置されてある」(16)と述べている。明治一〇年代の日本では女性の喫煙は当たり前のものであり、買い物にきた婦人はしきりと煙草を吸ったのである。幕末・維新期の女性も江戸時代の女性と同様に喫煙していた。

江戸時代においては、女性の喫煙そのものは何ら非難されるものではなく、対人関係の規範の中で女性は当たり前に喫煙した。一方、喫煙が強調される場合には女性の生業により差異化が行われている。

以上のような女性の喫煙の風潮がいつ変化したのか、すなわち女性の喫煙そのものがいつ非難されるようになったのか。その時期は明らかに近代にあり、近代社会の成立の過程で女性の喫煙は次第に禁じられていくのである。

Ⅱ たばこ広告とジェンダー表象

近代産業の主要な販売商品となり、重要な担税商品となった「たばこ」にとって、「広告」は不可欠なものとなる。たばこ広告ポスターは、本章で取り上げた「天狗煙草」のように、紙巻煙草（シガレット）が、含意に満ちたメッセージを送るようになる。また、紙巻煙草は、日清・日露戦争時に、軍隊への献品（恤兵品）や恩賜品となり、戦争との結びつきが強まっていく。

昭和三〇年代には、専売公社の広告戦略により、ニューフェースの女優や女子学生、主婦、職業婦人などを喫煙者とした、女性向けポスターが登場する。昭和四〇年代には、広告規制により喫煙女性の姿はポスターから消えるが、テレビコマーシャルでは、たばこをめぐる男女のストーリーや解放された女性イメージがアピールされる。なお、江戸期から現代まで、一貫して喫煙者として広告に登場する男性の喫煙表象が、時代とともに変化する様子も興味深い。

4 「天狗煙草」ポスターに見る女性の裸体表象

「天狗煙草」のポスター（口絵参照）は、明治三三（一九〇〇）年制作と推定される岩谷商会の広告ポスターである（以下、「天狗煙草」とする）[1]。多色石版によるこのポスターは、明治期のたばこのポスターが高い技術水準を持っていたことを十分に物語るものである。

一般にたばこと酒類の広告はポスター史において、その先見性、斬新さなどの点で重要な位置にあるとされる。殊に、明治一四（一八八一）年に日本で最初に制作されたポスターが、たばこのポスターだったという意味でも、日本の広告史の流れの重要な部分を担っているといってよい。

明治期のたばこのポスターは、その高い印刷技術によって特徴づけられる。明治三二（一八九九）年にアルミ版輪転印刷機の導入により、日本の印刷技術の発達に貢献した東洋印刷株式会社、また明治三三（一九〇〇）年、造幣局へ招聘されたエドアルド・キョッソーネの直弟子であった技術者を集めエルヘート凸版印刷を導入した凸版印刷合資会社、これらは明治のたばこ会社が広告戦略の一環として設立に関与したものである。

明治中期は、まさに西欧の技術を「お雇い外国人」を介して導入し、その技術によって日本人が新しいものを創りだす時代であった。また、技術だけでなく、文化の多くの面で「西欧」と「日本」という意識差が受容と拒絶という揺れを示した時代でもあった。

「天狗煙草」ポスターは、このような時代、明治期のたばこ広告の中でも、高度な印刷技術の導入という一つの技術的な最盛期と、その後、国の財源確保のため施行された明治三七（一九〇四）年の専売制によるたばこ広告の衰退期の狭間に産みだされた興味深いイメージであるといってよいだろう。

本章は、この一枚のポスターに凝縮されたイメージを、「裸体」という表象を通して読み解こうとする試みである。

1　明治における裸体画広告戦略

岩谷商会と村井兄弟会社

岩谷商会と村井兄弟会社は、明治期の二大たばこ会社として、また派手な広告合戦を展開したというエピソードを残したことでよく知られている。岩谷商会は、明治一七（一八八四）年、口付紙巻きたばこ「天狗」を発売、一方、村井兄弟会社は、明治二四（一八九一）年、両切紙巻きたばこを発売し、両社は明治を代表するたばこ商として発展した会社であった。(2)

両社ともに、広告や宣伝には非常に重点を置いたとされている。広告ポスターや店頭での楽隊による宣伝（これはコマーシャル・ソングと同様と考えられる）、新聞広告、さらにそのようなメディア戦略だけでなく、景品を付けることによる購買意欲の促進や、慈善活動と称するさまざまな活動を通じて企業イメージを向上させようとする戦略など、現在の宣伝・広告の原型がこの時期に登場している。

岩谷商会の場合に特徴的なのは、天狗を商標としたさまざまな広告群である。商品に「小天狗」「中天狗」「大天狗」「赤天狗」「愛國天狗」「國益天狗」など天狗という言葉をつけ、また天狗の特徴である赤い色を使って店頭を装飾し天狗の面を飾る、そして岩谷商会を支えた岩谷松平自身も自らを天狗と称するなど、統一的なイメージ戦略を行った。

村井兄弟会社の場合は、西洋的な雰囲気を強調したとされ、商品名も「ヒーロー」「ピーコック」「リーダー」というカタカナ名称をつけたり、アメリカから葉煙草を輸入したりしている。同時に「忠勇」という商品も造っており、時代を反映して西欧イメージと軍国イメージが渾然一体となっているのも特徴である。

裸体画カードと裸体画ポスター

村井兄弟会社の広告の中でも興味深いのは、商品の景品として添付していたカード類である。このカードにはいくつかの種類があるが(3)、なかでも裸体画カードは注目されていた。アメリカのたばこをまねて、外国人女性のヌード写真を景品としてつけ人気を博したとされる。印刷物が希少な時代ということもあり、色彩鮮やかなこのカード類は、消費者の購買意欲を高めるのに有益な方法であったようである(4)。

村井兄弟会社の裸体画カードに対抗するように岩谷商会が制作したポスターが、この「天狗煙草」ポスターである。このポスターは各たばこ店の店頭に張りだされ、ピンナップ・ポスターとしての役割を果たした。

広告の重要性を感じ、人目をひく戦略を考えだしてきた両社は、女性の「裸体」というものを同時に取り込んだわけだが、また同時に検閲という当時の「裸体」の持つ意味を考えるうえで不可欠な問題とも関わっていく。双方とも官憲の忌諱にふれたため風俗壊乱の名目で発禁処分となったとされているが、実際には村井兄弟会社のみが裁判沙汰になったことが現在確認できる。

裸体の禁止

日本は、文明開化という文脈から「裸体」を検閲の対象としてきたことは周知のことである。西洋人は人前に裸体をさらすことを嫌う。それに対して、日本人は裸体を人目にさらすのを苦にしない。このことを「文明の作法にもとる行い」(5)とし、公衆の面前から裸体を放逐すべきとした。このような論理の法律化によって現在の軽犯罪法の祖型ともいえる違式詿違《かいい》条例ができ、これが明治五(一八七二)年東京府の達をもって施行され、その後各地に同様の法律が施行されていった。

この条例では猥褻な図画や物品の販売、入れ墨、公衆浴場における男女の混浴、猥褻な見せ物などと並んで、裸体や半裸体を公然と人目にさらすことや、身体の露出が禁じられた(6)。

その後、明治二六(一八九三)年の出版法によって猥褻な文書、図画等を出版することは厳しく制限された。出版法第一九条においては、「安寧秩序ヲ妨害シ又ハ風俗ヲ壊乱スルモノト認ムル文書図画ヲ出版シタルトキハ内務大臣ニ於テ其ノ発売領布ヲ禁シ其ノ刻版及印本ヲ差押フルコトヲ得」としており、小説や印刷画・写真画など大量印刷によって頒布されるものがこの対象となっている。

裸体画の罪状——裸体画カードの規制

村井兄弟会社の裸体画カードは、この出版法によって咎められた。明治三一(一八九八)年六月一〇日の内務省告示第五二号によれば、「写真画　但シ女人裸体、若クハ男女風俗壊乱ノ挙動ヲナシタルモノニシテ巻煙草小函中ニ挿入スルヲ目的トシタルモノ」、つまり、裸体画カードであるが、「右出版物ハ風俗ヲ壊乱スルモノト認ムルヲ以テ其ノ発売頒布ヲ禁シ且ツ刻版及印本ヲ差押フヘキ旨達セリ」とされている。(7) 大量出版・大量印刷は、その影響力の大きさ、広範性から猥褻なイメージを伝えるメディアとして取り締まる必要性が高かった。当然のことながら、近代化をめざす日本にとって、出版・印刷の拡大は奨励すべき産業である一方、その統制権を確保することによってのみ、近代化を図ることができるという、きわめて限定された発展の仕方を選ばざるをえなかったわけである。

2　裸体画をめぐる検閲と論争

黒田清輝の「朝妝」

前述したように「天狗煙草」ポスターが描かれたのは、およそ明治三三（一九〇〇）年とされている。裸体に関わる法律の成立はきわめて早い時期だが、にもかかわらずこの時期に女性の裸体表象が現れたことには意味があると思われる。それは、美術史においてまた世相史においてもスキャンダルとして理解される黒田清輝の「朝妝《ちょうしょう》」発表によって巻き起こる裸体画論争と時期が近いということによって時代の空気を説明できるように思われる。

フランス留学をへて黒田が明治二六（一八九三）年に製作し、明治二八（一八九五）年に日本で発表した「朝妝」（図1）は、第四回内国勧業博覧会に出品され物議をかもした。その論議の中心は、公という観念の問題であったことを、北澤憲昭氏は指摘している。(8) 現在の文脈では、美術という枠組みの中と不特定多数を対象とした公の場とでは裸体の持つ意味が異なると考えるのが、普通である。しかし北澤によれば、黒田の「朝妝」に対する論ではその境界線が曖昧であり、それは「美術」という枠組みそのものが曖昧であったことに起因するとしている。

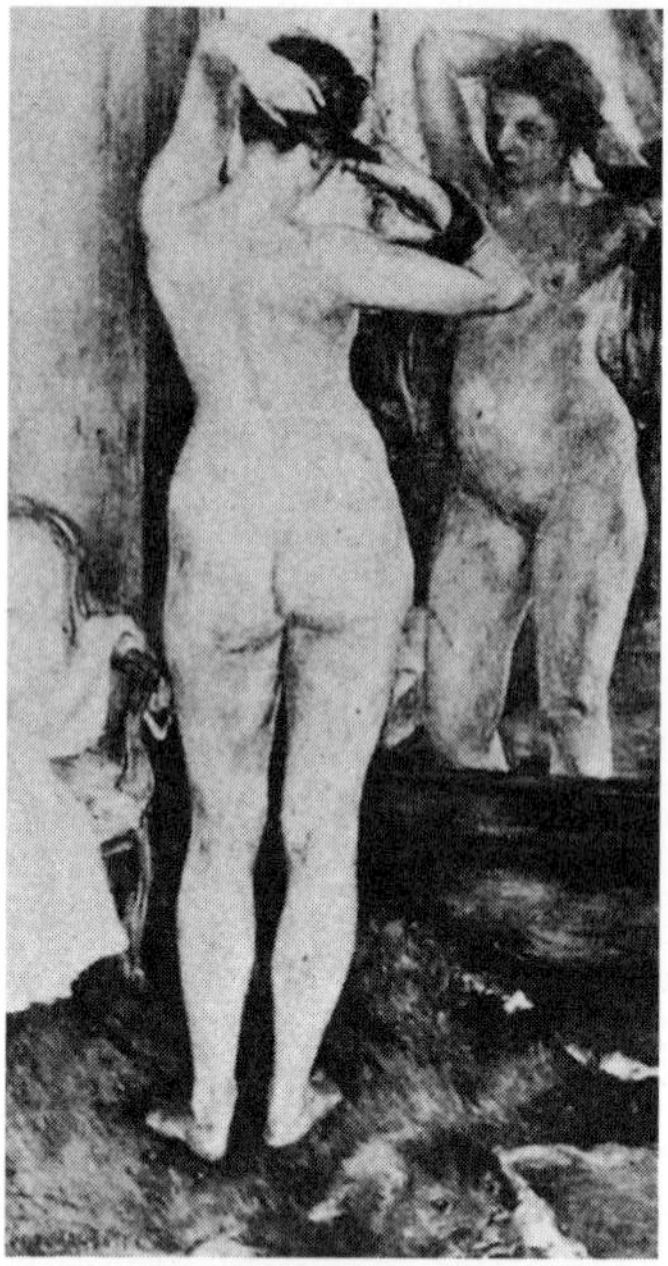

図1　黒田清輝「朝妝」1893年

裸体画を猥褻なものではないとするためには、「美術」という枠組みが不可欠である。それには裸体画を「美術」「芸術」としてとらえる社会的文脈が必要とされる。黒田が「朝妝」を描き、一定の賞賛をえたフランスではその文脈があったにもかかわらず、帰国した日本においてはなかった、そのことによって「朝妝」はスキャンダラスな絵画となったわけである。

「美術」――西洋的裸体受容の装置

「朝妝」以降の裸体画論争について論じる場合、その受容の基盤についてはしばしばふれられてきた。前述した裸体画カードに適用された風俗壊乱という罪状の成立因は、日本と西洋との違いを裸体と非裸体（＝着衣）とし、文明開化をめざす方向に非裸体を設定していた点にある、一方で、黒田の「朝妝」が示しだしたものは、逆説的に西洋の先進性を裸体によって表象しようとする行為であった。西洋というものに照準を定めた、この相反する意識の根本にあるものを、北澤氏はハンス・ペーター・デュルの〈衝動の断念〉という観念を用いて説明を試みている。(9)

デュルは日本の混浴について言及し、「混浴のためには、より大きな〈衝動の断念〉が要求され」るとしている。(10) 人に対してぶしつけな視線を向けないようにする自制心と、人に絶えず肉体を観察されることを覚悟すること、この二つの〈衝動の断念〉によって混浴は初めて成り立つ。見たいと思う衝動、見られたくないという衝動を断念することによって、あたかも平気で混浴しているかのように見えるわけである。実際には見ていたり、見られていたりするにもかかわらず、〈衝動の断念〉によって見ていない、見られていないという意識を作りだしているのである。

美術館という見るために設けられた場は、この日本的な視覚の制御を根底から崩すことになった。絵画は自ら「見る」「見られる」ことを性質とし、そのため日本が文化的に有していた「見ること」の制御装置が取り外され、裸体女性像を恥じらいのまなざしで見ることになる。つまり、文明開化をめざし裸体の規制をすることは〈衝動の断念〉という制御装置を必要としない環境を作りだすことであり、その環境の中で裸体は恥じらうものとなり、「朝妝」はスキャンダラスな恥じらうべき裸体の女性となる。

そしてさらに、西洋文化の摂取のために裸体画を描くには、また裸体画を恥じらいの文脈から遠ざけるためには、〈衝動の断念〉と同じシステムを必要とする。見ているけれど恥ずかしくない、描いているが恥ずかしくない、このような見ること・描くことの「厚み」として「美術」という観念が定着する必要があった(11)。

つまり、日本は裸体を恥じらう視線と裸体を恥じらわないための視線の両方を、新たに西洋から取り込もうとしたといえよう。

崇高なる身体——裸体

黒田の「朝妝」をめぐる問題は、美術という見るための「厚み」を想定することによって、裸体画を猥褻なものから高尚な身体へ変換することが可能になるという、ヌードを肯定する際に常に用いられる論法と同じものと考えてよい。裸体は、芸術的であるという言説を通してヌードとなる。また、芸術的であればヌードは社会的にその価値を認められた存在となることができる。「芸術」を通して猥褻は崇高へと高められ、その正当性を獲得する。

黒田清輝は「朝妝」に始まる裸体画論争の渦中、「裸体を春画とみなす理屈はない」という書簡を書いたとされている。[12] 黒田は人体描写の研究において裸体画は必要不可欠とフランス留学において学んだ。西欧アカデミズムにおいては当然のこの理屈は、裸体を美の理想とするギリシア的理念の伝統のうえに形成されているのだが、当然のことながら黒田を迎えた当時の日本にはこの理念が存在していない。黒田の描こうとする崇高なる裸体は、日本の社会的な文脈によって猥褻な表象とも変換可能な危うい位置に置かれていたといえよう。

また、黒田の意識の中には、黒田の裸体画＝西洋＝崇高、春画＝日本＝猥褻の図式があったと思われる。西洋における裸体表象と日本における裸体表象とは、ヌードとポルノグラフィーという裸体の二極の在り方を示すものとしてとらえられている。すなわち、裸体画の受容には西洋の美術をまず崇高なものと価値づける意識が不可欠で、それがなければ日本において裸体を崇高なるものへと変換させるには至れないのである。「朝妝」はさまざまな議論をへて、着実に日本に崇高なる裸体表象を定着させることに成功した。その後描かれる厖大な裸体画作品群は、芸術なるものと、崇高な裸体なるものが日本に定着したことを示す最大の結果であろう。

3　政治的視線の場としての裸体ポスター

広告における裸体

日本で最初の裸体画ポスターは有名な大正一一（一九二二）年の寿屋（現在のサントリー）の広告「赤玉ポートワイン」の女性半身ヌードであるとされている。[13] 人気のあった芸者をモデルに使い、モノクロの画面の中で女性が手に持つグラスの中のワインだけが透明な赤で着色されている。ヌードといっても、女性の胸から上しか描かれておらず、現在の感覚で見れば、必ずしもヌードといえるかどうか疑問である。

岩谷商会の「天狗煙草」ポスターは、「赤玉ポートワイン」よりはるかに早い時期に制作されているにもかかわらず、日本で最初のヌードポスターとして扱われてこなかった。その理由は定かではない。しかし、ヌードという意味では「天狗煙草」の方が露出部分が多く、さらに制作時期の早さから考えて、考察する意味は十分にあると考えられる。

黒田の例で見たように、いわゆる純粋芸術において裸体に付与されつつあった正当性は、当然のことながらすべての表象が有するものではなかった。この美の規範によって守られなかった多くのイメージ、表象は、官憲によって検閲の対象となった。ことに大衆向けのイメージとして重要な広告は、その広範性、大量印刷による量的な問題、さらに街頭という不特定多数の視線の往来の場での掲示など、メディアとして社会に強い影響力を持つことから、たやすく検閲の対象となりえる可能性を持っている。村井兄弟会社の裸体画カードが、出版法によって咎められたことも、出版物としての影響力を考慮しているためであろう。

裸体画広告のインパクト

前述したように岩谷商会の「天狗煙草」ポスターは、記録としては、検閲の対象となり規制された、とはされていない。しかしながら、裸体表象がきわめて厳しく取り締りの対象となっていたことは、別の意味においてはそれがある種のインパクトを持った表象であったからだとも考えられる。

黒田の「朝妝」が裸体女性という意味でスキャンダラスであったことから考えても、「裸体」はそれだけで十分に人目をひく主題であったと思われる。裸体画は検閲の対象となる危険性があるが、黒田以降、裸体そのものがきわめて衝撃的、かつ近代的問題の一つとして存在しており、当然、そこに広告効果が期待できるはずである。

猥褻なものは、常に規制と共存している。ことに上からの規制に対して、その水面下の大衆的なイメージは無数に作られ、また消えている。広告という大衆向けのメディアが「裸体」表象を取り込むのは、広告の性質から考えればまったく当然のことであり、話題性や欲望の喚起など商品広告の理にかなった方法として登場したのだといえよう。

視線の政治学

「裸体」が表象される広告は、単に注目を集めるためというだけでなく、現代の広告にも通用する視覚による欲望の喚起と深く関わっていると思われる。女性の裸体の描写は、裸体を「見る」ことによって場を支配するという行為によって成立する政治的関係である。それはまた「見る」ことによる「所有」という関係性も包含する。つまり広告における女性の裸体は、商品と共に売られているイメージと考えてよい。裸体の女性が描かれる場合、画面の外にはそれを見る男性の存在が想定される。見る男性と見られる女性、描く男性と描かれる女性という関係は、現実社会における男女の関係性を視線という力学を通して再構成したものである。

見られる女性・描かれた女性は、必ずしも裸体でなくともよいのに裸体であるということ自体が、欲望の対象としての「性」を表象していることを端的に示している。所有されるべき身体、購買されるべき身体として描かれた裸体女性は、見る男性にとっては望ましい女性イメージとして対象化される。一方、女性が見る場合は、見られる女性と自分を同一視し、あるべき女性像として内面化される。こうした力関係は、見る・見られるという行為を通して果てしなく画面の外の世界へと展開されていく。

「天狗煙草」も裸体画カードも、裸体の女性はただ単に無意味にそこに存在しているわけではなく、商品を売るために描かれている。ことに村井兄弟会社の裸体画カードはその傾向が顕著で、裸体女性のカードを添付することによって、商品購買意欲を促そうとする試みである。これは、視線による所有だけでなく、消費者が「裸体」イメージを物質的に所有できるシステムである。個人が物理的に所有できるということは、視線による所有よりも直接的かつ具体的である。「天狗煙草」ポスターも、少なくとも視線による所有という文脈でとらえられると思われる。描かれた裸体女性は、画家に所有されつつ観衆に提供される。ジョン・バージャーがいうように、観衆もまた「見る」行為を通して彼女の身体を「所有」することができるわけである。これらのことは現在の広告を見れば一目瞭然であり、女性の身体を利用した広告は枚挙に暇がない。つまり、広告において裸体女性は、商品に対しての欲望を喚起するための媒体として重要であるといえよう。

4　一九〇〇年制作「天狗煙草」ポスター

意匠を凝らした装飾的な半身大の鏡の前に、纏め上げた髪に今にも簪を留めようとしている裸体の女性が背中を向けて座している。肌の色はきわめて白く、凛とした表情が鏡の中に映しだされている。しかし、その視線はこちら側を見返すものでは決してない。肌の白さと漆黒の髪の毛によって彼女が日本人の女性であること、そして典型的な「美人」を描いたものであることがわかる。その表情は、近代の洋画風のものよりむしろ、浮世絵の美人画を思わせるような描き方がなされ、凹凸の少ない一重瞼の「美人」を描いたものであるといってよい。

画面左手上部には幼児の体型をした天狗が紙巻き煙草の箱に手を添えて、鏡の装飾された縁の部分に足をかけ、あたかも宙に浮いているかのように描かれている。天狗は腹に「金」の字の入った腹がけをしており、日本の典型的な幼児の姿であることがわかる。さらに薄い布地の腹がけの帯をなびかせるように身体に巻きつけ、ゆったりと背で結んでいる。この幼児化した天狗は、岩谷商会のポスターの中でも異色で、他のポスターでは眼光の鋭い真っ赤な顔をした天狗が用いられている。それに対してこのポスターでは、頭髪を丸く剃った、まさに幼児もしくは乳児としか言いようのない天狗が描かれている。この天狗は裸体の女性をじっと見つめているが、その描き方は幼児の愛らしさとはほど遠い冷めた目つきである。

さらに、天狗の鼻は特徴的で、細くまっすぐな形状をしており、天狗の持つたばこの箱からこぼれ落ちる紙巻きたばこと、その長さ太さなどが酷似している。天狗の鼻というものが、俗に男性性器の隠喩として使われることから考えて、天狗の幼児化された姿と鼻の形状とは関係しているように思われる。

鏡の背後には四本の孔雀の羽が空間を埋めている。茶色のビロード風の巨大な布地が、画面左後方から鏡を挟んで右前方へかけられている。女性の座した下にはシルクのような明るい青銅色の布地が女性の下半身を覆うように敷き詰められ、左足のラインにそって赤、白、黄色の薔薇の花が置かれている。鏡面部左上にも白と赤の薔薇の花が飾られている。

これらモティーフによるポスターの画面は、全体としては明治初期の横浜写真を思わせる単調な着色と、細部における表現の拙さ、さらにモティーフの統一性のなさなどに起因する和洋折衷な印象を与えるものである。明らかに西洋のイメージを意識しつつ、その中に日本的なイメージを取り入れる、もしくはその逆の過程によって折衷イメージが創りだされている。

5 「ウェヌスの化粧」

裸体の女性と天狗の子、そして鏡・薔薇・孔雀の羽などの諸々のモティーフは、一見して和洋折衷の雰囲気を持つが、日本人の女性や天狗という架空の日本的モティーフと、鏡の装飾・薔薇の花などの西欧的モティーフは、画面の中で奇妙なバランスを保ちながら置かれている。ここで奇妙なバランスというのは、モティーフの一貫性のなさにもかかわらず、画面の構成は見慣れた統一感のようなものを感じるためである。その統一感は、何か伝統的な主題を模すことによって作り上げられた、画面構成によってもたらされているのではないだろうか。「天狗煙草」ポスターは典型的な「鏡を見る女」を表現したものだが、その類型の中には、このポスターのイメージの源泉ではないかと思われるものがある。鏡をクピド[14]やプットー[15]が捧げ持つ「ウェヌスの化粧[16]」という非寓意的な主題がそれである。「ウェヌスの化粧」は一五世紀から一六世紀にかけてのヴェネツィア絵画に見られる主題で、「横たわるウェヌス」とも呼ばれている。

「ウェヌスの化粧」は、一六世紀のカラッチ[17]、一七世紀にはルーベンス[18]、ベラスケス[19]、一八世紀にはブーシェ[20]などによって描かれてきた主題である。ウェヌスと彼女の子供ともいわれるクピド、ときとしてウェヌスの従者である三美神がウェヌスの身支度を整える姿などが描かれる。

数ある「ウェヌスの化粧」の中でも、ルーベンスの「鏡の前のウェヌス」(一六一四年。図2)とベラスケスの「ウェヌスの化粧」(一六五〇年。図3)の二点はこのポスターの図像ときわめて似通った特徴を持っている作品である。

図2　ルーベンス「鏡の前のウェヌス」1614年頃

ウェヌスの姿態、ことに背骨の形状や、ウェヌスの顔の向き、鏡に映った顔の向きなどはルーベンス作品に近い。しかし、ルーベンス作品は、金髪の北方系ウェヌスであり、クピドは少年であるが幼児とはとてもいえない年齢に描かれている。また、鏡の大きさや形状、全体的な構図が大きく異なっている。

ウェヌスの髪型や前景と後景、クピドとの位置関係など全体的構図はベラスケス作品に似通っている。ベラスケスのウ

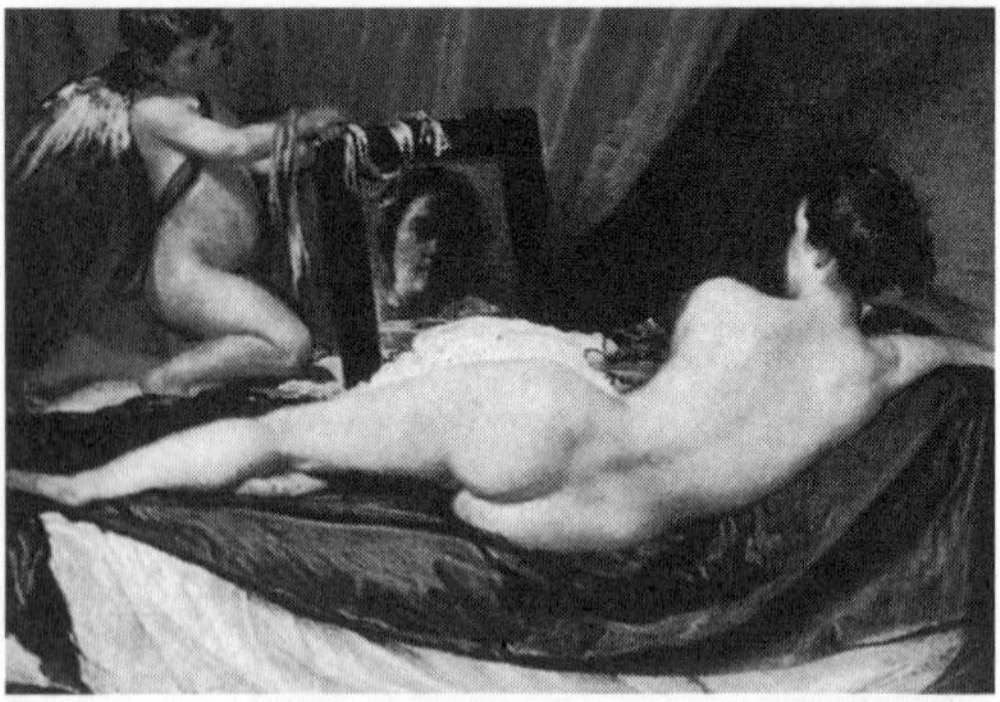
図3　ベラスケス「ウェヌスの化粧」1650年頃

ェヌスの黒髪やクピドが幼児であること、またクピドの体に巻かれた柔らかな薄地のリボンなども共通点といってよい。決定的に異なるのはウェヌスの姿勢であり、ベラスケスのウェヌスは「横たわるウェヌス」と呼ばれる典型的な裸体横臥像であり、「天狗煙草」の女性やルーベンスのウェヌスの垂直な姿勢とは大きく違っている。しかしながら、この二作品は、繰り返し描かれてきた「ウェヌスの化粧」の中でも「天狗煙草」ポスターにきわめて近い図像であるといえる。

6　「鏡を見る女」

この図像に用いられている基本的な要素は、通常「鏡を見る女」と呼ばれている。「鏡を見る女」はしばしば「化粧をする女」であったり、「髪をすく女」であったりもする。寝椅子などに腰かけたり横たわる女性が、鏡を持ちながら自分の髪を櫛けずる裸婦として描かれるというこの主題は、ルネサンス期において「虚栄」＝ヴァニタスを表す世俗的寓意であった。

また、同じくルネサンス期に「傲慢」を表す女性像が孔雀を伴っていたり、鏡を手に持ち、その鏡にサタンの像が映っていたりする例も見られる。ルネサンス期においてこのような「傲慢」の寓意は「虚栄」の図像と同化する傾向にあったとされている。

「鏡を見る女」の系譜は非常に多くの作品群を産みだし、西洋絵画のみならず、日本においても浮世絵・洋画・日本画と枚挙に暇がないほど描かれてきたことを若桑みどり氏は指摘している。「鏡を見る女」「化粧をする女」

「浴後の女」などが描かれるのは、一つには裸体を描く口実となっていたわけだが、描かれた女性のプライベートな空間を占有する男性の画家による支配の装置でもある[21]。

つまり、「天狗煙草」に描かれた女性は、裸体であること、「鏡を見る女」であることから、自ずと彼女にまなざしを向ける主体が男性であることが示されている。

7　神話主題における女性裸体像

西欧の寓意画において裸体女性像が用いられることについて、若桑氏は女性の身体の根本的な無意味性・空白さに起因すると述べている。伝統的に、女性の身体には美徳や悪徳などの諸観念が付与され、寓意画としての女性像が創りだされてきた。女性の身体の空白さや無意味性とは、女性が共同体の中で置かれていた地位を反映している。社会的存在としての男性共同体は、その内部において異なる利害関係を持つ男性たちを統合するために、象徴として女性の身体のみを用いてきた。美徳も悪徳も女性の身体を通して示される限りにおいて、その男性共同体の利害関係を崩すものではなかったからだ。つまり、女性寓意像は男性中心主義社会のシンボルであった[22]。

「ウェヌスの化粧」のような神話画の主題にも、裸体の女性や神々が多く登場する。ここでは「神話」という形態を取りながら、それを口実にした女性の裸体描写が行われていると考えられる。非寓意的主題と寓意的主題とは、神話画の中に巧みに絡められている。ウェヌスの神話の中では、女性の身体を通して見る「美しさ」や「若さ」に対して、「儚さ」や「虚栄」という悪徳が意味づけられていることを読み取ることができる。と同時に、裸体を描く欲望、裸体を見る欲望が「神話」と「寓意」というヴェールの中に、潜在しているのではないだろうか。

この欲望を内奥に持ちながら画家と観衆に「描き」「見る」口実を与える「神話」「寓意」は、そのまま近代以降の「広告」という媒体に置き換えることができるように思う。そこに視線の政治学が働いているという点においては、これらはあまり変わることのないものかもしれない。

8 和洋折衷画面が創りだすイメージ

モティーフの置き換え

「天狗煙草」のポスターで注目すべき点は、西洋女性として描かれてきたウェヌスが日本人女性に、またクピドが天狗の子に置き換えられていることであり、西欧の神話主題を広告という大衆向けのイメージに取り入れつつも、そこに意味ありげな変換を行っている点にある。当然のことながらクピドが天狗に置き換えられているのは、まさに「天狗煙草」の広告だからである(23)。

ウェヌスが日本人らしき女性に置き換えられていることも、このポスターの大きな特徴である。その理由として、一つには天狗との相性・バランスから日本女性に置き換えているともいえるが、もう一点は企業イメージとの関連も指摘できる。岩谷商会の宣伝のポイントは「国益」への貢献であるとされ(24)、その国粋主義的傾向は世に知られていたところであるからこそ、「日本的なるもの」に置き換える試みがなされたとも考えられる。肌の色の白さや黒い髪は、ベラスケスのウェヌスも同様であるにもかかわらず、「天狗煙草」の女性は明らかに日本女性を意識して、浮世絵に見られる女性のような顔に描かれている。たとえば、女性の背中の表現においては陰影を使った洋画のタッチで描いているが、女性の表情は輪郭線を強調した鼻や目の表現から浮世絵の女性像を思わせる。日本の女性であることをわかりやすくするためにも、鏡に映った表情をルーベンスのウェヌスのようにはっきりと描きだすことが必要だったとはいえないだろうか。

西洋的文脈の構成

他のモティーフについて見てみるならば、薔薇はウェヌスの聖木・聖花であるとされる。特に白い薔薇と赤い薔薇はウェヌスの神話において重要性を持っている。[25] 孔雀の羽が四本描かれているが、この意味も鏡の寓意と無関係ではなく、孔雀は前述したように「傲慢」を象徴する女性像の持物となっている。

薔薇・孔雀の羽などは日本のイメージの中にとけ込みにくい小物である。また、図像の源泉だろうと思われる二つのウェヌス像には、薔薇も孔雀の羽も描かれていない。なぜ、薔薇と孔雀の羽が描かれたのであろうか。

おそらく、薔薇と孔雀の羽は西洋イメージを強調するために用いられている。それは、天狗の持っているたばこの箱からハラハラとこぼれ落ちる美しい紙巻きたばこに関係している。こぼれ落ちるたばこは、画面の中で唯一動きのあるモティーフで、一本ずつ紙の装飾が違っている。現在ではあまり見ることのない、美しい装飾模様の描かれた紙巻たばこは、天狗が持つたばこの箱から、女性の足元の薔薇の花の方向へと落ちていく。おそらく、決して空になることのないこのたばこの箱、豊かに生産されていくたばこ、ここからはそうしたものを読み取ることができる。[26]

明治三三（一九〇〇）年当時、紙巻きたばこは国産化されていたとはいえ、まだ高価なものであった。この贅沢な嗜好品がハラハラと落ちていく様は、国益につながっていくこの商品が、豊かに生産され、消費に供されていく様子を表し、贅沢なそして華やかなイメージを表現しているのである。

紙巻きたばこは贅沢なイメージだけでなく、「西洋的」なイメージも持っている。日本で国産化されるまでの輸入に頼っていた時期に、輸入たばこの広告で「西洋風」のイメージを強調していたことも、このイメージ形成に影響を与えている。

薔薇・孔雀の羽・紙巻きたばこは、贅沢なもの・豪華なものの象徴であり、また同時に西洋のもの、いわゆる舶来品をイメージするものなのではないだろうか。このことは、ヴァニタスの寓意としてよりも、ポスターを見る側に伝わりやすい意味だったと思われる。それは一九〇〇年の日本という時間的・地域的基盤を共有しているためである。

9　シンボルとしての「天狗」

クピドと天狗の置き換えは、非常に興味深い視点を提供してくれる。つまり、単に岩谷商会の商標としての天狗ととらえられるのか否かという問題がある。

当時の天狗は、現代のスーパーマンのような、力強いもののシンボルであったといわれている。(27)そもそも天狗は、深山に生息するという想像上の怪物である。その容姿は赤い顔、高い鼻、有翼で神通力を持つとされている。俗に法外様とも呼ばれている。もともとは中国で流星の尾が流れるようすを、天のキツネ（イヌ）にたとえ、それが持つ異様なほどの怪力と強烈な感情、隠見自在で人々の意表を衝く行動にでると思われていたことに由来するものである。日本に伝えられ、日本固有の山野の神に対して、この名が使われるようになっていったとされる。

天狗はその鼻の形状や性質から、高慢なこと、自負することの隠喩として用いられる言葉である。高慢さはまさに岩谷松平の性格にふさわしいともいわれているが、前述したように「虚栄」を表すこの図像において、奇しくも高慢な「天狗」が描かれているのは非常に面白い点である。

しかし、天狗をいわゆる伝統的な天狗像としてとらえるより、むしろ幕末天狗党のような攘夷過激派のイメージがノスタルジックなものとしてその根底にあるととらえることも可能だろう。(28)岩谷商会のさまざまな宣伝や岩谷松平自身の言動は、そうした連想を少なからず可能にするものではないだろうか。また、こうした天狗という存在が、日本の男性の理想の一形態であったともいえる。力強さや超越した能力を持つ天狗という架空の生き物と、時代の転換を自らの手で行おうとした天狗党は、岩谷のみならず広く共有されていたヒーローを表すコードであったと考えられる。

「天狗」と自らを称す岩谷や、それを許容していた社会の風潮、むしろそれが宣伝文句にすらなっていたという当時の状況は、大衆文化において「天狗」をシンボルとした具体的イメージ、当時の国粋的傾向を受容する基盤があったことを示している。つまり、狭義の天狗は岩谷松平という個人を意味するかもしれないが、広義を見てみるならば、天皇を奉ずる日本人男性を表象するものである。

10 西洋へのまなざし

岩谷商会の他のポスターや、現在残されている天狗の面などの「天狗」は、眼光が鋭く恐ろしい形相のいわゆるよく知られた「天狗」である。しかし、このポスターで注目すべきは天狗が幼児化され、天狗の特徴である羽が描かれていない点である。

日本人男性の表象としての天狗、少なくとも岩谷松平自身を表した天狗を、天狗が本来持つとされる力強さや超越性という面から描かず、羽なしの幼い天狗として描いていることは何を意味するのだろうか。このことを「天狗煙草」ポスターの画面における、裸体女性と天狗の関係から考えてみよう。

成熟した身体をさらしている裸体の女性は、描かれた「裸体」という意味においてきわめて西洋的な文脈に置かれた「性的身体」を持っている。また同時にその「性的身体」は、さまざまな西洋的なモティーフの中に置かれている。

このイメージが明治初頭の横浜写真に見られる女性裸体像と似かよった雰囲気を持っていることは前述したが、横浜写真が主として外国人男性に土産物として消費されてきたということも、彼女の「性的身体」を見る視線のありどころを示している。西洋的な文脈に置かれた日本人女性の身体は、消費される身体・売買される身体を表し、天狗という日本人男性の視線によって対象化されるのはもちろん、同時に西洋に対して商品として対象化されている。

裸体の女性を見つめる天狗が幼児化され、羽をなくしているのは、この西洋的なるものとの力関係を表しているのではないだろうか。天狗はたばこのパッケージを持ち、それを見る側に薦めるようなしぐさをしているが、国産たばこにこだわった岩谷商会の「天狗煙草」は、天狗が持つ箱から無尽に生産され、消費者に提供されていく。しかし、提供しているのは幼い天狗なのである。ここで示された力強さと超越した能力を失った去勢されたかのような天狗こそが日本人男性であるならば、そこにはたばこという商品を通して西洋との生産及び消費の力の差を認識してしまった、屈折した人間像が描きだされているとはいえないだろうか。

11　所有と消費——二つの欲望

広告に表される美しい女性裸体像は、自由経済というヴェールによって、空白の身体として女性を描きだすことを肯定してきた。そこには女性の裸体により喚起される欲望と商品に対する欲望を重ねあわせた、購買者＝男性の「所有」意識が強く反映されている。

現在でも広告と女性のヌードは切り離せない関係にある。厖大なコマーシャルに女性の身体が登場しない日はないほどである。広告において女性の身体が用いられるのは、購買可能な存在としての女性を示している。断片化した身体や、ヌード、視線を向けない女性、後ろ姿の女性など、さまざまに描きだされた女性は、見る側にとってより望ましい女性像として描かれるのである。そしてそこに描かれた望ましい女性像は、男性にとっては手に入れられる女性・手に入れたい女性であり、彼女たちは広告において商品とともに売られる身体イメージを提供していることになる。

「天狗煙草」ポスターにおいても、女性の身体は性的欲望の視線のために用いられている。しかし、もう一つの欲望がそこには存在している。

「西洋」的なもの、それは明治三三（一九〇〇）年の日本においては、「近代」性を象徴する一つの大きな欲望の対象であった。たばこ、薔薇、孔雀の羽に見られた贅沢な小物は、「西洋」的なものであり、同時にそれらは豊かな「西洋」をイメージさせるものでもある。豊かな「西洋」と性的身体への欲望が、この一枚のポスターに混在している。

このように見てみると、「天狗煙草」ポスターには明治という時代に顕在化した、一つの時代のビジョンが映しだされているように思われる。

豊かな西洋的なモチーフに取り囲まれた裸体の女性、彼女は日本人女性である。彼女は自分自身を鏡に映しだしているが、その顔は画面の雰囲気にはそぐわないほど浮世絵的な表情で、西洋的なものの中にあってそのアイデンティティがあくまで「日本」であることを示している。彼女が裸体でいるのは、彼女自身が一つの商品であることを示し、非日常的空間に置かれた彼女の身体は、現実を剝ぎ取られた性的身体であることが表されている。天狗はその本来の力強さを持たず、無力さを装った幼児として描かれ、それが日本の男性＝生産・消費する身体を象徴している。まさに西洋的なものを消費はするが、そこに屈折した日本人男性としてのアイデンティティが込められている。

西洋の文脈に置かれた女性身体は消費される身体として、西洋的なるものを消費する身体は無害を装った幼児として、西洋的な商品を生産・販売することがすなわち岩谷にとっての国益への道であった。裸体画カードと同様に、付録として売られる女性の身体は、西洋的なモノに囲まれ、みやげ物のように消費されるために描かれている。西洋を装い、女性の裸体を売り、自らは無力な幼児を装いながら、無尽にたばこを生産していく、これがまさにこのポスターに描かれた意味とはいえないだろうか。

唯一枚のポスターから、これらを語りきることはできないが、表象が何らかの社会の状況を反映していると見るならば、この「天狗煙草」ポスターはより多くの解釈を試みてこそ意味を持ちうる、そんなポスターではないかと思う。

5 日清・日露戦争期における シガレットのジェンダー化

日本で女性があまりたばこを吸わなくなったのは明治二〇年代から三〇年代以降である。それはシガレット普及の時期であり、シガレットが「男性のもの」となったことによって、「男性に伍して」自己を主張しようとする女性や水商売の女性以外は喫煙から排除されることになった、というのが、これまでに私たちが考えてきた一つの筋道である。

明治になってシガレットが日本に入って来ると、日本のたばこ業界は競って、この西欧の香りのする新しいたばこの輸入、販売、製造に乗りだした。日本でのシガレット普及のこの時期は、日本が国をあげて新しい産業を興し、富国強兵に努めていた時期である。「近代日本」の軍隊が初めて経験した外国との戦争である「日清戦争」は、戦争に参加した大勢の男性たちにとって、シガレットを初めて経験する機会でもあった。その後、北清事変への出兵、日露戦争と引き続いた、日本でのシガレット普及の初期に行われた戦争は、そのたびに、男たちがシガレットに馴染む機会を増やすこととなった。そこには、シガレットを国のために戦う男たちのためのものとして戦争を積極的に利用した多くのシガレットメーカーがあった。

1　シガレット国産の機運高まる明治二〇年代初期

刻みたばこの喫煙だけであった日本に「巻きたばこ」が入ったのは明治の開国以降のことである。文明開化の波に乗ってやって来たこの「新しい」たばこは、何でもハイカラぶりたい紳士や若者に歓迎された。しかし、初めのうち、こうした舶来（輸入）たばこを吸うのはインテリの高額所得者に限られ、「紙巻き」は政府の大官、紳商などに、「葉巻」は学者、医者などのインテリに好まれた。(1)

初めての国産シガレット（紙巻きたばこ）を東京の土田安五郎が製造したのは明治二（一八六九）年とも明治五（一八七二）年ともされ、(2)(3)明治一〇（一八七七）年の第一回内国勧業博覧会に出品して「内地の産を以て、能く洋風を模せり」として褒賞状を受け、明治一四（一八八一）年の第二回内国勧業博覧会では「各種の製造皆佳良にして……輸入の幾分を防ぐに足る」と記された賞状を受けている。(4)第二回内国勧業博覧会にはこのほか数人が紙巻きたばこを出品しているが、いずれも品質は舶来品に及ばず、舶来品に比べれば廉価であったとはいえ、明治一〇年代の前半頃まではさほど需要がなかった。明治一〇年の東京及び大阪の煙草市場の商品掲示を見ても「刻み」全盛である。(5)

ところが、明治一七（一八八四）年頃、岩谷商会が国産の葉たばこを使った「天狗印」の「口付たばこ」(6)を売出し、明治一八（一八八五）年に、東京銀座の千葉松兵衛が「牡丹印」の「口付たばこ」を売りだすと、数年のうちに「舶来」に混じって「国産」の紙巻きたばこが次々に売りだされるようになり、市場はようやく「紙巻きたばこ」へと向いてきた。しかし、この時期の「紙巻き」はまだまだ「舶来」が中心であった。明治二二～三（一八八九～九〇）年頃の東京煙草市場には、舶来の手巻きたばこ用刻み三九種、舶来紙巻き一六～七種――これらのほとんどがアメリカ製――、このほかにロシア巻二～三種、舶来葉巻二四～五種の名称が標記されている(7)。

そうしたところへ、明治二三年、京都の村井吉兵衛が国産葉を使って国産では初めての「両切り」（「口付」ではない）たばこ「サンライス」を、安価で、しかも「米国式」宣伝によって売りだし、若者を中心に市場で歓迎された。そして、明治二七（一八九四）年、村井は輸入したアメリカ葉（バージニア葉）を混ぜた「両切り」たばこ「ヒーロー」を売りだし、舶来品に遜色ないものとして評価された。

こうしたことは他のたばこ業者にも大きな刺激を与え、「舶来品」に対抗して舶来品に似た国産品を作ろうとする動きとなって表れ、業者は競って自社商品の宣伝に力を入れる結果となった。しかし偽商品、類似のブランドがぞくぞく現れることにもなり、たばこ業界は輸入業者、製造・販売業者が大小入り乱れての混戦模様となった。その結果として「紙巻きたばこ」（＝シガレット）は次第に普及し始めた。

こうした中で、岩谷松平の個性的なアイディアで奇抜ともいえる宣伝を次々と繰りだす岩谷商会と、アメリカ式近代設備を持った工場や宣伝方法の村井商会とが次第に大きくなり、この二者が互いに激しい争いを演じるようになった。村井がアメリカ葉を使って外国製に遜色ない製品であることを誇れば、岩谷は国産葉に限ることを強調した。また、岩谷が貧しい婦女子などを雇ったり内職にだしたりして日本婦人の指先で巻いたたばこであることを宣伝の材料にしているのに対して、村井は近代式設備の中で衛生的に作られたものであることを強調するという具合に、いろいろな面で両者は対照的であった。しかし、それがまた国産シガレットの普及につながることになった。

しかし、シガレットが一般庶民にまで広く知られるようになったのは、日清戦争をはじめとする国をあげての

「戦争」によるところが大きい。

2　日清・日露戦争とシガレット

紙巻きたばこが軍隊で吸うのに適したたばことして日清・日露戦争を通じて急速に浸透し、男性を象徴するものとなっていったことについては、舘によってすでに指摘されている。(8) たしかに、紙巻きたばこの普及と、軍隊ないし兵士、さらに戦争との関わりは重要であり、紙巻きたばこは日清・日露戦争の時期に広く一般の男性に知られるようになった。そしてそこには、「舶来」に対抗しながら国内でも互いに激しい競争を演じていた国産の紙巻きたばこ製造・販売業者の「参加」があった。国をあげての戦争に何らかの形で参加して国威発揚に資することは国を益することであり、自らをも益することであった。

日清戦争は明治二七（一八九四）年八月一日に開戦された。開戦直後の八月三日の『読売新聞』に、「献品の最も多き種類」と題して「陸軍省恤兵部《じゅっぺいぶ》に於ける献品の出願数は去る三十一日八十件一日八十五件なるが該献品の出願数に付最も多きハ煙草《たばこ》、草鞋、手拭等にして一昨一日の出願に係る分のみにても巻烟草《たばこ》四十七萬四千七百本、刻烟草十五匁包五千五百個、草鞋五萬千百四十足、手拭三萬六千四百五十筋と三百反、梅干三十一樽と三石の多きに及びたりと云ふ」という記事がある。

軍隊へのこのような寄贈品は恤兵品と呼ばれた。戦争を控えて陸軍・海軍には恤兵部が置かれ、恤兵品の申し出の受付、許可、送付の指示をした。戦地の将士のための寄贈品が恤兵品であり、金銭なら恤兵金である。

開戦にあたって、少しでも「戦争の役に立ちたい」という思いの一般国民、あるいは業者・業界がいろいろな物の寄付を申し出ているのであり、この品物の種類を見ると、「兵隊さんのため」の物が多いようである。

寄付されたたばこには「刻み」も「巻きたばこ」も含まれているが、「巻きたばこ」の方が圧倒的に多い。寄贈者の中には当の業者も含まれていようが、まだ本格的に実戦が始まっていないにもかかわらず、戦場には携帯に便利な「巻きたばこ」の方が適当と判断できるほど、「巻きたばこ」の存在、あるいは特性が一般にかなり知れわたっていた様子がうかがわれる。

では、こうした恤兵品、恤兵金を贈ったのは誰か。

戦争の開始とともに新聞紙上には戦況ニュースや政府の動き、外交状況などさまざまな戦争関連の記事が載せられるが、戦争遂行のための献金、物品の寄贈者のリストが新聞紙上に載せられている。

たとえば、明治二七（一八九四）年八月七日『読売新聞』には、「遣外陸海軍々人慰労贈品購入費拠金（第一回）」として、「各宮妃殿下の御寄贈品並に主唱者中昨六日迄に出金済及び出金額決定の分ハ左の如し」「……金五百円　毛利公爵夫人、（以下省略）」というように、公侯子爵夫人、財界人の名があげられている。また、同日の別の紙面には「麹町区民の寄贈」として金品と氏名が載せられている。このような高名・著名人の献金リスト、小さな町や村の人びとや学校の生徒、業者の地方組合などの善意の寄付や物品寄贈の記事が、連日紙面に載せられている。恤兵品、恤兵金の寄贈者として、宮妃殿下をはじめ、公侯子爵夫人、財界人、業者、業界団体、一般庶民、町会、個人、宗教団体、各種団体の名が見出されるのである。

このように、紙面に寄贈者の氏名を紹介することによって、一般の人びとに対して国への貢献を広く呼びかけ、励ますといったやり方が盛んに行われた。

そして、多くの業者、業界団体が、直接金品を寄付するだけでなく、恤兵品として適した商品を宣伝し、それによって自らをも利するとともに、それをまた宣伝の材料にした。明治二七〜八（一八九四〜九五）年の新聞には、手拭メーカー、ビスケットメーカー、そしてたばこメーカー・販売業者などのこうした広告が見られ、軍に納めている商品と同じものであること、軍隊用寄贈品として適した物であること、軍隊が活躍している光景をデザインした商品であることなどを謳っている。

商魂たくましい「報国」広告は、さまざまな業種で見られるが、なかでも、とりわけ派手であったのがたばこ業界である。さきに述べたように、この時期はシガレットの普及途上という時期であった。そして、戦場ではたばこ、とくにシガレットが喜ばれるという認識がすでにかなりできていた。輸入品に対抗しながら数多くの業者が乱立気味であった国産シガレット業者が、ここを好機と「参戦」した。

3　戦争を宣伝に使ったシガレット業界

日清（一八九四〜一八九五年）・日露（一九〇四〜一九〇五年）戦争及びこの中間の北清事変への出兵（一九〇〇年）に際して、シガレット業者は「戦争に役立つ」シガレットを謳って自社及び自社製品の宣伝を行っている。そこには、軍の「ご用」に使われたことや恩賜品となったことを名誉とし、戦場で有用である（あった）ことを知らせ、恤兵品に好適であるとして購入を勧める、といったやり方が見られる。

日清・日露戦争においては、恩賜品の一つとしてシガレットが使われた。恩賜品とは、天皇陛下、皇后陛下からの下されものであり、戦争のときとは限らない。恩賜品には、軍刀、双眼鏡、時計、包帯、酒、たばこなどがあった。日清戦争のときには、出征兵士に恩賜品として酒、たばこが下賜されたが、このとき、恩賜の巻きたばこの用命を受けたのは岩谷商会だった。初めは宮内省から、のち大本営からの用命とされている。大本営とは、戦時に際して陸海軍を統帥する最高機関として天皇のもとに置かれたものであり、大本営からの用命品であることは、その戦争のために役立つ物品であることを意味している。

岩谷はさっそく恩賜たばこ製造の用命を受けたことを宣伝に使い、「恩賜」というブランドをだしたがクレームがついて「御賜」と改め、さらに「御賜　天狗煙草」として許可されたという。

図1は、「日清戦争ト天狗煙草　感謝状　乍序取引先へ御詫」と題する岩谷商会の新聞広告である。ここに示したものは明治二八（一八九五）年二月の紙面に載せられているものだが、同じものが四月に別の新聞にも載せられている。いずれにせよ、日清戦争がほぼ終結に向かっている時期から講和条約締結の時期である。広告内容は、「遠征中、日本のとくに日の出印巻煙草が心神の慰めになった、一〇本包は便利だった」といった内容の、在清将士数人連名の岩谷松平宛て感謝状を披露し、「このような感謝状をもらったのは名誉なことだ、ますます軍事用途を尽したい」旨を述べ、「煙草は軍時の必要品として買い上げてもらっているが、分配される量は少なすぎる、天皇陛下から下賜されるたばこや慰問使が持って行ったり団体や個人が献納する天狗煙草の数も莫大だが、まだ不十分だから、紙巻煙草百万本の献納を出願した、ついては『軍士慰労のため連戦連勝帝国万々歳のため』、陸海軍恤兵部へ天狗紙巻煙草千本即ち代金一円三〇銭以上の献納を有志諸君に希望したい」と述べている。そして後段で、前線の御用に追われて注文に応じ切れなかったことを取引先に詫びて、「今後は迅速に出荷できるからどんどん注文してほしい」といっている。

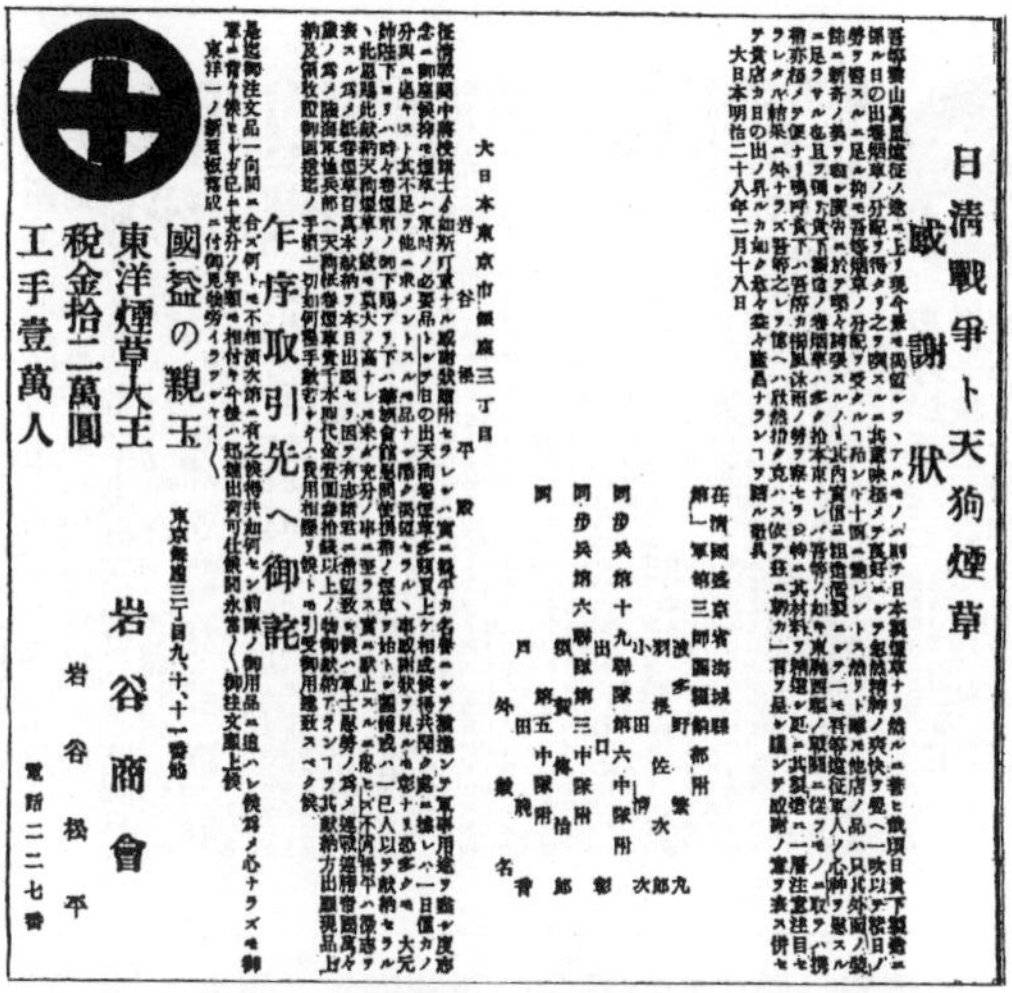

図1　日清戦争終結期の岩谷商会の新聞広告（明治28年4月11日『時事新報』7面。同様の広告が2月18日『読売新聞』6面にも載っている）

日清戦争で戦地に行った兵士の手紙を使うという斬新な

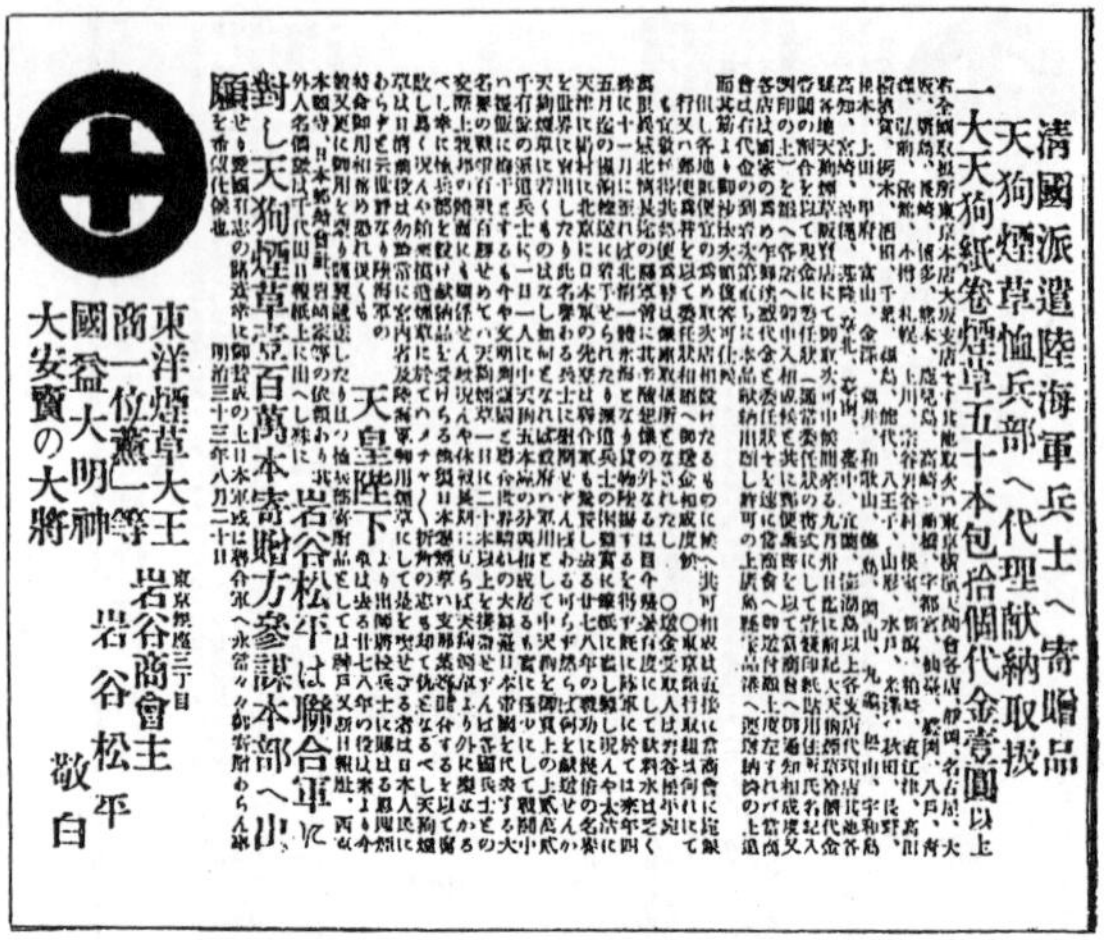

図２　北清出兵時の岩谷商会の新聞広告（明治33年８月23日『読売新聞』）

方法で、兵士にとってのたばこの有用性、自社の製品の優れた特徴を伝えているが、これは紙巻きたばこというものの宣伝にもなっている。また、将士、軍隊、戦争、国家、天皇とたばこの結びつきを強く印象づけ、国のために戦う将士のためにたばこの恤兵に応じようという気にさせるよう働きかけている。

図２も岩谷商会の新聞広告である。明治三三（一九〇〇）年の北清出兵時に、日本の将士のために日本の巻きたばこである自社の「天狗煙草」百万本を連合軍に寄贈することにしたので、「天狗煙草五〇本包一〇個代金一円の割合で現金に委任状を添えて申し込めば品物の献納を取り扱う」という主旨である。この広告文の中には、政府が軍用として買い上げている「中天狗」は一日一人五本だけで少なすぎる、「今や文明列強国と連合世界晴れの大舞台日本帝国を代表する名誉の戦争」に勝つためには「せめては天狗煙草一日に二〇本以上携帯」することが「各国兵士との交際上も我が国の体面上」も、また「休戦の時の楽しみ」のためにも必要であることを述べ、そのためのたばこは外国産の原料を使わない「日本巻煙草」でなければならないといって、純粋な「国産品」である自社製品でなければならないことを主張している。それに加えて、日清戦争のときも平常も宮内省や陸海軍のご用煙草となっている天狗煙草を吸わない者は日本人民にあらずという世評だ、と述べ、日清戦争のときも今回も天皇陛下から将士に賜る恩賜煙草の特命を受けていると、鼻高々である。

「国益の親玉」を自称し、国産路線を強調してきた岩谷にとって、まさに時を得、所を得て、得意の絶頂であった様子がうかがわれる。

多くのたばこメーカーや販売店が、このような形で国をあげての戦争に協力したり、協力していることを訴える宣伝をしたほか、戦場でシガレットを吸っている絵柄のポスターを作ったり、戦争にあやかったブランド名の製品を作ったり、勝利を祝う記念ブランドをだすなどのことを盛んに行った。

戦争にあやかったネーミングとしては、かちどき、万歳、大将、中将、少将、大勝利、凱旋、オールマイト（図3）、陸軍天狗、海軍天狗、国益、愛国、忠勇、勇武、武士、軍神、軍功、強国などといろいろあるが、類似の名称も多い。シガレットに限らず刻みも含めて、数多くの戦争あやかりたばこが競って作られていたようである。また、「大勝利マッチ」をおまけにつけるという外国たばこもあった。

日清戦争は明治二八（一八九五）年四月に終結した。日本が開国後初めて行った外国との戦争という場は、国産のシガレット産業を大きく発展させる契機となった。これは、シガレットが恩賜のたばことして使われたこと、恤兵品として好適であるとされ、業者がこれらを絶好の材料として宣伝したことなどの成果であり、戦勝に高揚するムードの中で、国威発揚の一翼を担った国産のシガレットの需要が高まったものと考えられる。これに加えて、明治二八年春、外国為替相場が下落して輸入品の価格が騰貴したことが、国産品のシェアを著しく伸ばしたことも指摘されている。(9)

図3　千葉商店の「オールマイト」新聞広告（明治28年4月7日『時事新報』10面）

日清戦争から北清事変への出兵をへて明治三七（一

九〇四）年の日露戦争に至るまで、すなわち、明治三七年にたばこの製造・販売が政府の専売になるまで続くたばこ業界の販売合戦は、シガレットと戦争の結びつきを強くし、シガレットと戦争に直接参加する男性との結びつきを強め続けることになる。

4　国威発揚とジェンダー化されたシガレット

明治三二（一八九九）年一二月、村井商会は、アメリカン・タバコ会社と各々五〇〇万円、あわせて一千万円の資本金で株式会社村井兄弟商会を設立した。ライバルの会社がアメリカのタバコ・トラストに組み入れられたことによって、国益を標榜してきた岩谷は、これまでにも増して国産、国益を強く謳うことになった。「国のため」を主張するには、国をあげての戦争は格好の舞台だった。岩谷は、国産の葉たばこを使用する、国に多額の税金を納めている、大勢の人に仕事を与えている、ということを常に宣伝しているが、国家の財政が厳しいとき、国産品を用いることで外国品を買わないことが国家のためになることだ、という主張もしている。

岩谷は、広告やポスターに「税金何百万円」という文言――その数字が年々増えていくのだが――を入れ、国に多額の税金を納めていることを主張している。[10]

たばこ事業への課税は、明治新政府は、始めは徳川幕府のやっていた「冥加金」徴収を踏襲していたが、酒、醤油、たばこなどの消費が年々増加する傾向にあるのを見て、国庫の財源として好適であるとして明治八（一八七五）年に「煙草税則」を制定、明治九（一八七六）年から実施した。これによるたばこ税は営業税と印紙税の二種類であり、何度か改正が加えられて次第に整備されてきた。明治二一（一八八八）年に改正された時点で、営業税は製造業、仲買業、小売業に分けてそれぞれに賦課し、印紙税は製品となったたばこに製造業者が税額相当の印紙を貼付するというものであった。この税則には葉たばこに対する課税は含まれず、また営業者にとって煩雑なものであることなどから、さらに大改正が求められていた[11]。

国産たばこの発展は国の財源に直接結びつくことであり、政府が輸入品に対抗できる国産品への肩入れに熱心であったことは容易に頷ける。先に紹介した明治初期の勧業博覧会での国産シガレットの新製品に対する褒賞も、新規事業の奨励という意味だけではなく、国産品の消費を増やせば、関税の低い輸入品を減らすことができるばかりか国税の増加が期待できるのであり、政府にとっては二重に歓迎すべきことなのであって、国産の紙巻きたばこの成功に大きな期待をかけての褒賞である。

これに対して、たばこ事業者は組合を結成し、輸入品に対する関税が低く現行の煙草税則では外国たばこと競争して日本のたばこ業が発展することはできないとして、税則改正を繰り返し国会に働きかけていたが、なかなか成果が上がらなかった。それどころか、日清戦争が終ると国際関係が複雑化して軍備拡張が求められたことなどから、歳入を増やすために酒・たばこの増税が唱えられて「葉煙草専売法案」がだされ、明治三一（一八九八）年、葉たばこは国の専売事業となった。日清戦争は国産たばこの需要を大きく伸ばしたが、それは、結果として、国家財政の面で、たばこと国との結びつきを強めることになったのである。

また、関税の問題はたばこ業界のことだけではなく、自主関税への動きも次第に強まっていた。日本国内のこの動きを察知したことが、アメリカン・タバコが村井に企業合同を働きかけた要因の一つだったようだ。日本で人気のあった製品「オールドゴールド」の日本市場を失うまいとしたのである。

村井のアメリカン・タバコとのトラストは、アメリカン・タバコのアジアにおける販路拡張が大きな目的であるが、村井としては、日本の産業の発達、日本のたばこ技術向上のため「国家的見地に立って合同を決意した[12]」のであるという。しかし、ライバルの岩谷はこの外資導入を非難し、国賊呼ばわりまでした。これに対し、村井は、時

図4　村井兄弟商会「リーダー」のポスター（明治37年）。「海戦大捷紀念」と記されている。

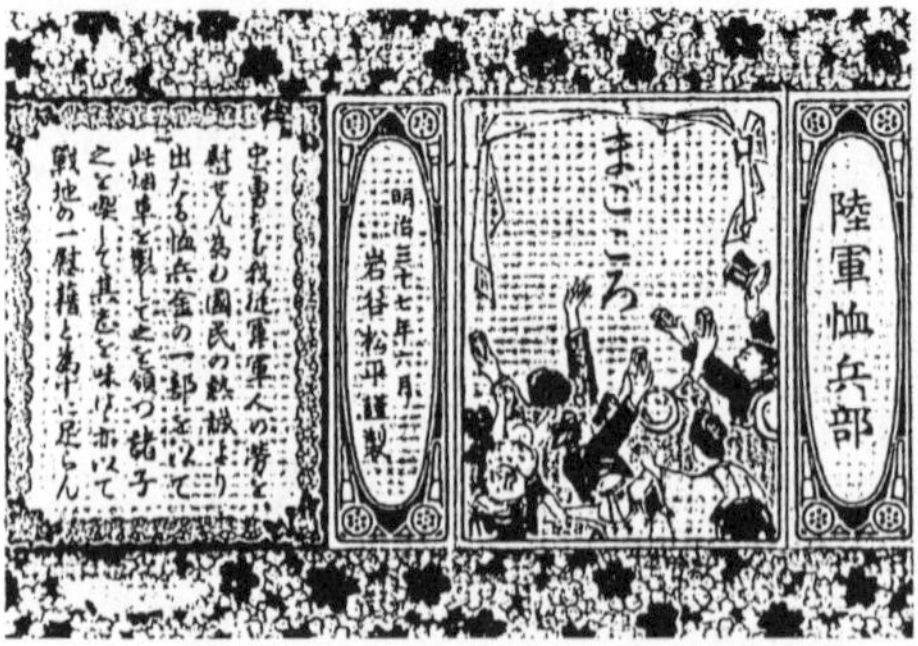

図5　岩谷商会「まごころ」パッケージ写真

勢にあわせて「忠勇」というブランドの紙巻きたばこを作って国家への協調をアピールした。それまでは「両切り」紙巻きを作っていた村井だったが、「忠勇」は戦場で喜ばれる「口付」にしている。パッケージには日本の国威発揚のために陸軍と海軍が力をあわせていることを象徴した図柄を用いてこのたばこと国威発揚との結びつきを示し、戦場での喫煙風景を描いたポスターを作って国のために戦う男とシガレットの結びつきを強調している。

また、村井は「リーダー」という紙巻きを作っている。「海戦大捷紀念」という文字の入ったポスター（図4）の図から、明治三七（一九〇四）年二月以降、すなわち村井商会の廃業直前に発売されたことがわかる[13]。村井は、たばこ事業最後の仕事として、戦争という形での国威発揚に結びつけてシガレットを世の中に送りだしたことになる。

一方の岩谷は、日露戦争の出征兵士慰問用のたばこの製造を陸軍から引き受けて「まごころ」というたばこを製造した。「シルクハットを持つ紳士、洋服と着物の男性、赤ん坊を背負い子供の手を引く主婦、髪を島田に結った娘などがたばこの箱を掲げて万歳をしている……国民が真心をこめてたばこを贈るという意味をあらわした[14]」パッケージの図柄（図5）は、戦地に行かない国民は自分の分を割いてでも出征兵士にたばこを贈ることが戦争ないし国家のために尽すことなのだということを示している。「まごころ」は、明治三七年四月には恤兵品として送りだされている。

さて、日本のたばこ業界の大手である村井が外国資本の傘下に入ったことは、葉たばこ専売制の不備という問題とあわせて、たばこの完全専売制への動きを強めることとなった。そして何よりも日露戦争の戦費調達という急務があって、明治三七年四月に煙草専売法が公布され、七月一日に施行された。

明治二〇年代から三〇年代にかけて、発展しかかっていた日本のシガレットメーカーや販売業者は、開国以来日本が初めて外国と戦った戦場にシガレットを送り、それを宣伝し、戦士とシガレットの結びつきをイメージしたパッケージやポスターによってその結びつきを強めた。数多くのたばこメーカーや販売業者が、こうして国益に貢献した。これを、軍が、国が、マスコミが、サポートした。

軍隊に入り、戦地に赴き、戦場で国のために戦うのは男たちであった。シガレットは国のために戦う男たちのものとして印象づけられた。戦争が終り、郷里に戻った男たちは戦場で初めて知ったシガレットを吸うようになり、さらにシガレットは大衆化してゆく。こうして、シガレットは男性のものとしてジェンダー化されたのであった。

6 昭和三〇年代のたばこ広告ポスターにおける女性像と新たな規範

「女性が喫煙する」という行為、そして女性の喫煙を描いた図像には、ある意味あいが込められている。一般に風俗写真や芸術写真、また写真に限らず多くの図像において、その意味合いはメタファーとして用いられてきた。図像は、そこに表された人間の容貌や持ち物、場所、ほかのモティーフなどとの関係、さらに構図などによってさまざまな意味が込められており、一枚の図像として成立している。

本章では、昭和三〇年代頃（一九五五〜一九六四年）のたばこポスターという広告の図像を材料に、女性イメージを分析していく（そのため本章では、元号表記で論述する）。その際、男性を描きだしたたばこポスターとの比較も行う。この時期のたばこ広告の女性図像は大きく二つに分類できる。一つは喫煙する女性像であり、もう一つはたばこを贈る女性像である。これらの図像の中で女性はどのように描かれるのか、またそれがたばことどのように関係し、生成されたのかについて言及する。

ポスターは、他の図像とは本質的に異なる一つの社会的機能を持っている。それはジョン・バージャーが指摘しているように、他の図像がいわば鑑賞者の現在の状態を表しているのに対して、広告媒体としてのポスターは、鑑賞者すなわち購買者の現在に不満を抱かせ、よりよい未来の状態を望む気持ちを喚起させるように表されているのである。(1) 広告が説得力を持つのは、広告が真実であるか否かによって判断されるのではなく、見る側の幻想をどれだけ有効に刺激することができるか否かによって判断されるのである。

つまり、広告としてのポスターに表される図像は、社会とそこに含まれる個人の羨望に近い欲求であり、現実を表現したほかの図像よりも明確なメッセージを持っているといえる。鑑賞者の欲求にかなった広告は、過去や現在の規範を修正していく力をも持つし、未来のあり方を規定していく要素となるのである。その意味で、女性が喫煙するポスターを分析対象とすることは、社会の求めた「女性」と「喫煙」の未来形のあり方を示すことにもなるだろう。

本章で分析対象としたものは、昭和二八年から昭和三九年までに専売公社によって制作されたポスターのうち、現在「たばこと塩の博物館」に保存されているもの、及び東洋広報の飯田鋭三氏が収集され保存されているものである。保存されているもののうち、年代及び諸情報が明らかな一九四枚の中から、人物を主要なモティーフとし、かつ写真を用いているものという条件で九一枚を選択した。また、同じデザインでありながら、ポスターのサイズのみを変えて発行されたものは選択する段階で一枚と見なした。

また、ポスターを「喫煙用」「贈答用」と分類したが、「贈答用」ポスターとはたばこを贈るメッセージが中心であり、贈答用であることを示すコピーが添えられていること、図像的には人物がたばこの化粧箱を持っていたり、贈答のシーンであったりするポスターをさしている。それ以外のものは基本的に「喫煙用」ポスターとしている。

1　女性の喫煙と贈答——昭和三一年までの二項対立的女性像

昭和三一年までのポスターの中の「女性」と「喫煙」の関係には、大きく分けて二つのタイプの女性像が見られる。それは喫煙する女性と喫煙しない女性の図像である。

喫煙しない女性はポスターの中では贈答する女性として描かれ、貞淑な家庭婦人であることが示されている。この貞淑な女性像は、たばこポスターの歴史の中で重要な位置を占めてきた。それは、古くは昭和一〇年の「ご贈答にタバコ」（図1）にも見られる一連の贈答用ポスターの女性たちである。今回分析対象としたポスターのうち、昭和三一年以前のもののほとんどが贈答用ポスターである。彼女たちは、和服姿もしくは清楚な洋服姿であり、笑顔を振りまいている。たばこの化粧箱を恭しく持ち、決してたばこを吸うことはない。この中元・歳暮を中心とした贈答用ポスターでは、社会生活を守り、モラルに従順で貞淑な家庭婦人が必ずといっていいほど描かれている。彼女たちの笑顔は、さながら社会及び家庭に明るさをもたらし、そのほとんどを占める和服姿と首まできっちりと詰まった洋服は貞淑さの象徴であったといえよう。

図1　「御贈答にタバコ」（1935年）

このことは、同時期に制作された二枚のポスターを比較してみると、いっそう明確であろう。「御進物にたばこ」（図2）と「紫煙に憩う近代美をあなたのものに」（図3）は、ともに昭和二八年に制作されているが、そこに表され

図2　「御進物にたばこ」（1953年）

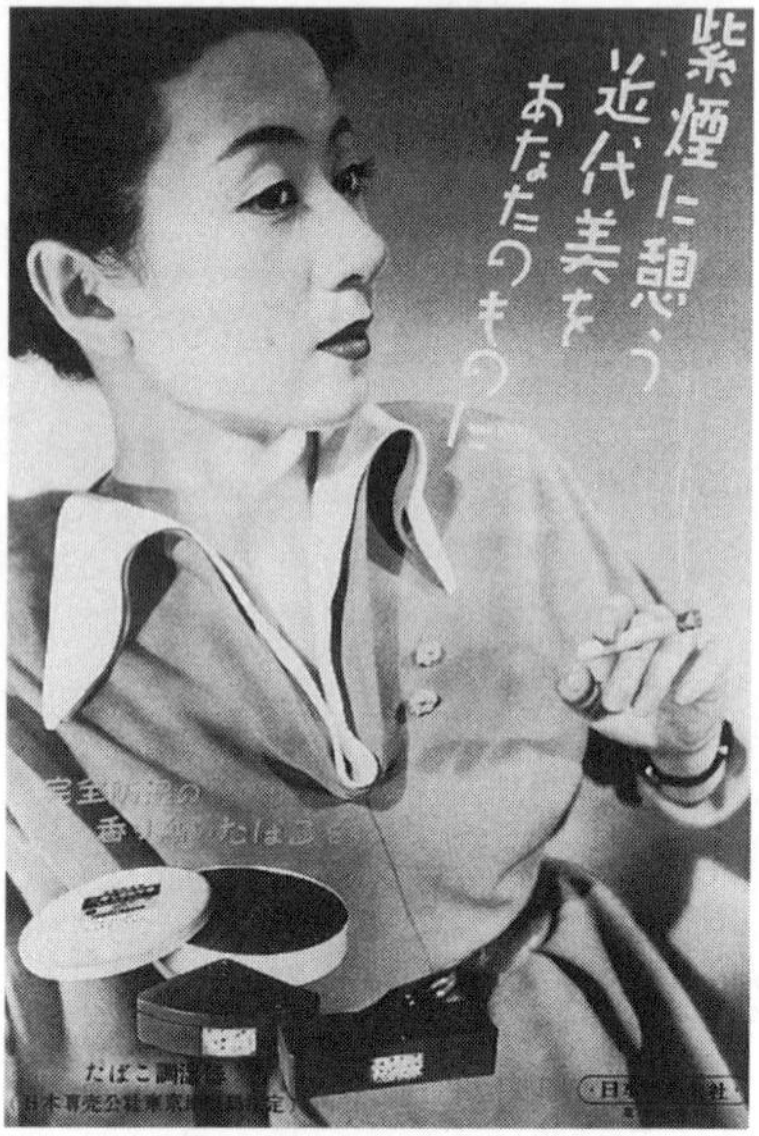

図3　「紫煙に憩う近代美をあなたのものに」（1953年）

た女性が何を意図して描かれているのかが理解できるだろう。前者は、化粧箱を両手で軽く持ち、上目遣いで不自然なまでの笑顔をつくり、前述したように首の詰まった洋服をきちんと着ている。健康的で、明るい、家庭的な女性である。それに対して後者は、左手に火のついたたばこを持ち、やや伏せ目がちな流し目であり、胸の深く開いた洋服を着ている。笑顔ではなく、壁にもたれかかるように体をゆったりと斜めに向け、くつろいでいるように描かれている。この二つの女性の類型は、彼女たちが喫煙するか否かというたった一つのファクターから選びだされ、作られたイメージだといってもよい。

喫煙しない女性と喫煙する女性、二枚のポスターに描かれているのは、どちらもほどほどに裕福な家庭の女性のイメージである。前者は、今ではもう考えられないが、贈答品として中元・歳暮の定番品であったたばこを贈る家庭の主婦であり、一見してそれが中流家庭の主婦であるように描かれている。後者もまた、少なくとも中流以上の家庭の女性を描いており、物憂げに喫煙する女性を都市的な美意識で表現しようとしている。対照的なのは、視線や衣服の身につけ方で、前者が貞節の記号に満ちているのに対して、後者はややセクシャルな記号を持ち、性的であることも含めて都市的な「近代美」としてとらえさせようとしている。

喫煙する女性を描くことの困難さの最大の要因は、このセクシャルな記号としてのたばこという問題にある。前述したように、ポスターには未来的な欲求が反映している。「近代美」という形で描かれている喫煙する女性の姿は、「喫煙すれば彼女のように魅力的な女性になれる」という欲望が映しだされている。このような予見的なポスターにおいては、その魅力はプラス・イメージとして表されるが、一方で、それが現在形・過去形に置き換えられると意味を変えてしまう場合がある。その例として、少し時代がずれるが喫煙女性の典型的なイメージを描いた「夜の女たち」（図4）をあげることができよう。この図像は、昭和二三年に制作された、映画「夜の女たち」のポスターである。この松竹映画のポスターに表された二人の女性たちは、一見して娼婦であることがわかり、「性」を売る女性である。

図4　映画「夜の女たち」のポスター（1948年）

場と文脈によるが、一般に喫煙する女性たちに対して社会が向けた視線は好意的とはいいがたい。喫煙する女性の一つの典型として、娼婦という職業が例示されるのもめずらしいことではないのだ。彼女たちは、娼婦であることを示す記号として、手にたばこを持ったり、たばこを口にくわえたりする。仮に、たばこがなくとも、彼女たちの風貌は夜の女であることを十分に示しているのだが、たばこを持つことでそのイメージが強調され、彼女たちの身につけたものと同様に、彼女たちが一体何者であるのかを示す小道具として描かれていくのである。

このポスターは映画の広告であるため、当然商品のよき未来は構想していない。現在と過去を再現する物語の中では、喫煙する女性像は性欲の対象としての女性、すなわち夜の女たちとして描きだされ、これは喫煙する女性のマイナス・イメージとなっている。

商品のポスターにおいては、喫煙する女性をプラス・イメージを持つ性的なシンボルとして位置づける必要がある。そのためには、このマイナスのイメージを払拭することが重要であった。これから見ていく昭和三〇年代初頭のたばこのポスターに現れた喫煙する女性像には、女性の喫煙のタブーを破る気運が醸成し始めていたことが示されている。

2　女性の喫煙イメージの転換——道徳的規範から美の規範へ

昭和三二年から、たばこのポスターの種類が急増する。ここで扱っているのは写真を用いたもので、しかも人物が写っている物に限定しているが、昭和三一（一九五六）年までは多いときでも年五枚程度であったが、昭和三二年以降には少なくとも年に六枚以上、多い年では一八枚のポスターが残されている。(2)

これは、宣伝用の資金が新たに確保されたことと、そのために専売公社の二人の社員がアメリカでの広告の勉強を終えて帰国し、制作に努力したことによるものである。その一人である森三郎氏（当時宣伝課長）の話によれば、日本の喫煙率及びたばこの販売数を増加させるために、当時喫煙率の低かった女性に働きかけ、女性向けのたばこの広告をだすことが最も有効と考えられたのだという。(3) しかし、既述したように、女性の喫煙は「貞淑ではない」という社会通念があり、女性の喫煙の普及にはこの社会的規制を変容させることが必要であったとされる。

このような背景があり、昭和三二年から増加するポスター群の中でも、女性向けと思われる喫煙広告が目立っている。それまで主流だった贈答用広告にとって代わり、喫煙広告がそのほとんどを占めるようになる。現在最も多くのポスターを見ることのできる昭和三三年を例にとるならば、写真を使ったポスターが一七枚あり、そのすべてが喫煙ポスターであって、うち一一枚が女性の喫煙の図像である。どのポスターの女性もたばこを吸っているが、それらは昭和二八年のポスターとは印象が異なっている。昭和二八年のポスターの女性が持っているある種の暗さ、つまり性的な魅力を示すような憂鬱な雰囲気は、この一一枚のポスターの中には見ることができない。つまり、昭和三二年を転換の年として、喫煙する女性のイメージが描き換えられたのであるが、それは社会の要請というよりむしろ、専売公社の広報側が女性に喫煙を勧めるという明確な意図を持って立てた戦略であったと考えるべきであろう。

このイメージの転換は、喫煙する女性のマイナスイメージを払拭することに始まっている。まず、たばこの吸い方のマナーを示すことによって、「美しい」喫煙の姿勢を規定した。女性が美しく喫煙するならば、喫煙は大いに奨励されるべきこととした。

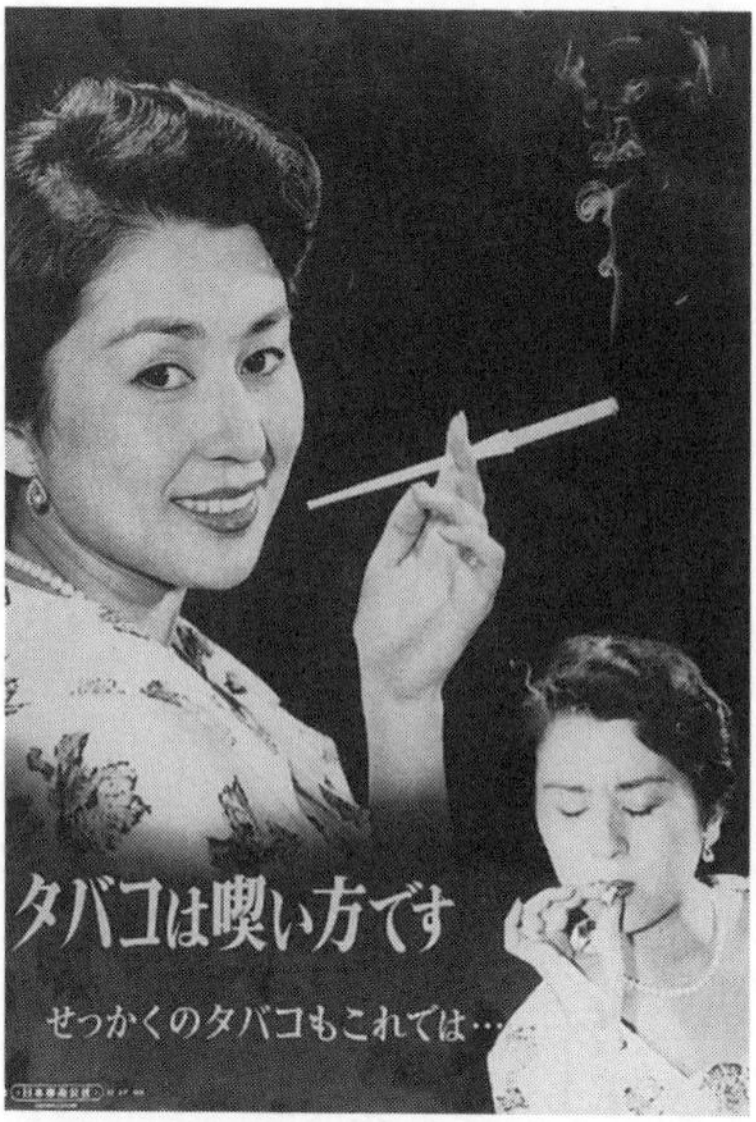

図5　「タバコは喫い方です」(1957年)

このことを顕著に示すのが昭和三二年に制作された「タバコは喫い方です」（図5）というポスターである。一人の女性がたばこの美しい吸い方とそうではない吸い方をしており、「せっかくのタバコもこれでは……」と添え書きされている。よい例であるほうは長いホルダー付きのたばこを手に軽く持ち、笑顔を向けているのに対し、もう一方は、短くなったたばこをぎりぎりのところまで吸い込み眉間にしわを寄せている。たばこの吸い方は、ポスターの中では男女の描き方が異なっているのが通常だが、このような、たばこをくわえるという行為は、女性の図像にはほとんど見ることができないものの一つである。昭和四四年に発行された女性の基本的な礼儀作法を記した本には、「ご婦人の場合、くわえタバコで脚をくみ、口をすぼめて煙をはくなど見苦しいものです(4)」と書かれており、女性のくわえたばこはタブーであったことがわかる。ポスターの図像でも、女性がたばこをくわえている場合があっても、それは必ず火のついていないたばこであり、ただ口にくわえているだけである。その意味ではたばこを吸っているのではなく、「吸う」というポーズにすぎないといえる。逆に男性の図像には、たばこを口にくわえている姿がしばしば用いられており、火もついている。このようなことからも、たばこをくわえて吸う「くわえたばこ」という姿は、一般的に男性の喫煙のスタイルであったことがわかる。

また、たばこポスターの初期から、シガレットの場合、女性がたばこを吸う図像には細く長いホルダーをつけているものが多く見られる。紙巻たばこの吸い口に白いホルダーをつけるのであるが、「細く」「長い」たばこのラインはホルダーつきからたばこの形状そのものに姿を変えて、現在に至っている。女性用として発売されるたばこに、「細く」「長い」形状のものが多いのはこの流れによるものである。このようなことから考えると、このポスターの意図するところは、「女性の喫煙は女性らしい吸い方によって容認される」「美しくさえあれば、たばこもよいのではないか」また「男性と同じようにではなく、『女性らしい』喫煙ならば許されよう」というところである。

このようなポスターが社会的にはどのように受け取られていたかについて、前述の森氏は、説明的あるいは教育的に過ぎるという批判があったことを述べている。確かに、マナーを図解し、良い例／悪い例を示すなど多分に説明的である。しかし、女性の喫煙に対するイメージ転換のためには、まずこのような説明的なポスターを制作し、女性の喫煙に対する社会の「道徳的」見地による固定的な見方を、「美しさ」を規範とする見方へ変える必要があった。このポスターを契機に女性の「美しさ」を規範とする喫煙ポスターが増えてくるのである。

こうして、女性の喫煙を社会的に認めさせるものとして現れた、道徳的な規範から美の規範によって女性の喫煙をとらえる転換は、多様な展開を見せることになる。

3 「たばこは動くアクセサリー」——女性の喫煙のファッション化

女性の喫煙を促すための最初のアプローチは「たばこは動くアクセサリー」というポスター群である。これは昭和三三年から数年にわたって使われたコピーであり、例外なく女性をモデルに使っている。社会的な反響も大きく、多くの女性にアピールする力を持っていたといわれる。また、「白のアクセント」というコピーを併用しているものも見られる。これらは特に共通のイメージを持っておらず、年齢・服装、状況なども種々のヴァリエーションを持っているのが特徴である。これによって、女性に対する道徳的喫煙タブー規範の転換が行われているのである。

たばこは
動くアクセ
Midori
図6 「たばこは動くアクセサリー」〈学生風ヴァージョン〉（1958年）

たばこは
動くアクセサリー
図7 「たばこは動くアクセサリー」〈口元を強調したヴァージョン〉（1958年）

図8　「たばこは動くアクセサリー」〈和服ヴァージョン〉（1958年）

ポスターに表された女性が持つイメージは一様ではない。学生風の女性が草上に横たわり本を読んでいる一見して健康的なテーマのもの（図6）から、女性の爪のマニキュアと口紅の赤色を強調したもの（図7）、また華やかなドレスを身につけたあでやかな女性などもあり、さまざまである。そして、それぞれにたばこをアクセサリーとして持っている（図8）。これらの女性たちには共通のイメージがないように見える。であるとすれば、女性の喫煙は広範な女性層に許容され、より多様な女性の姿で喫煙が受け入れられることが意図されているといえよう。

このようなポスターについて、先の森氏は、女性が喫煙している状況をより多く目にすることで女性がたばこを吸える雰囲気を作ることを最優先に考えたと話している。また、制作にあたっては「水商売のイメージ」をなくし、洗練された都会的な女性のイメージを意識したという。この価値転換のコンセプトは前述のポスターの中に生かされ、道徳的規範を打ち破るための女性の喫煙の新しいイメージが形成されたことを表している。

一方、同時期に制作された男性の喫煙広告には大きく分けて二つのパターンがある。一つは昭和三五年の「男性の条件」（図9）に代表される「男らしさ」という美意識に訴えるものだが、数的にはごく少ないものであった。このポスターからもわかるように喫煙という行為は男性的なものであるという考え方が一般的なものであった。男性というだけで喫煙は是とされているのである。もう一つは昭和三四年の「仕事・いこい・仕事」（図10）、「よし、あれだ！　今日も元気だたばこがうまい」（図11）、昭和三五年の「生活のなかのたばこ」（図12）、昭和三六年の

「たばこが　いちばん　うまいとき」（図13）など、仕事の休息としての喫煙を表している一連のポスターがあり、ここでは喫煙は男性の美意識ではなく、嗜好の一つとして描かれている。男性向けのポスターには実にこのパターンのポスターが多く見られる。

「仕事・いこい・仕事」は、建設現場で休息する男性が描かれているポスターである。彼は作業着とヘルメット姿でたばこを手に持っている。笑顔とくつろいだ姿勢から、コピーにあるとおり仕事のあい間の「いこい」の時間であることがわかる。あたかも街の中の一風景を切り取ったように、彼のしぐさや表情はカメラの視線を意識していない。

「よし、あれだ！　今日も元気だたばこがうまい」では、これから仕事に向かおうとする背広姿の男性がたばこ

図9　「男性の条件」（1960年）

図10　「仕事・いこい・仕事」（1959年）

図11　「よし、あれだ！　今日も元気だたばこがうまい」（1959年）

図 12 「生活のなかのたばこ」(1960 年)

図 13 「たばこが いちばん うまいとき」(1961 年)

をくわえている姿が描かれている。左手に持った大型のカメラから彼がおそらくカメラマンであることが推察でき、仕事の前の一時の休息としての喫煙風景が示されている。ここでも、この男性は何か考えることがあるように少しうつむきぎみで、日常の風景であるように描きだされている。

「たばこが　いちばん　うまいとき」の二人の男性も、仕事の休憩中に仲間と雑談しているというごく自然な様子を見せている。また、同様に「生活のなかのたばこ」でも、新聞を読むように、喫煙がきわめて日常的な行為であることが示されている。

これらの男性を喫煙の主体としたこの時期のポスターには、「見られる」ということ、つまり他者の視線は考慮されていないように思われる。労働の休息であれば、そこには他の視線が存在しないのが当然であり、彼らの表情は限りなく日常生活に近く設定されているものである。不自然な微笑みや、カメラに向けた媚びた視線など、消費者に表情や視線で訴えようとするものではない。むしろ、日常的な労働の場面で喫煙によって憩うことで、彼らの表情や視線がわれわれ見る側に、きわめてリアルなものとして受け取らせているのである。

ポスターの女性たちがみんな「見られる」側に置かれているということは、まったくの偶然とはいえない。女性の喫煙が、それまで特殊なものという観念から抑圧されてきたのも、女性が他者から「見られる」側に置かれてきたことを示している。たばこが個人の休息の小道具であるにもかかわらず、それを吸う人間が女性であった場合、他者の（男性の）目から見て特殊なものであったり、奇異なものであったり、さらにいえば不快なものであったりするのである。つまり、女性の喫煙には必ず他者の視線が介在している。喫煙が特殊なものとされてきたのも、その逆にポスターにおいて「美しい」ものとして描かれたことも、その点ではまったく同じことなのである。

しかし、視点を変えて見てみると、このような「見られる」女性たちを映しだすことは、女性の喫煙率を増加させるのに有効な戦略であったともいえる。女性にとっては、自分は常に「見られる」側に置かれているのだが、それと同時に他の女性を見る他者でもある。その視線は男性の持つそれと同様、社会化された、つまり、ある意味では男性化された視線である。女性がポスターの中の女性を見る視線は、そのまま男性または社会一般が自分を見る視線に置き換えられる。ポスターの中の女性たちが「見られる」側に置かれていることは、それ自体、見る側の女性たちにとってリアルなことであるといえよう。

広告が見る側に何かを訴えかけるには、何らかのリアリティーが必要である。そこにいる女性たちはみな美しく、現実味をおびていないが、しかしそのことで女性の美的欲求をくすぐり、そのうえでこのような視線の働きを有効に用いた。だからこそ、ポスターを見る女性たちに働きかける力をえたのではなかろうか。

このように、女性の喫煙を促すポスターは、「見られる」対象として存在するものであり、その中でも「たばこは動くアクセサリー」という一連のポスターは、その意味合いを巧みに用いることによって社会に浸透した。そこでは女性の喫煙を「美しさ」の規範の中に位置づけ、女性の喫煙イメージの転換が図られたのである。

4　見る男性、見られる女性の構図

「たばこは動くアクセサリー」という広告によって、女性にとってたばこがアクセサリーのようなものだとされ、喫煙が美しさを表現する行為とされていく。しかし、その規範は必ずしも普遍的なものとしては働かない。女性の喫煙は、場所や一緒にいる人間との関係においてその意味を大きく変化させる。分析の対象としたポスターには複数の人間が描かれたものも多いが、その場合、人物の組み合わせが男性か女性か、さらに同性どうしか異性なのか、さらに誰が喫煙しているのかということによって喫煙の意味が異なってくる。特にここでは、喫煙する女性との関係から見ていくが、それによって女性の喫煙に込められた別の一面が見えてくるのではないだろうか。

このような両性の関係性を見ていくことは、当然、先に述べた視線の問題とも関係してくる。現実の世界では共にいる人がすなわち視線をおくる側となる。しかし、今、問題としているのは、ポスターの中にいる人物であり、彼らの視線とともに、さらにポスターを見る側の視線も考慮していく必要があろう。これらのポスターが訴えかけることは、描かれている人物にとっての好ましさではなく、むしろ彼らを見る側つまりポスターを見る側にとっての好ましさだからである。

分析対象としたポスターのうち、複数の人物が表されているものは二九枚あり、そのうち七枚には三人以上のモデルがいる。まず、残りの二二枚、つまり人物が二人描かれているものを重点的に見てみる必要がある。対象となる二二枚のうち、贈答用ポスターは七枚、喫煙用ポスターは一五枚ある。贈答用に制作されたポスターで贈られる側を描きだした三枚には、たばこを吸う女性は一人もでてこない。昭和三八年の「親しさがあふれる……たばこの贈りもの」というポスターでは贈られる側の男性は妻のいる家庭の男であり、妻は夫に寄り添い、いかにも明るい家庭を築きあげる若い主婦であるかのように、にこやかに夫に微笑みかけている。贈られているのが中心にいる男性であることは明白で、単に贈答品を受け取る一家の主であるというだけでなく、このたばこを消費する人間であることも暗示している。

残りの四枚は、反対に贈る側を描いたものだが、それらの贈り手はすべて女性である。昭和三八年の「親しさを贈る……たばこ」というポスターでは、たばこの化粧箱を持った女性が画面右半分に描かれ、その背景には影のようにたばこを吸う男性の横顔がある。あたかも、背景の男性の姿は手前の女性が思い描いていることであるかのようであり、現実は明確に、想像は影のように描くことにより彼女が背景の男性にたばこを贈るのだと、見る側に感じさせる作りになっている。贈り手は女性、受け手・喫煙する側は男性であることが示された図像である。また、昭和三六年の「おくりものにたばこ」では、ドアを挟んで左に男性、右に女性が立ち、女性が贈り物を届けに来たところが示されている。左の男性は訪問者のためにドアを今にも開かんとしているところであり、右の女性はそれを待っている。女性は手にたばこの化粧箱を持っている。

これらのポスターは、受け手の妻として、もしくは贈り手としての女性のみが用いられており、そこでは女性は決して喫煙者ではないことが示されるのである。これはある意味では、女性の喫煙を促す一方で、女性にたばこを贈ることは、社会的にはまだタブーであったことを現しており、たばこを吸う女性と、社会的慣習に則した家庭の女性との間には、相容れないイメージがあったのだと考えられよう。

一方、七枚の贈答用ポスターに対して、およそ倍の一五枚の喫煙用ポスターがある。昭和三三年のものが六枚あり、以後毎年制作されたのだが、これは「たばこは動くアクセサリー」がこの年から始まったことと同じ動きと規模であったことがわかる。この一五枚のうち、男性と女性の組み合わせは一一枚で、男性同士は二枚、女性同士も二枚である。興味深いことに、二人で写っていても二人とも喫煙しているというパターンは一枚もなく、どちらか一方またはどちらも吸っていないというもののみである。性別と喫煙の有無ということを組み合わせてみると、次のようになる。

喫煙男性×非喫煙女性………八枚
非喫煙男性×非喫煙女性……二枚
喫煙男性×非喫煙男性………二枚
非喫煙男性×喫煙女性………一枚
喫煙女性×非喫煙女性………二枚

つまりこれらの半数以上はたばこを吸う男性と吸わない女性という組み合わせとなっている。これまで述べてきたように、ポスターの図像はその目的が明確であるがために、見る側に何らかのリアリティーを感じさせるものか、または理想的未来を想像させるものでなければならない。とするならば、現実によくあることであったり、人の美意識をくすぐるものが描かれていく。この喫煙男性と非喫煙女性という組み合わせは、誰の目に見てもリアルなもの、理想的なものであったと考えるのが妥当であり、ポスターの要件を備えた一つのパターンでもあるのだ。

たばこを吸う男性と吸わない女性が一緒にいるというパターンのポスターは、みなよく似た雰囲気を持っている。喫煙用ポスターに男女の組み合わせがでてくるのは、やはりポスターが増えてくる昭和三三年以降であるが、最初のものは「爽やかな香り」（図14）という「Midori」（みどり）というたばこのポスターである。同年、同じタイトルで男女を用いたポスターが制作されている。一枚は、水辺の岩場に若い男女がおり、男性の方は右手にたばこを持ち、岩に腰をかけてこちらに背を向けている。一方女性は男性の向かい側で腕組をして、両足を肩幅に広げ岩場に立っている。たばこの名前に因んでか、背景には緑の木々があふれており、豊かな自然の中での爽やかさがテーマになっている。

もう一枚の方（図15）も、緑に囲まれた山の中で、つり橋の上で楽しげに過ごす若い男女が描かれている。男性と女性は向かいあって立っている。ポスターの下部には「みどりはどなたにも気がるに愉しんでいただけるたばこです」と書かれており、このたばこは男性に限らず、女性にも勧められるということを示している。

「どなたにも気がるに」という表現は、それまで何らかの制約があったことを暗示している。それは、たばこのブランドによって喫煙する階層が分けられていたことと、女性への喫煙の制約があったことを示している。一つのブランドに値段や味からその特徴を売り込み、一つのイメージを作り上げていくということは、現在のたばこの販売方法を見る限り、さほど珍しいことではないが、この方法はこの時期に始められている。味や値段に差をつけることによって、たばこが一つのステイタス

図14 「Midori 爽やかな香り」（1958年）

図15 「Midori」〈つり橋ヴァージョン〉（1958年）

図16　「Midori」〈湖ヴァージョン〉(1959年)

・シンボルにもなっているのである。このようなブランドの多様化による女性向けのたばこの特徴には「軽さ」「爽やかさ」が強くアピールされている。「軽さ」はたばこそのものの軽い味や、細い形などに表れ、「爽やかさ」はメンソール系の味や香りとして表されている。この「Midori」もメンソールのたばこであり、その意味では女性層を強く意識したものだと考えられる。

しかし、この二枚のポスターでは、女性はたばこを吸っていない。女性はただ笑顔で立っているだけであり、岩場や山の中にいるにもかかわらず、どちらもワンピースを着ている。前者は岩の輪郭が左上から右下へとつながり、それを遮るような形で女性が立っている。彼女はスカートとその広げた足によって、二等辺三角形を作り、さらに右下から女性の頭へのラインがあることで、見る側は自ずと女性の顔へと視線を集中させられるように作られている。また、向かいの男性はこちらに背を向けていることから考えて、ここでは女性がポスターの中心になっているといえよう。

図16でも同じことがいえる。つり橋のロープが右上から左下へと流れをつくり、橋の床部分が右下から上方向へと向いているために、この橋のずっと左方向に画面の焦点がある。ここでは後ろ向きの男性はこの視線の流れにそって存在しているのだが、女性はこちら側を向くことで流れを止める位置にいる。やはりこの女性に視点が定まる作りである。

このように、両者ともわれわれの視線は女性へと向けられる。ではこの男性たちは何のために存在しているのかが問題となる。この翌年の昭和三四年に制作された「さわやかな味みどり」(図16)もまた、「Midori」のポスターである。画面半分を覆う湖とその向こうには緑の低い山々が見えている。人物は三人おり、ここでも構図上右手の女性が中心的人物となる。先ほどの二枚と異なるのは、この女性が左手にたばこを持っている点であり、また彼女は頭にスカーフを被り、細身のパンツをはいている。場に相応しく軽快なスタイルであり、右手をあげた大きなしぐさによって彼女が行動的・活動的な女性であることが描かれている。手前の男性はやはり背を向けており、右手にたばこを持っている。左下にはボートに乗った女性がいるが、彼女はその位置と大きさ、そして右手の女性との対比などから見て、たばこを吸わない女性としてそこに置かれているのだろうと推測される。

このように喫煙する女性が描かれているのは、おそらく女性にも勧められるということを示すためであるが、しかし、注目すべき点はこれら三枚のポスターで男性がすべて背中を向けているということだ。そして、男性は常に中心的な女性と向かいあわせにいる。われわれの視線が中心の女性に向けられているのと同様に、画面の中にいる男性の視線もまた、この女性に向けられている。この男性の視線を共有しているというよりも、むしろわれわれは否応なくこの男性の視線を共有させられているのである。

ここでも、見る側としての男性と見られる側としての女性という構図ができ上がっているといえよう。これらのポスターでは、見られる側の女性の喫煙の有無には重きが置かれていない。彼女たちは、たばこを手に持っていたり、大げさなしぐさをしたり、またにこやかな笑顔を男性に向けたりしている。しかし、男性は表情が見えず、ただ中心の女性を見ているだけであり、「ただ、たばこを吸う」だけなのである。見る側は中心的な女性に視線を送りながら、背を向けている男性と自分自身を同一視することができる。「ただ、たばこを吸う」というメッセージとともに、である。

これらのポスターのメッセージの発信者は常に背を向けた男性であり、それはポスターを見る男性を代表したものにすぎない。その意味では、中心となる女性は一人でそこに立っているのと何ら変わりはなく、グラビアの一ページ同様、つまり男性に見せる女性たちであることがわかる。

　昭和三八年の「ハイライト」のポスターには、テニスコートで休憩する男女が描かれている。このポスターでも、中心は女性であり、たばこを吸っているのは女性の手前に位置する男性である。すでに述べたように、この男性も特有の喫煙のスタイルとして女性に向けてたばこを口にくわえている。また昭和三五年の「ソフトな味スリーエー」（図17）でも、同様に、中心の女性と手前の男性はこの関係を踏襲している。夜の街の中での男女が描かれているが、ここでも女性は喫煙していない。男性と女性を描いたポスターでは、男性にとってのたばこが「男らしさ」の一つのシンボルとしてあるように、たばこを吸わない女性とともにいること、連れていることも「男らしさ」のシンボルとなる。

図17　「ソフトな味スリーエー」（1960年）

　たばこを吸う女性には専売公社側の意図に反して、「特殊」で「性的」なイメージが少なからず込められている。制作する側の意図ではなく、むしろポスターを見る側にそのように解釈してしまう知識と習慣があるということである。喫煙する女性を描く際、健康的な美しさを強調しようとしても、近くに男性を置くと、そこに「性的」な意味合いが生まれやすい。健全で爽やかな男女の関係を描こうとするならば、喫煙する男性としない女性を並べることが最も無難な方法だといえるだろう。

　確かに、複数の人物を画面に置く場合、女性が喫煙しているのは、対男性の場合より対女性の場合が多い。対男性の場合の女性の喫煙率は二二％であるのに対して、対女性の場合は五八％を超える。女性がたばこを吸う図像では、対女性の図像の方がおそらくそこに「性的」な関係が生まれにくいため、女性の喫煙が「はしたない」という印象を持たれにくいからであろう。

　複数の人物を配したポスターには、女性向けの喫煙ポスターに描かれていた女性像とは異なる女性が描かれている。そこには実際に喫煙率の低い女性の目をターゲットにしたものより、むしろ現実の社会で普遍的に受け入れられる図像が表されている。そこに登場する女性たちは昭和三二年以前の贈答用ポスターに見られたような、男性に対して一歩引いた女性たちが、男性と一緒の際はたばこを吸わないという図像によって表されている。それも一つの「貞淑」さの現れであり、このことによって女性の喫煙というものの社会的な特殊性を浮かび上がらせるものであるといえよう。

＊

　昭和三二年を境に、女性に対して喫煙をすすめる広告が増え、女性がさまざまな場で喫煙しているポスターが制作されてきた。このことは、「たばこは動くアクセサリー」の多くのバリエーションから十分理解することができよう。しかし、この一つのコピーに対していくつのバリエーションが見られようとも、そこに描きだされる女性たちはそれ以前の女性像と完全に切り離されたものとはいいがたい。また、どのように女性の喫煙を明るく描いたところで、制作者の側にもそれを見る側にも否定的な部分が残される。なぜならポスターの中の女性たちは、みな美しく、若いということで、喫煙を許される女性たちだからである。

　前述したように、この女性たちは「見られる」女性たちである。たばこを吸っていようといなかろうと、常に彼女たちは見られるためだけにポスターの画面に現れている。視線の送り手は、男性であり、また男性の視線を通してポスターを見る女性である。ポスターを見る側は、喫煙する女性を美しいものとして了解しているのではなく、若く美しい女性がたばこを吸う姿をこそ了解しているのである。だからこそ、女性の喫煙用ポスターには、独身の若い美しい容姿の女性が多いのであろう。これに対して男性を描いたポスターには年齢や容姿に一貫性がない。男

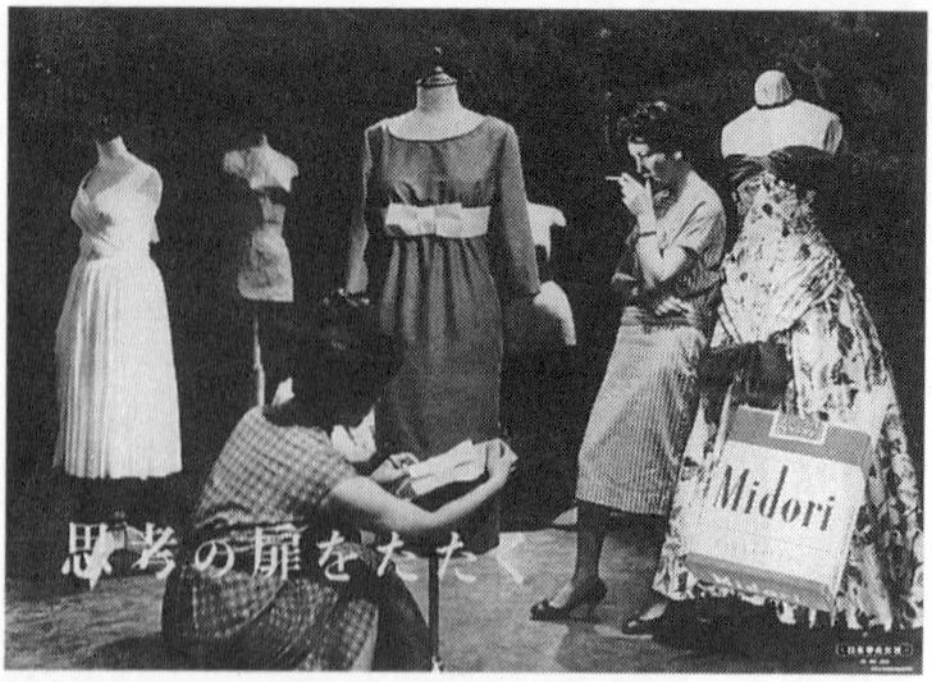

図18　「Midori—思考の扉をたたく」（1958年）

性の場合年齢や容姿に重要性がなく、およそすべての男性にそれぞれ単一ではない価値が認められているのに対して、女性は若さと美しさの他に認められるべき価値をポスターの中に見出すことができないのである。

このような中で、わずか数枚ではあるがこの枠組みに当てはまらないポスターがある。昭和三三年に制作された「思考の扉をたたく」（図18）は、服飾デザイナーの職場であろうか、着衣のマネキンに囲まれた二人の女性が描かれている。一着の服の前で一人はしゃがみこみ、もう一人はたばこを吸いながら立っているという図像である。立っている女性の表情から、彼女がこの服について思案の最中であり、もう一人のしゃがんだ女性は、彼女の考えに従い手直しを加えている補佐的な女性であることがわかる。彼女たちもまた若く美しい女性であるが、一着のデザインを任される一人前のデザイナーであり、彼女がたばこを吸うのは誰のためでもない、自ら「思考する」行為のためであり、そのことからも単に「美しさ」の規範にあてはめられた女性ではないことが示されている。しかし、あくまで女性が優位の職場であること、そしてそこには女性の気配しか感じさせないということ、彼女がいかに有能であろうともやはり若く美しい女性であることなどの点では、ポスターに描かれる女性イメージは限定されているといえよう。

「ひといきするときにはよくたばこをふかす。」（図19）と題された次の一枚は仕事の場にいる数少ない女性であり、若さや美しさというこれまで女性に共通していた外見的な要素が強調されていない。机にひじをつき、シンプルなシャツを着ており、首からストップウォッチをさげて、おそらく放送関係の職業であろう、ヘッドフォンが近くに置かれている。ペンと仕事用の原稿、そしてさらに手前には金属製のどこにでもある灰皿が置かれている。背景に仕事場の男性であろうか、立っている人の影が映っており、造られた情景ではあるが、彼女がキャリアを持った女性であり、少なくとも底辺の労働者ではないことがわかる。画面の上部には「ひといきするときにはよくたばこをふかす。つかれがとれたり気分がかわるのも楽しい。」という文字が一篇の詩のように書かれ、手書きの文字はいかにもくつろいだ雰囲気を演出している。

このポスターでは「女性」ということが強調されているのではないが、女性を用いてたばこを休息の小道具としている点で、他の女性を描いたポスターとは異なっている。これは女性の喫煙のあり方を決定的に変えて発想されているのである。愛煙家にとって当たり前のことが当たり前に描かれているという点で、他の男性の喫煙ポスターと変わるところはない。ただ、彼女が社会的に成功した女性であり、デザイナーの女性と同様に、有能な女性であることによって社会的に喫煙が認められてることを語っているという点が、男性の喫煙ポスターと異なっているだけであろう。このポスターは昭和三九年に制作されたものだが、女性用の喫煙ポスターがこの視点にまで成熟するのに、一〇数年かかっていることになる。

図19「ひといきするときにはよくたばこをふかす。」(1964年頃)

しかし、昭和四〇年以降になると、専売公社の自主規制によって、たばこのポスターに喫煙する女性が登場しなくなっていく。健康面への害が深刻な社会批判の対象となったことが、その大きな原因だといわれる。このような自主規制によって女性が喫煙によってくつろぐというパターンのポスターは、この一枚のみに限られてしまったのかもしれない。

女性は「美しくあるべき」という暗黙の了解の上に

成り立っている規範は、少なくとも昭和三二年に「たばこは動くアクセサリー」というポスターが制作されてから女性の喫煙用ポスターがなくなるまでの間、つまり、女性の喫煙がタブーから解放された間、常に女性の喫煙のあり方を規定してきた。ある意味では、女性の喫煙は社会的に認められたのではなく、単に複雑化した「女らしさ」の規範にあてはめられただけであったともいえよう。

「美しい女性であること」「都会的な女性であること」「若い女性であること」そして「キャリアのある女性であること」といった喫煙する女性に対するさまざまな形容は、女性に喫煙を容認していくものに見えながら、その一方で喫煙する女性のあり方を規定していく狭視的な規範を作り上げるものであったともいえよう。

7 テレビコマーシャルに見るジェンダー

かつて、アメリカ映画の中で喫煙する男性は「洗練、男らしさ、勇気、成功、富、さらには誠実さの象徴であった」。だがしかし、今では、シナリオライターがたばこを吸う男性人物を登場させた場合、その人物はまちがいなく負け犬である、とウィルソン・ブライアン・キイは指摘する(1)。キイのこの言葉は、たばこをめぐる社会的状況を端的に表していると思われる。確かにたばこはかつて多くの人に好まれ、特に喫煙する男性は男らしさのシンボル的存在であった。しかし、たばこの身体への影響がさまざまな面から論じられるようになってから現在まで、たばこをめぐる社会的記号は変化してきた。その変化は、たばこという商品の広告にもはっきりと反映されている。

日本では、昭和四〇年代以降のポスターにおいては、女性に喫煙を奨めることは自粛された。たばこのポスターではもっぱら男性の喫煙のイメージが「男らしさ」として作り上げられており、そこでの女性のイメージの問題点は第6章と第8章において指摘している通りである。ポスターにおいてはこのような状況が見られるが、それでは、テレビコマーシャルでは、どのようなたばこの広告が作られているのであろうか。

本章では、一九九四年の八月から一一月までの四カ月間に放映されたたばこのテレビコマーシャルを取り上げ、分析する。(2) テレビでのたばこのコマーシャルはたばこ業界の自主規制により、午後一〇時五四分から翌朝五時までの間に流されている。(3) 一九九〇年四月以降には午後八時五四分からとしていた規制を午後九時五四分に、さらに一九九一年には午後一〇時五四分以降とした。一九九三年には、関東地区だけで年間六三九四本、一日平均一七本が放映されている。(4)

なお、分析するにあたっては、コマーシャルをビデオに録画したうえで、そのストーリーや登場人物の描かれ方を検討することにした。

今回の録画本数は二二本であり、日本のたばこと外国たばこの両方の広告を扱っている。これを大きく分けてみると、人物がでてくるもの二一本と、でてこないもの一本であり、さらに前者の中にはアニメーションを用いたコマーシャルが二本ある。分析対象として、ストーリー性がないものは除外し、かつ人物が登場し、実写であるということを条件に一九本のコマーシャルを選択した。

たばこの銘柄では、日本製たばこは「セブンスター・カスタムライト」であり、外国製品はすべてアメリカ製で「ラッキーストライク・ライト」「ラーク」などであった。これらのアメリカ製たばこの広告の制作者は、日本の消費者にアメリカ製のたばこを広告するスタンスで制作している。(5) 外国製のたばこと日本のたばこという違いはあるが、どちらも受け手をあらかじめ日本人に設定しコマーシャルを作っているという点で共通するため、この両者を取り上げている。

本章では、たばこの広告に見られる男女像をジェンダーの視点から考察することを目的とし、そのために収集した広告の中から数本を選びだしている。この選出の観点は、まず男性と女性が登場するものであり、またそこに男女の関係性が表されているもの、さらに女性にとってのたばこ、男性にとってのたばこが、映像的に意味づけられている現状を把握できるという点に注目して選択した。本章では、まずたばこのテレビコマーシャルの当時の傾向を概観し、さらにジェンダーの視点から抽出した数本のコマーシャルを詳しく見ていく。また、たばこのコマーシャルがどのように女性をイメージ化しているのか分析していく。

1　テレビコマーシャルというメディア

時代の変化や技術の向上によって次々と新しいメディアが生まれ、その時代の人びとを魅了してきた。宣伝広告の常として、広告主はより人の視線の集まるメディアを活用する。これまで新しく生みだされたメディアは、常に新しい広告の土壌となり続けてきた。

商品の宣伝広告にはいくつかの方法がある。現在、われわれの生活の中に見出せるものの中で目立った宣伝広告は、大きく分類すると、テレビ、ラジオなどの電波媒体の広告と雑誌や新聞といった印刷媒体の広告がある。この分類は、前者が視覚的かつ聴覚的であるのに対して、後者は視覚的であるという受け手の感覚器官の違いに基づいている。また、前者は感性的媒体であり、また受け身媒体と呼ばれているのに対して、後者は論理的思考に適した理性的媒体であり、媒体への接触が積極的になされるものと考えられている(6)。

以上の分類に基づけば、ここで扱うテレビのコマーシャルは代表的な電波媒体であり、感性的媒体かつ受け身媒体にほかならない。現在、われわれが日常的に目にするテレビのコマーシャルも、時代とともにその様式を多様化し、映像の質や構成の複雑さなどで他のメディアを圧倒する領域に成長してきた。テレビの各家庭への普及だけでなく、宣伝広告にかけられている多額の資金や膨大な労力も、われわれの生活にテレビコマーシャルが介入する機会を増やし、影響を与えている。そして、この現象が年々進んでいくことにも言及しなければならない。

そして、テレビコマーシャルは、通常、意図的に見ようとするものではない。むしろ、番組のあい間に箸休めのような感覚で見たり、その強烈な映像と音によって思わず見てしまうというものである。テレビコマーシャルはより人目をひくように作られており、その映像の宣伝技術の質的な向上には目を見張るものがある。強いインパクトを持ったコマーシャル群は、番組の途中で割って入り、その場では有無をいわさずわれわれの視覚と聴覚を占領することになる。

このように、テレビコマーシャルは受け身の媒体といわれるように、見る側にある種の強制力を持っているため、これまでにも制作者の側と視聴者との間にしばしば問題が生じてきた。広告主の側の「表現の自由」という大原則と、見る側の「人権を守る」という大原則が対立する場合、広告批判が生まれる。広告を制作する側は、商品を通してイメージを映像化する。日本に限定していうならば、テレビコマーシャルは高度に発達している。しかし、視聴者は見たい番組を選択することができても、コマーシャルまでは選択できない。コマーシャルは何の予告もなく突然われわれの眼に入ってくるうえに、選択する隙を与えないほど短い時間で終わり、かつその間に見過ごすことができないほどに強烈なインパクトを与える。われわれはコマーシャルを無視できないのである。

このようなテレビコマーシャルの一方通行の強制力は、その内容についてこれまでにもさまざまに指摘されているし、研究も行われている。誇大広告のようなものから、他者の人権を脅かすもの、またサブリミナルな手法にも、その問題の大きさが指摘されてきている(7)。また、テレビコマーシャルに限らず、広告表現の自由の危うさに対して声を上げてきたものの中には、フェミニストからの指摘も含まれている。これまでフェミニズム的視座に立ち、広告表現における歪んだ女性像や男女関係などに注目し、指摘するグループが存在してきた。性に関わる表現も過激

な表現が問題となる場合ばかりでなく、性役割の固定化や強制という点にまで問題は広がってきている。(8)

テレビコマーシャルをジェンダーの視点から分析する意図は二つある。一つにはわれわれの生きる文化がどのような性格を持った文化であるかを明らかにしようとする目的であり、二つめには、映しだされた女性像及び男女の関係像が誰かの人権を侵害するものであったり、歪んだ人間像を見る側に刷り込む危険があるか否かを検討し、そこに問題がある場合は、それを改善させたりする目的である。このような批判的視点からのコマーシャル研究は、テレビコマーシャルの性質上、社会的に非常に重要な意味を持っている。

さて、テレビコマーシャルの性質と広告表現に対するこれまでの状況を考慮したうえで、改めてたばこのテレビコマーシャルを概観すると、いくつかの特徴を見ることができる。まず、第一に、その多くの場合、大人の男性と女性が登場するが、登場人物の男性は年齢層が広いのに対して女性は若い年代に限られている。また、現在の広告の特徴ともいえるが、一つのブランドは同時期もしくは継続的に同じイメージを持つ広告を制作している。そのため、テレビを見慣れているものならば、初めて見る広告でも、音楽や映像の雰囲気などから商品を連想することができる。つまり、広告を制作する側が、明らかにその商品の「イメージ」を売ろうとしているのだとわかる。

このイメージという観点から見ると、たばこのテレビコマーシャルには、二つの大きな流れがある。一つはたばこを消極的に宣伝するもの、もう一つは積極的に宣伝するものである。(9) 消極的広告は、ニコチン含有量の少なさを「1mg」という言葉で象徴的に表し、害が少ないことをアピールする。仮に味に言及していても、軽いけれど「うまい」という表現の仕方になる。軽さを売り物にしたコマーシャルでは、商品の特徴を的確に宣伝し、登場人物にたばこについて話させている。「軽さ」は登場人物にせりふで表されたり、映像的には物理的な軽さや、青い空、白い雲、海などのさわやかな風景で表されたりする。殊に、「1mg」や「軽さ」の極みが一九九四年頃からの特徴であり、それ以外でも「○○ライト」「○○スーパーライト」といったネーミングの商品が圧倒的多数を占めている。「軽さ」が商品の重要な要素となったのは、主としてたばこの身体への影響を考慮して消費者が好んだことと、企業側がそのニーズに応じたことによるものだと思われる。

一方、積極的な広告においてはたばこの「うまさ」と喫煙する男性の「格好よさ」が強調される。それは他のごく一般的な商品広告と同じである。積極的広告においてはあまり商品の性質や特徴を強調しない。「うまさ」についても、どのようにうまいという説明をしないで、ただ「うまそうに喫煙する」姿をクローズアップする。一つのストーリーの中で、登場人物にたばこを無言で吸わせる形が一般的である。また、登場人物は一人ではなく、他の人間との交差が多く見られる。このドラマとして描かれている映像の大半が男女の関係であり、ほとんど、男性が主人公でありかつ喫煙者である。そこに表されるセクシャルな映像は、あたかも恋愛ドラマを見ているように錯覚させられてしまいがちである。それでは、この積極的なテレビコマーシャルを中心に具体的にたばこのテレビコマーシャルにおける男女の関係性の描き方を見ていくことにする。

2　たばこコマーシャルの中の男と女

たばこのテレビコマーシャルの中の男女像を見ていくうえで、最初に問題となるのがそのストーリーである。ストーリーといっても、必ずしもすべてが物語の要素を持っているとは限らず、ここでは喫煙するコマーシャルの流れを、場面設定、人物関係などに即して見ていくことにする。今回扱っている喫煙しているコマーシャルは、すべて三〇秒のコマーシャルであり、前述した基準によって選びだしたものである。

「セブンスター・カスタムライト」

「セブンスター・カスタムライト」の映像は日本の夏祭り風景を映像化したものである。暗い画面の中、マッチをすり、たばこに火をつける男性の手元から始まる。男性の口元がアップになり、横からの映像で彼は右手に火のついたたばこを持っている。男性のいる場所はおそらく自動車工場のようなところで、数台の自動車が置いてあり、この男性のものと思われるオートバイが後方にある。男性は黒い革のジャンパーを羽織っており、こちらに背を向けている。次に一対の和太鼓のバチが写り、エンジンをふかして、男性は祭りへと向かう。そこで男性は革のジャンパーを脱ぎ、陽に焼けた肩を見せながらこちら側を振り向く。次に彼は背丈ほどもある大きな和太鼓を前にして、両手を高くあげる。背景には祭りの提灯が赤く火を灯し、画面の下の部分には、提灯と同じ色の燃え盛る炎が映っている。次の瞬間、浴衣を着て髪を結い上げた女性の顔が映る。彼女は太鼓をたたく男性の方を見ており、風に後れ毛がなびき、真っ赤な口紅をさして、人ごみにもまれてゆっくりと体を揺らしている。このほんの一秒か二秒ほどの場面のあと、しばらく太鼓をたたくシーンが続き、和太鼓のリズムが映像を盛り上げ、それが祭りのクライマックスであることをわれわれに示す。最後にこの男性が再びたばこを吸う場面が映る。男性はたばこを口にくわえており、これが太鼓をたたき終わった後のホッとした一服であることがわかる。

あたかもイメージビデオを見ているかのような音と映像で、序盤の青くほの暗い画面に穏やかなアカペラの男性の声、それに対して中盤以降は炎の映像を多く用いて和太鼓の低音のリズムで展開し、さらに最後に再び暗い画面になるという、メリハリのある流れになっている。また、終盤では「男、一本、セブンスター」「味が立つ、セブンスター・カスタムライト」という文字が映り、同じせりふのナレーションが男性の声で流される。

全体の流れは大きく五つに分けられ、序盤から静→動→静→動→静となる。

最初の「静」はたばこを吸う男性、「動」では祭りの情景、次の「静」は女性の顔がアップになり、「動」では再び祭りが映され、最後の「静」はたばこを吸う男性が再度登場する。色彩として、赤と青の対比は巧みに「静」と「動」に対応しており、またそれは喫煙する男性と観衆としての女性を「静」に、祭りの激しさとそこに集う男性たちを「動」とすることでドラマティックに演出している。

主人公の男性は、黒い革のジャンパーを着て、オートバイに乗るような「男らしい」男性であることが推察できる。彼の陽に焼けた肌を見せながら和太鼓をたたく力強い映像と共に、赤い強烈な色彩と激しい太鼓の音と男たちの声の効果、さらに女性のうつろな視線によって、全体が否応なしに男性の姿を盛り上げる要素に満ちている。その中でたばこは、男性の「格好よさ」を引き立てる重要なアイテムとして描かれ、「味が立つ」たばこというメッセージは、「男が立つ」ことを連想させている。男女の関係性も、このような映像と音声、さらに文字のメッセージによって、見る側に強烈な印象を与えて受容されることになる。

「ラーク」

「ラーク」のコマーシャルは、典型的なドラマ仕立てで、登場人物はみな誇張されあたかも演劇的な衣装を身につけ、動作も非常に大きいのが特徴である。ストーリーは、赤いドレスの女性がオートバイに乗った男たちに囲まれている場面からいきなり始まる。場所は闘牛場らしい。二台のバイクの内側に女性が倒れこみ、その光景を黒いコートの男性が物陰から見ながらサングラスをはずしている。女性を追い回す男たちはその服装から見て、いかにもならず者を演じており、黒いコートの男性はそんな光景を見て、ニヤリと笑い、女性を助けるために牛の入っている門の錠をはずし、闘牛場の中へと牛を招き入れる。コートの男性はタンポポの綿毛を手に取り、牛と向かいあう。男は牛の前にひざまずき、綿毛を牛に向かって吹きかけると、牛は向きを変えてならず者の方へ走りだす。バイクのならず者たちは牛に追いかけられて逃げだし、闘牛場からでて行く。コートの男はたばこをくわえ、ニヤリと笑う。男は赤いドレスの女性を見下ろして定番のせりふ「スピークラーク」といい、座り込んだ女性は男性を見上げて右手を差しだす。男性はその手を取り、女性に自分のコートをかけて彼女の肩に手を回し、二人で歩きだす。「ラーク」のコマーシャルは、他のヴァージョンを見ても常に演劇的な面を持つのが特徴であるが、このようなレイプを連想させるようなパターンはこれまで見られなかったように思われる。「襲われる女性」と「暴漢」と「ナイト」の構図は演劇では珍しくもないが、誇張しているとはいえ、「襲われる女性」はあまりにも無抵抗な状態であり、「暴漢」たちは異常なまでに誇張した格好で全身で暴力を表現しており、黒いコートの男は一人「ナイト」を気取って格好をつけているという構図は、映像と音楽によって完結している。誇張によって現実感は薄れるが、しかし、オートバイの動きと音の迫力、ラテン系の音楽のリズムなどが、見る側に、現実ではないがそのような暴力の恐怖を感じさせている。これを暴力と感じ恐怖感を持つのは、おそらく襲われている女性の側に立つからであり、制作する側は、この中で唯一たばこを吸う男性であるところの「ナイト」と同一視させようとしているはずである。その立場に立てば、このコマーシャルが視聴者に与えようとしているのは決して恐怖感ではなく、むしろ優越感だということがわかる。

このコマーシャルの映像では、オートバイはあきらかに「暴力」の象徴として描かれている。オートバイに乗った男たちは暴漢であり、実際に女性を暴力的に取り囲んでレイプ寸前の様相を呈している。それに対して黒いコートの男は「紳士」として描かれている。彼は短い映像の中でいくつかの「紳士」たる要素をわれわれに示している。まず、「非暴力的」であること。これはオートバイの男たちの暴力に対して彼自身は決して暴力で立ち向かわないことで示される。彼は闘牛場の中に牛を招き入れることで暴漢を撃退する。このことは「知的」であることをも示している。また、「たんぽぽの綿毛」を使って牛をコントロールするが、これも「非暴力」と「知性」の両方を表している。さらに、間接的にでも女性を救うわけだが、このことは「正義」を表しているのだろう。女性を襲う暴力的な男たちに対して、野蛮ではない知的な男性が「ラーク」を吸う、このような男性こそ女性にもてるという構図が、きわめて単純な形で描かれているのである。

「ラッキーストライク・ライト」

「ラッキーストライク・ライト」は、調査期間中、同時期に三本の異なるコマーシャルを流している。通常、たばこのテレビコマーシャルでは同時に一種類の映像が流されるようだが、長さや構成を変えることで二種類になったりする場合もあるようだ。テレビコマーシャルの映像は非常に回転が早く、季節ごとに作りかえられている現状を考えるならば、「ラッキーストライク・ライト」のようにまったく異なる映像を同時期に長期間にわたって流すことはあまりない。一銘柄で複数の映像が制作されており、それらに時期のずれがないことから、分析に適していると考えられる。

これらのコマーシャルでは、どれも主人公の男性は茶色の革のジャンパーとブルージーンズというスタイルで、オートバイに乗って旅をしているようだ。この男性が旅の途中でさまざまな女性に出会うことからストーリーが始まる。三本の制作順などは不明であるため、便宜的に(A)(B)(C)と区別して以下に三本のストーリーを追ってみる。

まず(A)であるが、男性が乗っている一台のオートバイが走っている場面から始まる。彼の後方に赤いオープンカーが走っている。この車はオートバイを追い越すが、そのとき赤い自動車に乗っているのが女性であることがわかる。追い越し際に車に乗った女性はオートバイの男性の方を見て、意味ありげに目を細める。この女性はウェーブのかかった金髪で、イヤリング、深紅の口紅をつけている。その後、赤い車はオートバイを追い抜いてずっと前方へ走り、画面から消えていく。

ここまでが、このコマーシャルに登場する二人の人物の出会いであり、見る側への紹介も兼ねている。もちろん、見る側はこれからこの女性と男性が何らかの関わりを持つことを期待させられる作りである。

この次のシーンでは、先ほど走り去った女性が赤いオープンカーから降りて、車のボンネットを上げて車体にもたれかかっており、向こうからオートバイの男性が追いつく。女性の車の前にオートバイを止めて、男性は革のジャンパーの胸のポケットからたばこの箱を取りだす。もちろん「ラッキーストライク・ライト」の箱である。次に女性の背中が大きく映り、この女性が車の部品である何かコードのようなものを手にして、自分の背中に隠し持っている場面が映る。男性はオートバイにまたがったままたばこを一服し、その後女性の車に近寄り、女性もそのそばに立っている。男性が女性に向かってニヤリと笑う。男性が彼女に右手を差しだすと、女性はばつが悪そうに男性にそのコードを渡す。

このような流れの後、女性は車を走らせ遠のいていく。その場に残った男性はオートバイに腰掛けたまま、再びたばこを吸う。

このストーリーの中で主人公の男性は決して女性の誘いにはのらない。クールに振舞うことは、男性の「格好よさ」を表す一つの要素である。女性に対して親切な男性、また下心がないという素振り、アウトドア志向の健康的かつワイルドな男性像は、「紳士」であることと同様、女性にもてる男性像であることを示している。

(B)では、始めにコーヒーカップと男性の左手と「ラッキーストライク・ライト」の箱が映しだされる。男性は手に火のついているたばこを持ち、席から立ち上がる。そこはカウンターのある喫茶店もしくはバーのような店で、主人公のほかには一人の男性客と女性の店員がいる。男性はこの薄暗い店をでて行く。たばこの箱は置いたままである。外にでて男性はオートバイに乗って店を後にする。男性が置いていったたばこの箱を、黒い革の手袋をした手が取り、そこには先ほど男性が置いていったコーヒー代とカップが残されている。

砂漠の中の一直線の道を男性が走っていく、すると「七〇一」と書かれたパトカーが追いかけてくる。男性はこのパトカーに止められ、降りてきた警官と会う。警官は帽子を取り、サングラスを外すが、ここでこの警官が女性であることがわかる。女性の警官はオートバイにまたがったままの男性に近づき、おもむろに先ほど店で手にしたたばこの箱を差しだす。彼女が黒い革の手袋をしていることから、これが店でたばこの箱を取り上げた手の持ち主だと判断できる。すると男性は、自分の左胸のポケットからたばこの箱を取りだしてみせる。女性の警官が自分が持ってきたたばこの箱のふたを開けてみるとそれは空っぽであり、そこで彼女は照れたように笑ってみせる。男性は彼女を見ながらくわえたたばこに火をつけてかすかに笑う。男性はオートバイでそのまま立ち去り女性の警官は彼を見送る。

このストーリーは、男性に惹かれた女性警官が、男性が忘れたたばこを届けるということを口実に追いかけてきたというものである。しかし、たばこの箱は空であり、そのことは同時に彼女が男性にふられたことも示している。男性はたばこを吸って、女性を置き去りにしてオートバイで走り去る。このような女性の誘いを断ることも、また機転のきいた断り方も、「格好いい」男性像の要素となっている。女性を手に入れるよりも、あえて女性の誘いを断る男性像の方が、より「格好いい」という強いメッセージである。

三本めの(C)では、やはりオートバイに乗った男性がガソリンスタンドに到着するところから始まる。スタンドには、赤いオープンカーを洗車している女性がいる。ブロンドでウェーブのかかった髪の女性であり、鮮やかなオレンジ色のシャツにブルーのジーンズという格好である。(A)(B)に登場する女性と比べて少し年齢が低いように思われる。男性はここでも茶色のジャンパーとブルージーンズを着ている。女性はオートバイを止める男性を横目でちらりと見ているが、男性は見向きもしない。男性はヘルメットを脱ぎ、オートバイから降りると洗車用のバケツを持った女性とすれ違う。この辺の映像は、両者の下半身しか映っていない。足の動きで二人がすれちがったことが示されている。スタンドに男性が入っていくと、女性はこの男性のオートバイをおもむろに洗い始める。その間に男性は自動販売機でたばこを買う。女性がオートバイを洗う手元がアップになり、彼女はスポンジに泡をいっぱいにつけてオートバイのサドル部分を洗っているが、この映像の間、彼女はオートバイのサドル部分しか洗わない。男性はその間にたばこを吸って、スタンドからでてきたときには洗車は終わっている。男性がオートバイのところへ行くと、この女性は彼のオートバイにまたがって彼を待っている。二人はいかにも親しげにオートバイをはさんで話をする。

彼女が洗車する直前には男女の下半身のみが映されており、セクシャルなイメージへと視線と感覚を巧みに誘導しているようである。さらに女性がオートバイのサドルを泡だらけにして洗い、それに「またがる」という動作は、明らかにセックスの誘いを意味している。映像特有の画面の使い方によって、見る側の視線を誘引し、性的な行為は直接描かれていないものの、そこには確かにセクシャルなイメージが作り上げられている。

以上のように「ラッキーストライク・ライト」のコマーシャルを三本見てみると、共通する点として、女性たちが主人公の男性を誘っているということは明確である。このことは、男性がいかにもてるかということを示す一要素として織り込まれている。そして、男性が女性たちの誘いにはのらず、このようなあの手この手の誘いをあくまで軽くあしらうということも、これを強調しているのである。

ここで一つの図式が明らかになる。この男性は、その場面場面でたばこを吸う。美しい女性に誘われる。また彼女たちを軽くあしらう。女性には見向きもしない。それが「格好いい」行為であり、それができる彼は「格好いい」男なのである。「格好いい」男性はたばこ、つまり「ラッキーストライク」を吸う。転じて、たばこ（ラッキーストライク）を吸う男性が格好いいのである。

さらに、女性の描かれ方に共通する点として、単に男性に惹かれる添え物というだけでなく、より男性を引き立たせるように性格づけられている。たとえば(A)では、すぐにばれるような故障を偽り、男性に見破られるシーン。

また(B)では空の箱をわざわざパトカーで届けるという、馬鹿げた失敗をするという設定。(C)では、気をひきたいがためにオートバイを泡だらけにしている女性、それぞれ設定は進うが、少なくとも「利口」な女性としては描かれていない。

「ちょっとドジ」とか「あまり賢くない」というのは、ドラマの中ではよく用いられている女性のイメージである。こうした非知性のコードは、しばしば「かわいい」と読み替えられる。性的な魅力を持ち、その一方で「かわいい」と形容されることで、そこにいる男性は知的に格上げされ、優位な関係性を持つことが予測される。「ラッキーストライク・ライト」の男女の関係像が、まさにこの図式の中にあるということは、疑いようもない。

以上、五本のコマーシャルは、次の点で共通性を持っている。

① 男性が主人公であること。
② 主人公の男性に惹かれる存在として、女性が登場すること。
③ オートバイがでてくること。
④ 男性のみが喫煙すること。

このような点をたばこのコマーシャルの特徴としたうえで、これらの要素が何を意味するのか、考察を進めよう。

3　たばこ広告とセックスイメージ

たばこのテレビコマーシャルでは、原則として女性は喫煙しない。それはたばこ会社側の自主規制によるものであり、女性には積極的にたばこを奨めないという共通理解があるということだ。この規制の主な理由は、たばこをめぐる世論が女性の喫煙を容認していないということを考慮したものだと思われる。近年、たばこの身体への影響が問題となっており、女性に限らず男性も禁煙・分煙・嫌煙など煙たがれているというのが現状であろう。女性の喫煙はそのような嫌煙志向規範とともに、女性のみに与えられた規範があり、産む性として不適切な行動として、また、はしたないという不道徳な行為として、男性以上に厳しい批判の対象となる傾向にある。そのため現在では女性にたばこを奨める広告を打つのは困難であるという背景がある。

このような現実の問題を考慮したうえで、広告映像に表れた女性像を見ると、たばこと女性の関係は一見相容れない関係に思えるが、実際にはたばこのコマーシャルには多くの女性が登場していることがわかる。たばこのコマーシャル映像の中にありながら、喫煙するモデルには決してなりえない登場女性たちの役割とは何であろうか。

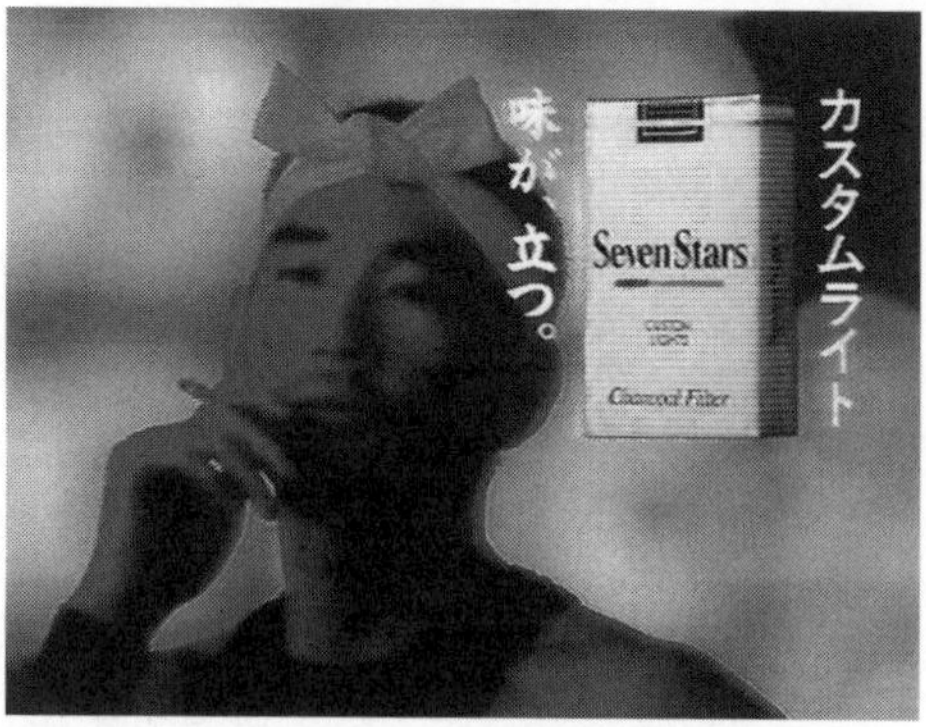

図1　「セブンスター・カスタムライト」①

「セブンスター・カスタムライト」のコマーシャルでは、主人公は一人の男性で、この男性が祭りへと向かい、激しい祭り太鼓の後で一服するというコマーシャルであった（図1）。途中で一カットだけ若い女性の顔が画面いっぱいに映される。三〇秒間の映像の中で登場する女性は彼女一人だけであり、男たちの祭りの激しさに比べて、彼女が映しだされるシーンはきわめて静かである。この動的な映像の中で、彼女は登場する時間が非常に短いにもかかわらず、存在感からいえば多くの男性と対等である。存在として対等であるというのは、この広告に登場し、表情がはっきり読み取れる人物が主人公の男性とこの女性だけであるということによるものである。多数の男性の中で一人だけの女性であり、彼女は人ごみの中ではっきり主人公の男性を見つめており、同時にそれは画面のこちら側をも見つめていることになる。コマーシャルを見る男性は、この女性に見つめられている男性の主人公と自らを同一視し、見られる自分自身、「格好いい」自分自身を意識することになる。

「ラーク」の広告にも一人の女性が登場した。複数のオートバイに乗った「ならず者」の男たちに囲まれて、レイプにも似た状況で逃げ惑う女性である。彼女は闘牛場の中で真っ赤なドレスを着て、髪を振り乱して逃げようとする。非常に細かいコマ割の中でときどき女性の表情がアップになるが、追い詰められた女性がついにあきらめたかのように感じられる映像である（図2—③）。女性は、この後主人公の男性に助けられるが、その際にもただ手を差しだされるのを待つだけの受動的な女性である（図2—⑦）。

喫煙しない女性の中には、このような受動的な女性だけでなく、「ラッキーストライク・ライト」のように積極的に男性に声をかける女性もいた。多様な女性がいながら、彼女たちに共通するのは、たばこを吸う主体となりえないためにストーリー上の主役にもならないという点である。喫煙する主体の男性は、明らかに主人公として描かれている。

喫煙を好ましく思わない社会になりつつある中で、男性の喫煙は肯定的に描かれ、女性の喫煙は描かれない。そこでは喫煙する主体は男性と想定して記号化され、明らかに喫煙しない記号もしくは喫煙する男性に惹かれる存在として女性が記号化されているのである。

たばこのコマーシャルには、オートバイもしくは自動車が使われる場合がしばしばある。ストーリー性を重視した広告が多いため、オートバイ、自動車はストーリーの展開に不可欠な小道具として存在している。多くの場合は男性がこのような乗り物を所有しており、乗り回している。オートバイや自動車は、本質的には乗るものの行動範囲を広げ、移動能力を付加するものであるが、同時にその所有者が行動的かつ超速度の能力を持つことにもつながっている。

「ラッキーストライク・ライト」の広告では、主人公の男性はオートバイに乗って旅をしている。三本の広告は

図2「ラーク」

いずれもこの男性が旅先で美しい女性と出会うという単純な設定であるが、三本に共通するのは男性が女性に声をかけるのではなく、女性の方が男性に近寄っていくという点である。

「ラーク」では、女性を取り囲み暴力的に振る舞う男たちはオートバイに乗っていた。主人公の男性は乗り物には乗らず、オートバイに乗った「ならず者」を撃退する。この中で、赤いドレスの女性も目をひく存在である。彼女は、オートバイの暴漢たちに対してまったく無抵抗であるばかりか、主人公の男性が彼女を救ったときにも手を差しだされるまでその場に座り込むだけの女性である。意思のなさそうな虚ろなまなざしで、「紳士」に手を差しだされるのをひたすら待つ女性なのである。

このように、力強さや知性は男性的なものとして、その反対の要素を女性的なものと見なして役の性格を特徴づける方法は、演劇のように誇張した役作りをする場合にしばしば見ることができる。テレビのコマーシャルのように、頻繁に繰り返されるが、しかし時間的に短いものは強いインパクトを与え印象づけることと、単純な作りで瞬時に理解が可能であることが求められるためである。そのため、既存の女性らしさをさらに何重にも誇張した「女らしさ」が描かれている。これらを見ていくことで、この文化が、いかにジェンダー・イデオロギーをわれわれの意識の中に刷り込んでいるのかを知ることができるだろう。

テレビコマーシャルは、商品広告としての役割だけでなく、今や文化の形成に大きく貢献していることは前述した。その中で男女の性役割が繰り返されたり、性的な場面が誇張されたりすることは、ある意味で現代の文化に逆行しているかのように見える。しかし、一概にそのようにはいえない。逆に、商品を売るという目的を持っているからこそ、見る側に受け入れられやすい映像を提供しているとも考えられる。そのように考えるならば、これまで見てきた一連のたばこのコマーシャルは、女性を飾り物のように扱ったり、女性の尊厳を傷つけるようなものであったりしながらも、ある種の人びとには受け入れられることを想定しているのである。

また、「セブンスター・カスタムライト」の主人公もオートバイに乗っている。彼は夏祭りで太鼓をたたきに行くために黒い革のジャンパーを着て、颯爽とオートバイに乗る（図3）。通常の感覚では何の必要性も感じないこのような行為も、たばこの広告には用いられている。このように見ると、オートバイは単に行動するための道具として広告に取り込まれているのではないことがわかる。オートバイは何らかの隠喩として意図的に広告に取り入れられているのである。

自動車やオートバイと女性の関係を見てみると、イメージの異なる二種類の広告があり、その対比が興味深い。女性がオートバイに乗るイメージは、「ヴァージニアスリム・メンソール」①の広告である。「ヴァージニアスリム・メンソール」は、さまざまな女性の様子をオムニバス形式でつなげ、一つの映像にしている。テーマは"Be You"であり、広告の最後に文字で表されており、女性は自分自身であれ、というメッセージを持った広告である。女性に向けたたばこ広告であるが、ここでも女性は喫煙していない。断片的な映像の中で、結婚式の花嫁が花婿を置き去りにして教会からウェディングドレスを着たままオートバイで逃げるシーンがある（図4）。彼女は大勢の祝福の客の前で、花婿を置き去りにして爽快な表情で教会から去っていく。彼女のあとには呆然とする客たちと追いすがる花婿の姿が見える。これがテーマの"Be You"とつながるのは、女性が自分の意思でおそらくは自分の望まない結婚を否定し、彼女自身を取り戻すといった意味だと解釈できる。

図3　「セブンスター・カスタムライト」②

ここでのオートバイは追いすがる男性を振り切るための道具であり、結婚という束縛を否定した花嫁が、走る花婿を超越した力をえたことを示してい

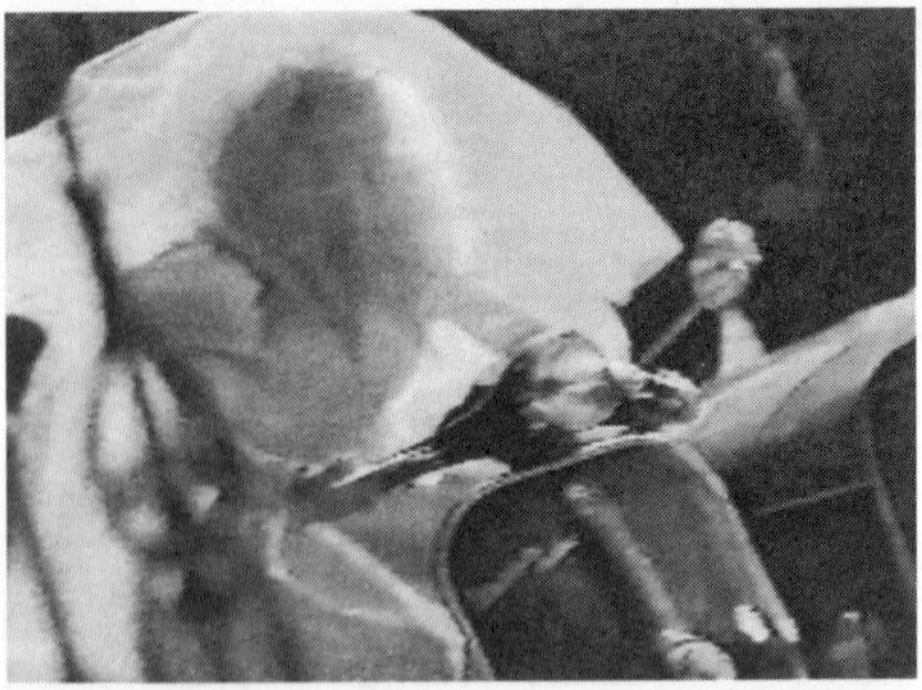

図4　「ヴァージニアスリム・メンソール」①

図5　「ラッキーストライク・ライト」①

る。また、彼女の表情からも、結婚の拒否が彼女の解放感へと結びついていることが読み取れる。つまり、ここではオートバイは「力」と「解放」の象徴として描かれており、むしろオートバイに乗る男性像をモデルとしたうえで、既存の女性像の反転となっているのだ。

もう一つのイメージは「ラッキーストライク・ライト」のうちの一本である。ガソリンスタンドにいる女性が赤い自動車を洗っているところへ、オートバイの男性が登場するものである。女性は男性がいない隙に、オートバイのサドルを泡だらけにして洗っているシーンがある（図5）。この後、女性は彼のオートバイをまたいで、そこにたばこを一服した男性が戻ってくる。そして、女性は男性と親しげに笑いあうという流れである（図6）。

このCFは、女性がオートバイに乗るという行為が、男性とは異なる文脈に置かれていることを示している。オートバイに乗る女性のイメージは、オートバイの専門雑誌にその典型を見ることができる。男性はたばこ広告にも見られる革のジャンパーやTシャツにジーンズ、サングラスという格好で誌面に登場するが、オートバイに乗る女性というのはすべてヌードもしくはそれに近い露出度の高い姿のものばかりである（図7）。この雑誌の中には、読者の女性がヌード写真を投稿し、自分が初めてオートバイに乗ったときの感想を述べるコーナーがある。そこで彼女たちは、オートバイに乗ることを「スリル」があり、「バイブレーション」が気持ちよく、「エクスタシー」を感じると記している。他のコーナーの男性の言葉からはこのような言葉を見つけることができない。おそらくは、オートバイに女性が乗る場合にのみ用いられる言葉なのだと推察できる。多くのヌードの写真と彼女たちのポーズ、そしてこのような言葉から、明らかに女性がオートバイに乗るイメージが、セックスのイメージだと判断できる。オートバイは男性そのものの隠喩となっているのだ。

一九五〇年代からアメリカ男性の性文化に大きな影響をもたらしたと思われる『プレイボーイ』誌は、好んで自動車、オートバイ、飛行機などの乗り物、たばこ、アルコールなどの大人向けの嗜好品、そしてヌードの美しい女性たちを取り上げてきた。まさに、これらは成熟した大人の男性の一連の娯楽だと考えられてきたものばかりである。この雑誌のめざすところは都会的なエリート男性の創造であり、実際に、

図6　「ラッキーストライク・ライト」②

図7　オートバイ専門誌の中の女性

そのような男性の新しいスタイルを作り上げてきた。『プレイボーイ』は乗り物を所有することを好んだ。それは、富の象徴であり、新しいマシンを使いこなすことを知性の象徴とも考えた。そして、人間の能力をはるかに超えた乗り物を制御する征服欲の象徴でもあった。

『プレイボーイ』が創りだしたこのような男性イメージは、そこに裸体に近い格好で掲載されている女性たちがオートバイに乗ることの意味と同じではない。女性ライダーのイメージは男性ライダーのイメージと同じ文脈で描かれてはいないのだ。たばこのコマーシャルでも、オートバイは男らしさの象徴であり、オートバイに乗る女性は男性を求める性的な存在として扱われるという道具仕立てになっているのだ。

4 巧妙なセックスイメージの創造

『プレイボーイ』誌には、アルコールもたばこもそして女性も同じような意図で雑誌に取り込まれている。これらのモノを男性が男性たるべき所有物とすることで、しばしばモノそれ自体を男性自身の隠喩として用いる場合が見られる。それは前述したオートバイがそうであるように、たばこも同じである。

たばこは、その細長い形状からしばしば男性性器と同一視されてきた。図8は一九七〇年代、ドラッグの流行した際に、薬による性的な倒錯、ひいては性的に不能になることを表した図像で、ドラッグに対する恐怖心を煽るものである。葉巻には“THE DEATH OF POLITICS”と書かれており、ドラッグが政治的危機をもたらすことを示している。また、ヌード写真の中には好んで女性にたばこをくわえさせる例も少なくない（図9）。このようなポーズは、見る側に性的なシーンを想起させ、よりセクシャルなイメージを強調するためのきわめて単純な手法であるといえよう。

広告はしばしば性的なイメージを取り込むことで、見る側の無意識の部分に働きかける手法をとるといわれる。キイが指摘しているのはまさにその点で、日本においてもこのような手法が多く用いられているとも考えられている。

たばこのコマーシャルに見られる性的なイメージは、単に前述したたばこをくわえた女性像として表されることはない。だからこそ、女性がオートバイに乗るというシーンが必要となる。

次の「ラッキーストライク・ライト」のコマーシャルは、赤いオープンカーに乗った女性が主人公の男性と出会うヴァージョンである。中でも、女性が男性に車の部品を手渡すシーンは、注意しておきたい。図10は、向かって左側が女性で、右側の手が男性の手である。まず、構図上、男性の体が画面に入っていないのに対して、女性は胴体が映しだされている。腹部から上と足は映っていない。また、画面の左隅に薄く「ラッキーストライク・ライト」の箱が映っているが、これは画面下方の文字

図8　「政治の終焉」（1969 年）

図9『プレイボーイ』1990 年1月号

図10　「ラッキーストライク・ライト」③

図11　「ラッキーストライク・ライト」④

とともに、この部分に次第に明確に映るように徐々に浮かび上がってくるものである。たばこの箱がある位置は女性の性的な部分であり、このシーンを見ている人は自ずと箱に視線を移し、彼女の股間に誘導させられていく。行きずりの男性と女性が唯一接触するのが、この手渡しのシーンだけであり、男性との接触、女性の股間への視線の誘導によってセクシャルなイメージが生まれてくる。

さらに、最後のシーンでは男性がオートバイにまたがり、たばこを吸っており、女性が車で走り去る映像がでてくるが、さきほどのイメージの延長上にあり、あたかもセックスの後の一服であるかのように暗示されている（図11）。

たばこと女性のセクシャルなイメージの連関は、女性が喫煙する姿そのものをアピールすることで強いメッセージが生まれるが、現実のたばこのコマーシャルにおいては、むしろ逆効果となりやすい。映像の中では、女性の行動やしぐさ、持ち物、その他もろもろの男性との関係性によって生じるイメージによって、そのストーリーが作られているのである。あたかも映画のように、また日常の一コマであるかのようにストーリーが語られていても、テレビコマーシャルの描く女性は、喫煙しないが、しかしセクシャルなイメージで、喫煙する男性を引き立てる存在として描かれているのである。

5 「ヴァージニアスリム」の女たち

これまで見てきたたばこのテレビコマーシャルは、女性を性的な存在として描くためにさまざまな手法を用いている。ここから、男性の消費者に対して強いメッセージを送ることに固執しているという状況だということが読み取れる。『プレイボーイ』文化は、たばこと男性の関係性に一つのイメージを提供してきたが、それは現在でも「男らしさ」の理想としてテレビコマーシャルの中に生き続けている。そして『プレイボーイ』が歪曲した女性像を創造したように、テレビ広告の中にはどこか歪められた女性が描かれている。

図12 「ヴァージニアスリム・メンソール」②

このような女性像とは対照的に、先に紹介したように「ヴァージニアスリム・メンソール」のコマーシャルの女性たちは異なったイメージで描かれている。このコマーシャルはオムニバス形式で七つのシーンで構成されている。

薄暗い画面の中、タオルを頭にかぶった若い女性の顔がアップで映り、彼女は険しい表情でこちらをじっと見つめている（図12）。トレーニングジムで彼女は一人でサンドバックにハイキックをする。その瞬間、こちらに向けてパンチをしてくる。ここに表されたイメージは、肉体的な力や闘争心に満ちた表情で、威圧感があり、既存の女性イメージとは明らかに異なるものである。女性＝弱さという通念を否定している部分である。次のシーンは、教会から逃げる花嫁と彼女に追いすがる花婿、そして招待された客たちが描かれている。花嫁はウエディングドレスのままオートバイに乗り、花婿を振り切り気持ちよさそうに笑う（図4）。従来の意味での結婚を否定し、疾走する映像は、規範を忠実に守る家庭的な女性像からは程遠い。三つめのシーンでは、砂漠のような場所に自動車で一人の女性が到着する。そこには彼女を待っていた男性がいるが、彼女は車の上から男性にギターや服を次々投げつけて、自動車で走り去る。彼女もまた気持ちよさそうに笑う。恋人もしくは恋愛関係のあり方が否定され、男性に対して強い意志を表明する女性が描かれている。

四つめのシーンでは、デザイナーと思われる女性が椅子に深く腰をかけ、足を投げだして、仕事をしている。彼女はキャリアウーマンで、仕事のできる女性であることが表現されている。彼女が足を投げだしているのは、礼儀正しい女性らしさとの対照としてであろう。また、それは彼女の自由さと奔放さも示している。さらに、能力のある女性という設定も、これまでの女性らしさを否定する要素となっている。五つめのシーンでは、白人の女性と東洋人の女性が街中で親しげに抱きあっている。これは、女同士の友情と連帯を表しているかのようであり、また、白人と東洋人の組み合わせも人種を超えた友情であることを示しているかのようである。

六つめのシーンは、このコマーシャルでもっとも長い部分である。雨の中で黒いドレスを着て大きな建物から二人の女性が出てくる。彼女たちは素足で雨の中を踊るように歩いている。雨の中を裸足で踊っているのは、おそらく社会的なモラルに対する反発であり、それはつまり自由であることの象徴でもある。大人だから、女性だからという社会規範より、彼女たちは楽しいこと、気持ちのいいことに正直な行動をとっている。彼女たちの背景には大きな建物があり、看板には「FESTIVAL DE LA FAMME 1994」と書かれているのが読める。

最後のシーンでは、岩山の中腹でこちらに背を向けて大きく伸びをする女性が映される。黒い服を風に乗せるように投げ捨て、両手を大きく広げている。自然の中で大きく手を広げて伸びをする（図13）。これは、彼女自身が自由であること、解放されていることを示しているのではないか。最後に“Be You”の文字がでてくる（図14）。

このように見ていくと、社会通念を否定して、女性が自由になっていくさまざまなシーンが描かれているものと思われる。一つのストーリーによって繋がれていはいないが、終始一貫して女性の強い意志の表現という共通のテーマが見えてくる。つまり、最後にでてくる“Be You”という言葉にすべてが集約されているのである。

このように女性が自己を解放していくことを肯定しつつ、喫煙も女性の規範への挑戦としてとらえようとしている。オートバイやスポーツ、仕事、同性の友人、子供じみた遊びなど、このコマーシャルに現れた映像は『プレイボーイ』が男性に求めた要素と似ていて、女性の解放＝男性の模倣という図式が見えないこともないが、女性が主体として描かれてはいる。しかし、登場した女性たちが喫煙するシーンは一つもない。

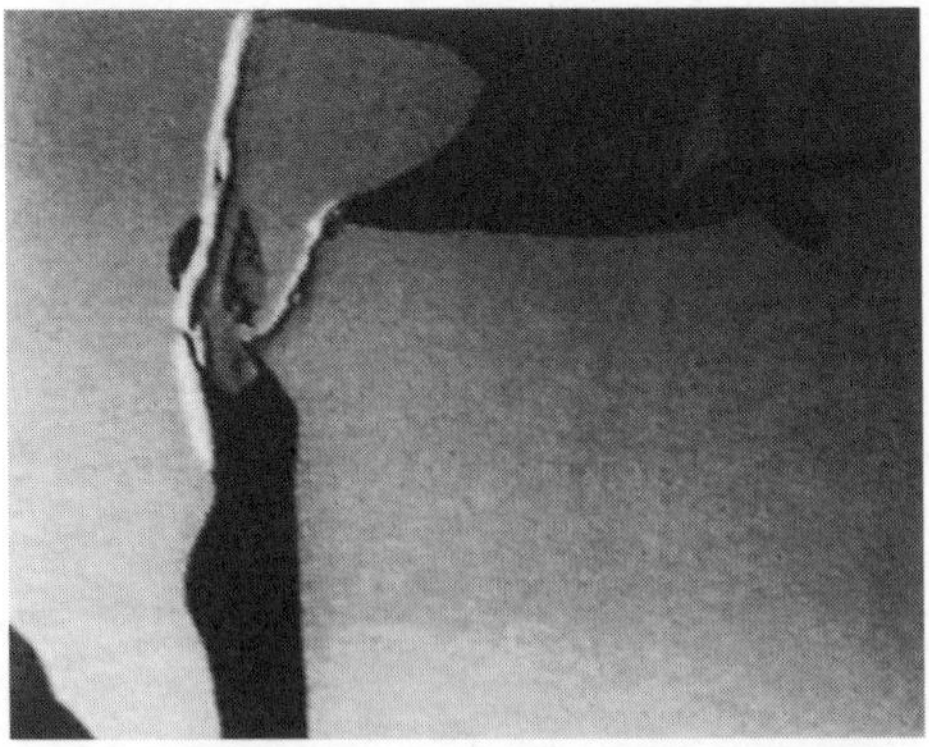
図 13 「ヴァージニアスリム・メンソール」③

図 14 「ヴァージニアスリム・メンソール」④

たばこのテレビコマーシャルのからくりは非常に単純で、喫煙する人物に何らかの付加価値を与えようとするものである。たばこを吸う人物を持ち上げれば、自ずとたばこを吸わない人物はその価値を持たないものとして、格下げされる。この上下関係がこれまでに見た広告の中の女性像の歪みとなっていると考えられる。

男性と女性が登場する場合、喫煙するのは常に男性であり、それに対して女性は喫煙しない。この関係性はたばこという商品を通して上下関係となり、男性が「洗練、男らしさ、勇気、成功、富、さらには誠実さ」を持つ一方で、女性は男性本意の性の対象としてしか描かれえないのである。「ヴァージニアスリム・メンソール」が女性向けのたばこコマーシャルとして成功しているのは、女性も男性も喫煙しないことによって、この上下関係を生じさせないためである。女性に向けて宣伝しているこのたばこのコマーシャルが男性に喫煙させていないということが、何よりこのからくりの論証となる。もし喫煙する女性を登場させた場合、その女性イメージがプレイボーイに見るようなセックスイメージを連想させる文脈に置かれてしまう危険性がある。そのため「ヴァージニアスリム・メンソール」のコマーシャルは、たばこを吸わない女性たちの映像を映しながら、女性の喫煙について、規範からの自由というイメージのみで構成しなければならなかったのである。たばこを吸う女性が増えているといわれている近年、広告の中の女性たちは、現実の女性のモデルになりえているのであろうか。繰り返し流されるたばこのテレビコマーシャルの中のイメージは、あまりにも性的な存在であり、媚びた印象さえ与えるものであった。規制によって映像には現れないが、喫煙する女性イメージは、「ヴァージニアスリム」の世界の女性たちによって、プラスの文脈へと書き換えられている。喫煙しないが、しかし "Be You" というメッセージを送り、解放されていく女性像は、現代の女性に新しい喫煙女性のイメージを創造させる可能性を持っている。たばこを吸う女性が増えている事実と、男性向けのたばこコマーシャルに見る女性のイメージは、しだいに距離を隔て始めているのかもしれない。

たばこコマーシャルをめぐる状況は、この調査以降も刻々と変化している。男性向け・女性向けに限らず喫煙を奨めるメッセージ自体がメディアから減少し、現在ではテレビコマーシャルでは見ることはない。喫煙をめぐるジェンダー規範から「健康」をめぐる議論への大転換によって、テレビコマーシャルは公的空間における喫煙モラルの推進へと方向性を変えた。「健康」という新たな理想もまた、出産する身体や美の規範などのジェンダー的論点を内在している。問題の軸は移行してもなお、喫煙をめぐるメッセージはジェンダー化され続けているといえよう。

8 たばこ広告に見る女性イメージ

本章はこれまでのたばこ広告の分析に関する論を総括し、たばこという商品広告をジェンダーの視点から見るうえでの、一つの視野を再確認しようとするものである。

ただし、これまでの研究報告書[1]の中で扱ってきた広告については、年代やメディアの違いがあり、それらを時間軸にそって歴史的に考察することは困難である。したがってこれらの広告の変遷を追う作業ではなく、むしろ時代やメディアの差異を越えて、たばこという商品の広告に共通して表されてきた女性のイメージを検証することになる。

イメージが作られた社会・時代背景の差異があることが前提となっているため、本章で扱う女性イメージを細かな社会状況の変化とともに読み込むことはできない。しかし、たばこ広告というメディアが誕生して以来、そこに

表1　たばこ広告分類の指標

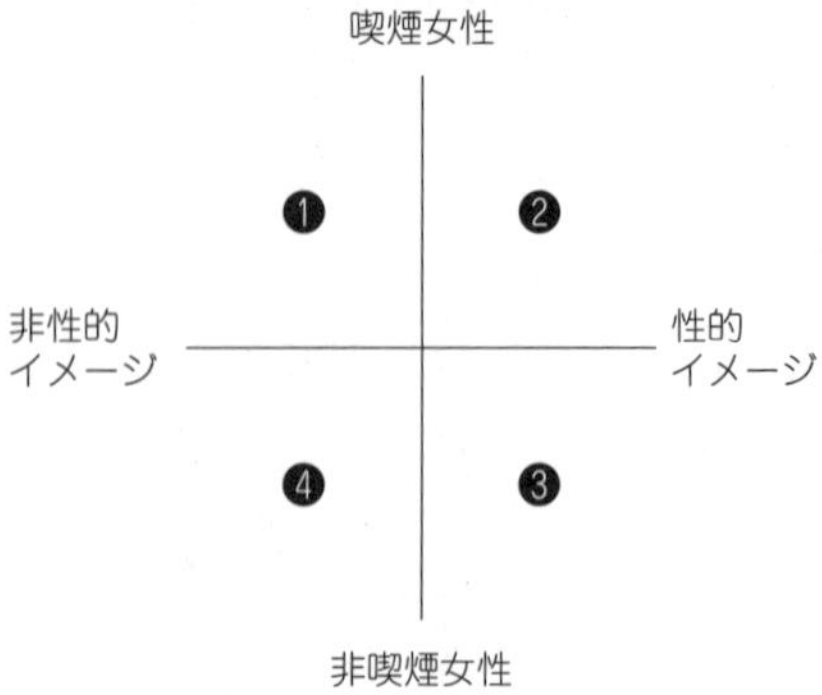

女性を描きだす心性にいくつかの共通項を見出すことができる。本章ではそのような共通項に焦点をあて、たばこと広告と女性という三者の関係性に重点を置いて論を進める。

1　たばこ広告に表された女性イメージ

まず、これまで扱ってきたたばこ広告図像の中で、たばこ広告の女性イメージが作りだされる論理の枠組みを探しだし、分析の視角を確認していきたい。当然のことながら、これらのイメージは単純な枠組みに類別しうるほど一様なものではなく、一つひとつのイメージが持つメッセージは多様であり、それが生みだされた背景もさまざまである。また、それらのイメージを読む側の多様性も考慮されてしかるべきである。

しかし、本章ではそうした多様性の中から、できるかぎり共通するメッセージを取りだし、多少乱暴ではあるが可能な限り単純なパースペクティブを作る作業に徹していきたい。それによって、多様さ極まるうえに、厖大な数が残されているたばこ広告の女性イメージが、ある程度整理され、たばこと女性をめぐる社会的な倫理観・規範意識の一端が読みとれると思われる。まず、大きな枠組みを作るために二つの軸を設定し、いくつかの図像をその枠の中でとらえてみたい。

この二つの軸は、縦軸が「喫煙女性／非喫煙女性」となっており、横軸は「性的イメージ／非性的イメージ」となっている。喫煙とセクシュアリティの関係は、私たちのこれまでの研究の中でも中心的テーマであり、またたばこの広告において際だった表現パターンでもある。実際に、数多くのたばこ広告を見たうえで、たばことという商品とセクシュアリティを関連づけて表現する図像がきわめて多いことが理解できた。

ここでの分類については、女性向け、男性向けという広告の受容者別ではなく、たばこ広告全般の中で、女性のイメージをどのように用いているかによって選択・分類している（表1参照）。

❶ 喫煙する女性／非性的イメージ

ここに当てはまるイメージは、女性は喫煙しているが、しかし性的なイメージはできるかぎり排除されたもので、おもに女性に喫煙を奨めている場合が多い。つまり、女性向けのたばこ広告が当てはまると思われる。

図1　「たばこは動くアクセサリー」〈学生風ヴァージョン〉（1958年）

まず、取り上げたいのは、昭和三〇年代に日本で作られた「たばこは動くアクセサリー」という一連のポスターである[2]。図1に見るように、このコピーに基づいて制作されたポスター群は、若く、美しい、さらには健康的な女性のイメージを多用し、女性が喫煙することに対するイメージをセクシャルな面から遠ざけることに成功した例である。たばこを女性のアクセサリーとしてファッション化し、当時のアイドルを使って明るいイメージを強調しようとするものである。

また別の例もある。一九六八年から雑誌「ライフ」に掲載された「ヴァージニアスリム」の一連のポスター群は、喫煙する女性を描きながら、やはり明るく、健康的で、さらに現代的なイメージを作りだし、女性が自分の意志で喫煙することを肯定的に示そうとした（図2、図3[3]）。これらの女性たちは、画面上部にセピア色で描かれた「かつての女性たち」との対比によって、より現代性を強調し、同時代のウーマン・リブのムーブメントを想起させるような作りになっている。「ヴァージニアスリム」の広告では、喫煙はファッションであるとともに、権利として、さらには女性の意志の表明として、女性とたばこにまつわるセクシャルなイメージを感じさせない作りになっている。

また、男女が一緒に描かれている場合、女性は喫煙していない場合が多いが、これまで扱ってきた図像の中には、男女がともに喫煙している図像もあった[4]。たとえば、図4は、水辺で男女が一緒に喫煙している例、さらに図5は草原での男女の図像、図6は南国の雰囲気の中で花と木に囲まれた図像である。いずれの場合も、日常の風景とはかけ離れた自然の描写が鮮烈であり、清涼感、爽やかさが強調されている。喫煙する女性は、男性と一緒に描かれることによって自ずとカップルという意識で見られがちになる。そこにセクシュアリティを介在させることは容易であるが、あえて広告図像ではそれを避けるように描かれる傾向がある。そのため、大自然の描写の中に男女を置

図2 「ヴァージニアスリム」① (1969年)

図3 「ヴァージニアスリム」② (1971年)

き、限りなく爽やかな図像を創りだそうとする。セクシュアリティを消去し、男女両者が喫煙することによって、喫煙行為を通しての男女の対等性が示されているともいえる。

図4 「クール」(1967 年)

図5 「ラッキーストライク」(1961 年)

図6 「オアシス」(1961 年)

❷ 喫煙する女性/性的イメージ

たばこ広告の中では、喫煙する女性をセクシャルなイメージで描くことはあまりない。それが何に因るものなのかは後に考察するが、たばこを吸う女性をあからさまに性的な存在として描くことは、広告イメージの中ではある種のタブーになっているともいえる。前述の❶であげた例から

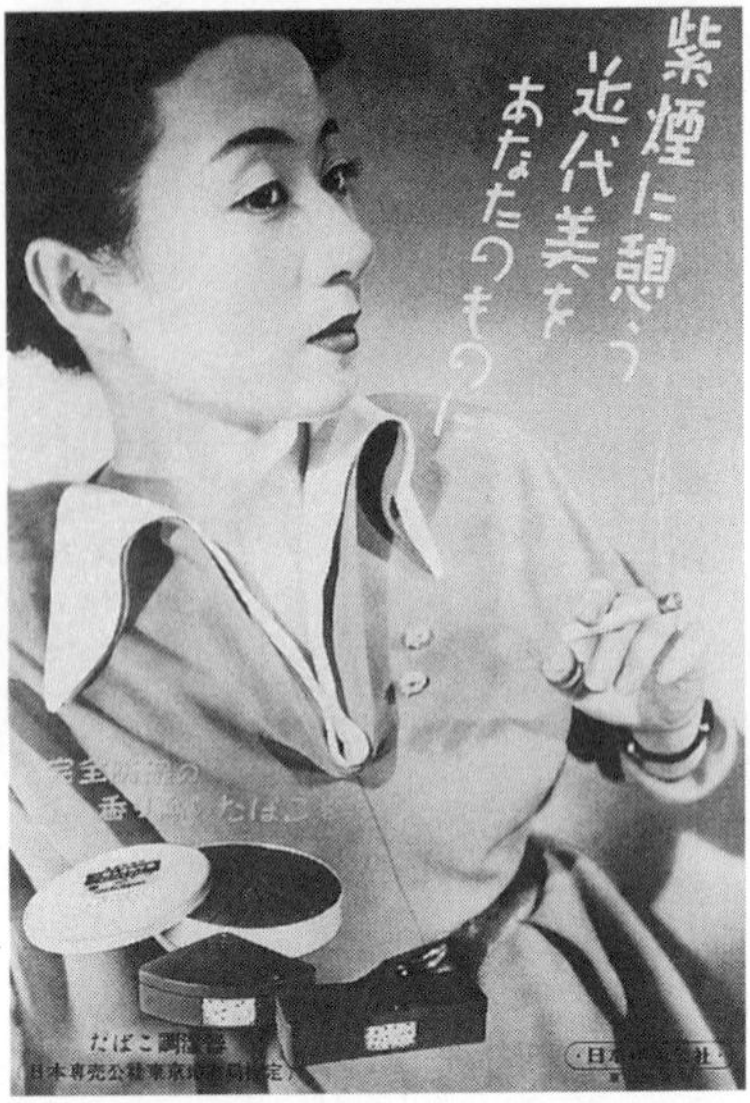
紫煙に憩う
近代美を
あなたのものに

図7　「紫煙に憩う近代美をあなたのものに」（1953年）

タバコが似合う人だった。フーッ

図9　「タバコが似合う人だった。フーッ」（1987年）

性を性的な存在として描こうとする意図が読み取れる。(5)

味気ない男には、似合わない。
CABIN
キャビン

図8　「味気ない男には、似合わない。」（1977年）

もわかるように、女性に向けたたばこ広告は、限りなく性的なイメージを消去し、健康的かつ明るいイメージを作ろうとしてきた。それは、これまで分析してきた代表的なたばこのポスターにほとんど共通している。

数少ない例をあげるならば、昭和二八（一九五三）年の「紫煙に憩う近代美をあなたのものに」（図7）の女性イメージがそうである。現代のわれわれの目から見るとセクシャルなイメージは薄いかと思われるが、同時代の他のポスターとの比較から考えるならば、喫煙する女しかし、他のゾーンと比較してみると、この領域にあてはまるイメージは、ほとんどないに等しい。あえていうならば、この領域にあてはまるイメージが「ない」ことにこそ意味を読み取る必要がある。

❸ 喫煙しない女性／性的イメージ

たばこ広告には、喫煙しない女性のイメージが数多く見られる。

たとえば、女性が一人だけ描かれている場合でも、図8のように「味気ない男には、似合わない。」というコピーがつけられ、美しい女性が手でたばこをもてあそびながら、画面のこちら側を見つめているような例がある[6]。また、図9の「タバコが似合う人だった。フーッ」というコピーのポスターは、たばこが似合うという男性を語りながらも、そこには体のラインをあからさまに強調した女性の肉体が提示されている。この女性の肉体は顔がなく、足も切られ、洋服から透けるように背中と尻が示されている。主に広告の受容者が男性であることを想定して、男性の性的な欲望を喚起するためにこうした手法が取られているといえよう。

図10　「私の MR.SLIM」（1970年代）

また、男女が一緒にいる図像においても、喫煙する男性との組み合わせで、喫煙しない女性が頻繁に現れてくる。図10の「私のMR.SLIM」という広告では、画面左の男性が手にたばこを持っており、その隣の女性は少なくとも画面の中では吸っていない。特徴的なのは、この女性の唇だけがほぼ無彩色の画面の中にあって、唯一色彩が与えられていることであろう。女性の深紅の口紅は、その部分だけを強調することによって、セクシュアルな印象を与える。このポスターもある意味では女性の身体の部分だけを提示しているものととらえても

図11　「御進物にたばこ」（1953年）

よいかもしれない。

さらに、テレビコマーシャルの分析[7]においても、喫煙する男性に対して、性的な魅力を強調し男性にアプローチする女性（非喫煙者）が描かれる。テレビコマーシャルでは、ポスター以上に女性の性的な側面が強調されたものも見られた。自分を性の対象として積極的にセックスのイメージを喚起したり、レイプを思わせる場面で喫煙する男性に助けられる女性など、ことさらに非喫煙女性を性の対象として描く傾向がある。

これらの広告の受容者である男性にとって好ましいと思われる女性のイメージが、広告の中の女性たちに反映されており、非喫煙者であり、かつ美しくセクシュアルな女性であるということが、喫煙男性に所有されるべきものとして描かれているのだといってよいだろう。そしてこれらの女性たちは、主役であり真のメッセージの受容者である男性の「そえもの」[8]として、数多く作りだされ、受容され、所有されるイメージだといえよう。

❹ 喫煙しない女性／非性的イメージ

このゾーンには、たばこ広告の中でも特殊な「贈答用ポスター」の例をあげることができる[9]。たばこを贈る女性の場合、その女性が喫煙していることはない。たばこが贈答品として価値を持っていた時代（これは現在とはかなり違う状況だと思われる）に、贈答という家庭間における一つの社交行為を担っていた女性の存在が描かれている。図11は、昭和二八（一九五三）年の贈答用ポスターで「御進物にたばこ」という文字が見られ、贈答用に包装されたたばこパッケージの蓋を開き、軽く手を添えるようにこちらに見せている。この女性は、白い首の詰まったブラウスに、同じく白い小さなイヤリングを付けにこやかに微笑んでいる。彼女の身につけた白い小道具は清楚さを演出するものとなっている。

贈答用ポスターに描かれた女性の特徴は、和服姿もしくは清楚な洋服姿で、洋装の場合も首が詰まった形のものを着ている点であり、これらは彼女たちに貞節なイメージを付与する役割を持っている。また、ときには状況設定が「家庭」の中の場合もあり、主婦であることが明確に示される例もある。

これらの図像から、「贈答」という行為が、家庭の主婦の役割として強調され、主婦としてのふさわしい姿を清楚さ、貞節さという記号によって示されている。

2　広告の幻想

これまで見てきたいくつかの例から、先ほどの図を再び考えてみると、表2のような分類が可能になる。❷は基本的にたばこ広告図像からは見出せないという意味で、空白になっている。また、❶、❸、❹については前述したように、それぞれの広告図像の中で特徴的と思われるキーワードを並べてある。

しかし、広告図像は必ずしも現実を映しだしたものではないことはいうまでもない。広告図像は確実に受け手の存在を意識して制作されたもので、理想化（別の意味では歪曲化）された側面があることは当然ともいえよう。この広告図像における理想化という点から、また❷の領域の空白の意味を考えていくうえで、❶'、❷'、という項目をたてて現実の喫煙女性のイメージを拾い上げてみる。

表2　たばこ広告における女性イメージ

	非性的イメージ	性的イメージ
喫煙女性	❶ 明るさ・健康、女性の権利・意志、対等	❷
非喫煙女性	❹ 清楚・貞節 家庭的イメージ	❸ そえもの 切断された身体の強調

❶' 喫煙する女性／非性的イメージ

前述したとおり、広告は現実を映しだしているわけではない。つまり、広告図像には見えない現実の喫煙女性に対する固定化したイメージというものがあるわけである。❶ではこのゾーンに「明るさ・健康、女性の権利・意志、対等」という意味づけがあることを記したが、これはあくまでたばこという商品の広告図像に現れた女性イメージにすぎない。

女性が喫煙することに対する社会的な批判は少なくない。中でも「女性の権利・意志、対等」などのイメージに対しては、「生意気[10]」という批判的な視線が現実には存在する。❶に示したたばこの広告図像の意味は、この「生意気」という現実の文脈を転換し、広告に有利な文脈を作りだしたものだといえよう。

❷' 喫煙する女性／性的イメージ

たばこ広告の分類においては、ほとんどないに等しいということの領域の図像も、一歩広告図像を離れれば、数多く見ることができる。

第6章に掲げた昭和二三（一九四八）年の映画「夜の女たち」のポスター（一五三ページ・図4）は、喫煙する女性イメージにおいて、たばことは、性を売り、暗く、また社会の下層の生活を強いられた娼婦のイメージと一致した小道具として認識されていた様子が理解できる。

また、図12は葉巻の例だが、雑誌『プレイボーイ』に掲載された図像である。葉巻をくわえた女性がヌードで挑発的な態度を示している。この女性は、性の対象として受け身ではなく、むしろ積極的に自らの性を売り物にしている。こうした喫煙する女性の図像は、『プレイボーイ』の中ではしばしば見ることができ、女性の喫煙とセクシュアリティの関係が現代のポルノグラフィにおいても存在していることがわかる。

たばこ広告の図像において、❷の部分が空白になっているのは、あからさまに性の対象として見られてきた❷'の女性イメージの氾濫と呼応関係にあるともいえる。広告図像は意図的にマイナス・イメージを払拭するための戦略として❷'のイメージを消去しているのである。

以上の❶'、❷'を見てみると、広告図像にはなかった❷'の図像とは、娼婦もしくは性の対象としての女性ということができる。さらに、男性との関係でとらえてみると、❸の喫煙しない女性／性的イメージとは、「恋人」のゾーンと一致している。❹の喫煙しない女性／非性的イメージは「妻・母」のイメージである。この点を考慮して、再度四つのゾーンに戻ってみると、各ゾーンの女性の属性の特徴は次のようになっていることがわかる（表3）。

図12　『プレイボーイ』1990年1月号

❶自立した女性＝❶'、「生意気」
❷＝❷'、娼婦
❸恋人（男性にとっての恋愛の対象）
❹妻、母

さらに、この分類から、あらためて二つの軸の持つ別の意味について考えることができる。横の軸は「性的／非性的」イメージの軸であるが、これはあくまで男性にとっての性の対象であるか否かという

表３　喫煙と女性の一般イメージ

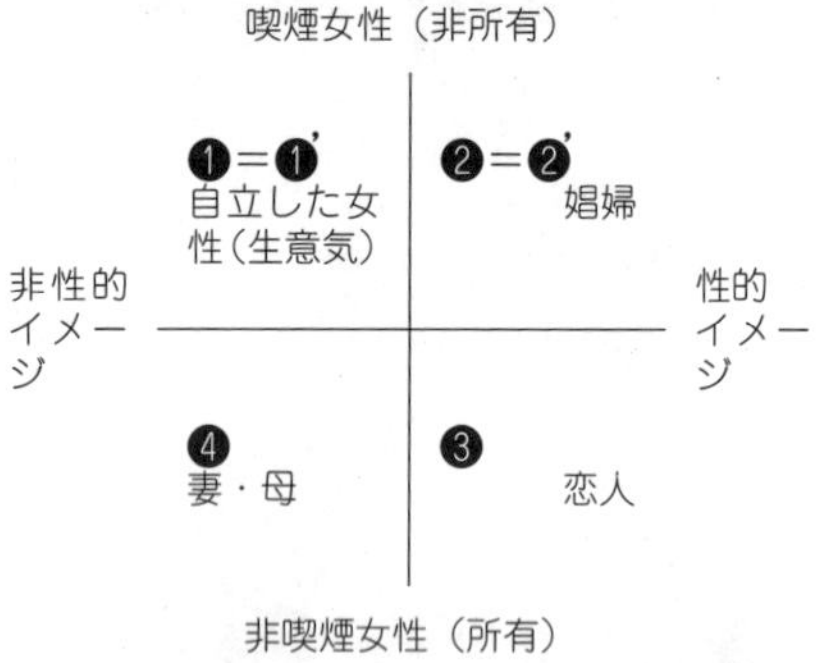

軸である。つまり、この軸の左右には男性の視線によって分類されたイメージが振り分けられていることになる。

また、縦の軸は「喫煙／非喫煙」の軸であるが、これはたばこを媒介にする以外に、次のような軸の意味が想定できるのではないかと思われる。たとえば、「自立した女性、娼婦／恋人、妻・母」という分類は、男性による所有の軸上にあるともいえる。男性が所有したいと望む軸でもあり、実際に所有しているか否かという軸でもある。ここでも男性の側の判断基準が大きな因子となっていることがわかる。

「喫煙／非喫煙」の軸が「男性による所有」の軸と一致するならば、女性の喫煙の賛否を問うファクターとして、男性側の所有意識との関連を問うことができるのではないだろうか。男性の側の所有意識を、女性の意識に置き換えてみるならば、従属意識（貞節・従順）という形で表すことができる。これは女性が喫煙をする際、女性自身が自らを律する倫理観として、喫煙の在り方を規定することとなる。

このように見てみると、四つに分類された領域は、それぞれ男性の性の欲望の対象か否か、また男性に所有されるか否かという、きわめて男性中心的な価値観の中で形成されたものだといえる。つまり、たばこと女性のイメージは、常に男性中心の価値付けの中に置かれており、その中でのたばことの関わり方によって女性自身のイメージが分類されているといえる。現実の喫煙女性のイメージと広告図像との乖離、これはひとえに広告というメディアの作りだした幻想といわなければならないだろう。

＊

たばこ広告のイメージはこうした幻想の上に成り立っている。そのため広告そのものがこれらの幻想に強く拘束されていることもまた現実である。

女性向けたばこの広告として数多く作られてきた、❶の喫煙する自立女性のイメージは、少なくとも現在の日本のたばこ広告に見ることはできない。その理由として、一九六九年に広告基準としてまとめられたたばこ広告の自主規制をあげることができる。(11) この自主規制の広告基準では女性を対象とした刊行物へのたばこ広告は行わないこと、女性に喫煙を奨めるような広告表現は避けることなどが記されている。文面上はこのような大枠のみが示されているが、現実にはそれまで氾濫していた喫煙する女性イメージは、日本のたばこ広告からはほとんど姿を消すことになった。つまり、広告倫理においては、そもそも女性の喫煙イメージを非としたのである。

喫煙女性のイメージを否定するという広告倫理の在り方は、その後、複雑なイメージを生みだしている。たとえば、「ヴァージニアスリム」のテレビコマーシャルに見るように、登場する女性たちは誰一人喫煙することがないにもかかわらず、自由と権利、奔放さというイメージを多く用い、最後のシーンでたばこが映しだされることによって、それらと喫煙のイメージとを重ねあわせてとらえさせようとするものがある。(12) つまり、このコマーシャルは、広告の倫理観を基準として考えるならば、喫煙する女性はあくまで非、しかしながら女性に喫煙を奨めることがこの広告の目的であるというジレンマを、巧みなイメージ操作によって解消しているのである。

これは一見、先に分類したイメージ領域の崩壊にも見えるが、実は喫煙する女性を描かなくとも❶の「自立した女性」のイメージを積み重ね、さらにたばこという商品を連想させれば、女性に喫煙を奨めるイメージがこれまでと変わらず、いとも簡単に作れるということに他ならない。

また、本章では詳しく述べないが、禁煙キャンペーンの広告等にも本章の枠組みを逆手にとって作られたものが見られる。たとえば喫煙する妊婦の胎内で苦しむ胎児を描いたものなどがあるが、これは女性の喫煙を否定するために、❹の「母」そのものの否定的なイメージを用いている（本書四七〇頁参照）。

本章では図像の細かい部分にはまったくふれず、全体の枠組みを提示するのみとなった。しかし女性と喫煙のイメージは、各々のゾーンを行き来することによって、常に何らかのメッセージを作りだしている。そして、こうしたイメージの否定も肯定も、現在までのところ「男性」の視線と価値観が大きく関わっているといわなければならない。

9 男性の喫煙とジェンダー表象

本書はこれまでの研究において、一貫して喫煙をジェンダーの視点から論じてきた。それは、女性の喫煙のタブー規範の成立と変容、展開過程を分析するにあたり、ジェンダーの視点、即ち「女」「男」に付与された性別認識の社会構築性、「女」「男」といった、性別カテゴリー間の関係性と秩序化を論じることが、有効であると考えたからである。(1) こうした研究の過程の中で、女性の喫煙を中心に論じることは、同時に男性の喫煙との差異化がいかになされているかを対比的に照らしだすことであるということが明らかになった。男性の喫煙も「男」というカテゴリーに付与されたジェンダーを構築しているのである。

トマス・キューネによれば、いままで「男」は、女性史における「女」のように、ジェンダーを解く糸口として発展させられることなく、女性を支配する家父長制の受益者であり、加害者と見なされていた。だが、作り上げら

れた近代のジェンダー・イデオロギーとして「男らしさ」を分析する研究は、多くの知見をもたらすであろうと述べている。(2)

では、本書が対象とした日本の近世から現代までにおいて男性の喫煙がどのような男らしさを表象してきたのか、その歴史的変化をポスター等の図像資料を手掛かりに辿っていくことにする。ここでは、本書の描きだす「女性」の喫煙に対して差異化を図ることを軸としていること、さらに対象時期が長いこともあり、素描的試みであることをおことわりしておく。(本章では近世から明治、大正、昭和の変化を明らかにするために図のキャプションは元号を用いて表記する。)

1　明治後期における「喫煙は男の表象」の成立

1　江戸期の男性の喫煙

江戸時代は約三百年続くが、戦国時代のような戦争は影をひそめ、煙草が登場する数々の図像資料にも戦争の光景はほとんどない。図1、2は、享保から安永にかけての浮世絵二点である。図1は、大判錦絵、豊国の作のいわゆる役者絵であり、「男伊達《おとこだて》」を示し煙管も太く誇張されている。図2は大名と若衆の男色の姿で煙管も細く長く、セクシュアルな雰囲気を伝えている。図3は錦絵や浮世絵ではなく書画の類と思われるが、天保期の「国分煙草七種の評並びに賛」として描かれている。僧侶、武士、町人などさまざまな階層の男たちが、良質の煙草として有名な、国分の煙草の評に興じている。武士の煙草も戦う男らしさを示してはいない。

こうした図像資料に見るかぎり江戸期における男たちの煙草は、明治期以降に強調される、戦う男らしさと結びつけられてはいないようだ。

図２　「色子〔大名と若衆〕」（享保〜安永頃）〈宮川一笑〉

図１　「岩井喜代太郎の金神長五郎」（大判錦絵、享和頃）〈歌川豊国〉

図３　「国分煙草七種の評並に賛」（天保３年）〈春木南溟〉

2 紙巻き煙草による男性の喫煙と「軍隊」「戦争」「男らしさ」の結合

江戸期とは異なる明治期になってからの喫煙の光景は、シガレット即ち紙巻き煙草の出現である。本書の松浦の記述によれば、シガレットが日本で生産されたのは、明治二年説と五年説があるが、明治一七（一八八四）年頃に岩谷商会、翌年には銀座の千葉松兵衛が口付き煙草を売出し、明治二四（一八九一）年に村井吉兵衛が米国式宣伝によりさらに紙巻き煙草を普及させ、以後民営のたばこ会社は、競って国産シガレットの生産に向かうようになった。

国産シガレットの生産体制が整い始めた明治二七（一八九四）年に日清戦争が始まり、煙草会社も国威発揚のため紙巻き煙草（シガレット）を軍隊に献品する。この軍隊への献品は、恤兵品《じゅっぺいひん》とよばれ、携帯に便利な紙巻き煙草は最適との宣伝も激しく、かつ需要に応える生産を満たせたことから、民営の煙草会社は日清戦争を期に、紙巻き煙草量産体制をますます強めていくのである。また、松浦が指摘するように、紙巻き煙草を恤兵品・恤兵金として献品する者には、皇族、著名人から一般庶民まで名を連ね、一方で日清戦争の際に、天皇からの恩賜品として紙巻き煙草が出征兵士に下賜されたことから、天皇のお墨付きをえた「国家のための紙巻き煙草」の価値付けが行われる。

明治三三（一九〇〇）年の北清事変をへて、明治三七（一九〇四）年に開戦した日露戦争までの間、国産紙巻き煙草のイメージは「戦争、軍隊」と「国家、国益」を象徴するものになっていった。それまでシガレットは「舶来」イメージ、即ち西洋かぶれの紳士や政府高官、軟弱で気取った男のイメージ、国益に反する外資企業のイメージを有していた。それを、国産のシガレットを生産する煙草会社が国益をかけて増産し、「勇ましく指揮する職業軍人と徴兵制のもとに出征した兵士が、国家のために戦いながら口にする紙巻き煙草」のイメージを高揚させ、紙

図5　「忠勇」（明治33年頃）

図4　「陸海軍人高名鑑　第二軍司令官陸軍大将　大山巌君」（大判錦絵、明治28年5月）

巻き煙草は国家主義、国益主義のイメージに転換した。図4は、〝職業軍人の鑑〟、陸軍大将大山巌の日清戦争時の姿を描いたものである。すでに紙巻き煙草用のホルダーで、紙巻き煙草を喫煙している。ここで、この紙巻き煙草が「喫煙は男の表象というイメージを成立させた」と考えられる点をを指摘しておきたい。

戦争に行って戦闘行為をするのは職業軍人でも兵士でも「男のみ」である。国家のために命を賭けて戦うことは「男にしか出来ない男らしい」行為であり、その男たち（軍人、兵士）は紙巻き煙草を吸う。その紙巻煙草の宣伝ポスターに描かれるのは戦地で煙草を吸う、立派な口髭の軍人である。

図5は、明治三三年（一九〇〇）年頃の村井兄弟商会の上等口付き紙巻き煙草「忠勇」の宣伝ポスターである。「忠勇」とは、まさに国家のために勇ましく戦う日本帝国の軍隊が吸う煙草の名にふさわしい。「忠勇」ばかりではなく、この時代の紙巻き煙草の商品名には、日清戦争に勝利し高揚した世相を反映して、「かちどき」、「萬歳」、「大将」、「大勝利」、「凱旋」、「鷹」、「ホーク」、「高千穂」などの名が見られる。紙巻き煙草の商品名とそれ

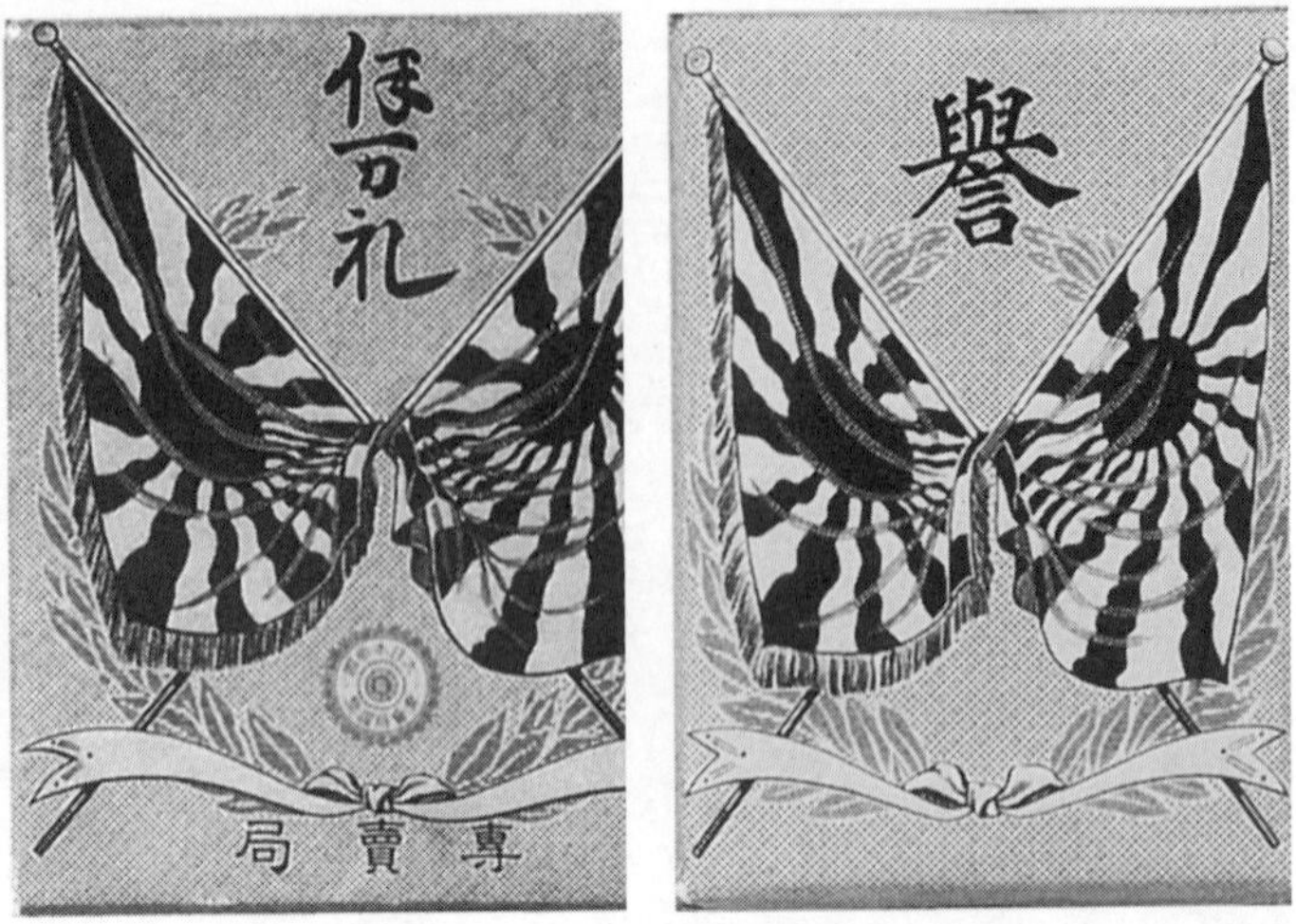

図6　「保万礼」（20本）（大正2～昭和15年）と「譽」（20本）（昭和15～昭和18年）

を宣伝するポスターは、男の喫煙と「軍隊」「戦争」「男らしさ」を結合するイメージを増幅させ、さらに国益と結びつける「媒介項」としての役割を果たしたのである。明治三七（一九〇四）年、日露戦争開戦時に煙草の製造・販売は政府の専売となった。その理由の一つとして、日露戦争の戦費調達が指摘されている。煙草は専売制となって、より確かな国税収入源として位置づけられた。このこともまた、煙草が「国家」「国益」に結びつけられてイメージ化されることにつながったと思われる。

なお、専売制になってから、図6にあるようなパッケージの「保万礼《ほまれ》」が生産された。陸海軍の名誉を讃えて「保万礼《ほまれ》」と名付けられたものである。意匠は向かって右が連隊旗、左が軍艦旗で、それを月桂樹で取り囲み、リボンで結んだ中に煙草専売局の名があり、裏面には「国民たばこ」を企画したことから、農工省のシンボルも入れてある。まさに軍国調デザインそのものであった。

大正二（一九一三）年一二月から軍隊専用煙草として生産されるようになり、昭和一五（一九四〇）年に「譽」と改称され、昭和一八（一九四三）年七月から一部デザインが変更されたが、「譽」そのものは、昭和二〇（一九四五）年八月一五日、つまり敗戦まで生産された[3]。

2 大正・昭和戦前・戦中期の男性の喫煙

1 大正・昭和戦前期の男性の喫煙イメージの差異化

大正期に入ると、国民が直接的に戦う戦争もなく、たばこと軍隊イメージの結合は後退する。むしろ第一次世界大戦後の好況といわゆる大正デモクラシーの高揚の中で、西洋文化をジャポナイズした新たな文化様式を新中産階級の人びとが取り入れていく。

女性と喫煙規範の変容については、関東大震災後のショックから立ち直り始めた大正一四（一九二五）年以降、昭和戦前期にかけて「モダン」という時代認識が産まれ、多様な喫煙表現を生んだことはすでに指摘した。職業婦人は仕事をする際の精神コントロールのため、女学生はダイエットのため、銀幕のスターはモダンイメージの生産者として、芸者や女給は水商売に従事するプロ意識の誇示のため、有閑マダムはモダンでシックな魅力的ファッションとして、令嬢はコケティッシュな魅力を表現するため、農民や細民女性は肉体労働のあい間の憩いや空腹を紛らわすため等々、「モダン」の時代の女性の喫煙表現及び「女らしさ」のイメージの形成は多様かつ差異化されたかたちで表象されている。

しかしながら、たばこ広告ポスターに「女性とたばこ」の表象として描かれた女性イメージは、対極的に二分化されたものだった。一つは、従来から制作されていた主婦が贈答用煙草の箱を抱えている「贈り物には煙草」のポスターの女性表象である。自らは決して喫煙することはない、良妻賢母規範を体現する女性は、主人のために心くばりをしてお世話になった方に煙草を贈る。そしてもう一つのポスターは、婦人向け煙草「麗《うらら》」の広告であり、それは新たに表象された喫煙する女性のイメージを示すものであった。「麗」は、オランダの婦人向け煙草「ミス・

図7　「G.G.C.」（大正13年）

図8　「サロン」（昭和2年）

ブランシュ」をモデルにして意匠をこらした細巻きのシックなイメージの煙草で、価格も高めで高級感があり、まさにモダニズムを象徴する婦人向け煙草であった。「麗」は日本基督教婦人矯風会をはじめとする婦人団体の強固な喫煙タブー規範と、税収の増加を目的に発売を意図した専売局に反発した世論の批判を受けて、昭和七（一九三二）年に発売されるが六年間で終わる。このように、昭和戦前期のモダニズムの風潮は、たばこ広告ポスターにおける「女性らしい喫煙」の表象を可能にした。

それでは、大正・昭和戦前期の男性の喫煙のジェンダー表象は、どのようなものとしてポスターに描かれているのであろうか。大正一三（一九二四）年制作の図7のポスターには、実業家か上級官吏であることを彷彿とさせる背広姿で、眼鏡をかけ、口髭で重厚さを示した中年男性が「高級両切煙草G．G．C．」を吸っている。この煙草は、ポスターにも書かれているように、朝鮮専売局で発売されたものである。明治末期の「忠勇」と比較すると、武力で戦う男らしさから、経済的文化的統治力に優れた男らしさを価値づけるメッセージが伝わってくる。図8は、昭和二（一九二七）年に制作された「サロンSALON」の広告ポスターである。「サロン」は、まず専売二五周年記念として発売され、そのときはブリキ缶へ直接印刷されたものであったが、昭和二年のものはラベル貼りとなっている。缶の図柄は、洋室で客間の道具立てでイス、テーブル、カーテン、電気スタンド、クッション、喫煙具などが置かれている。垂直線を多く使い、缶の高さを強調するような効果を表すことが考えられているという。[4] 喫煙する男性は、スマートな背広姿で胸ポケットにはさりげなくチーフが挟まれ、肘掛けのある椅子にゆったりと座り、長く伸びた足は背の高さを強調している。顔の表情は西洋風な美男子そのものである。このポスターが表象するものは、いわゆる「紳士的な男性」の喫煙である。上流層の昭和モダニズムの女性の喫煙がシックさを表象するものとすれば、それに対応する男性の喫煙は、上品で、西洋文化が身についている「洗練された男らしさ」の一つとして表象されている。

男性向けの煙草広告は、階層や職種の違いにより異なる銘柄が製造されたことから、ポスターにおける男性の喫煙する表情も多様である。図9は、昭和七(一九三二)年に制作された「響」のポスターである。「響」は大衆向きの口付たばことして発売された。帽子をかぶり作業服を着て紙巻き煙草を吸う、まさに昭和戦前期の男性労働者のイメージと受け止められる意匠である。高らかに鳴る休憩を告げる工場のサイレンの音を、同心円で広がる市松模様のパターンとして図案化し、憩いのときと喫煙に関連をもたせたと解釈される。たばこの名称の「響」を中心に広がる図案の斬新さは、工場で肉体労働に従事する男性労働者を「モダン」の表象として伝えるメッセージ性を遺憾なく発揮している。なお、この非凡な図案は、日本の商業図案家として数多くのポスターを制作した杉浦非水の弟子野村昇の作といわれている。[5] アール・ヌーボーを基調にしア

図9　「響」(昭和7年)〈野村昇(D)〉

図10 「國に國防　社交にタバコ」（昭和12年）

ール・デコの影響を受け、自らの独創性を磨いた杉浦非水の、その弟子にして描けた男性労働者の喫煙表象であろう。

2 戦時下の男性の喫煙――「兵隊」の喫煙

昭和期は、日中戦争が始まる昭和一二（一九三七）年から急速に戦時色が強くなり、あっという間に昭和一六（一九四一）年の国民総動員体制、総力戦へと向かっていく。図10は、京都南部煙草小売人組合のポスターであり、戦闘機や軍艦が描かれているが、セーラーカラーの海軍兵士たちを中心に据え、その図案はあくまでも「モダン」である。「国に国防　社交にタバコ」というキャッチフレーズも「喫煙は社交」というメッセージとして受け止められ、戦況が激化してきた緊迫感より、いまだモダニズムの色彩が強い。図案表現であることもあり、水兵を主軸にしていても「戦争」と「男らしさ」の結合は強調されていない。

図11　火野葦平『麦と兵隊』表紙（昭和13年）

一方図11は、ポスターではないが戦地での「兵隊」の喫煙を表象するものとして取り上げた。作家の火野葦平が従軍記者となり、一九三八から九年にかけて中国軍事上の要地徐州での日中両軍の戦況を綴った『麦と兵隊』の表紙絵である。後に『土と兵隊』（一九三八年）、『花と兵隊』（一九三八〜九年）とともに兵隊三部作といわれている。兵隊たちが激しい戦いの中、たばこを吸う一瞬にまだ自分の命、同胞の命があることを確認するかのような必死さが伝わってくる喫煙である。先に紹介した明治期の「忠勇」のポスターと比べると、戦記文学の表紙絵として意図されたメッセージ性の違いはあるとはいえ、たばこを吸う男たちの表象は、勇ましい男らしさから遥に遠く、死を賭して戦わざるをえない男たちの切なさばかりが伝わってくる。同じく「戦う男の喫煙」の姿であるが、その男らしさの表象はかくの如き違いを見せている。

なお、第二次世界大戦期に再び「戦争」と煙草の結びつきが強くなるが、それは、戦争末期に煙草が男子のみに配給になったことと、いわゆる「恩賜の煙草」が増産されたことによる。「恩賜のたばこを戴《いただ》いて　明日は死ぬぞと決めた夜は　昿野の風も腥《なまぐさ》く」と軍歌の歌詞にも登場し、前線につく兵士たちに配布されたり、敗戦後の収容所で伏し戴いたと軍隊経験者が語るエピソードは多数ある。(6)

恩賜のたばこは、西南戦争の傷病兵に明治天皇が刻み煙草を贈ったのが始まりとされ、日清・日露戦争の将兵にも配られたという。「恩賜のたばこ」と一般にいわれているが、別製紙箱で印龍ふたに「御賜」の文字が印刷され、口付紙巻き煙草一本一本に菊の紋章がついた、専売局では「御賜煙草」と分類されるたばこをさしている。戦争が激化していく昭和一〇（一九三五）年頃から製造量が増大し、昭和一九（一九四四）年には、兵士の慰問のため全数量で二八〇〇万本以上製造されたという。(7) 特に、第二次世界大戦下の「恩賜のたばこ」によって、煙草、菊の紋章、天皇、国家、軍隊、戦争、殺戮が分かちがたく結合され、「日本帝国臣民男子として戦うことが唯一の価値」と強いられた時代の男性の喫煙表象として、痛ましくも人びとの記憶に刻まれている。

3　戦後五〇余年の男性の喫煙表象の変容

1　昭和三〇年代の男性の喫煙表象

敗戦直後の煙草をめぐるテーマは、配給とヤミ煙草であろう。女性の喫煙については、戦時下・戦争直後に喫煙習慣を身につけた女性も少なくなく、戦後はGHQの指導により女性にもたばこが配給されたことから、女性の喫煙タブー規範は弱まっていた。そこに、新しく編成された日本専売公社が、アメリカ合衆国のたばこ広告ポスターによる宣伝活動をまねて、ポスター制作に重点を置いたことから、数々のポスターが量産され、新たな女性の喫煙表象が生まれたことは、本書の6章で述べている。

女性に喫煙を勧めるポスターとしては、水商売の女性の喫煙イメージを払拭するためにまずマナー広告が行われ、昭和三三（一九五八）年頃からは、「たばこは動くアクセサリー」のキャッチコピーに代表されるように、女性の喫煙のファッション化が行われる。学生、主婦、水商売の女性、映画スターが喫煙するポスターは、喫煙と美意識が結びつけられ、女性が喫煙する姿は、それぞれの立場の違いによって、新しい美しさを感じさせるものと表象された。昭和三九（一九六四）年頃には、デザイナーや放送関係者等の「専門職的な仕事をする女性の喫煙」がポスターにも登場し、キャリアと結びついた女性の喫煙が描かれ、それまでのポスターにはなかった例外的なポスターが制作されている。また、本書において山崎は、ポスターの中に女性と男性が描かれている場合は、喫煙する男性を見守る女性の構図か、男女ともに喫煙している場合は、喫煙する女性に対する男性の視線を強調する構図になっていると分析している。

さて、昭和三〇（一九五五）年代のポスターに見る男の喫煙表象を見てみよう。図12は、女性向けたばこ広告の

「たばこは動くアクセサリー」に匹敵する名キャッチコピーと評価されている「今日も元気だ　たばこがうまい」のポスターである。「いこい」という大衆的な銘柄には、たばこを耳にはさみ、ねじり鉢巻きで肉体労働に従事する中年男性の健康的で前向きな顔の表情が、なにより的確なメッセージになりえたと思われる。敗戦後日本の復興への意欲を示す「おじさんたちの素朴な男らしさ」が、決して格好悪いものと見なされなかった時代の息吹きを伝えている。

図 12　「今日も元気だ　たばこがうまい！」（いこい）（昭和 32 年）

図 13　「生活のなかのたばこ」（昭和 33 年）

図13は「生活のなかのたばこ」シリーズの一つで、バスか電車の車掌と思われる男性が、休憩所で一休みしてたばこを吸おうとして、ポケットのマッチを探している光景であろう。そばに立っている掃除婦とおぼしき女性も嬉しそうに喫煙している。庶民の労働の場において、男女を問わず、たばこは疲れをとり意欲を湧きたたせる存在であったろう。図14の「よし、あれだ！」は、昭和三二（一九五七）年から始まった「今日も元気だ　たばこがうまい」のシリーズを発展させて、昭和三四（一九五九）年に制作されたポスターである。たばこの銘柄が「ピース」ということもあり、いくぶん知的な職業人を対象にしているようだ。カメラを持った男性は、背広にネクタイ姿で、カメラマンというより、新聞の報道記者を思わせる。シャッターチャンスを狙いに行く前のつかの

図14　「よし、あれだ！」(ピース)(昭和34年)

図15　「ソフトな味　スリーエー」(昭和36年)

間に、集中力を高めるために喫煙しているようだ。これも意欲的に仕事に向かっている男の表象である。

このように、昭和三〇年代後半には、仕事を前向きに意欲的にこなす男の表象と喫煙が結びつけられているが、図15は昭和三六（一九六二）年、即ち一九六〇年代にはいった頃の「スリーエー」の広告である。写真撮影は秋山庄太郎であり、ダンディな映画俳優である三橋達也を起用して、日常的な生活臭を感じさせない、カッコいい男性の喫煙イメージを表象している。「スリーエー」は、赤の地色のたばこがあってもよいというアイディアのもとにデザインされ、赤と白（後に象牙色）のコントラストという目立つパッケージのたばことして発売された。それは、カッコよいダンディな男らしい喫煙イメージを表象するデザインとして人気を集めた。

2　広告規制と昭和六〇年代の男性の喫煙表象の変化(8)

昭和三〇年代から開始された、たばこの宣伝広告ポスターの制作は、昭和四〇年代にはいってから、大きな転換を迫られる。ロンドン王室医師会やアメリカ政府公衆衛生局によって、昭和三〇年代後半から示され始めた「喫煙と健康についての報告」に配慮し、専売公社は昭和四四（一九六九）年に「広告基準」を定め、自主規制を行う。

そこには、「女性に喫煙をすすめるような広告表現は避ける」と規定している。その後も昭和五一（一九七六）年にＷＨＯの総会で「広告宣伝の規制または禁止を含む勧告」が決議され、昭和五六（一九八一）年には輸入たばこに対しても「広告宣伝及び販売促進に関する基準」を協議し提示した。したがって、たばこ宣伝広告は、未成年ではない男性を対象にしていることを明確にするために、少年少女のアイドルではない人気スターをモデルに使って新製品を紹介し、マナー広告を行うことしかできなくなる。それゆえ、女性と喫煙をテーマにしたポスターはまったく姿を消すのである。

図16は、昭和六〇から六三（一九八五―一九八八）年にかけて制作された「キャビン」のポスターである。カー・レーサーがレース用の車の前に立ち、喫煙している。「攻める。」というキャッチコピーがポスターの真ん中に大きく書かれ「男の攻撃性」を表示している。アクティブに挑戦する男の中の男であるカー・レーサーは、「キャビン」を吸う。ここでは、男しか入れない世界と喫煙のイメージが重なりあって、インパクトを感じさせる。

図16 「攻める。」（キャビン）（昭和60～63年）

図17は、平成二（一九九〇）年に制作された「ビサイド」のポスターである。キャッチコピーは直截に「男。」であり、下の位置に「二八歳。BESIDE」の文字が見える。二人の男性が真ん中に居る一人の女性の肩にそれぞれ手をかけている。女性は一人の男性の腰に顔を寄せ、体はもう一人の男性の腰に委ねているかのようだ。女性と男性の関係は、従属的で支配されている印象を受ける。「喫煙する男、男らしい男は、女を所有する」というメッセージを意図していることは明らかだ。その他

図 17 「男。28 歳。」(BESIDE)(平成2年)

図 19 「たばこは、大人の嗜好品(JT)」(平成 11 年、雑誌広告)

図 18 「MEN　SOUL」(バリアント)(平成 11 年、雑誌広告)

にもポスターやテレビコマーシャルには「喫煙する男は女にもてる」というコンセプトが繰り返されていることは、すでに本書で明らかにした。

3 「平成」の男性の喫煙表象

最後に、平成に入ってからの男性の喫煙広告に見る男らしさの表象はどの様なものかを見てみよう。一九九九年に雑誌広告として掲載された二点を見るだけでも、昭和六〇年代とは異なる時代状況下の男らしさと喫煙の表象が行われている。図18は、男性用の強いメンソール系のたばこである「バリアント」をアピールした広告であるが、メンソールと「MEN SOUL 男の魂」とかけているらしい。喫煙している男性はサングラスをかけ、背広とネクタイ姿ではない、機能的でファッショナブルで個性的な服装をしている。混沌とした時代の中で、自分の考えや好みにこだわり、孤独であろうとそれを貫く強さを持った男らしさを表象している。男らしさを、ソウルフルな精神性を求めるイメージとして表現したことは、やはり時代性なのかもしれない。

次に図19は、「たばこは、大人の嗜好品」というマナー広告で、「未成年ではなく成人した男性が、人に迷惑をかけず、大人としての判断力をもって喫煙する」ことをコンセプトとしている。なおこの広告作品は、JTが「たばこは大人の嗜好品」シリーズの雑誌広告を始めてから六番目にあたるものである。これまでの広告には年輩の男性がおしゃぶりを吸っているもの、大きなキャンディーをなめているもの、テディベア（くまのぬいぐるみ）をかかえているものなどがあり、「しこーひん?」や「え　おとな!」の文字が付されていて、幼児的な大人への批判を喚起する設定になっていた。今回のものは、背広姿で浮袋を抱え、シュノーケルをつけており、「えっ、けじめ?」と付され、場所をわきまえない「けじめ」のないことを示している。男らしさの文脈でいえば、「けじめのある、マナーを守った喫煙ができる大人の男」こそ、「男らしい男」という表象であるとの解釈も可能であろう。

4　男性の喫煙表象の転回

明治以降日本の喫煙のポスター等におけるジェンダー表象に関わる決定的な男性と女性の差異化は、男性の喫煙が「戦うこと」に結びつけられたことにある。特に戦前の日清・日露戦争、第二次世界大戦下には、男性の喫煙表象は戦争、軍隊に強力に接合される。しかし戦後日本において武力戦争をしない時代になっても、カー・レーサーの攻撃性を男らしい喫煙と表象する。

近代市民社会、近代国民国家における、男の領域と女の領域の分別、分離はつとに指摘されることであるが、日本の近代は、喫煙においても男の喫煙の自明視の対極に、強固な女性の喫煙のタブー規範を成立させた。それには「表象」のレベルにおいての男の喫煙が、「戦いと結合」されたことが大きな要因となっていた。軍隊、戦争、勝負といった戦いの場面においては、男は常に「戦うこと」を運命づけられた存在であり、女性は銃後を守り、祈り、応援し、慰安する存在として位置づけられる。

確かに男の喫煙表象が「戦い」と結合されたことは大きな特色であるが、だが、もう少し丁寧に、その歴史的変容を追ってみると、男の喫煙表象は、近代の男女分別原則を基盤に、男の領域や役割と位置づけられた「戦い」「仕事（有償労働）」「社会的威信」「女の所有」の特化と結合している。確かに男の喫煙表象も、時代状況の変化により、階層や職種による男性内での差異化がおきており、冒頭に紹介したトマス・キューネは、「男らしさ」が生成され、シンボル化される諸相を次のようにとらえている。「家族のなかでの情熱的な父親像」、「愛国的な戦う兵士、国家公民」、「スポーツをする力強い男」、「地味な紳士の服装、規律化された普遍的人間の身体」、「飲酒と決闘により男らしさを醸成する学生連合」、「男性同盟と政治文化」、「男の哀愁」、「戦友意識」等々、「男らしさ」は実に多面的に形成されている(9)。しかしこの多面的とも見える「男らしさ」が、「女らしさ」に対して非対称的であることは明らかである。母親、女性国民、スポーツをする女、女の服装と身体、女子学生、女性集団、女の哀愁、女の友情等で具体的に想起するものは、キューネのあげる「男らしさ」とはいかに対比的に構築されていることか。

そして現在、二一世紀を迎えて、男女二分化を基底にした近代原則は、喫煙表象にも変化をもたらしている。男らしさの表象としてこれまで自明視されていた男性の喫煙の仕方は、多くの世界や場面を男性が専有し支配していたがゆえに、他者への配慮を欠いていたといわざるをえない。この傲慢さは、幼児性でもあり、放縦な自己中心性でもあったことは、現在のマナー広告が逆に証明している。対する女性の喫煙は、建前上は新たなタブー規範が再編されてもいるが、少なくとも二〇〇〇年位までの日本では、若い女性の喫煙率はむしろ増加傾向にあった。当時唯一行われている女性とたばこのイメージ広告は、本書でも指摘したが「自由」や「自立」をアピールしていた。

今後、女性と男性の喫煙表象は、どのように変化していくのであろうか。それは女性と男性が、これまでのようには二分化して差異化されないコンセプトを創る歩みとともにあることは確かである。

III メディアにおける女性の喫煙表現

「たばこ」は、人びとの生活や芸術作品の中に、確固として存在し続けている。流行歌、映画、小説、週刊誌というメディア媒体には、女性の喫煙に対する意味付与が過剰なまでに示されている。

軍歌「戦友」や「カルメン」の劇中歌「煙草のめのめ」、中島みゆきの「煙草」など、たばこをテーマにした流行歌は多い。昭和初期の洋画や小津安次郎監督の映画作品において、女性の喫煙のシーンは、昭和モダニズムを象徴するものであった。同時期に、女性のキセル（刻み）喫煙とシガレット喫煙は、小説の中の女性像を描き分ける指標ともなった。カルメンの国スペインの週刊誌に見られる女性の喫煙は、日本と比較する興味を誘うだろう。

10 流行歌における女性の喫煙

見田宗介は『近代日本の心情の歴史』の中で、流行歌を「時代の民衆の心情のありかを知るための資料としては、最もすぐれた資料の一つ[1]」と位置づけている。確かに流行歌は見田氏の指摘するように「書く」能力を前提としないため、社会において圧倒的多数である被支配者層の「原初的[2]」な大衆芸術であり、平安後期の『梁塵秘抄』にも見られるように、歴史的に流行歌には庶民の生活実態や意識が歌われてきた。しかし、流行歌は万人の現実生活をそのまま映すという前提によって創作されているわけではないため、すべての流行歌を現実社会の反映という側面からのみ分析するのは不十分である。したがって、われわれが流行歌を大衆文化の歴史資料として分析する際には、流行歌の「時代の民衆に、受動的に享受されるばかりでなく、民衆みずからそれを口ずさみ（あるいは放歌し斉唱し）、能動的に参与することをとおしてはじめて流行歌たりうる[3]」点にこそ注目し、流行歌を社会の新たな意識やイメージを生産、拡大、定着させる装置として位置づける必要がある。

近代の流行歌は、明治維新期の進軍歌以来、さまざまなジャンルをへて今日に至っており、曲調や歌詞内容も時代の変遷とともに大きく変化している。本論では、明治期から現代までの流行歌(4)として、壮士節、書生節、事件歌、民謡、唱歌、学生歌、軍歌、オペラ、浪花節、童謡、演歌、労働歌、小唄、ジャズ、シャンソン、ブルース、フォーク、ロック、ニューミュージック、ポップスなどのジャンルの中から、歌詞にたばこや喫煙が歌われているものを抽出し（章末に一覧表掲載）、その中で特に女性の喫煙がどのように表現されているのかを男性の喫煙の場合と比較しながら、流行歌というメディアを通して形成された女性の喫煙イメージを考察した。

1　喫煙形態の変化と女性の排除

慶応三（一八六七）年の大政奉還は、単なる支配者の交替のみならず、国家の政治組織や経済構造、そして国民の身分形態や文化様式など社会のあらゆる場面での変革を引き起こしていった。そのような激動の中で人びとは、目の前に展開する新しい事象や事件を歌にして口ずさんだ。明治維新当時、歌謡がどのように発生し、どのような形で人びとに伝播、受容されていったのかについては不明な点が多いが、添田唖蝉坊《あぜんぼう》の『流行歌・明治大正史』によると明治一〇（一八七七）年頃までは「くどき」、その後は「一つとせ」という「読売形式」が用いられていたという(5)。このことは、歌い手によって歌が唄われるだけの口伝的な広がりから、歌本の販売を伴う供給形態をとるようにメディアの拡大が図られていったことを示すものだが、明治期は、特定の歌手の歌を多くの人びとが聞きに集まるという形で流行歌が形成されるのではなく、多くの人びとに巷でよく歌われた歌が流行歌を意味したようである。

さて、近代の流行歌の中でたばこ類が歌詞の中にでてくる最初のものは、明治五（一八七二）年の『しょんがいな』である。「梅はさいたか、櫻はまだかいな」で始まるこの歌には「洋妾（ラシャメン）」「とんび」「ホテル」「蒸汽」「テレグラフ」など文明開化の世相が軽妙な都都逸に取りこまれており、たばこは三番に「煙草パッパと呑みしだい」とでてくる。日本で国産の紙巻きたばこの製造が開始されたのは、明治二（一八六九）年。(6)おそらく、この曲で歌われている「煙草」は、新商品として登場した紙巻きをさしていると思われる。ただ、当時紙巻きたばこは高級品で、刻みたばことも喫煙形態が違うため一般に広く普及するのは明治二〇年代からである。

ところで、この歌にでてくるたばこを喫煙している人物の性別は、女性か男性か特定できない。「とんび」と「訓練ラッパ」という男性に関わるものの間にはさまれて歌われているため、連想として男性を想像できないこともないが、この曲は、原忠彦が昭和四〇（一九六五）年以前の歌謡曲の特徴として指摘した「『自分』とか『私』の存在がほとんどあらわれない」(7)「客観的・記述的なものが多い」(8)という性質を持ち、「私」を軸にした物語性が特にあるわけではないので、喫煙者の特性は不明である。この後自由民権運動時代の明治一四〜二一（一八八一〜一八八八）年に(9)『程の好さ節』と『木遣節』の二曲に刻みたばこの喫煙が歌詞にでてくるが、いずれも喫煙者の性別が特定できず、喫煙者は女性でも、男性でも該当する。『程の好さ節』は「吸付け煙草につい浮かされて人の意見がけむくなるかネーカ」という掛詞の言葉遊びに使われているだけである。「目出度目出度の若松さまよ」で始まる、現在でもよく知られている『木遣節』では「長い旅すりゃ煙管なんどはいらぬ　ヨーイヤヨーイヤサ　煙管面倒くせえと腰にさす」とあって、楽しい旅には暇潰しのたばこなど必要ないという意味に解釈でき、女性、男性いずれにも当てはまる。

流行歌の中で喫煙者の性別が明確になるのは、明治二四〜二五（一八九一〜一八九二）年の『(欣舞節）有耶無耶』からである。この欣舞節というのは、いわゆる「壮士節」の一つで、自由民権運動期に主義主張を歌にして、政治活動の一環として聴衆を前に壮士自ら歌ったものである。(10)

金殿玉樓に住居して、綾や錦を身に纏ひ
右と左は梅さくら、前に盃柱にもたれ
晏氏の馭者のそれならで、意気揚々と二頭馬車
乗りし主人のシガレット燻らす姿はよけれども
腹は五月の鯉なるぞ、翻訳書物を力草
辿る朗読演説や、語る經世經國の
策を自説とゴマかして、英雄然たる面憎さ

殿江酔郷の作詞によるこの歌は、西欧かぶれの紳士や政府の高官、あるいは政府と癒着した壮士などを痛烈に非難する内容となっており、歌詞にでてくる「シガレット」を喫煙する男性は鼻持ちならない人物として表現されている。同じく欣舞節の替歌で、横江鐵石作詞による『社会観』（明治二四〜二五年）でも「馬尼拉《マニラ》の葉巻」をくわえている男性が歌の中で糾弾されているが、紙巻きや葉巻など従来の刻みとは異なるたばこの喫煙が外国の風習や特権階層をイメージさせ、庶民層から〈いやみ〉や〈ねたみ〉を感じられていたことがこれらの歌からはうかがえる。

しかし、明治二八（一八九五）年前後に流行した『名古屋甚句』では、「夥多《あまた》お客のある中で妾しの好きなは只一人　色が白うて鼻高で、口元尋常で歯が揃ふて　目元パッチリ髪黒うて　パッパッと吹き出すゴールデン」「數多士官のある中で妾しの好きなは只一人　色が小黒で背が高うて、目許パッチリ鼻高で、口元尋常で歯が白うてパツパッと吹き出す巻煙草《シガレット》」というように、紙巻きたばこは若い女性から〈いい男〉を構成するパーツの一つと見なされており、明治二九（一八九六）年の『ホーカイ節』（作詞者、作曲者不明）でもシガレットを口にくわえている

のは「俳優」と見まがうばかりのいい様子をしている「書生」である。つまり、明治二〇年代の半ばまでの〈いやみな男性〉というマイナスイメージから、明治三〇（一八九七）年にかけて急速に〈いい男〉という望ましいイメージに転化しているのである。

さらに、紙巻きたばこにより望ましい男性性のイメージを強く結びつけていった歌として〈軍歌〉があげられる。明治二八年の欣舞節の替歌で、鬼石學人作詞の『櫻井輸送隊』では「代えし當座の巻煙草、くゆらす煙りと諸共に消え行く櫻井小隊が、国に殉ぜし忠勇の誉れは千代まで八千代まで」とあり、同年、永井建子作詞作曲の『雪の進軍』では「ままよ大胆　一服やれば　頼みすくなや　煙草が二本」とある。また「ここはお国を何百里」で始まる明治三八（一九〇五）年の『戦友』（作詞・真下飛泉、作曲・三善和気）など、日清・日露戦争期に流行した軍歌には、配給された紙巻きたばこを喫煙する兵士達の勇壮な姿が歌われており、喫煙者のイメージは単に姿形のいい男から国と女性を守るために命を投げだして戦う男へと拡大、上昇した。

一方、喫煙者が女性と特定できる最初の歌としては、欣舞節の替歌で醉郷学人作詞の『戒放蕩』（明治二八～三〇年）がある。「晝を欺く不夜城に、歌舞の菩薩の君たちが　格子にもたれて長煙管」という歌詞であり、女性は娼婦でたばこは〈刻み〉である。明治三一～三二（一八九八～一八九九）年の『新吉原節』（作詞者、作曲者不明）でも煙管を持っているのは、おそらく娼婦で「しょんぼり」想う男を待っている。

このように明治期の流行歌では、新風俗であった紙巻きたばこは、新鮮な新風俗として取り上げられたのち、民権期に諷刺や揶揄の対象となった特権階層の男性を象徴するものとしてマイナスイメージを持ったが、喫煙者の層が庶民層にまで広がる中でイメージは上昇し、軍歌をへて望ましい男性性の象徴となっていく。それに対して、女性は流行歌の中でまったく紙巻きたばこの喫煙者として見なされず、明治二〇（一八八七）年までは問題となっていなかった刻みたばこも明治三〇年代以降は娼婦という特定の女性を表すものとなってしまう。

実際には、一般の女性による刻みたばこや紙巻きたばこの喫煙があったことは、当時のさまざまな資料から明らかになっており[11]、この事は流行歌だけでは実態としての社会現象を読みとれないことを裏づけるものである。しかし、このように歌謡曲において、実状としての女性の喫煙実態を排除する一方で、男性の喫煙行為に望ましいイメージづけが行われていることは、まさに紙巻きたばこという新風俗をきっかけに、明治二〇年代以降の女性に喫煙行為は好ましくないといったジェンダー規範が形成されていく過程に呼応しており、流行歌にはこうした規範意識がより強化した形で現れていることが見てとれる。

2 「新しい女」と紙巻きたばこ

流行歌に女性の紙巻きたばこの喫煙が初めて登場するのは、大正八（一九一九）年の芸術座による『カルメン』（図1、2）の劇中歌として歌われた『煙草のめのめ』（作詞・北原白秋、作曲・中山晋平）である。

（一番）煙草のめのめ　空まで燻せ　どうせこの世は癪のたね
　煙よ　煙よ　ただ煙　一切合切　みな煙
　煙草のめのめ　照る日も曇れ　どうせ一度は涙雨
　煙よ　煙よ　ただ煙　一切合切　みな煙
　……………

（二番）煙草よくよく　横目で見たら　好きなお方も　また煙草

煙よ　煙よ　ただ煙　一切合切　みな煙草

煙草つけよか　紅つけましょか　紅じゃあるまい　脂であろ

煙よ　煙よ　ただ煙　一切合切　みな煙

煙ぷかぷか　キスしていたら　鼻のパイプに火をつけた

煙よ　煙よ　ただ煙　一切合切　みな煙

『カルメン』は、公演途中に主役のカルメンを演じる松井須磨子が、ちょうど二カ月前にスペイン風邪で急死した島村抱月の後を追って自殺するというセンセーショナルな事件があり、新劇女優のパイオニアだった彼女の最後の舞台としても有名である。この作品は、もともと一八四五年に書かれたメリメの小説を一八七五年、パリのオペラ・コミック座のために、ビゼーと台本作家アンリ・メイヤックとリュドヴィック・アレヴィがオペラ化したものであるが、芸術座による上演の際には、川村花菱によって新たに脚色され[12]、劇中歌も曲、歌詞ともにオリジナルなものが作られている。カルメン役の松井須磨子が第一場の舞台に登場する際歌った『煙草のめのめ』は、ビゼー版では『風のまにまに』（堀内敬三訳）[13]に相当するが、そちらではたばこを口にくわえたたばこ女工たちによる合唱であり、カルメンは歌わない。また、歌詞も「風のまにまに　煙はあおぞらへのぼるよ　のぼるよ　心のどかにのぼるよ　のぼるよ」（堀内敬三訳）といったもので、歌詞内容だけを見れば喫煙は女性に限定しておらず、煙そのものを対象にして「穏やか」[14]に非常にのんびりとした様子が表現されている。

これに対し北原白秋の歌詞では、一番ではむしゃくしゃした投げやりな気持ちの人間の心が歌われており、「煙草のめのめ」と繰り返される喫煙の勧めは暗い現実を前にしての破滅願望的な意味合いを持たされ、主人公カルメンの心象風景を説明するものとなっている。さらに二番では男女ともに喫煙している様子が歌われているが、たばこが男女間の戯れの小道具やエロティックな隠喩として使われており、ビゼーの曲とは同じく導入部の曲として使われながら、意味内容がまったく異なっている。

そもそもたばこが『カルメン』に関係するのは、メリメの原作ではたばこ工場の女工カルメンが同じ工場の衛兵ホセと宿命的な出会いをするという設定がされているからである。また実際、原作にはカルメンの喫煙場面もでてくる。ただ、その場面は初対面の「私」(考古学者の男性)とのなごやかな会話の中で「私」からカルメンにシガレットが差しだされるものであり、「私」がホセに葉巻を差しだしたときの「スペインでは、葉巻のやりとりは、東方でパンと食塩をわけあうのと同じく、客と主人の関係をつくりだすものである」[15]といった状況と同じである。つまり原作ではたばこが人間関係を始めるきっかけとしての文化的意味で使われているのであって、喫煙することが何らカルメンの性格づけに結びつくようなものではなかった。

図1　カルメンの扮装をしている松井須磨子

したがって、『煙草のめのめ』は、まさに当時の日本のコンテクストの中で作りだされたものであり、すでに女性にとって好ましくないというジェンダー規範を前提にして、松井須磨子演じるカルメンが挑発的にたばこを使って、自由奔放な恋多き女としてのキャラクターを強化しているのである。松井須磨子は実際『カルメ

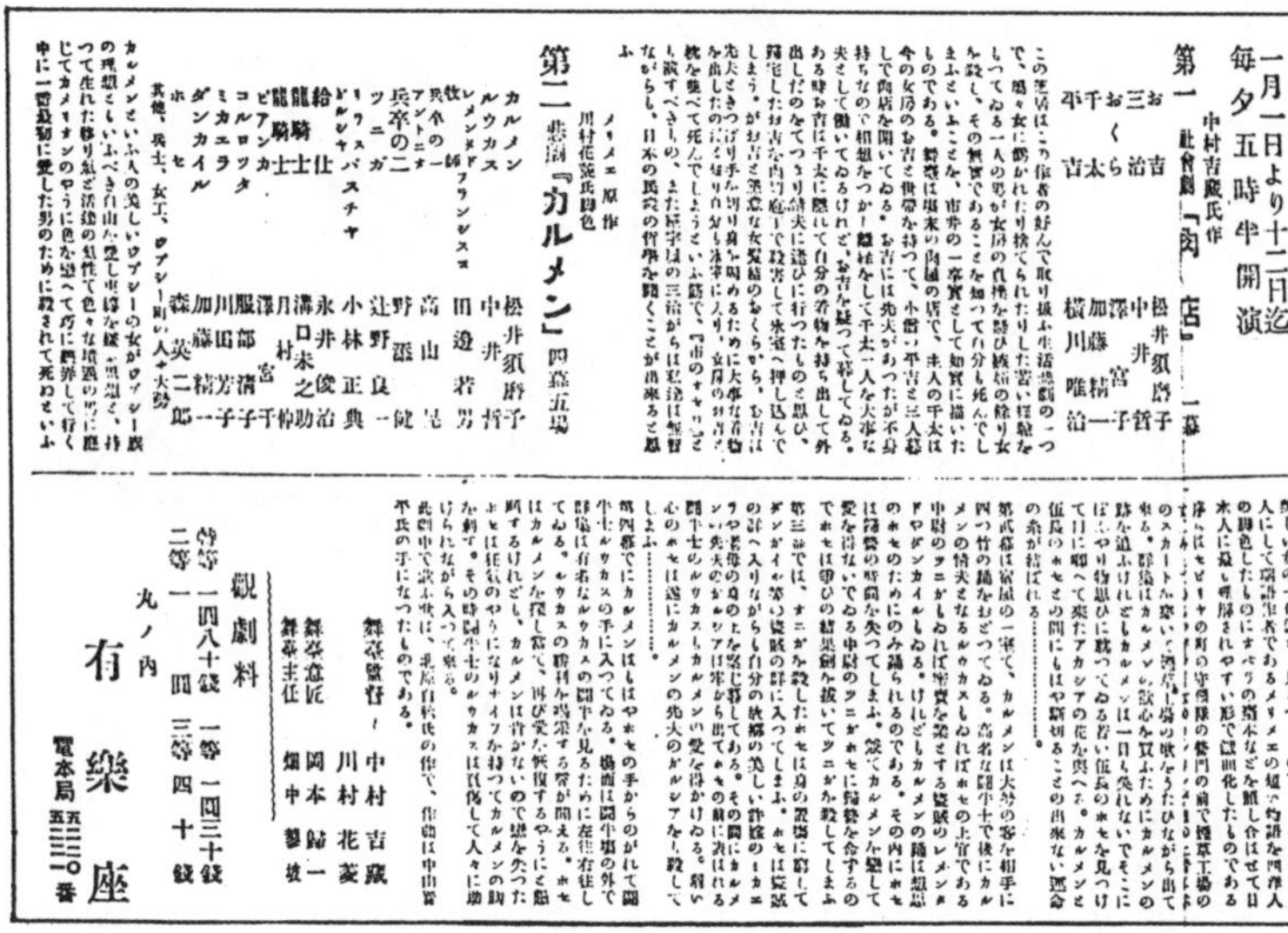

図2 『カルメン』のプログラム

ン』を四日間しか演じなかったが、新芸術座が須磨子追悼として中山歌子主役で『カルメン』を有楽座で上演し[16]、その後、関西、東北、北海道と一年間巡業が行われており、須磨子の死という衝撃性とともに『煙草のめのめ』は当時広く一般に歌われた[17]。

社会の多方面で女性の活躍が見られるようになり、女性運動も盛んだった大正期に「新しい女」の一つのシンボルとして存在した松井須磨子。旧来の社会道徳、ジェンダー規範から逸脱した生き方をした彼女は「自我」意識が強く、かつ破滅的な激情を持ちあわせている点においてカルメンとも相通じる印象が一般にあった。いわばこの二人によって増幅されたイメージの中で、製造開始後約五〇年をへて歌謡曲に初めて登場した女性の紙巻きたばこの喫煙は、反逆やエロティシズム、そして破滅的志向という、魅力的ではあるが危険でもあるという両義的な記号を背負って世に流布したのである。

3　失意のシンボルとしての女性喫煙

明治四〇（一九〇七）年に日本で初めてレコードが作られ、

大正期にはレコードを通じて歌謡曲はより広く、多くの人びとに受容されていくようになる。また、大正期には劇やオペラなどで歌われる歌が流行し、映画がトーキーに転じた昭和六（一九三一）年以降は、映画の主題歌が流行歌となった。また大正一四（一九二五）年からのラジオ放送、さらに昭和二八（一九五三）年からはテレビ放送が始まり、さまざまな新しいメディアを通して流行歌が生みだされるようになった。このような供給形態の変化や他のメディアの進歩に伴って、明治期には、主義主張を表現したり事件や新風俗を取り上げるなど、一種の情報媒体としての側面を持っていた歌謡曲の歌詞内容は大きく変化を見せ、大正期以降、男女の恋愛関係をテーマにした悲哀の心情を歌うものが中心になっていく[18]。そのため、流行歌にでてくるたばこは恋愛シーンの小道具としてしばしば用いられるようになった。

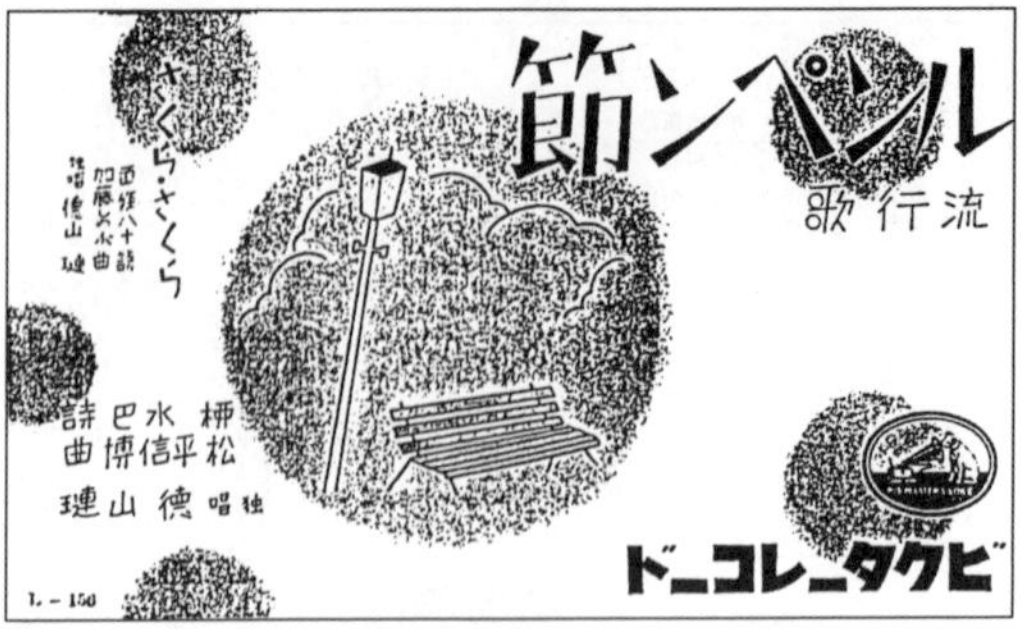

図3　「ルンペン節」チラシ

　その一つとして、昭和六（一九三一）年の帝キネ映画『ルンペン熊公』の主題歌『ルンペン節』（歌・徳山璉、作詞・柳水巴、作曲・松平信博。図3）の中に、「バット一本　ふたつに折って　わけて喫《す》うのも　乙なもの」との一節があり、たばこを分けあうことで親密な男女関係を表している。これは昭和四六（一九七一）年に五木ひろしが歌って大ヒットした[19]『よこはま・たそがれ』（作詞・山口洋子、作曲・平尾昌晃）の「くちづけ　残り香　煙草のけむり」にも通じるもので、たばこがまさに性関係の象徴として用いられている。また、それに類似したものとして昭和四八（一九七三）年の五輪真弓の『煙草のけむり』（作詞作曲・五輪真弓）の「あなたは煙草をくわえ　そして言った　火をかしてください」や、昭和五七（一九八二）年に細川たかしが歌った『北酒場』[20]（作詞・なかにし礼、作曲・中村泰士）の「今夜の恋は　煙草の先に　火をつけてくれた人」などがあり、男女の出会いや恋の始まりのきっかけとされている。

また逆に、昭和一四（一九三九）年に岡晴夫が歌った『港シャンソン』（作詞・内田つとむ、作曲・上原げんと。図4）の「別れたばこは　ほろにがい」や、昭和三四（一九五九）年の『泣いたって駄目さ』（歌・松山恵子、作詞・松井由利夫、作曲・袴田宗孝）の「煙草のけむり　吹きかけながら　たったひと言　さよならあばよ」、昭和四四（一九六九）年、菅原洋一が歌った『今日でお別れ』（作詞・なかにし礼、作曲・宇井あきら）の「最後のタバコに火をつけましょう」や、昭和五三（一九七八）年、野口五郎が歌った『グッド・ラック』（作詞・山川啓介、作曲・筒美京平）の「ごめんよ　どうやら別れの時間だ　ひと箱の煙草が　終わってしまった」など、恋の終わりを象徴的に表すものとしても使われてきた。つまり、出会い、性交渉、別れという恋愛場面のすべてに関わる型どおりの記号として、たばこは流行歌に頻繁に使用されてきたのである。

図4　「港シャンソン」歌詞カード

また、明治三〇年代以降の〈男性性〉の象徴としての使われ方も、昭和の初期に登場した「マドロス」ものや太平洋戦争期の軍歌に受け継がれ、その後長期間継続した。

昭和四三（一九六八）年に、いしだあゆみが歌って「史上五作目のミリオンセラー」(21)となった『ブルー・ライト・ヨコハマ』（作詞・橋本淳、作曲・筒美京平）の「あなたの好きな　タバコの香」や、昭和五七（一九八二）年に松田聖子が歌って五〇万枚のレコード売上のあった(22)『赤いスイートピー』（作詞・暮田軽穂＋松任谷由美、作曲・松本隆）の「煙草の匂いのシャツに　そっと寄りそうから」、また昭和五九（一九八四）年に小林幸子が歌った『もしかして…』

（作詞作曲・美樹克彦）の「なにげなく……なにげなく　時計を見る　横顔も　煙草をふかす　仕草にも　感じてしまうの」など、〈愛する男の匂い・仕草〉として女性から見て望ましいイメージの男性性を喚起するものとして、繰り返し用いられてきた。

　では、喫煙者が女性の場合、どのように記号化されているのだろうか。昭和一二（一九三七）年の『裏町人生』（歌・上原敏、作詞・島田磐也、作曲・阿部武雄。図5）では三番に「やけにふかした　煙草の煙　こころうつろな鬼あざみ　ままよ火の酒　あおろうと　夜の花なら　狂い咲き」とあり、不幸のどん底に落ちた女のやけになった様子が歌われている。これは、「時局柄、不健康な思想という理由で発売禁止」(23)になったという。

　流行歌の中で女性喫煙者として次に登場する昭和二二（一九四七）年の松竹映画『こんな女に誰がした』の主題歌『星の流れに』（歌・菊地章子、作詞・清水みのる、作曲・利根一郎。図6）でも「煙草ふかして　口笛ふいて　あてもない夜の　さすらいに　人は見返る　わが身は細る　町の灯影の　わびしさよ　こんな女に　誰がした」とあ

図5　「裏町人生」歌詞カード

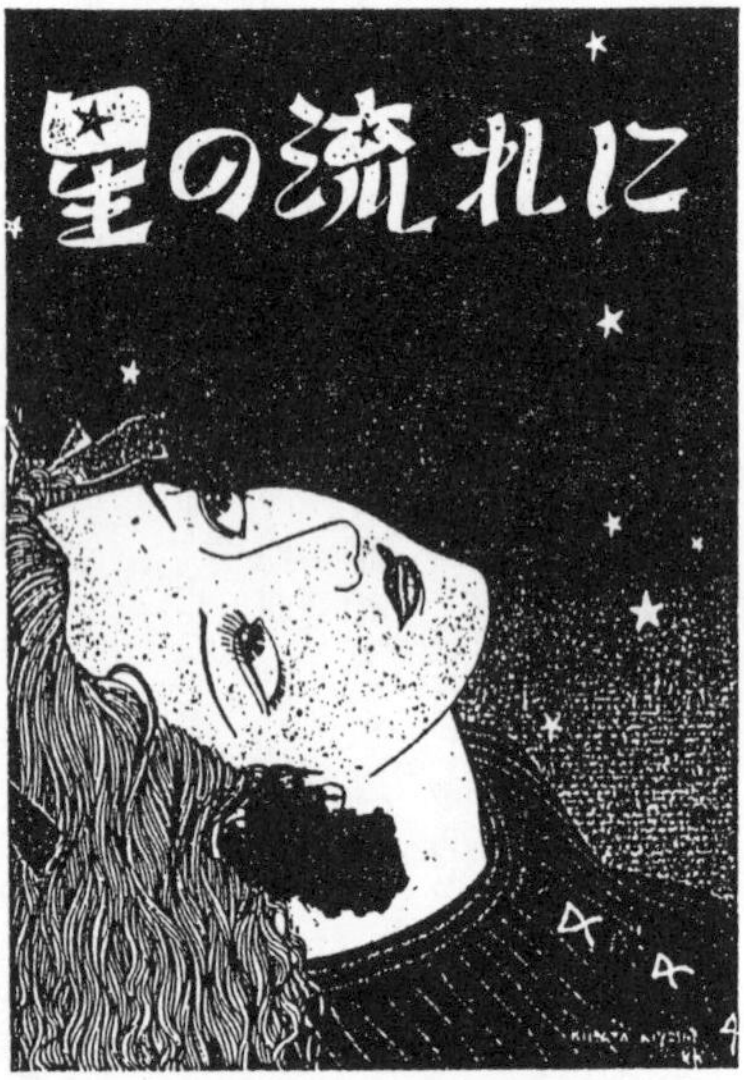

図6　「星の流れに」楽譜表紙

り、この傾向はその後も続く。昭和四三（一九六八）年に森進一が歌った『盛り場ブルース』（作詞・藤三郎、作詞・村上知秋補、作曲・城美好）では「むせるタバコに　あなたを忍ぶ　小雪はらって　今夜もひとり」。昭和五〇（一九七五）年に八五万三千枚のレコード売上があり、(24)オリコン一位にもなった小坂恭子の『想い出まくら』（作詞作曲・小坂恭子。図7）でも「こんな日は　あの人のまねをして　けむたそうな顔して　煙草をすうわ」とあり、また同年、南沙織による『人恋しくて』（作詞・中里綴、作曲・田山雅充）でも、「何もせずに　ぼんやりと……　煙草のけむり　みつめてすごす」とあるように、流行歌の中で喫煙している女性は恋人に捨てられ、とことん〈不幸せ〉で〈孤独〉な状況下に置かれている。このように昭和期以降の流行歌では、たばこを吸うのはみじめな女性で、すでに男性経験のある、ふしだらな女性とまで女性の喫煙イメージは低下しているのであり、まともな女性はたばこを吸わないといった規範意識が定着した様子が見てとれる。

図7　小坂恭子「想い出まくら」レコードジャケット

ただ、次のような例外もある。先にあげた『裏町人生』と同年の昭和一二年（一九三七）年の『バットが一銭』（歌・小野巡＋静ときわ、作詞・高田保、作曲・山川武）では歌詞に女性の喫煙はないが、レコード広告にたばこを手にして、にっこり笑っている女性が映っており（図8）、そこには『裏町人生』に見られるような暗い影などみじんもない。

また、戦後、軽快な曲がはやった時期にあたる昭和三一（一九五六）年の『若いお巡りさん』（歌・曾根史郎、作詞・井田誠一、作曲・利根一郎。図9）には「もしもし　タバコを下さいお嬢さん」とたばこねだりをナンパのきっかけにして鎌倉にデート

図8　「バットが一銭」月報の中の広告

図9　曽根史郎「若いお巡りさん」歌詞カード

に誘う警官の様子が歌われるが、たばこを吸ってる女性は「お嬢さん」であり、歌の中では明るく若々しい女性の喫煙が想定されている。

しかし、このような曲は例外であり、それぞれの後に続くような明るいイメージは流行歌の中で定着しなかった。先にあげた『裏町人生』『星の流れに』『盛り場ブルース』のような失意の女性が喫煙するというシチュエーションか、『想い出まくら』や昭和五三（一九七八）年の長渕剛の『巡恋歌』[25]（作詞作曲・長渕剛）の「タバコを吸うなとか　酒は飲むなとか　私の勝手じゃないの」のように、女性の喫煙は恋人の男性にいやがられるという文脈の中で歌詞に登場した。また、昭和四八（一九七三）年の『わたしの秘密』（歌・里美ゆり、作詞・千家和也、作曲・八木架寿人）のように、喫煙習慣があるが[26]恋人の男性にはそのことを知られたら困るといううしろめたさを伴うものとして表現されるか、昭和五四（一九七九）年の梓みちよによって歌われた『よろしかったら』（作詞・阿木燿子、作曲・筒美京平）の「私の中の少年　時々みょうに性悪で　あなたのうなじに　焦れて煙を巻きつける」というように、性のイメージをふんだんに使い、男性を支配するような存在感を持つ女性の喫煙という型で流行歌に女性喫煙が確認できるだけである。

したがって、望ましい男性性を象徴するものとしての男性喫煙のイメージは、以上のような女性喫煙の特殊化、つまりネガティブイメージと表裏の関係として成立しており、単に男女間に差異を設けるのではなく、この優劣のある差異づくりが喫煙におけるジェンダー規範の成立基盤になっていることがわかる。まさに「男性がたばこを吸うことはかっこいいが女性がたばこを吸うことはおぞましい」という呪縛をかけられ、女性喫煙の好ましくないイメージは長期にわたって固定化したといえよう。

4 〈反逆〉の自己表現から〈日常〉の生活習慣へ

喫煙は女性にとって好ましくないといったジェンダー規範が流行歌という媒体を通して社会に広まり定着すると、喫煙者の意図にかかわらず、女性による喫煙は規範破りという確信犯的な意味を持つようになる。一九七〇年代のウーマン・リブの女性たちの多くが喫煙したのは、女性の喫煙がまさに従来女性に押しつけられてきたさまざまな規範に対しての一つの抗議表明として意味を持ちえたからであり、リブ期をへて女性の喫煙はまた新たな意味内容をおびることになった。

煙草をください　あの人に見せたいから
煙草をください　わざとすってみせるから
………

煙草をすうたび　あなたに嫌われたわね
あの娘は煙草を　すわないふりしてるのね

これは、昭和五七（一九八二）年の中島みゆき作詞作曲による『煙草』（歌・古手川祐子）の一節である。この曲は、昭和六〇（一九八五）年に中島みゆき自身も歌っており、『煙草』が収められているLP版『御色なおし』は、二〇万一千枚のレコード売上げでオリコン一位にもなっている(27)。

歌詞の中の「私」は、かつての恋人「あなた」が新しい彼女「あの娘」とデートしている所に偶然でくわす。自分は喫煙習慣がありながら、女がたばこを吸うのが嫌いな「あなた」の前でこれみよがしにたばこを吸ってみせる「私」というのは、まだ「あなた」に想いを残しており心深く傷ついてはいるものの、たばこを吸ってはいけない、というような男性から押しつけられていた規制を破ることで、自分らしさを精一杯誇示しているのである。

女性たちに厚いファン層を持ち、吉本隆明からは「古代や中世の遊行女婦(28)」、呉智英からは天理教の女教祖「中山みき(29)」になぞらえられるなど男性評論家たちからも強い関心を寄せられている中島みゆきは、一般から奉られた「魔女(30)」という称号を自ら引き受け(31)、自覚的に女性の自我を全面に打ちだし歌にしてきたシンガー・ソング・ライターである。山内亮史は「望郷の眼差しと義への情熱(32)」の中で中島みゆきの歌を「時代の表層に流されないでそれを見据える認識者の眼を持ちつつ、それを『受け入れて越え』ようとする主体性の保持が絶えず意志的に図られている」として評価しているが、この歌での「私」の「主体性」は愛する男といえども従わない、ということで保持されているのである。中島みゆき自身には喫煙の習慣がないというが(33)、彼女は、あえて従来の女性規範に背く喫煙という行為を歌の世界に取り上げることで女性の〈主体〉を表現しており、ここには、まさに〈反逆〉としての女性の喫煙が提示されているといっていいだろう。

5 「朝から晩まで」の女性の喫煙

さて一九九四年時点では、男性の喫煙率には遠く及ばないものの、女性の喫煙率は上昇傾向にあるという。(34) 現代の女性たちの喫煙風景を歌ったものとしては、かつてダウン・タウン・ブギウギ・バンドが歌った『スモーキン・ブギ』（作詞・新井武士、作曲・宇崎竜童）を平成六（一九九四）年に嘉門達夫が替歌にして歌った『スモーキン・ブギ　レディース』（作詞・新井武士＋レディースバージョン、作曲・嘉門達夫＋宇崎竜童）がある。この曲は若い女性の口語をふんだんに取り入れて、女性自身による女性の喫煙実態の暴露という形になっており、ごく一般的な若い女性が生活のさまざまな場面で喫煙する様子がアップテンポのリズムにのって明るくおかしく展開されている。

「はじめて吸ったのわぁーメンソール系　みたいな（スーパッパッ）」「カレシと同じ銘柄吸ってみるってカンジ（スーパッパッ）」「男が変わればタバコも変わるわって　カンジ（スーパッパッ）」「目覚めの一服食後の一服ヤンキー娘はしゃがんで一服　デンワで相談にのりながら一服根性焼きしてから一服」「フロに入って一服パックして一服ドラマを見ながら泣きながら一服　トイレでウンコ待ちながら一服化粧落として一服」「夜中にきれたらシケモク一服フィルターにつまようじ差して一服　ポーズを研究しながら一服カゼひいてるのに一服」「マニュキアかわかしながら一服ムダ毛のお手入れ片方終わって一服　車で一服ホテルで一服そんでもってエッチして一服」「子供が出来たらピタッとやめるの」「上司に怒られトイレで一服実家じゃ夜中にコソッと一服　男にフラれてヤケクソ一服」というように、まさに「朝から晩まで」喫煙している女性の様子が歌われているが、これらには先に紹介したような〈反逆〉としての喫煙の姿はどこにも見られない。また、この歌の元歌である『スモーキン・ブギ』では「たちまちめまいでクラクラ飯も食えず」「鏡をのぞけばおいらは真っ青」というように、未成年のつっぱった男の子が少々無理して背伸びした喫煙が悲哀を交えておもしろおかしく歌われていたが、それに比べるとレディース版の女性の喫煙には、「大人＝喫煙」といった気負いがなく、手近な嗜好品として普段の生活にすっかり溶け込んでいる様子がうかがえる。嘉門達夫は、著書の中で「僕のつくる歌がいたって『日常的』でもある」と語っているが、まさにこの曲は女性の喫煙の〈日常〉性が歌にされている。(35)

もちろん現代でも会社や親のいる家では、たばこは「女性にとって好ましくない」というジェンダー規範は存在しており、さらに健康志向や公共マナー、さらに匂いの問題などから男性の喫煙さえ近年肩身が狭い状況にある。歌詞の中の喫煙する女性たちは、そのような規範に真っ向から立ち向かって喫煙を行っているのではなく、誰にもとがめられず、他人の神経をさかなでしないプライベートな空間で思う存分喫煙しているのである。いわば規範の隙間をぬって、屈託なく喫煙生活を楽しんでいるといえる。

ただ、このように生活習慣化した現実の若い女性の喫煙がこと細かく活写されてはいるものの、歌詞の締めくくりの「どーでもええけど鼻から煙出すのや・め・な・は・れ　ちゅーてんのに!!」という作詞者嘉門のメッセージには、このように喫煙する女性たちに対して、なりふりかまわぬ様子に圧倒されつつ、一方で愚かしい女性として嘲笑するような男性の目が潜んでいるように思われる。規範をいともやすやすかい潜り、したいことを平気でやってのける女性というものに対して今度は戯画化・卑小化という手段がとられているのである。

6　禁煙の記号化

ところで流行歌における女性の喫煙は、喫煙者として取り上げられること自体、男性に比べて少なく、取り上げられた場合でもそのほとんどが男性と関係が断ち切られているような失意の状態という記号が付与されるなど、二重の仕掛けによって女性の喫煙のマイナスイメージが固定化してきたと思われるが、いったいなぜこのような形のステレオタイプ化が流行歌に顕著に見られるのであろうか。

まず第一に考えられることは、日本の流行歌のモチーフの問題である。見田宗介は近代以降の流行歌の中で「涙」が最も多く使われていることを数量調査しているが、[36]特に大正期以降、男女関係に関わるうらみや未練などの悲しみが日本の流行歌の基調をなしてきた。つまり、男に捨てられた失意の女性というシチュエーション自体流行歌に多く見られる設定といえ、そこでたばこが取り上げられることによって、その状況と女性の喫煙イメージが結びつくことにもなったのである。

さらに「歌」という表現形態の持つ言葉の量の限界性があげられる。歌詞は、まず大衆に歌ってもらうために覚えやすく、できるだけ短い言葉で作られる。その限られた言葉の中で一つの男女の物語世界を構築するには、長々と説明を要しない記号化された言葉が望ましい。流行歌は「女性の喫煙は好ましくない」という一般にあったジェンダー規範を利用して「女性で喫煙する人は悲惨な状況の人」という記号を作ってパターン化した。しかも、このような記号化によっていっそう強化されたジェンダー規範は流行歌によって社会に広められ、いわば流行歌はジェンダー規範の強化装置として機能することにもなったのである。

近年、世界的に禁煙・嫌煙運動が盛んになっており、現実社会では次第に男性の喫煙がプラスの男性性に結びつかない状況になりつつある。すでに流行歌にも昭和五五（一九八〇）年に五木ひろしが歌った『倖せさがして』（作詞・たかたかし、作曲・木村好夫）の「からだのために　わるいと叱って　おまえはタバコを　笑ってとりあげる」や昭和五九（一九八四）年のテレサ・テンの『つぐない』（作詞・荒木とよひさ、作曲・三木たかし）の「心残りはあなたのこと　少し煙草も　ひかえめにして」などには、体に悪いから男性の喫煙をひかえめにするように働きかける女性が歌詞に登場したり、若者に人気の高いＥＡＳＴ　ＥＮＤ×ＹＵＲＩの『ＭＡＩＣＣＡ』（作詞・ＹＯＧＧ

Y、作曲・GAKU&TOGGY）は、「タバコの禁煙」を他人が見てないから破ってしまうという確固として信念のない男性のひらきなおりが歌詞に取り上げられるなど「禁煙」をめぐる男性の新たな記号化が見てとれる。
一方で、女性喫煙にも新たな動きが見られる。

頬を刺す朝の山の手通り
煙草の空き箱を捨てる
今日もまた足の踏み場は無い
小部屋が孤独を甘やかす

これは平成一二（二〇〇〇）年にオリコンチャート一位を記録した椎名林檎のアルバム『勝訴ストリップ』に収められている『罪と罰』の冒頭である。巻き舌による独特の節回し、不安、孤独、絶望といった心の闇を強烈な自我意識と性から立ち上るエネルギーで歌い上げるロックミュージシャン椎名林檎は、若者から熱狂的な支持を集めている女性のシンガーソングライターである。彼女は喫煙習慣があり、彼女のたばこへの愛着の強さは自家用車のベンツを自分が愛飲しているハイライトの柄に塗装したり、コンサートでハイライトをマイクスタンドに貼りつけたり(37)、ツアーグッズに特製の煙草ケースやライターを販売したりするなど(38)、ファンにも広く知られている。実際、林檎ファンの中には、林檎と同じハイライトを吸うことで仲間意識を強める現象も起きており、ハイライトは彼女のシンボル的な小道具の一つになったほどだ。
ただ、彼女にとってたばこは、かつて女性が男性の前でこれみよがしに吸って見せる、といったジェンダー規範に対する反逆としての喫煙ではない。疎外感から生まれる尖った意識はあるものの、それが具体的に男性、あるいは社会といった反逆の明確な対象があるわけではない。むしろ反逆より虚無感が規範の壁を崩しているのだ。彼女は、毒性と癒し、思考の深まりと空白、悲しみや惨めさとかっこよさという相反するイメージ、そして反逆、エロスというたばこの持つ分裂した多重な記号を、悩み、苦しみ、迷い、混沌とし、両極に引き裂かれる自己の精神世界に重ねあわせて利用しているようにも思える。

しかし、「いい女でもいけないし、――ウーマンリブでもいけないし[39]」と自分の独自性を模索し、セクシュアリティにこだわりながらジェンダーの撹乱を引き起こしていた椎名林檎は、二〇〇四年一〇月、突如禁煙宣言をした。

彼女の禁煙に関して「『(たばこ) 減らして、本を読んで一カ月かけてやめました。女性らしくなりました』とはにかみ、意外な一面をみせていた[40]」という報道があった一方で、「痰が出なくなって女性らしくなりました(笑い)[41]」という記事もあり、「女性らしさ」という言葉が彼女特有の諧謔なのか真意は不明であるが、椎名林檎の「禁煙」のニュースが驚きをもって迎えられたのは確かである。「喫煙」の挑発性から「禁煙」の意表性へと両極に振れながら「たばこ」という記号を通しても時代の注目を集め続ける椎名林檎は、今後「禁煙」をどのように歌の中で意味づけするのであろう。

流行歌は、九〇年代後半から女性の作り手が多く輩出され、歌詞の中の女性像、男性像にも大きな変化が現れている。流行歌における喫煙イメージは、「禁煙」という新しい記号の導入とジェンダーの変動に伴って、今また転換点にさしかかっているといえよう。

〈明治期以降、歌詞の中に喫煙、たばこ類が登場する曲一覧〉

発表年	曲名	歌手	喫煙者			
			女	男	？	なし
明治5	しょんがいな				○	
明14～21	程の好さ節				○	
	木遣節				○	
明24～25	（愉快節）日本元気				○	
	（欣舞節）有耶無耶					○
	（欣舞節）社会観			○		
明22～27	名古屋甚句			○		
	琉球節			○		
明28	（欣舞節）櫻井輸送隊					○
	雪の進軍			○		
明28～30	（欣舞節）元勲					○
	（欣舞節）戒放蕩		○			
明29	ホーカイ節			○		
明30	汽車の旅				○	
明31～32	エヘン節			○		
	しんから節				○	
	新吉原節		○			
明33～35	かた糸					○
明38	戦友			○		
明42	スカラソング			○		
明44	むらさき節				○	
大正1～5	新おいとこ節			○		
大8	煙草のめのめ	松井須磨子	○	○		
大8～11	お国節					○
大11	赤い唇			○		
昭和3	当世銀座節	佐藤千夜子		○		
昭6	ルンペン節	徳山璉	○	○		
昭7	討匪行	藤原義江		○		
昭8	港の雨				○	
昭9	鹿児島小原節	新橋喜代子				○
昭11	愛の小窓	ディック・ミネ		○		
昭12	たばこやの娘	岸井明／平井英子		○		
	裏町人生	上原敏	○			
昭14	港シャンソン	岡晴夫		○		

発表年	曲　名	歌　手	喫煙者			
			女	男	？	なし
昭14	上海の花売り娘	松島詩子		○		
昭15	陸軍省選定　空の勇士	徳山璉／藤山一郎		○		
昭16	煙草屋の娘	高峰秀子				○
昭21	港に灯りのともる頃	柴田つる子		○		
	黒いパイプ	二葉あき子／近江俊郎		○		
昭22	星の流れに	菊地章子	○			
	胸の振子	霧島昇		○		
	夜更けの街	伊藤久男		○		
昭23	さよならルンバ	二葉あき子				○
昭24	別れの夜汽車	竹山逸郎		○		
昭25	買物ブギ	笠置シヅ子				○
昭26	ヤットン節	久保幸江				○
昭27	巴里の夜	二葉あき子		○		
昭29	ひばりのマドロスさん	美空ひばり	○			
昭31	若いお巡りさん	曽根史郎	○	○		
昭32	逢いたいなアあの人に	島倉千代子	○			
昭34	泣いたって駄目さ	松山恵子		○		
	雪山讃歌（アメリカ民謡）	ダークダックス		○		
昭35	煙草が二箱消えちゃった	井上ひろし		○		
昭37	五万節	クレージーキャッツ				○
	ブンガチャ節	北島三郎		○		
昭40	男の街角	井沢八郎		○		
	ヨイトマケの唄			○		
昭41	ベットで煙草を吸わないで	沢たまき		○		
昭42	命かれても	森進一	○			
	粋な別れ	石原裕次郎		○		
昭43	ブルーライトヨコハマ	いしだあゆみ		○		
	盛り場ブルース	森進一	○			
昭44	今日でお別れ	菅原洋一		○		
	いいじゃないの幸せならば	佐良直美		○		
昭45	生きがい	由紀さおり	○			
	みれん町	美川憲一		○		
昭46	よこはま・たそがれ	五木ひろし		○		
	男が泣くとき	五木ひろし		○		
	港の別れ唄	内山田洋とクールファイブ	○			

発表年	曲名	歌手	喫煙者			
			女	男	？	なし
昭46	卒業	長谷川きよし			○	
	夜が明けて	坂本スミ子		○		
昭47	僕の好きな先生	ＲＣサクセション				
昭48	わたしの秘密	里美ゆり		○		
	煙草のけむり	五輪真弓		○		
	雪の朝	グレープ		○		
	ジェット最終便	朱里エイコ		△	○	
	別れどき	山中圭		○		
	わかれの夜道	三善英史		○		
	愛で殺したい	サーカス		○		
	ひとり酒	ぴんから兄弟		○		
	母に捧げるバラード	海援隊		○		
昭49	うそ	中条きよし		○		
	命火	藤圭子		○		
	理由（わけ）	中条きよし		○		
	スモーキン・ブギ	ダウン・タウン・ブギウギ・バンド		○		
昭50	想い出まくら	小坂恭子		○		
	人恋しくて	南沙織	○			
	あかいサルビア	梓みちよ	○			
昭51	置き手紙	細川たかし	○			
昭51～52	嗚呼！花の係長			○		
昭52	春うらら	田山雅充			○	
	そんな女のひとりごと	増位山太志郎		○		
	哀愁トウナイト	桑名正博	△			
	はーばーらいと	水谷豊		○		
	帰っておいで	中島みゆき	○			
	北へ	小林旭		○		
昭53	そんなナイト・パブ	増位山太志郎		○		
	グット・ラック	野口五郎		○		
	メヌエット	上田知華		○		
	シンデレラ・ハネムーン	岩崎ひろみ		○		
	ぼくのお姉さん	太川陽介				○
	サマー・ブリーズ	川崎龍介	○			
	林檎殺人事件	郷ひろみ		○		

発表年	曲名	歌手	喫煙者			
			女	男	?	なし
昭53	飛んでイスタンブール	庄野真代		○		
	巡恋歌	長渕剛		○		
	あしたも小雨	五木ひろし				
昭54	カサブランカ・ダンディ	沢田研二			○	
	銀のライター	森昌子	△	○		
	放課後	DUO	○	○		
	JOUDAN JOUDAN	海援隊		○		
	よろしかったら	梓みちよ	○			
	愛の嵐	山口百恵		○		
	TOKIO	沢田研二	○			
昭55	倖せさがして	五木ひろし		○		
	波止場通りなみだ町	森昌子	○			
	雨の慕情	八代亜紀		○		
	How many いい顔	郷ひろみ		○		
	愛はかげろう	雅夢		○		
	狂った果実	アリス		○		
	もう一度	伊東ゆかり		○		
昭56	ふるさと	松山千春		○		
	ツッパリ High School Rock'n Roll	横浜銀蝿		○		
昭57	煙草	中島みゆき	○			
	氷雨	日野美歌／佳山明生		○		
	北酒場	細川たかし			○	
	赤いスイートピー	松田聖子		○		
	ねじれたハートで	桃井かおり・来生たかお		○		
昭58	19：00の街	野口五郎			○	
	22歳	谷村新司			○	
	17歳	尾崎豊		○		
昭59	つぐない	テレサ・テン		○		
	メイン・テーマ	薬師丸ひろ子		○		
	泣かないで	舘ひろし			○	
	もしかして…	小林幸子		○		
	君たちキウイ・パパイア・マンゴーだね	中原めいこ			○	
昭60	ノスタルジア	中島みゆき	○			

発表年	曲名	歌手	喫煙者			
			女	男	？	なし
昭60	ダンスホール	尾崎豊		○		
	Teenage Blue	尾崎豊		○		
昭61	歌謡曲	とんねるず	○			
	別離（わかれ）	小林幸子	○			
	スキップ・ビート	KUWATA BANDO	△			
	1ダースの言い訳	稲垣潤一		○		
昭63	化粧	青木美保		△		
	乱れ花	大月みやこ			○	
	だってしょうがないじゃない	和田アキ子	○			
平成1	二枚目酒	五木ひろし／田中好子	△			
	GLORIA	ZIGGY		○		
平2	お江戸－O・EDO	カブキ・ロックス	○			
	JEEP	長渕剛		○		
	黄昏ゆく街で	尾崎豊		○		
平3	さよならイエスタデイ	TUBE		○		
	遠雷	松任谷由美		△	○	
平4	終着駅	五木ひろし		○		
平5	Angel Cryin' X'mas	松任谷由美			○	
平6	この唄が届くまで	WENDY		○		
	スモーキン・ブギレディース	嘉門達夫	○			
	Seventeen	L→R		○		
平7	夢おぼろ	長保有紀		○		
	MAICCA	EAST END × YURI		○		
平10	少年	黒夢		○		
平11	First Love	宇多田ヒカル	△	△		
	アメリカ橋	山川豊	○			
	カムフラージュ	竹内まりや		○		
平12	忘却の空	Sads		○		
	白昼夢	大木彩乃	△			
	プロローグ	鈴木晃二		○		
	罪と罰	椎名林檎	○			

注1：喫煙者「？」は歌詞の中で誰が喫煙しているのか不明なもの。
注2：喫煙者「なし」は歌詞の中で喫煙者がいないもの。
注3：△は不確定ながら、該当するもの。

11 昭和初期日本映画における喫煙表現と社会的アイデンティティ形成

ここに二つの映画ポスターがある。『浪花悲歌』（溝口健二監督、一九三六年）のポスター（図1）は、山田五十鈴が演じるヒロインのアヤ子の静かな姿を中心に据えた、シンプルで力強い構成になっている。和服にきちんと結んだ和髪で、山田は、顎を手のひらに載せて、ポスターを観る人とは眼差しをあわせず、思い沈んだようにまっすぐにちょっと下を眺めている。手に持っているシガレット・ホルダーのたばこの煙は、表題の端とぴったりつながって、白い線で輪郭を示されている表題の字もその煙の続きであるように見える。一方で、登場人物の風刺漫画を多数描いている『淑女は何を忘れたか』（小津安二郎監督、一九三七年）のポスター（図2）では、モダンな夫婦関係をあっさりと風刺で描くこの作品の生き生きとした賑やかさが顕著に表れている。構成の中心になっている、洋風のスーツのスカートの襟から黒いストッキングとハイヒールを履いている足をだしている若い女性（桑野通子）は

図1　山田五十鈴が演じるヒロインアヤ子（『浪花悲歌』ポスター、1936年）

笑っている口に煙っているシガレット一本をくわえている。彼女の周りの人物の中でも、煙がでている銃型のライターを持っている和服姿の中年女性（栗島すみ子）や、ゴルフ服で口にパイプをくわえて、左手にマティーニのグラスを持っている顔の赤い中年男性（斉藤達雄）が喫煙者として演出されている。

構成も雰囲気もだいぶ違う『浪花悲歌』と『淑女は何を忘れたか』のポスターの共通点をあげると、両方とも、たばこを吸っている若い女性が主人公であることを視覚的な構図が明らかにしている。グラフィック広告である映画のポスターでは、映画や人物の「本質」が視覚的記号として凝縮され、ポスターの視覚的修辞において観客に伝達されるのであれば、両方の主人公にとっては喫煙していることが人物像（アイデンティティ）の不可欠な要素であることも明白だろう。言い換えるなら、彼女たちのアイデンティティは服装、身体表現、顔の表情などの視覚的記号に加えて、喫煙という行為によって形成されている。

喫煙の場合、喫煙の身体行動表現、喫煙の装置である道具やたばこの種類、喫煙相手の在不在、喫煙の時空的装置、さらに喫煙をしているかしていないかということなどの視覚的記号は、監督や俳優などの「制作者」を取りまく社会的文脈の中から生じたものとして、喫煙やジェンダーにまつわる社会の諸規範により形成され、その規範や意識を反映している。つまり映画を見れば映画の「産地」である社会の何かがわかるはずだ。ドイツ・フランクフルト学派の文化・映画評論家シグフリード・クラカワーが同時代に述べているように、「今日の社会を検証するため、映画業界の生産物の告白を聞くべきである。実際にこれをしようとしなくても、すべての映画は無礼な内緒をべらべら喋ってしまうのだ。このきりのない映画の連続には、限定されている平凡なテーマが数回も繰り返されている。それは社会の望む自らのイメージを公開するものである」[1]。ところで、ここで注意すべきなのは、映画は、社会性があるといっても完全かつ透明に社会を反映しているわけではなく、むしろ社会規範などを、媒体であるシネマと制作者の個人体験というプリズムに屈折して写すものであるということだ。一つの記号でも、多数の意味を持つことができ、また、各々の意味も文脈によって変わる。これによって、映画において矛盾や両義的な意味が共存してくる。

また、観客の解釈——受容していること、注目している側面、得ている情報など——も、社会や視聴覚的媒体に養成され、さらに個人体験によって整理されるが、その体験や理解が製作側のそれと一致しているとは限らない。映画の視聴覚的「文法」は観客の解釈を指導するが、受容される意味は観客の文脈によって変わる。したがって、製作側が意図した記号の意味が観客の知識と期待と一致していれば、意味はそのまま伝達されるが、記号が観客の理解の範囲を超えたり観客の意識とずれたりしていると、情報は伝達の際に変容し、新しく生まれ変わる。要する

図2　喫煙女性への視覚的修辞（『淑女は何を忘れたか』ポスター、1937年）

に、映画をはじめ視聴覚的媒体が伝達される時の記号の意味は、社会範囲や個人的体験によって形成された制作側のイメージと、必ずしもそれとは一致しない観客のイメージの交差点において相互作用的に成立する、両者を取りまく社会の複雑な意味の表象なのである。

本章は、一九三八年の大政翼賛体制及び一九三九年の映画法成立までの日本映画（論題をしぼるため、現代劇のみを対象にしている）における喫煙表現に焦点をあて、登場人物の喫煙表現の分析を通して、昭和初期におけるジェンダーと喫煙の社会的規範について考察する試みである。当時の日本映画では、男女を問わず、人物の喫煙表現が溢れ、また喫煙そのものを焦点にしたショットやシーンが多く見られる。しかし、たばこは当然のように「ただそこにあるもの」として扱われておらず、むしろ人物像を形成し、その像を観客に伝えるための舞台装置（mise-en-scène）の小道具として用いられた。性別の他に年齢、身分、地域や職業などによっても意味が異なる喫煙は、各々の人物の社会的アイデンティティの視覚的記号として、クローズ・アップやズーム・イン、遠距離からのロング・ショットや繰り返しのショットにおいて強調され、またときにはセリフとして言語化され、言及される。人物の喫煙が出来事として、あらすじの方向を変えることさえある。

ところで、単純な男性の喫煙表現に対して、女性の喫煙は人物の身分やシチュエーションによって多様な観点から、さまざま解釈ができるように利用されている。これは、女性の喫煙に対する複雑な態度・観点が当時存在していたことを反映しているといえるだろう。

1　映像技術が意味を作る――舞台装置とモンタージュの構想力

映像の記号分析による社会的分析に入る前に、映像の視覚的記号の技術そのものを少し考察しよう。創造されたモノである映画には、登場人物の人物像は映像の内容と、舞台装置（mise-en-scène）という一コマ単位の空間内の視覚的配置、及びモンタージュというコマとコマの連続技法によって構築される。ショットの中の物や物の配置、物の空間的関係が記号としての機能を果たし、ショットの意味を決定する。一個の物・人物を焦点にしているクローズ・アップに対して、ある空間の中にある物・人物のすべてを写すロング・ショットは、周りとの関係、あるいはそうした空間の中にいるということ自体を強調する。特に前景と背景の両方を対象にするロング・ショットは、人物・物の社会性を観客に注目させる。また、ショットに二つ以上の焦点があると、互いの関係・相違・相似が強調されていく。それによって観客は焦点の対象となる人物が示す視覚かつ言語的な特徴を道具にして、各人物の属性を理解する。

たとえば、『淑女と髯』（小津監督、一九三一年）のあるミッド・ショットでは「不良モダン・ガール」（伊達里子）は、洋服にパーマをかけた断髪、そして上げている手にシガレットを持って戸口に立っているが、彼女に向かっているのは和服姿の「淑女」（川崎弘子）で非喫煙者である。きちんとした姿勢をしている、素直な「淑女」に対して、モダン・ガールは戸の枠に身体を寄せ掛け、手に持つ煙草がはっきり見えるように左腕を伸ばし、腹を突きだした侵略的な姿勢でいる。この極端な二者対立の場面から、観客は登場人物の人物像を比較的に想像し、創造し始める。

このショットは、喫煙者である零落れた女役と、非喫煙者である淑女役という、実はこれから三角関係に発展する三人のうちの二人を紹介するかのように映画の冒頭にくる。二人のショットから続くこのシーンは女性の対立関係を描くが、映画の視覚的規範に慣れている観客には、このショットだけでもう十分説明されているだろう。

一方で、一人の人物のクローズ・アップによっても同じような効果がえられる。この例として、チンピラ映画『非常線の女』（小津監督、一九三三年）を見よう。映画の冒頭に、タイトルの『非常線の女』である「ずべ公」時

図3　時子を演ずる田中絹代（『非常線の女』監督／小津安二郎、1933年）

子（田中絹代）の姿を長く写し、その場を去らない時子の行動を綿密に記録するショットがある。黒い背景の前に立って、ずっとシガレットを吸い続ける絹代の白いサテンのイブニング・ドレス姿が目立ち、「ずべ公」の像を固定させる（図3）。このショットでは、恋人とダンスホールに出掛けた時子が、たばこを吸って口から離し、手に持ちながら笑いだし、肩から落ちたドレスのストラップを引き上げる。次に、たばこを後ろのテーブルの灰皿で消すために背中を向ける。そして、再び身体を回転させて元の向きに戻り、以前と同様なポーズで、まるで肖像のようにカメラの前に立つ。映画の六分目にある同ショットでは、たばこの吸い方という身体行為・表現と、舞台装置とショットの技法によって作り上げた「身分証明像」において、田中絹代の演ずる人物像を定義する。もう少し後にボクサーくずれの街の与太者である恋人、襄二（岡譲二）と恋のライバルである「淑女」和子（水久保澄子）の同構図のショットが、観客の人物像に対する理解をさらに補強する。要するに、喫煙者である「ずべ公」と「与太者」に対して、素直な「淑女」は喫煙しない。また、「ずべ公」と「与太者」は二人ともシガレットを好むが、腰をくねらせ、体を揺らせながらたばこを吸う「ずべ公」女性に対して、チンピラ男性はしっかりと直立して喫煙するのだ。

以上のように、映像の視覚的文法によって、登場人物の人物像が固定されていく。では、映像編集によって構成された人物像はどのような社会的な意味を持っているのか。映像の持つ記号性を鍵として、一九三〇年代の日本映画におけるジェンダー観と喫煙表現を考えてみよう。

2　喫煙で一人前になる――映画における男性の喫煙表現

一九三〇年代前半の日本映画では、男性人物を各々一コマショットで図鑑のように見せるという視覚的技法がよく見られるが、各々の男性は身分、年齢、職業などとは関係なくほとんど喫煙者である。たとえば不良少年物、『朗らかに歩め』（小津監督、一九三〇年）の運転手と乗客のショットでは、二人とも帽子、スーツとシルクのマフラーという姿で自動車に乗って口にシガレットをくわえている。一日の仕事を終え、ビリヤード・クラブで仲間と一杯やっているチンピラも、必ず喫煙者として描かれる。また、冒頭でふれた『淑女は何を忘れたか』の「先生役」小宮教授（斉藤達雄）も、実験室で白衣を着て、顕微鏡をのぞいているときは、その集中の度合いを示すようにシガレットをくわえている。同先生は、夜、家に帰ってから「口のうるさい」妻から逃げるように書斎にとじこもり、静かな空間で一服を楽しむ。「学生役」を描写するときも、同様な舞台装置のあるミッド・ショットに、制服のまま部屋で勉強しながらたばこをふかしている学生恵太郎（大日方伝、『隣の八重ちゃん』島津保次郎監督、一九三四年）や、週末、銀座のハイカラなカフェでデート中にコーヒーを飲みながらシガレットの箱を手で回している大学の助手岡田（佐野周二、『淑女は何を忘れたか』）も喫煙者として登場する。

以上の人物像が示すように、喫煙という行為は身分、階層、年齢、職業、既婚・未婚の別、地域などの社会的状況にかかわらず、「男性」というジェンダー・アイデンティティを示す小道具として、男性人物に欠かせない。ところで、すべての男性人物がすべての環境で喫煙していたわけではなく、またあらゆる様式ですべての種類のたばこを吸っていたわけではない。逆に、各々の男性人物の喫煙表現の詳細が、人物の社会的な属性を作り上げ、男性人物を当時はメディアに流行していた役柄――「サラリーマン」、「学生」、「チンピラ」、「社長」など――に区別する。

「刑事」という役を例に、その過程を映画技法の面から見てみよう。たとえば、『非常線の女』の刑事役（西村青児）は、口もとから垂れているシガー、帽子、レインコートと、その「刑事」という身分がすべての小道具によって結合的に形成される。それに対して、『朗らかに歩め』のヤクザの親分は長いホルダーで吸うシガレットを好むのだ。二人にとって、たばこの種類は職業を表す道具である。たばこの種類に加えて、喫煙の場所やシチュエーションも、その区別をつける。たとえば、南条康雄の『非常線の女』では会社での喫煙は、シガー好きの社長役や、シガレットを好む社長の息子役に限られている。一方で、会社で吸わないサラリーマン役は、会社の帰りに料亭でシガレットを吸うか、自宅で浴衣に着替えてから火鉢から煙管に火をつけて、居間の畳の上で寛ぎながら吸う（岩田祐吉、『隣の八重ちゃん』）ように描かれる。

これらの結合によって、各々の喫煙表現が各々の人物特有なものとして位置づけられ、また相互的に各々特定された人物像は各々の喫煙表現に意味を与えるのだ（このプロセスによって、ある人物が画面にでていなくても、その人物特有のたばこさえあれば、その人物も実はそこにいることを示すことができる。たとえば、『非常線の女』では、悪役社長はタイピストをホテルに呼ぶ。主人公が彼女を救いに来ると、悪役社長は部屋にいないが、灰皿の中に燃えているシガーで、社長が犯人だということがわかる）。

では、以上のように形成された男性人物像において、喫煙はどのような意味を持つのか。まず、会社での喫煙が許されている社長と許されていないサラリーマンの対照や、白いスーツや肩の上に乗った洋犬に加えて、長いホルダー付のたばこを通して自分の身分を示す『朗らかに歩め』の親分という例が証言するように、喫煙表現はジェンダー・アイデンティティに加えて、権威の象徴として人物の社会的位置を可視化し、ときには人物の関係を示すようにも使われる。そのもう一つの例をあげよう。『青春の夢いまいづこ』（小津監督、一九三二年）では、特有な喫煙表現が個別に各々の人物のジェンダー・アイデンティティを示しつつ、対照的なモンタージュによって肩書きには反映されていない社内の力関係を表明している。

まず仕事中、机の上にある三者の手と手に持っているもの、コンパクトとパッフを持っている手、シガーの先を切る手、もて余しているように鐘の引き綱で遊んでいる手という三つの手のクローズ・アップが連続される。コンパクトとパッフ、葉巻、鐘の引き綱という各々の持ち物は、すでに紹介されている人物の身体を連想させ、観客に「手の持ち主」である若い女子社員、主人公の叔父である会社の取締役貢蔵（水島亮太郎）、若社長堀野哲夫（江川宇礼雄）という三つの人物象を暗示する。さらに、シガーをふかしている取締役に対して暇そうに遊んでいる若社長の手の対照は、社内の権力関係や社会的位置をビジュアルに描いている。この「三角比較」はまた映画の最後に現れる。今度は身体全体を遠くから撮ったショットで、会社の屋上で化粧している女子社員、シガーを吸っている取締役、そしてキャッチボールで遊んでいる男子社員が描写される。言うまでもなく、同様な権威関係が描写されている。

ところで、映画の途中で男性人物の社会的地位が変化すると、男性の喫煙行為と意味も変容する。たとえば、『青春の夢いまいづこ』の冒頭、「ベーカリー」に入って喫煙する主人公を含む学生仲間の画像が示す雰囲気は、「制服」、「応援団の活動」、「授業前のガードマンとの碁」とともに裕福な学生の「怠惰」というイメージを形成する。しかし、父の死後、旧制高校を中退し父の後継者として社長に就任せざるをえなくなり、責任感を身につけると、同じシガレットを吸っている彼の喫煙表現が他の人物にとって前とは違うように解釈されてくる。主人公が社長になって一年たった頃、出社前に部屋の入り口に座りシャツの袖を肘まで巻上げて、靴下を履いたままシガレットを吸う。すると、学生の頃と喫煙具は変わらないものの、母が息子の姿を見かけて、「何か坊ちゃんから社長らしく」（なった）という。

図４　主人公謙二を演ずる高田稔（『朗らかに歩め』1930年）

一方で、『朗らかに歩め』では、喫煙習慣の変化が主人公の人柄に変化があったことを観客に告げる。純粋な娘やす江に恋心を抱いている主人公謙二が、自分の心をやっと告白するシーンでは、そこまではほとんど喫煙中であった謙二は自動車に乗ったまま、火をつけずにたばこ一本を手に持って考え込んでいる。カメラはシガレットを持っている手と、暗黒社会との切り離せない繋がりを象徴する手首に入れた刺青をクローズ・アップで強調する（図４）。たばこを実際吸わなくても、ただ手に持っているだけという仕草が、喫煙を「不良少年の行為」と定義しつつ、その否定によって不良道を捨てることを決意した主人公の、更生の第一歩を観客に示す。ところで、不良な生活を辞め、真っ当な労働者になった謙二が休憩のとき屋上で一服するシーンでは、喫煙は労働者の素朴な快楽の一つとして、服装、環境、職業とともに謙二の新イメージの装置となっており、新たな意味を表現する。

つまり、男性人物の社会的位置が変化しても、たばこによって示されるジェンダー観は変わらないのだ。そもそも、男性の喫煙は「男性であること」より、「一人前であること」の記号ではないのか。

この仮定を確認するため、例をもう一つあげてみよう。ビリヤード・クラブを舞台にした『非常線の女』のシーンである。まずは、生意気ぶって喫煙している与太者の身分証明的ショットの次に、制服姿で喫煙している「不良青年役」宏（三井秀夫）のショットと、レインコートと帽子という出で立ちのビリヤード選手が、口の辺りまで手を上げているショットが流れるのだ。このモンタージュにおいて、視覚的に似ている舞台装置と時間的な連続性によって、男性三人を関連させ、男の世界は喫煙の世界であるということを示唆するが、視覚的であるこのメッセージはさらに宏の姉である和子（水久保澄子）の言及によって補強される。弟の持ち物の中にたばこの箱——重要性を補強するようにクローズ・アップになっている——を発見した和子が「こんなもの何時からのんでるの？」と宏に質問すると、「俺だって何時までも子供じゃないよ」と宏は答える。姉の和子にとって不良性の証拠であるたばこは、宏にとってはビリヤード・クラブで感じた「男に限られている世界」に入るため——つまり一人前になるため——の大事な道具なのだ。会話の直後に箱からたばこを一本抜き取るが、姉の倫理感に従って、結局、火をつけないままたばこをただずっと持っている宏の、暗に自分はまだ子供だと示唆する行為も同様な意味を伝えるだろう。

3　「ママの時代と違うわよ」——両義的な女性の喫煙表現

では、女性人物の場合はどうか。結論からいうと、男性の喫煙の描写と比べると先ず目立つのは、身分や職業を問わず当然である成人男性人物の喫煙に対して、女性人物は喫煙者と非喫煙者という二つのカテゴリーに区別されるということだ。言い換えるなら、喫煙の仕草が役柄や社会的位置を記号する男性人物に対して、女性人物のイメージの形成過程において大事なのは喫煙行為そのものである。たとえば、前述したように、『淑女と髯』では「不良モダン・ガール」（伊達里子）と「淑女」広子（川崎弘子）が対立的に位置づけられているが、洋装でたばこを吸っているモダン・ガールに対して、広子は着物を着て、非喫煙者である。(2) 二人の差異が完璧に視覚的修辞によって演出されているこのショットは、広子の恋人である岡島（岡田時彦）が、職場であるホテルで、勤務中に不良モダン・ガールに客の装飾品を横領するように唆されるが、彼女に誘惑されず、逆に強い正義感を見せ、モダン・ガールを自分の部屋に招き、朝まで説教するというエピソードの中に置かれている。翌朝、岡島はモダン・ガールと同じ部屋にいることがばれる。つつましい広子は彼の説明を信頼し、モダン・ガールは更生を誓って去って行く。この出来事においては、広子とモダン・ガールの倫理観の違いが指摘されるが、喫煙は、広子の純粋な心に対するモダン・ガールの道徳意識のなさの記号として使用される。

この例では二人の女性の喫煙行為（「非喫煙」というのもある意味では喫煙行為だとしたら）が対立的に位置づけられるが、同じ人物の喫煙に対する態度の変化を通して同様な対立を作りだす手法も見られる。つまり、まともな人生から不良の道へ、あるいは不良の道からまともな人生へ移る女性人物は、必ずたばこを吸い始めるかたばこをやめるのだ。たとえば、ライバルに恋人を盗まれそうになった『非常線の女』時子（田中絹代）は対策として不良の道を捨て、まともに生きようと決意する。そこで彼女はたばこをやめるが、喫煙は女性の倫理と結びつけられ、「淑女」と「不良女」の境界線を表すように使われていることが明白である。(3)『淑女と髯』の不良女も、映画の冒頭ではまだ横浜の丘の上で女学校の友達と幼く一緒に遊ぶ女学生であったが、その後経済的困難のせいでやむをえず不良の道を歩み始め、ちんぴら団の運転手をつとめるようになる。いうまでもないだろうが、彼女は、喫煙を始める。男社会で男のように働き、ちんぴら団の仲間に一人前として認められたいと願う彼女の喫煙からは、不良性と同時に、悲劇と強さという多義的なメッセージが読みとれる。

一方で、喫煙を健全で当然なものとして描写される女性人物も存在している。たとえば、『隣の八重ちゃん』の母親役の浜子（飯田蝶子）や、『淑女は何を忘れたか』の叔母役、時子（栗島すみ子）は、二人とも昼間の茶の間で友人とお茶を飲んだり、一人で本を読んだりしながら煙管でたばこを吸う。中層階級の専業主婦や上流奥様である彼女たちの日常的快楽として描かれている喫煙はまったく批判されないわけでもないのだが、少なくとも中年既婚女性にとっての茶の間での喫煙は身分に適切な快楽、及び社交の道具であるととらえられている。

さて、単純な男性の喫煙表現に対して、女性の喫煙の描写はなぜこのように多義的なのだろう。また、女性の喫煙を不良あるいは健全に区別づける基準は何だろう。女性人物が喫煙行為の違いによって区別される場合、喫煙は彼女たちの何かを象徴しているのだが、その何かというのはいったい何だろう。

以上の謎を解くために、『隣の八重ちゃん』に登場するたばこを吸わない八重ちゃんと、吸い始めたばかりの姉の描写を参照しよう。『隣の八重ちゃん』では、セーラー服の女学生八重子（逢初夢子）と和服姿の姉の京子（岡田嘉子）が対立させられる（図5）。最近、社会にでたばかりである京子は喫煙者で、まだ女学生である八重子はたばこを吸わない。ある夜、二人は隣に住んでいる兄弟二人と四人で映画を観に行った帰りに近くの料亭で食事をする。

図5　八重子を演ずる逢初夢子（右）、京子を演ずる岡田嘉子（中）、隣の兄を演ずる大日方伝（左）（『隣の八重ちゃん』監督／島津保次郎、1934年）

食事中、姉は隣の兄（大日方伝）と一緒に酒を飲み、たばこを吸う。「お姉さん飲むの？」「もちろんだわ」とセリフにおいても指摘される飲酒と違って、姉の喫煙は言語化されないが、カメラはずっと彼女の喫煙を追っている。少し離れたところに座ってたばこを吸いながら他の三人のやりとりを眺めている姉の姿は孤独に満ちていて、自分は以前の遊び仲間の輪から自らを背離させたことを明示している。大人の女性としての存在感は、和服でたばこの煙を吹きだしている彼女と、たばこを吸わない学生服の弟役とのショットにおいて相互的に強調され、仲間を離れたのは大人になったからだということを見事に演出している。食事中に喫煙と飲酒を繰り返し、帰りのタクシーで酔っぱらって、隣の兄を誘い始める彼女の「大人の女性」としての身体行動は、姉が新しく身につけた世俗性を表し、主人公の八重子はまだ「大人の女性」にはなっていないということを陰画のように強調する。

二人の対立を見ると、女性の場合、喫煙はセクシュアリティと結びつけられ、女性の性的な主体性を示していることがわかる。(4) すなわち、たばこを吸うことは、身体でセクシュアリティを知っている女性と、「非性的」な女性を区別する機能を果たすのだ。実際、この時代の日本映画に登場する売春婦役、カフェ女給役やダンスホール娘役などの、女性のセクシュアリティを職業にしていると思われる役柄は、多くの場合、喫煙者として描写される。和装や厚化粧、酒色にふける姿勢に加えて、シガレットは「性的女性労働者」という職業の視覚的記号として、たとえば『港の日本娘』(清水宏監督、一九三三年)の和装でカフェのバーでたばこを吸う「酒場の女」(逢初夢子)や、バルコニーからたばこを吸いながら客を見下ろす『朗らかに歩め』のダンスホール娘などの女性のクローズ・アップによって雰囲気を演出する「ための」舞台装置となっている。

つまり、喫煙が身分や役柄に適している女性像(既婚中年女性、性を職業にしている女性)と、そうではない女性像(若い未婚女性)を区別している。また、女性喫煙者のうち、健全な喫煙と、道徳の否定を表す喫煙という二種類の喫煙表現が見える。喫煙が健全で平凡な日常を象徴する既婚中年女性に対して、身分にかかわらず若い未婚女性の喫煙は悲劇や不道徳――つまり「淑女」と「不良女」の境界線を超えてしまったこと――を象徴する。また、たばこを吸うことがセクシュアリティを意識していることの象徴であるならば、喫煙している未婚女性や性を職業にしている女性の場合に批判されるのは、彼女たちの喫煙ではなくて、彼女たちが婚姻の枠以外の場でセクシュアリティを表現していることだ。たとえば冒頭でふれた『浪花悲歌』のアヤ子や、『隣の八重ちゃん』の京子や、『淑女と髯』の「不良モダン・ガール」が悲惨な目に会い、悲劇的なヒロインとして描かれているのは、未婚女性のセクシュアリティを否定している社会的ジェンダー規範の倫理観に対立していることによる。

結婚と喫煙の関係を最も明白に表しているのは、『淑女は何を忘れたか』の主人公・節子の喫煙に対する叔母の態度だ。大阪から東京に遊びにやってきたモダン・ガールの節子（桑野通子）が叔母の時子の上流家庭に入り込み、倦怠期に入っていた帝国大学教授の夫小宮（斉藤達雄）と有閑婦人時子を仲睦まじい状態にする、という話である。喫煙が問題にされるのは夜、叔母時子と小宮がいる書斎に入って来た節子が、「うちたばこ吸いに来てん」といい、机の上の箱からたばこを取り、叔母の批判を無視しながら一服するシーンである。ミッド・ショットで節子の生意気な行為を強調する映像にあわせて、以下の対話が交わされる。

時子：あなたたばこを吸うの？

図6　節子を演ずる桑野通子（左）（『淑女は何を忘れたか』1937年）

節子：吸います。
時子：駄目よ、そんなもの吸っちゃあ。
節子：おば様やって吸うやもん。
時子：あなたはまだお嫁入り前よ。もったいないやって、こんなんは捨てとこう。

セリフにおいて明らかであるように、無邪気な節子は未婚者である自分と、既婚である叔母の喫煙を区別していないが、時子にとっては、未婚女性が喫煙することは好ましくない。
ところで、このシーンに加えて他の喫煙シーンを考察すると、『淑女は何を忘れたか』では複数の女性の喫煙に対する意見が存在していることがわかる。後述するように、節子の生意気で自由な喫煙は、きわめてモダンなものとして、「古い」社会規範や倫理観に捕らわれない彼女の新鮮な精神——そして、彼女が表象しているモダンな時代そのもの——を明るく描いている（図6）。

昭和初期の「山の手」のイメージを表現するさまざまな人物像（役柄）の風刺であるこの映画では、小宮家の女中を除いて、人物すべてが男女を問わず喫煙者である。そして、映画の宣伝ポスターでも見たように、各々の人物は各々特有な喫煙表現を持ち、それによって人物像を形成している。時子は茶の間で本を読みながら煙管を吸うが、綺麗にまとまった和髪に着物、座布団に正座、煙管、畳、障子という舞台装置は、『婦人倶楽部』などの当時の婦人雑誌のグラビアにでも掲載されそうな、当時のブルジョア中年マダムのイメージを作り上げる。一方で、洋服姿の節子は夜、勝手に叔父の書斎に入り、机の上にある箱からシガレットを一本取り、長椅子に腰を掛けている叔父に話しかけつつたばこを吸う、あるいは叔父に連れて行ってもらったバーでウイスキーを飲み、芸者と遊びながらシガレットを吸うモダン・ガールなのだ。しかし、バーで騒ぐシーンでも、彼女の喫煙は前述した『非常線の女』のようにセクシュアリティを示すものにはならず、むしろ叔母など他の女性を取りまく従来のセクシュアリティの構造を超える（あるいは脱出している）近代性を示している。

要するに、節子をはじめ若い未婚女性の喫煙が礼儀の違反として批判される一方、解釈の仕方によっては、同映画では、若い女性の喫煙は格好いい、社会の進歩を象徴しているのだ。また、意見の対立を話題にしたシーンも、時代を象徴していただろう。実は、『青春の夢いまいづこ』にも、モダン・ガールの喫煙が年上の女性（母）に批判されるシーンがある。主人公である坊ちゃんの家にお見合いにきた令嬢（伊達里子）は応接室で待ちながら時間潰しにたばこを吸う。すると、自分の娘を理想的な嫁として見せたがっている母（葛城文子）は以下のようにモダン・ガールを批判する。

①　テーブルの上からライターを取る女性の手のクローズ・アップ（この映画は男性の喫煙描写もよくこのショットから始まる）

②　花柄のワンピースを着て、つばの広い帽子をかぶっているモダン・ガールが鞄からたばこを一本出して、口にくわえてからライターを口元まで上げるミッド・ショット

字幕：「此処へ来た時だけは煙草をよしたらどう」

③　シガレットに火を付けるモダン・ガールの横顔を撮る胸上ショット

字幕：「ママの時代と違ふわよ」

④　前景に立って照明を浴びているモダン・ガールと、背後に薄暗く写されている母の対照的に演出された、二つの焦点を持っているロング・ショット

⑤　後ろにそりかえって煙草を吸い、口から煙を吐き出すモダン・ガールのミッド・ショット

⑥　モダン・ガールの横顔のショット（下から撮るという位置は強さを強調している）。彼女は口に煙草をくわえたまま頭をカメラの方に向いて、煙を吐き出す。

綿密に描写された喫煙の瞬間には、彼女の近代性を示す身体行為と、母が代表している女性と喫煙に関するイデオロギーが共存している。

そして、女性の喫煙に関する表現をさらに複雑にしているのは、既婚女性の喫煙は必ずしもよいものとして描写されるわけでもないことなのだ。たとえば、『淑女は何を忘れたか』では叔母・時子の喫煙はセリフにおいて批判されないものの、それでも彼女は視覚的に風刺の対象となり、「未亡人」と、「牛込のマダム」としか名付けられない友人と一緒に、「有閑マダム」として鋭く批判される。たとえば、あるシーンでは歌舞伎座に出掛けた三人は途

中で劇場から抜けてロビーで一服する。一列に腰をかけて、たばこの煙を吐きだしながら若い男性をじろじろ見ている和装姿の三人のロング・ショットは、三人を当時の流行り言葉であった「不良マダム」として分類し、「有閑マダム」という存在自体の風刺になる。

以上のシーンで批判されているのは、彼女たちの喫煙そのものではなくて、喫煙が表現している「有閑マダム」の存在や生活ぶりそのものである。言い換えるなら、喫煙は彼女たちの身分にとって当然な行為としてとらえているが、歌舞伎観賞も喫煙も彼女たちをはじめ当時いわれていた中上流階層の奥様の「放蕩」を示している。それは、映画のタイトルの「淑女が忘れた何か」なのではあるまいか。

実は、既婚女性の喫煙が身分に適切な快楽として認められる傾向がある一方、結婚しているからこそ喫煙してはならないという倫理観も同時に存在し、女性と喫煙の規範をさらに複雑にしている。たとえば、日本最初のトーキーとして知られている『マダムと女房』(五所平之助監督、一九三一年)の「モダン・マダム」(モダン役を専門にしていた伊達里子)は、隣の劇作家芝野新作(渡辺篤)にとって、夜中までうるさく騒ぐジャズ・バンドのリーダーである。いうまでもなく、洋服に断髪という彼女は立派な喫煙者である。そして、ある夜、芝野が文句をいうために隣を尋ねると、彼はシガレットの煙を大量に吹きだしているマダムに握手され、大袈裟な身体表現で迎えられる。モダン・マダムに対して、芝野の女房(田中絹代)は着物に和髪という姿で非喫煙者である。マダムに誘惑されている夫の行為を素直に耐えている女房は「完璧な良妻賢母」として描かれており、道徳的な淑女は喫煙しないというメッセージを表象している。

また、吉屋信子原作のメロドラマ『家庭日記』(清水宏監督、一九三八年)にも、既婚女性にとって喫煙は不適切だというメッセージが見てとれる。[5] 喫煙が最初に登場するシーンは、都市部新中流階層に最もふさわしい空間である映画館のロビーが舞台である。昼間、息子辻一郎(上原謙)と夫の親友の妻紀久枝(三宅邦子)を映画に誘ったヒロイン生方品子（高杉早苗）は、映画が終わってからロビーにでて、シガレットを吸い始める（図7）。品子は紀久枝にたばこを分け与えようと差しだすが、紀久枝は丁寧に断る。そこで、品子は「大丈夫よ。旦那さんが来てないから」といい、たばこを再び薦めるが、また断られる。

実は、その前の夜、隣に住んでいる紀久枝と夫の久保（大山健二）が生方家を偶然訪ねたが、そのときも品子はたばこを薦めて断られた。野暮に客の真ん中に入り込み、箱からたばこを取った品子に、「マッチ取ってよ」と頼まれた夫修三（佐分利信）は妻の喫煙に恥を感じ、取ってあげない。そこで、紀久枝は代わりに火をつけてあげる。品子はたばこを吸いながら、距離を置いたところで椅子に腰を掛け、昔のアルバムを懐かしく見ている三人を眺める。ミッド・ショットとロング・ショットを交わしたモンタージュは、品子の孤独と他の三人との不協和を明確に伝える。もちろん、彼女はその場で唯一人の喫煙者でもある。

図7　品子を演ずる高杉早苗（右）、紀久枝を演ずる三宅邦子（左）（『家庭日記』監督／清水宏、1938年）

視覚的構図によって指摘される品子の喫煙の不適切さは、客が帰ってからのシーンでもセリフにおいて言語化される。先ずは、家に帰っている久保と紀久枝の対話。

久保：「あんた何でたばこの火を付けてやったのだ」
紀久枝：「だってあの場合は」
久保：「あの場合、これから注意しなくちゃな」
紀久枝：「すみません」

次に、品子と修三の間の対話。

修三：「おい。奥様の前でたばこ吸わなくたっていいじゃない。必要ない」
品子：「どうしてさ。どうしてあの奥様の前じゃ悪いの」
修三：「奥様ばかりじゃない。生方君の前だぞ」
品子：「へー。おかしいわね、今日に限って。今まで誰の前だって何もしないでしょう……何が悪いの。分かってるよ。私とっても分かってるよ。あんたの奥様で後悔してるでしょう。私と一緒になったってことだよ。そうよ」

（沈黙）

修三：「お前は大事な母親だよ」

つまり、喫煙は品子にとって女性の間の社交の道具であるが、他の三人にとって喫煙は結婚している女性の行為として、また、夫ではない男性の前での女性の行為としてはふさわしくないと思われているのだ。

明らかであろうが、『家庭日記』が仄めかす規範の対照は、メロドラマのきっかけでもある階層の差異だ。実は、生家が地方の町医者で、女学校をでて花嫁修業をしてから結婚した紀久枝に対して、品子は元美容師で、美容師の頃から職場で同僚とたばこを吸うのが毎日の楽しみであった。修三と久保も医者の家出身で帝大を卒業している。現在、四人とも東京の西部の新郊外住宅地の「文化住宅」として知られた椅子式バンガローの一軒家に核家族で暮らし、夫は毎朝都心に電車で通勤し、妻は「良妻賢母」を理想にした専業主婦であるという「新中流階層」に属しているはずである。しかし、男性の喫煙は当然だが主婦である既婚女性は喫煙してはならないという規範を内面化している他の三人に対して、品子は結婚してから職業を捨て、専業主婦兼母親になったにもかかわらず、社交としての喫煙という職業婦人特有の習慣がまだ身についている。ここにおいて、元の身分が後で暴露される品子は、自分が労働階層出身であることをすでに自ら露出してしまっている。夫の父親は品子との結婚に反対し、また品子自身は自分にとって未知であった中流階層のジェンダー規範と摩擦を起こし、階層の違いを中心にメロドラマが起きる。

両方とも一九二〇年代の社会経済の産物としてメディア現象になっていた、郊外暮らしの新中流階層の専業主婦と都心の独立している職業婦人は、年齢が一緒であっても、階層、及び既婚か未婚かという条件で喫煙に関する規範は違うのだ。

ところで、『淑女は何を忘れたか』の裕福な家の妻役・時子の喫煙は奥様の「崩壊」を暗示するように利用される一方、『隣の八重ちゃん』のサラリーマン家の母親は、カメラにも他の登場人物にも批判を受けずに「お茶のみ」煙管を楽しむ。また、主婦でも職業婦人でもないモダン・ガールの節子の喫煙は未婚であることを理由に批判される一方、新時代の象徴であるモダン・ガールにとって当然な行為としても描かれる。彼女たちの喫煙表現は何を基準に許されたり、許されなかったりするのだろう。あえていえば、階層、身分、年齢が異なっている彼女たちの喫煙に対する一致している基準はいったいあるのだろうか。

以上見たように、階層に対する役割期待も無視してはならないが、「お前は大事な母親だよ」で終わる修三と品子の対話にヒントをえれば、この場合においてもう一つ重要なのは母性なのだということが明らかであろう。簡単にいえば、階層と関係なく、母親はたばこを吸うべきではない。となると、モダン・ガールとして中・上流階層の令嬢に対する規範を超えている『淑女は何を忘れたか』の節子の喫煙が問題にされるのは、節子は未婚だからではなくて、これから子供を生むからなのだ。同様に、以前は職業婦人という、一人前に社会経済に参加している労働者として認められていた品子は、結婚すると母親という、生産的（productive）というよりは再生産的（reproductive）な役割を果たす社会的役割が期待される。

そう考えると、職業婦人やサラリーマン家庭の妻、中年奥様の喫煙は認められるものの、現役の母親や中・上流未婚女性の喫煙は否定されるという矛盾したメッセージは簡単に説明できる。すなわち、母親である女性、及び将来は母親になる女性は喫煙してはいけないが、すでに母親としての役割を果たした女性や、母親にならない女性や、再生産以外の目的にセクシュアリティを表現している女性など、母性と縁が（もう）ない女性の喫煙は問題にされない。図式化すると以下のようになる。

職業婦人＝生産者（productive）＝生まない＝喫煙・許されている
売春婦＝非再生産者（anti-reproductive）＝生まない＝喫煙・許されている
中年主婦＝再生産済者（post-reproductive）＝もう生まない＝喫煙・許されている
現役の母親＝再生産者（reproductive）＝生み育てている＝喫煙・許されていない
中・上流未婚女性＝未再生産者（pre-reproductive）＝これから生む＝喫煙・許されていない

つまり、各階層に対する規範を超えて明治時代から女子教育、婦人雑誌、大衆小説をはじめ、社会のあらゆるメディアにおいて伝達され、一九三〇年代にさらに高まる、「女性＝母性」という理念は、映画においても国民に伝達されていたことが明らかであろう。[6]

しかし、前述したように、当時の映画は母性を基本にした女性の喫煙規範を提示しつつ、一方ではメロドラマなどを用いて、規範そのものを批判している側面もあった。そこで、批判されているのは女性喫煙者なのか、それとも女性の喫煙を批判しているジェンダー規範なのか。言い換えるなら、映画において昭和初期という「新時代」に不適切とされているのは、喫煙という行為を通して、「良妻賢母」という、女性である国民としての義務を否定している女性だけなのだろうか。それを義務付けるイデオロギーの方も、批判されているように見えなくもないのだ。『家庭日記』の品子が母親として喫煙していることが批判されている一方、映画の設定において、彼女を不幸にしている社会規範も内包的に批判の対象となっているのではあるまいか。母性を義務づけるイデオロギー自体も批判されている可能性は充分ある。

現在、一九三〇年代から敗戦までの間に、検閲や法律によって映画の取締まりが強化されてゆく中で監督や脚本家など映画制作に関わっていた人たちが、国の政治的体制に対してどれくらい批判的かつ独創的な意識を持っていたのかということが議論されている。本章に取り上げられている各々の作品をはじめ、昭和初期の日本映画全体がどれくらい国策を意識的あるいは無意識的に批判しようとしたのかは非常に推測しにくいのだが、その可能性も否定できない。

また、映像表現においてはロラン・バルトの「作者の死」までは行かなくても、一方的な解釈を否定するイメージの曖昧さに加えて、表現者が批判的に描こうとした（ようにみえる）ものと、受け手が受け取るものの間にはずれが生じてもおかしくない。女性の喫煙は近代的なものを表しているのか、倫理の喪失を象徴しているのか、それとも女性にとってごく当然な日常生活習慣なのかという解釈は、描写が受容の仕方を操るように作り上げられても、最終的には観客に任せるしかないところもある。そう考えてみると、曖昧にしか映らないような映画こそがクラカワーの「べらべら喋る」鏡ではないか。

12 明治・大正・昭和の小説の中の女性の喫煙と規範

女性が喫煙することについてのジェンダー規範は、喫煙形態の変化や社会的状況によって変わる。文学作品は、その時代の風俗及び女性が喫煙することに対する社会の一般的な考え方を反映するものであるとともに、作中の女性が喫煙するかどうか、どのような状況で喫煙するかということに作者の考え方が反映されていると考えられる。

そこで、明治以降現代に至る日本の小説の中の喫煙している女性について、作品の中での喫煙の扱いや喫煙場面の態様について分析し、時代的な特徴、作家の思想との関わりについて検討し、作品に表現された女性の喫煙とジェンダー規範について考察することにした。

ここで取り上げたのは近代から現代の日本の小説であり、喫煙する女性がでてくるおよそ七〇の小説[1]のうち、キセル喫煙かシガレット喫煙かを識別できる女性登場人物八十数人を対象に、喫煙状況、喫煙することの意味につい

表1　喫煙の形態による時代区分

時代区分	時期	主な喫煙の形態
キセル時代	～明治末	キセル喫煙
混在期	明治末～大正半ば	キセル喫煙とシガレット喫煙
シガレット前期	大正半ば～昭和20年	シガレット喫煙が主だがキセル喫煙がいくらか見られる
シガレット後期	昭和20年～	シガレット喫煙だけ

ての分析を行った。

1　喫煙の形と人物の特性

これまでにえられた知見の一つとして、女性が喫煙することを好ましくないとする社会規範は、明治時代にシガレットが日本に入ってきたことと大きく関わっていたことが指摘された。(2) そこで、小説に登場する喫煙している女性の喫煙の形態がキセル喫煙かシガレット喫煙かに分け、その喫煙形態によって時代を区分し、喫煙している女性の職業、どのような立場や役割を持った人物か、などの特性との関わりを調べ、それぞれの時代区分ごとに、小説の中ではどのような女性が喫煙しているか、喫煙する女性がどのように描かれているか、喫煙する人物が女性であることによる特別な見方があるか、また、キセルなら認められてシガレットは好ましくないと見られているかどうかを検討する。なおここでの時代区分は、執筆年代ではなく、それぞれの作品の舞台として設定された年代に拠っている（表1参照）。

1　キセル時代（～明治末）

この時期、どのような職業あるいは立場の女性登場人物がキセルで喫煙しているかを見ると（表2参照）、棟梁や蒲団屋など職人の女房は仕事のあい間、生活のあい間にたばこを吸っているし（『五重の塔』『にごりえ』）、政治家や官吏の若い妻は、夫の帰りの遅いのを待ちながら吸い、実家に苦衷を訴えに行って両親の前でたばこを吸っている（『十三夜』『われから』）。酌婦や芸妓がたばこを吸っている場面もあるし（『にごりえ』『歌行燈』）、高利貸しの女性や旅館手伝いをしている女性がたばこを吸っている姿も見られる（『金色夜叉』『平凡』）。また、「母親」という立場の女性も喫煙している（『金色夜叉』『不如帰』『虞美人草』）。

キセル時代にはさまざまな職業や立場の女性の生活の中での喫煙が見られるのであり、女性の喫煙タブー規範はなかったといってよい。

しかし、この中で、喫煙している「母親」は「強い女」であることが目立つ。具体的には、『金色夜叉』（尾崎紅葉）の宮の母親、『不如帰』（徳富蘆花）の武雄の母、『虞美人草』（夏目漱石）の藤尾の母であり、いずれも我の強い、悪役として読者に嫌われる役柄の女性である。『金色夜叉』にでてくる高利貸しの女性も、仕事柄もあって非情な女として描かれている。つまり、非情な女、我の強い母親といった、悪いイメージの役柄の女性が喫煙しているのである。これは、女性の喫煙を好ましくないとする作家の規範意識の表現と見られる。

このことから、女性の喫煙タブー規範ができつつあったと見ることもできる。

表2　キセル時代（〜明治末）

作　者	作　品	キセル喫煙者
幸田露伴	『五重の塔』	棟梁の女房
樋口一葉	『にごりえ』	銘酒屋の酌婦
		蒲団屋の女房
	『十三夜』	奏任官の若妻
	『われから』	政治家の妻
尾崎紅葉	『金色夜叉』	高利貸し
		宮の母親
徳富蘆花	『不如帰』	武男の母
夏目漱石	『虞美人草』	藤尾の母
二葉亭四迷	『平凡』	旅館手伝い
泉鏡花	『歌行燈』	芸妓

2　混在期（明治末〜大正半ば）

キセル喫煙もシガレット喫煙も見られるこの時期になると、表3に見るようにキセルで喫煙している女性で目立つのは、ご隠居

表３　混在期（明治末〜大正半ば）

作　者	作　　品	キセル喫煙者	シガレット喫煙者
島崎藤村	『春』	友人の母で下宿屋	
		下町のご隠居	
島崎藤村	『家』	お種	
		お雪（教師の妻）	お雪（教師の妻）
		お倉（実業家の妻）	お倉（実業家の妻）
		豊世（実業家の妻）	豊世（実業家の妻）
島崎藤村	『桜の実の熟する時』	おばあさん	
島崎藤村	『夜明け前』	おまん	
森　鷗外	『ウィタ・セクスアリス』	客引きの女	
森　鷗外	『青年』	宴席の妓	
有島武郎	『或る女』	葉子	
永井荷風	『すみだ川』	16歳の芸者	
		常磐津の師匠	
永井荷風	『牡丹の客』		芸者
永井荷風	『見果てぬ夢』		芸者
永井荷風	『祝盃』	娼楼の女	
永井荷風	『腕くらべ』		芸者衆
			駒代（芸者）
			花助（芸者）
			菊千代（芸者）
徳田秋声	『あらくれ』	おとら（お島の母親）	
志賀直哉	『大津順吉・和解』	祖母	
宮本百合子	『禰宜様宮田』	呉服屋の年寄り	
室生犀星	『香炉を盗む』		岡場所の女
宇野浩二	『苦の世界』	女衒の妻	

（『春』）、祖母（『桜の実の熟する時』『大津順吉・和解』）、呉服屋の年寄り（『禰宜様宮田』）などのように年をとった堂々たる女性である。ほかに、下宿屋のおかみ（『春』）、常磐津の師匠（『すみだ川』）のように中年以上と思われる仕事をしている女性、そして、実業家の妻、教師の妻といった「主婦」（『家』）もキセルで吸っている。このほかに何人もの、いわゆる「水商売」の世界の女性たちがキセルで喫煙している。すなわち、客引きの女（『ウィタ・セクス

アリス』)、宴席の妓(『青年』)、一六歳の芸者(『すみだ川』)、娼楼の女(『祝盃』)、女衒の妻(『苦の世界』)がキセルで喫煙している。『あらくれ』の主人公お島の母親おとらは、お島に邪険にあたる身持ちの悪い女であり、キセルで喫煙している。キセル時代に見られた、悪いイメージの役柄の女性の系譜である。

一方、この時期のシガレットを喫煙している女性を見ると、芸者衆(『牡丹の客』『見果てぬ夢』『腕くらべ』)、岡場所の女(『香炉を盗む』)と水商売の女性が多い。水商売以外では、実業家や教師の妻(『家』)がシガレットを吸っている。この島崎藤村の『家』に出てくる実業家の妻と教師の妻は、自我にめざめた、あるいは高等教育を受けたインテリで、都会型女性である。この二人はキセルでも喫煙しているのであり、一つの作品の中で同一人物がキセル、シガレットの両方を喫煙しているという特異な例である。

この時期の女性人物の喫煙で特に注目しなければならないのは、有島武郎の『或る女』の主人公「葉子」の喫煙である。葉子は生まれ育った社会の規範に背いた生き方をするようになって、同時にたばこを吸うようになった。作品の中で、喫煙は規範逸脱のシンボルとなっている。

この時期、キセル、シガレットとも、喫煙している女性には芸妓や娼婦など水商売の女性が多く、とくにシガレット喫煙は水商売の女性である場合が多い。女性の喫煙は娼婦性のシンボルとして使われている。一方、ご隠居、祖母など老人がキセル喫煙者であり、キセル喫煙は年寄りのものとなりかかっている。具体的な例示は省くが、男性のキセル喫煙も「古臭さ」や「時代おくれ」を意味するものとなってきている。

3　シガレット前期(大正半ば~昭和二〇年頃)

シガレット喫煙が主となるシガレット時代は、キセル喫煙がまだいくらか見られる昭和二〇(一九四五)年頃までのシガレット前期と、それ以降のシガレットだけになるシガレット後期とに分けられる。

表4　シガレット前期（大正半ば～昭和20年頃）

作　者	作　　品	キセル喫煙者	シガレット喫煙者
滝井孝作	『無限抱擁』		信一（26）の母てつ
			松子　信一の女（娼婦）
里見　弴	『多情仏心』		幾代（芸者）
谷崎潤一郎	『痴人の愛』		ナオミ
宮本百合子	『伸子』	祖母	
志賀直哉	『暗夜行路』		登喜子（吉原の女）
			小稲（吉原の女）
			お栄（祖父の愛人だった女）
		仙（年とった女中）	
谷崎潤一郎	『蓼喰う虫』	妾	美佐子
井伏鱒二	『夜ふけと梅の花』		女給
永井荷風	『つゆのあとさき』		君江（カッフェーの女給）
川端康成	『雪国』		駒子（商売にでていた時）
永井荷風	『濹東綺談』		娼妓
永井荷風	『踊子』		ダンスを習っている17歳
永井荷風	『来訪者』	煙草屋のおかみ	
谷崎潤一郎	『細雪』		妙子
			お春（女中）
野上弥生子	『迷路』		東京の友
石川達三	『風にそよぐ葦』		尾形看護婦

シガレット前期（表4参照）にキセルで喫煙しているのは、祖母（『伸子』）、老人である女中（『暗夜行路』）、妾（『蓼喰う虫』）、煙草屋のおかみ（『来訪者』）であり、年をとった女性が中心である。このうち、『来訪者』の「煙草屋のおかみ」は、以前は州崎の花魁だったという白粉焼けした女性である。

一方、シガレット喫煙をしている女性を見ると、芸者（『多情仏心』『暗夜行路』）、娼婦（『無限抱擁』）、娼妓（『濹東綺談』）、女給（『夜ふけと梅の花』『つゆのあとさき』）、ダンサー（『踊子』）というように、シガレット前期には、水商売、風俗業の世界の女性たちが圧倒的に多い。『雪国』の駒子のように、吸っている場面はでていないが、「商売にでていた時」すなわち芸者だったときに吸っていたというのもある。

例外的なものとして、看護婦（『風にそよぐ葦』）が「煙草を吸いたい」といっているが、これは戦時中の軍医学校でのことであり、気分転換を求めてのことであろう。職業に結びついた喫煙といえよう。

母親（『無限抱擁』）、女中（『細雪』）、都会の女性（『蓼喰う虫』『細雪』『迷路』）のシガレット喫煙も見られる。都会型女性で特筆すべきは『細雪』の妙子、『蓼喰う虫』の美佐子である。いずれも上流階級に属する女性であり、妙子は好きな男と同棲したり仕事を持つなど老舗の令嬢としてはあるまじき生き方をしようとする女性であり、美佐子は夫から離れて別の若い男と生きようとする女性であり、いずれも彼女たちの属している社会の規範からはずれた生き方をする女性である。『痴人の愛』のナオミも社会規範からはずれた生き方をしている中でシガレットを吸っている。

シガレット時代に入ってからのキセル喫煙は高年齢であること、昔の人であることを意味する。

シガレット時代前期にシガレットを喫煙しているのは、風俗業の女性、都会型の女性、社会の規範からはずれた生き方をしようとする上流社会の女性であり、シガレット時代の後期（昭和二〇年〜）に入ると、「ふつうの」女性のさまざまな喫煙が見られるようになる。

4　シガレット後期（昭和二〇〜）

昭和二〇年代になると、キセルでの喫煙は過去の姿として登場するだけになり、お嬢さんたちが酒場でシガレットを吸っている情景（『斜陽』）など、「ふつうの」女性のシガレット喫煙が一般の風俗として描かれるようになってくる（表5参照）。

シガレットを吸っている女性の職業や立場を見ると、

表5　シガレット後期（昭和20年頃～）

作　　者	作　　品	キセル喫煙者	シガレット喫煙者
太宰　治	『斜陽』		お嬢さんたち（酒場で）
石川達三	『風雪』		佐々木史子（ピアニスト）
林芙美子	『めし』		里子
			小芳
石川達三	『青色革命』		お須磨さん（料亭の女将）
室生犀星	『鞄（ボストンバッグ）』		まさ子（善良な売春婦）
三島由紀夫	『潮騒』		母親
曾野綾子	『バビロンの処女市』		坂本夫人
石川達三	『四十八歳の抵抗』		理枝
室生犀星	『杏つ子』	養母	杏子
三島由紀夫	『宴のあと』		かづ（料亭の女将）
曾野綾子	『海の見える芝生で』		華子
山崎豊子	『女の勲章』		倫子（洋裁学校教師）
			伊東歌子（デザイナー）
谷崎潤一郎	『瘋癲老人日記』	夢の中の母	颯子
黒岩重吾	『真昼の罠』		加奈（バーの女）
瀬戸内晴美	『女徳』	女将	智蓮尼
			たみ（芸者）
水上　勉	『五番町夕霧楼』		かつ枝（遊女屋の女将）
大江健三郎	『遅れてきた青年』		沢田育子
大江健三郎	『個人的な体験』		火見子の女友達
吉行淳之介	『技巧的生活』		ゆみ子（バーの女）
曾野綾子	『砂糖菓子が壊れるとき』		スターの付き人
庄司　薫	『赤頭巾ちゃん気をつけて』		女医
小松左京	『待つ女』		バーのマダム
五木寛之	『四季・奈津子』		奈津子
五木寛之	『青春の門』		カオル

女医（『赤頭巾ちゃん気をつけて』）
教師（『女の勲章』）
ピアニスト（『風雪』）
デザイナー（『女の勲章』）
スターの付き人（『砂糖菓子が壊れるとき』）
バーのマダム（『待つ女』）
バーの女（『真昼の罠』『技巧的生活』）
遊女屋の女将（『五番町夕霧楼』）
売春婦（『鞄《ボストンバッグ》』）
尼僧（『女徳』）
芸者（『女徳』）
料亭の女将（『青色革命』『宴のあと』）
娘（『めし』『四十八歳の抵抗』『遅れてきた青年』『四季・奈津子』）
妻（『杏つ子』）
母親（『潮騒』）
嫁（『瘋癲老人日記』）
夫人（『バビロンの処女市』『海の見える芝生で』）

と、職業、立場、年齢も多岐にわたっている。

相変わらず「水商売」の女性の喫煙はよく見られるが、バーの女の中には「洋モク」を吸っているものもおり

（『真昼の罠』の加奈）、「水商売」の女性たちはいつも目新しい風俗をいち早く取り入れているようだ。「女将」といえば「水商売あがり」という設定で「規範外におかれた」女性として喫煙しているのはこれまでにもよく見られたが、『宴のあと』の料亭の女将は「好きで」たばこを吸っている。

杏子（『杏つ子』）は生活に疲れて吸い、スターの付き人（『砂糖菓子が壊れるとき』）は仕事のあい間に一息入れるために吸っているなど、女性の喫煙は日常的になってきているが、なかでも専門的な職業を持っている女性が喫煙者としてしばしば登場することが注目される。ピアニストの佐々木史子（『風雪』）は他の人の心を思いやらず自分の望んだように生きたいという強烈な女性であり、洋裁学校教師の倫子（『女の勲章』）は、ただの教師に甘んじたくないという、野心を持った女性であり、『赤頭巾ちゃん気をつけて』の美人の女医は自意識の強い女性である。専門職になることは、とくに女性にとっては強い意志が必要である。そのうえになお自我の「強さ」を持った女性の喫煙がしばしば描かれている。自我の強さと喫煙が結びつけられているのだ。

『遅れてきた青年』の沢田育子も、周囲の男性をふりまわすように自分の意のままに振る舞おうとする、若いが強い女性である。

『めし』の里子、『四十八歳の抵抗』の理枝は、いずれもごくふつうの若い女性だが、いまの生活にあきたらず、なんとか違った生き方をしてみたいと模索している。そんなとき、たばこを吸っている。規範から逃れたいという意志を行動に移すとき、まず、たばこを吸ってみる。そんな喫煙である。

智蓮尼（『女徳』）はいかにも喫煙愛好者であるように描かれている。智蓮尼の前身は「たみ」である。「たみ」はたばこ好きというだけではない。奔放な暮らし、同性愛など規範から逸脱した生活をしていた。智蓮尼がたばこ好きなのは過去の名残であり、喫煙愛好者として描かれることによって、その前身を示すことになっている。同じように、カオル（『青春の門』）の喫煙も、かつて「赤線」にでていたという前身を思わせる。

『バビロンの処女市』の坂本夫人は堂々とした女性で、喫煙は身についた習慣になっている。しかし、『海の見える芝生で』の上流階級の夫人華子のたばこは、シガレット前期に見られたと同じような、規範をはずれていきそうな予感を覚えさせる。規範からはずれていきそうな女性が喫煙者であることは、女性が喫煙することは規範逸脱のシンボルであることを意味する。

奈津子（『四季・奈津子』）は、現代の社会にごくふつうに見られる、「ふつうの」若い働いている女性だったときにたばこを吸っている。しかし、その後はふつうのOLとは違った世界で生きることになる。

シガレット後期には、一般的な「風俗」として扱われているもの、「好きで」吸っているものなど、いろいろな職業、立場、年齢層の女性の喫煙が描かれている。しかし、「強い」女性の喫煙や規範逸脱のシンボルとしての喫煙が見られるなど、シガレットが一般的になり、ふつうの女性の喫煙が一般的になってもなお、女性の喫煙は特別な意味を読みとれるものであることが多い。

また、女性の喫煙の場合、喫煙している「場面」での意味よりも、その人物の「前身」を示すものであったり、その人物の生き方や人格の全体像を特徴づけるなど、「人物像」を示すために作品の中に喫煙が取り入れられているようである。

2　女性の喫煙にマイナスイメージを見出し強化する小説

1　望ましくないキャラクターの女性の喫煙

ここまで、一般に女性の喫煙タブー規範がなかったキセル時代に『不如帰』（徳富蘆花）の武雄の母、『虞美人草』（夏目漱石）の藤尾の母、『金色夜叉』（尾崎紅葉）の宮の母親、高利貸しの女性など、我の強い母親、非情な女といった、悪役として読者に嫌われる役柄の女性が喫煙する女性として描かれていることを指摘し、これは女性の喫煙を好ましくないとする作家の規範意識の表現と見られると述べた。

では、女性の場合に限ってみれば好ましくない役柄と喫煙することとがどのように結びついているのだろうか。いくつかの例を取り上げ、同じ作品の中での男性人物の場合とをくらべてみよう。

『不如帰』（徳富蘆花）では、武雄が最もよくたばこを吸っている。海軍少尉川島武雄が吸っているのは葉巻である。武雄は、葉巻をくゆらせながら家で新妻の浪子と一緒にくつろいでいるときを幸せと感じる、心やさしいさっぱりした青年である。その母である慶子は、夫を亡くし、リュウマチと癇癪持ちで、嫁の浪子は気苦労が絶えない。浪子は、武雄の遠洋航海中に結核に罹ってしまう。慶子は、病気になった浪子と離婚させようと、武雄に話を持ちだし、「煙管持つ手のわなわなと震わるるを、ようよう押ししずめて、わずかに笑を装いつ」説得しようとしたり、喧嘩ごしになって、「はっしと火鉢をうちたる勢いに、煙管の羅宇はぽっきと折れ、雁首は空を飛んではたと襖を破」ってしまったり、さかんにたばこを吸っている。その「煙管片手に相手の顔をじっと見る様子」が立居の荒さや癇癪とともに亡き夫の男爵そっくりだといわれている。夫を亡くした後、急に膨張した存在となった慶子は、女だてらに、男まさりの権限をもって振る舞おうとする女性として描かれ、その喫煙は、男の領域に属する振る舞いの一つとして、非好意的に人物を説明するものとなっている。

次に、『虞美人草』（夏目漱石）では、男性登場人物のほとんどは喫煙するが、女性で喫煙するのは藤尾の母だけである。夫を亡くしているこの女性は、実の子でない息子よりも実の娘に財産を継がせて自分の将来を見てもらいたいと考えている。美貌の藤尾は、青年の心を迷わせる女性である。父親がきめておいた婚約者よりもその友人に関心を持ち、しきりにその青年の心を自分の方に向けようとする。その青年は美しい藤尾に心をひかれて恩師の娘との婚約を取り消そうとする。藤尾の母は、娘を好きな男と一緒にさせるほうが自分にとってもよさそうだとの打算から、娘の望みをかなえようと考える。息子は何を考えているんだかちっともわからないと、娘を相手に、気心の知れない息子のことを非難がましく噂している。

「『ふん』長烟管に烟草の殻を丁とはたく音がする。……『どうする気か、あの人の料簡ばかりはおっかさんにもわからないね』雲井の烟は会釈なく、骨の高い鼻の穴から吹き出す」

「……母は落ち着いている。座ぶとんの縁をまくって、『おや、烟管はどうしたろう』という。烟管は火鉢の向こう側にある」

藤尾の婚約を取り消す話を息子にどう切りだすか、母親のいわば「密談」の場である。そんなとき、この母はキセルを手にしている。

亡き父親が藤尾の結婚相手と考えていた青年「宗近一」もその父親もよくたばこを吸う。父親の方はキセルで喫煙するが、好みに適った喫煙具を求めて大切に手入れをしながら煙草を吸う愛煙家である。不愉快な会話の場面でもたばこを吸っているが、キセルに怒りを託すようなことはなく、むしろたばこを吸っていることによって、感情を露にしないですんでいる。この「宗近の父親」の穏やかな趣味の喫煙に引きくらべて、藤尾の母の喫煙には陰険なイメージがその性格と重なりあって感じられる。

『金色夜叉』では、高利貸しの女性を取り上げてみよう。この女性、赤樫満枝は、宮に裏切られて以来金貸しの手代としてかたくなな心で世渡りをしている貫一をしきりに口説こうとしている。料理屋の座敷で、たばこの持ちあわせがなくて女中に頼もうとしていた貫一に、自分の「麻蝦夷の御主殿持ちとともに薦むる筒の端より焼金の吸口は仄かに燿ける」煙管を差しだすことによって気持ちを伝えようとしている。「日本たばこ」はやらないと断られると、余所で吸っているのを見たといって、結局「三服の吸付たばこ」を吸わせてしまう。貫一が拒み続ける裏に「宮」のことがあるのだと知った満枝は、貫一に向かって「煙管にて、手ともいわず、膝ともいわず、当たるを幸い……打被る」ような逆上ぶりを見せる。赤樫満枝は、高利貸しという「嫌われ役」の仕事をしているだけでなく、貫一に同情を寄せる読者にとって、貫一を口説こうとするいやな女である。品性の劣る、不快な女がキセルを振り回しているという印象を受ける。

貫一の喫煙場面も多いが、ほとんどが手持ちぶさた、時間つぶしにたばこを吸っているのであり、性格を説明するようなものとしては使われていない。

2　シガレットとマイナスイメージとの結びつき

喫煙する女性の中に「水商売」の女性が多いのは、シガレットが入り始めた当初だけでなく、その後もしばしば見られるし、かつてのキセル時代にも見られたことである。

樋口一葉の作品の中で若い女性が喫煙しているのは彼女たちが特別な商売をしていたことを示すものではなく、当時は女性の喫煙は一般的であって多くの女性が喫煙していたのであり、喫煙がマイナスイメージで使われているのではないという指摘はこれまでにもなされているところであり(3)、女性の喫煙がマイナスイメージを持つようになったのは、シガレットが入ってきてからのようである。

シガレットが入ってき始めたころ、女性でこれを吸うのは「水商売」の女性が多かったためであり、シガレットの喫煙が水商売の女性と結びついてマイナスイメージを持つようになったのだと考えられる。

では、なぜそれが一般の女性の喫煙についての社会規範にまでなったのか。

シガレット喫煙が水商売の女性に多いのは、彼女たちが新しい風俗をいち早く取り入れていたということであろう。シガレットが日本に入ってきたとき、西欧の新しい風俗の一つとして初めにこれを取り入れたのは、洋行帰りの紳士、高給取りの官吏、西欧崇拝の金持ちやインテリ男性だった。そうした男性が遊里に遊ぶとき、シガレットを持ち込み、教えたため、ここで女性たちのあいだに広まることとなった。そしてふだんはこの「西洋の」たばこをのまない庶民の男性も、遊里で女性たちの歓心を買うためにこの新奇な風俗を取り入れ、持ち込むようなことが多かったのではないだろうか。

永井荷風の小説には、明治時代を舞台にしたものから昭和になってからのものも含めて、芸者、娼婦、女給などいわゆる水商売の女性が喫煙する場面が数多く見られる。そんな中に、芸者や女給が男にねだってシガレットを吸う場面がよくある（『牡丹の客』の芸者、『見果てぬ夢』の芸者、『腕くらべ』の芸者、『つゆのあとさき』のカッフェーの女給、ほか）が、小説の中で女性がたばこを吸うことに荷風はマイナスのイメージを持たせていない。

荷風は好んで彼女たちの生活圏を舞台にした作品を書いているので芸者や女給がよくでてくるのは当然のこととして、荷風は、風俗習慣を含めた彼女たちの世界をこよなく愛していたからこそ作品にしているのであり、彼女たちもその喫煙も、決して好ましくないものとして描かれてはいない。逆に、愛すべきもの、好ましい風景の一つとして描いている。

ところで、近代化した、あるいは近代化すべき社会にとって、娼婦あるいはこれに類した女性は許されるべきでない存在である。しかし現実の社会には遊里があり、そこで女性たちがシガレットを吸っていること、および、マイナスのイメージはなくても小説の中で花柳界その他いわゆる風俗業の女性たちが喫煙していることは、喫煙に娼婦的なイメージを持たせることになった。そこで、娼婦的なものであるシガレットの喫煙はふつうの女性には好ましくないとされるようになったということは、十分に考えられる。このような場合、たとえ作為の世界のことであろうと、娼婦の喫煙風景が繰り返し描かれることは、その結びつきを強く印象づけ、喫煙＝娼婦的なものと世間に広く認めさせるのに効果的である。

こうして水商売の女性を規範の外に置いて、女性の喫煙を好ましくないとする社会規範が成り立ち、そのことによって、娼婦性のシンボルとして喫煙が使われることにもなった。シガレットがまだ一般的でなかった頃は、シガレットを吸うことが「ふつうの」女性にはタブーとされた。しかし、キセルが次第に姿を消してくると、喫煙といえば「ふつうの」女性が吸うものではないシガレットということになり、キセル時代にすでに見られた、好ましくないキャラクターと喫煙の結びつきという土台もあって、女性の喫煙そのものがタブー視されることになってきた。

3 規範逸脱の象徴

有島武郎の『或る女』の中で、主人公の葉子はたばこを吸っているのを妹たちに見咎められ、「ねえさまそんなもの吸っていいの?」と尋ねられたのに対してこういっている。「え、こんな悪い癖がついてしまったの。けれどもねえさんにはあなた方の考えてもみられないような心配な事や困ることがあるものだから、つい憂さ晴らしにこんなことを覚えてしまったの」。

妹たちに説明するとき、葉子は、たばこを吸うことを「悪い癖」といっている。葉子がたばこを吸っているのはこの場面だけではない。葉子がたばこを吸うようになったのは、葉子の素行を心配した周囲の人がアメリカにいる木村という男と結婚させようとし、葉子がアメリカへと向かって乗り込んだ船の上でのことである。葉子は船で事務長と親しくなって自ら人生の軌道を大きく変えたときからたばこを吸うようになった。木村のところへ行かずそのまま船で戻って事務長と同棲し「妾」の生活を続ける中でも、ずっとたばこを吸っている。葉子自身が「悪い癖」といっているように、「悪い」ことだからこそ、社会規範に背くことの示威行為として、喫煙することは意味を持つ。

この時期、喫煙することは一般に女性には認められないものになってきていた。つまり、女性の喫煙に対して社会的な圧力がかかるようになってきた。そのことによって、これを破ることが他のさまざまな社会的圧力に対抗する示威行為になりえることになった。

谷崎潤一郎『痴人の愛』のナオミは、社会規範からはずれた生き方をしている中でシガレットを吸っているが、その贅沢で性的に奔放な生き方は夫の好みの結果なのであって、自分が意識的に一般的な女の生き方を打ち破ろうとしたのではない。すなわちナオミが西洋のシガレットを吸うことは社会規範に対する示威行為ではない。したがって、ナオミの喫煙は規範逸脱を象徴する意味は持たない。しかし、「くずれた生活」をしていること、「まともな女ではない」ことと結びついて印象づけられる。

同じ谷崎作品の『細雪』の妙子、『蓼喰う虫』の美佐子の場合はこれとは違う。妙子は好きな男と同棲したり仕事を持つなど老舗の令嬢としてはあるまじき生き方をする女性であり、美佐子は夫から離れて別の若い男と生きようとする女性であり、いずれも自分から進んで彼女たちの属している社会の規範からはずれた生き方をする女性である。この妙子や美佐子がたばこを吸うことは、既成の社会規範を打ち破って生きていこうとする人物であることを象徴している。とくに妙子の場合について見ると、四人姉妹それぞれの異なった性格や生き方をはっきり描き分けているこの作品の中で、妙子だけに見られる特徴的な事柄として、彼女の属している社会の規範からはずれた生き方とたばこを吸うことが結びつけられる。

里子（林芙美子『めし』）や理枝（石川達三『四十八歳の抵抗』）は自分の今の生活にあきたらず、あるいは親に反抗しているのだが、その彼女たちがたばこを吸うのは、作者たちが喫煙を明らかに規範逸脱のシンボルとして使っているからである。奈津子（五木寛之『四季・奈津子』）がたばこを吸うのも、ふつうの若い女性によく見られることとして書かれているのではない。奈津子がそれまでの生活を離れようとする第一歩を踏みだしたとき、彼女の吸っているたばこが「生き方」を考えるうえで重要な役割を持っていることから見ても、これから「ふつうの」女の子ではない人生を選んで行く人物であることの設定の一つとなっているといえる。

たみ（瀬戸内晴美『女徳』）の、奔放な暮らし、同性愛など規範から逸脱した生活の中に見られる喫煙のようなはっきりした表現だけでなく、女性の喫煙は、多くの作家によって、いろいろな形で規範逸脱のシンボルとして繰り返し使われている。

女性が喫煙することは、一般化したといってもやはり完全には社会的承認をえられていないことを示している。

4　キセル喫煙の「旧」イメージ

シガレットが一般化すると、キセル喫煙には「古臭さ」「前近代」イメージが付与されるようになるが、これは女性の場合に限ったことではない。男女ともに、キセルは前近代、旧弊を意味するものとなる。

キセルが旧時代を意味するようになっていたことは、明治四一（一九〇八）年に書かれた夏目漱石の作品『三四郎』の中ですでに指摘されている。「三四郎」の友人であり、都会の生活、大学生活の案内者である「与次郎」は、尊敬している広田先生に「丸行灯」にたとえられてからかわれたとき、「丸行灯だの、雁首だのっていうものが、どうもきらいですがね。明治一五年以降に生まれたせいかもしれないが、旧式でいやな心持ちがする」といっている。明治一五年生まれの人は一九歳で西暦一九〇一年を迎えているわけだから、それ以降に生まれた人、つまり二〇世紀に入って成人になった青年にとって、丸行灯や雁首すなわちキセルなどの遺物は、一九世紀とともに無用な「過去」として切り離したかったのであろう。

なお、漱石の小説の中で、男性はほとんどが喫煙者であるが、若い女性はまったくたばこを吸っていない。

5　人格全体の表現

喫煙の仕方や吸っているたばこの種類などが、「悪」「くずれた」「好ましくない」などのマイナスイメージと結びつけて使われることは、作品の中の一場面の状況説明としては、男女いずれの人物の場合にも見られる。しかし、その人物の過去の生活や人格全体の表現として喫煙習慣を持つことが使われるのは、女性人物の場合に目立つ。シガレットが一般化して「ふつうの女性」の喫煙場面が多くなってからも、女性の場合、喫煙することがその人物の過去や人格特性の全体像を表現していることが多い。

人物の特性の全体像を示すためにたばこが使われている例は、男性人物の場合にも見られる。『吾輩は猫である』（夏目漱石）の中では、登場人物によってたばこが使い分けられていて、冴えない中学教師と若い理学士では吸う銘柄が異なっているし、調子のいい「ビジネスマン」が吸っているのはこれとは別の舶来の値段の高いたばこである。漱石はほかの作品でも年配の人物にはキセル、画家にはパイプといった使い分けをしている。漱石はこのように人物の説明としてたばこの銘柄や種類を使い分けしているが、たばこを吸う習慣があるかどうかによって人物の特徴を説明してはいない。ほかの作家の作品にも漱石と同じような使い分けがされている例はあるが、男性人物については、喫煙する・しないがその人物の人格特性の全体像を示すものとして使われてはいない。少なくとも、登場人物の中で性悪な男性が喫煙する人物と設定されているような例は見当らない。

女性人物の場合、喫煙がその人物の過去を説明している場合がしばしばあるが、その「過去」とは、ほとんどがいわゆる「水商売」をしていたことを示すものであり、これは女性人物についてだけに用いられる表現である。『来訪者』（永井荷風）の「煙草屋のおかみ」は店番をしながらたばこを吸っているが、長煙管でたばこを吸っている様子は、白粉焼けした顔とともに、以前は花魁だったという前身を示唆するものとして描かれている。

智蓮尼（瀬戸内晴美『女徳』）が穏やかにシガレットを吸っているのも、すべて捨て去ってしまった過去の中で、これだけは捨てられないという、現在ある自分とすべて捨ててしまったが確かにあった過去とを繋ぐもの、奔放に生きていた過去の名残であり、前身を思わせるものとして使われている。

小説などの作品の中では、善・悪、正・邪、清・濁など相対立する特性を持った人物を明確に区別するために、外見や服装、態度などがしばしば指標として使われる。何を示すために何を指標とするかは、世間で一般に認められているもの、少なくとも世間の共感をえるものでなければならないが、作品である以上、作者の感覚、思想にあうものでもあるはずである。

喫煙が「まともな」女性と「まともでない」女性とを区別する指標として使われたのは、女で喫煙しているのは水商売すなわちまともでない職業、という認識が世間にひろく行き渡っていたことと、そのうえに、喫煙はまともな女性にはあるまじき行為という作者の考えがあったからであると考えられる。そして、一たび作品の中で使われると、そのことによってそれは一層明確に世間で認められたこととなり、その世間の認識の上に立ってさらにまた別の作家、作品の中に表現される。こうした繰り返しによって女性の喫煙のマイナスイメージは増幅され、強化されていくことになる。

3　喫煙する人物と作家の規範意識

1　島崎藤村の『家』

この作品には女性を含めてたばこを吸う人物が多いが、その中の三人の女性がキセルもシガレットも吸っている。女性で同一人物が両方を吸う例は稀である。その一人は教員の妻であり、他の二人は実業家の妻である。藤村の小説は作者自身及びその周辺の実在人物がモデルとして使われているとされ、また、藤村は作品を写生を基本として書いているとされていることから、ここでは作中人物とモデルと目される人物とを重ねあわせ、モデルとなった女性及び広く女性一般に対する作者の態度や考え方との関わりを見ることによって、作品の中の女性の喫煙と女性に対する作者の規範意識との関わりを考えてみる。

この作品で喫煙している女性、お雪、豊世、お倉、お種は、作者自身がモデルとされる三吉の、それぞれ妻、甥の妻、嫂、姉である。このうち、姉のお種はキセルでの喫煙で、他の三人はキセルもシガレットも吸っている。この作品が扱っている時代は明治三〇年代であり、女性のキセル喫煙は認められているが旧世代のものとなりかかっていて、一方、シガレットは水商売の女性には取り入れられているが、一般の女性にはタブー視されるようになってきている時期である。この作品で教員や実業家の妻がシガレットを喫煙しているのは一定程度の社会的地位があることでタブー規範が及んでいなかったと見ることもできるが、モデルとされる人物に作者がどのような特徴を見出し、どのような女性であることを期待していたのか、それが作中人物の喫煙とどのように結びついているかについて、作品を通してとらえてみたい。

この作品の女性喫煙者のうち「お種」と「お倉」は旧世代を代表する女性であり、あとの二人「お雪」と「豊世」は若い主婦である。この若い主婦二人について取り上げてみる。作品の中で、お雪は夫や他の女性と話をしながらしばしば喫煙し、妊娠しているときによくたばこを吸いたくなると語っている。

お雪のモデルとされる藤村の妻「お冬」が実際に喫煙していたかどうかはわからないが、藤村は作品の中で妻の喫煙を非難していない。藤村の妻お冬は、函館の新興の商家の娘として、男女とも自分の考えを主張し、責任を持って仕事をする風潮の中に育った。そして、当時の女性にとって憧れの中等教育機関である東京の明治女学校――藤村もかつて教鞭をとっていたことがある――の教育を受けた。

藤村と結婚してからは、初めは信州での田舎暮らし、後に東京に移るが、経済的に厳しい生活をすることになる。夫である藤村は、妻に自分の女友達を紹介してみたり、大勢の人とつきあったり人前にでるようにするなど開明的であることを求めるが、現実には家事と育児に追われ、家計の切り回しに苦労する日々が続いた。藤村は妻に、そのような妻として母としての役割をこなすことを現実には求めたわけである。お冬は、実家での家風のようには自分を主張できないことや、学校で学んだようには自分の家庭を自分で動かせないことなどについて特に不満をもらしていない。しかし、結婚当初、衣服や持ち物などを地味にするよう夫にいわれたことについて、妹に不満を書き送っている。それは、そんな細かいことにまで指図を受けることへの不満であったか、服装や持ち物が自己表現として非常に大切なものだったためか、おそらく両方であろう。

藤村は、女性も家庭にばかりこもっていてはいけない、ひまを見つけて教養を積み、開化しなければいけないと一般の女性に対して発言している。しかし、そうして女性が個人として社会的に認められることを期待しているのではない。そうして夫を助けていかなければならないといっているのである。藤村の期待するのは、夫の役に立つように女性が一人前になることである。

少なくとも、藤村が妻に期待するのは、夫である藤村にとって有用であることであり、自分の妻が直接社会に有用であることは望んでいない。だから、妻が目立つようなことは望んでいない。妻に対して地味な衣服にするよう要求したのも、経済的なことや住んでいる環境にあわせるということだけでなく、夫以外のことに関心を向けるのを嫌って、さらにいえば、夫以外の男性から関心を向けられるのを嫌ってのことではないだろうか。藤村は、たいそう美人であった妻に娼婦性を見ており、お雪の喫煙とこうした「娼婦性」を結びつけていたのではないかと思われる。

この作品のもう一人の若い主婦である喫煙者の豊世は、主人公とあまり年齢の違わない甥の妻であり、結婚にあたって自分の意志を押し通した女性である。自分が職業を持つことを考えて技術を身につけるために学校に通うという、当時としてはたいへん新しいタイプの女性である。藤村がタテマエとして妻にも求めた開明性を持った女性として描かれている。

この豊世の喫煙は、次のシガレット時代に見られる、規範からの解放を願う女性と結びつけられる喫煙表現のモデルの一つと見ることができる。

2　五木寛之『四季・奈津子』

「……お嬢さん、あなたはいつ頃から煙草を吸っておられるのかな? いや、これは単なる好奇心からうかがっておることで、それ以上の深い意味はないんだが」

「二年前から吸ってますけど」

「なるほど。しかし、それにしては口先でただふかしているようにしか見えんのはなぜだろう?」

「さあ」

「あなたは独りでいる時は、あまり煙草は吸わんのじゃないですか? 他人と一緒のとき、ことに大勢の人たちの前でとか、初対面の相手と向きあっている時とか、そんな場合によく煙草を口にする。ちがいますかな?」（五木寛之『四季・奈津子』上、九〇～九二頁）

この作品の主人公、奈津子は喫煙する。飲料会社でトラックに乗って配達の仕事をしている奈津子は、男の子たちと一緒に活発に行動する若い女性である。どこにでもいる、現代のごくふつうの働く女性であり、たばこを吸うことも、男の子と同じようにごくふつうのことでしかないように見える。

ここに引用したのは、彼女が東京に向かっている新幹線の中で、たばこがきっかけで隣に座っている老人と話を始めたところである。

「私の見るところでは……あなたは今、なにか大事なことを決断しようとなさっておる。そんなふうに見える。……今の気負いがようわかるのです。……ここで人生につまずいて欲しくない。そこでもしあなたが不愉快でさえなければ、いくつか率直なアドバイスをさせて欲しいのです。……」（同前、九二～九三頁）

奈津子が東京に行くのはヌード写真を撮ってもらうためである。そうとは知らず、隣に座った老詩人は、彼女がたばこを吸うのを見て、ある種の不自然さを感じとる。そして、ほとんどわからないような顎の傷跡を無意識に人の目から隠そうとするために好きでもないのにたばこをふかすのだと指摘し、自分を隠しては自信を持った生き方ができない、という。

「自信？」
「確信といってもよい。確信するとき、人は美しくなる。……魅力的になる。……」（同、九六頁）

奈津子は、結婚して子供を生んでそのまま年をとっていくという人生に素直に従えないような気がして、今、東京へ行こうとしている。それは社会一般の規範をはずれた生き方を選択することである。老詩人は、奈津子が顔の傷跡を無意識に隠そうとする自信のなさと、自分の人生の選択に対して自信を持てないでいることとを重ねあわせて、確固とした自信を持っていないと人は美しくない、魅力的でないという。確信を持つことが人を美しく見せるのに、たばこをふかすことは無意識に自信のなさを表す、つまり美しくないことを示すことになるといっている。たばこを吸うなともたばこは美しく吸わなければならないともいっていない。が、確信を持っていれば美しく見えるのだから無理にたばこを吸う必要はないということにもなろう。

これは作者の美意識の中での女性の喫煙の問題であるが、同時に、一般に女性は常に第三者の目に不自然に見えないかどうか、美しく見えるかどうかを考えることが求められるということでもあり、女性に対しては喫煙についても「美」という視点での規範が現代の社会にあることにほかならない。

＊

以上は小説という、作家の創造世界でのことであり、ここには実社会の現実の姿と作家の経験、観察、思想のすべてが含まれているはずである。これらの中の何が作品の上に強く反映されているかは作品によって異なるが、小説という作品として表現される以上、少なくとも作者の思想が映しだされているはずである。

こうしたことも含めて、基本的には、作家の、女性の行動に対する規範意識のありようが注目されなければならないと考えられる。たとえ意図的になされたものでなくても、小説に表現された作者の規範意識は読者に直接伝わるだけでなく、その作家あるいは作品の影響を受けた別の作家によって敷衍され、次々に増殖して強くなり、作品の外にでて、確固とした社会的な力を持つことになりがちである。

本章で取り上げた作者・作品は、女性の行動などについての作者の規範意識を調べて選んだのではない。作者の持つ規範意識を明らかにしたうえでの分析も必要であろう。

13 『ブランコ・イ・ネグロ』に見る女性の喫煙

スペインにおいて女性の喫煙が、一部の女性だけの行為ではないと認識されたのは一九二〇年代であるといわれている。(1)それまで公の場でたばこを吸う女性として認識されていたのは娼婦と一部の労働者階級の女性であった。(2)ところが、一九二〇年代になるとジェンダー規範によってそれまで潜在的喫煙者だった上流、中産階級の女性が公の場でたばこを吸い始める。サインス・デ・ロブレスは、化粧や新しいトランプカードの遊び、アルコールなど新しい消費形態の一つとして上流階級の女性が紙巻きたばこを受容したと述べ、それらの習慣がやがて労働者階級へ伝播していったと指摘している。(3)

二〇年代に女性の喫煙が広まるのはスペインだけではない。第一次世界大戦後のアメリカにおける反たばこ嬌風運動において二〇年代のテーマは女性の喫煙だった。ロナルド・J・トロイヤーとジェラルド・E・マークルは、二二年にニューヨークの女性がたばこを吸ったことで逮捕された事件（公訴は棄却）と、二七年に『ニューヨーク・タイムズ』が「女性はもう自分のタバコを隠さない」、「彼女はもうどこでもタバコを吸える」という見出しで女性の喫煙者を受容する記事を掲載した例をあげ、矯風運動家が喫煙女性による国家撲滅論を主張したにもかかわらず、二〇年代後半には女性の喫煙が社会的に容認されていたことを指摘している。[4] さらに二七年、アメリカではたばこの広告に女性が登場してくる。マールボロは紙巻きたばこを女性に持たせ、ラッキーストライクは「お菓子の代わりにラッキーを手にしよう」という宣伝コピーで女性にたばこを勧めた。お菓子のかわりにたばこを吸えばほっそりとしたプロポーションが保てる、というメッセージをアピールしたのである。つまり、女性は購買層として意識されるようにさえなったのだ。[5] またアリス・リュッキンスはスウェーデンの女性史を語る際に、二〇年代に現れてきた「新しい女性」が、膝までの短いスカートや刈り上げたショートヘアといった身体表現の変化とともに、「数十センチはある葉巻」を口にくわえて吸ったと述べている。[6] こうした「新しい女性」はフランスでは「ラ・ギャルソンヌ」（男の子のような女の子）とよばれた。

本章では一八九一年に創刊された週刊誌『ブランコ・イ・ネグロ』（*Blanco y Negro*：白と黒）を中心に、二〇年代の掲載記事、小説、広告などの言説空間から、当時の女性の喫煙受容がどのようなものであったのかを探り、男性の喫煙との差異化を試みる。

対象とする『ブランコ・イ・ネグロ』は実業家トラクルト・ルカ・デ・テラによって創刊された週刊誌で、この成功によりデ・テラは一九〇三年、現在も続く保守系新聞『アーベーセー』（*ABC*）を発刊する。『ブランコ・イ・ネグロ』は保守系中産・上流階級を主な読者層とし、二〇世紀に入ると写真を多用したグラフィック雑誌として同時代の雑誌『ヌエボ・ムンド』（*Nuevo Mundo*：新しい世界）、『ムンド・グラフィコ』（*Mundo Gráfico*：図像で見る世界）と並ぶ主要な存在として位置づけられる。[7] 二〇年代における『ブランコ・イ・ネグロ』の構成は、国内外のトピック、スポーツ、エッセイ、短編小説、風刺漫画などのほかに「ラ・ムヘール・イ・カサ」（女性と家庭）という特に女性読者を対象としたコーナーを設けていたことが特徴としてあげられる。「ラ・ムヘール・イ・カサ」は数ページにわたり、最新ファッション情報、女性に関するトピック、スポーツ、手芸、料理などが盛り込まれていた。したがって、同誌は総合週刊誌でありながら女性誌の要素も合んでいた。同時代に発行されていた女性雑誌もあるが、(8)研究対象をこの週刊誌にしたのは、経営母体が新聞も発行していることで当時の国内外の最新ニュースが写真映像とともに入手できる情報の迅速性、及び多様性、さらに読者層を男女に設定した多面的な誌面構成、そして広告などたばこをテーマにした際に重層的に差異を見ることが可能だと思われたからである。

以下、初めに二〇世紀初頭のたばこをめぐる状況を概観し、次に対象誌を考察する。

1　二〇世紀初頭のスペインにおけるたばこ

1　たばこ産業の発達と消費

一六二〇年、セビーリャにおける世界最初のたばこ工場の建設以来、スペインはヨーロッパにおけるたばこの主要な生産国であり同時に消費国でもあった。一八八七年、カンパーニャ・アレンダタリア・デ・タバコス（CAT：たばこ事業受託会社）が設立され、それまでスペイン中に点在していた一一の王立たばこ工場の経営権は民間の会社に委譲された。消費の拡大と売上の増強に必要な近代化が追いつかなかったからである。合理化の一貫として実施された機械化の導入は生産効率を向上させた。第一次世界大戦にスペインは参戦していないが、戦争需要で紙巻きたばこの生産は増加した。(9)これは戦場の兵士に「たばこが欠かせない慰安」であったためである。(10)

ルイス・アロンソ・アルバレスは、一九三六年のたばこの生産量は一八八七年当時の二・五倍、一方、たばこの消費は三・三五倍と増大し、特に二〇年代において消費が伸びていると指摘している。[11] 消費されるたばこの種類は歴史的に嗅ぎたばこに始まり、一九世紀に入り、葉巻やパイプたばこ、紙巻きたばこといったように喫煙する形態が変化していく。ただし、葉巻、パイプたばこ、紙巻きたばこは混在して消費されていた。セビーリャのたばこ工場での一八六九年から一九一九年の生産状況を例にあげると、生産量はパイプたばこ、紙巻きたばこが五〇〇万kgから二五〇〇万kgの間を推移しているのに比べ、葉巻は二〇〇万kg以下と圧倒的に低い生産量で、しかも横ばい状態から現代に近づくにつれて減少傾向を示している。[12]

2 男性の喫煙

では、葉巻とパイプたばこ、紙巻きたばこはそれぞれ消費者にどのように受容されていたのだろうか。前述したようにジェンダー規範の存在や歴史的な経過から見て、たばこの消費者はもっぱら男性であった。

まず葉巻はスペインにおいて一八世紀に生産され始め、消費もその頃から始まる。一九世紀、国王フェルナンドⅦ世はハバナ産の葉巻を愛好したといわれるが、葉巻の種類も豊富になり、小さい葉巻なども生産されるようになった。一九世紀の初めには子供までが吸っていたとホセ・ペレス・ビダルは述べている。[13] 一方、パイプたばこは、その存在は一六世紀にまで遡るが、消費が本格的になるのは一八世紀に入ってからで、それでも当時の流行であった嗅ぎたばこには及ばず、パイプたばこの消費の中心は労働者階級だった。一九世紀に入ると、パイプたばこの消費は主に海岸地帯と農村で見られるようになるが、その一方で「エレガント」と称される男性、あるいは文学や芸術を生業とする少数派にも地域を超えて愛好されるようになった。前述のペレス・ビダルはパイプたばこと葉巻を比較して、「パイプたばこが上流階級に愛好されたとはいえない。なぜならつい最近まで通りで吸うのは葉巻以外にないと思われていたからだ」と述べて、葉巻が権力と富の象徴であることを指摘している。[14] ところで巻きたばこは中南米が起源といわれているが、労働者階級がとうもろこしの葉で巻いたたばこを吸っていた時期からやがてきめの細かい紙で巻いた「パペラテ」が登場する。これがフランスに渡って「シガレット」と命名され、一八四五年に紙巻きたばこの製造が開始される。[15] スペインでは自分で刻みたばこを紙で巻く作業から、やがて工場で紙に包まれた手間のいらないたばこが製造されていく一九世紀後半以降、紙巻きたばこの需要は増加していく。一九世紀後半から世界的な規模で紙巻きたばこの需要は増えていくが、スペインにおいて紙巻きたばこが総消費量の五〇%を越えたのは一九五五年だった。[16] 紙巻きたばこの普及については、手軽で簡便な一服をもたらすという利点が、近代の生活様式にあっていたことと、製造技術の向上により品質の保持と大量生産が可能になった点が指摘されているが、[17] さらにより「近代的なもの」を好む消費者の嗜好対象となった点も看過できない。[18]

2 『ブランコ・イ・ネグロ』に見る女性の喫煙

1 喫煙女性の登場

『ブランコ・イ・ネグロ』の一九二〇年代における言説空間から女性の喫煙を見ると、一二五年以降に女性の喫煙場面を紹介した記事が顕著になる。以下、具体例にそって見ていく。

当時の女性が喫煙している場面をとらえたものとして、ニューヨーク五番街でゴムのチューブを用いたホルダーで紙巻きたばこを吸うアメリカ女性の写真（一九二五年二月一五日号。図1）がある。「ゴムのチューブからたばこを吸いながら五番街を散歩するのはアメリカの最新流行」という解説つきのこの写真に写っている女性たちは、毛皮のコートと帽子の着用、短めのスカートなどから少なくとも中産階級以上に属することがわかる。そして彼女たちはまた、二〇年代に登場してきた「新しい女性」でもある。なぜなら、断髪に短いスカートは「新しい女性」を

図1　紙巻きたばこを吸うアメリカ女性

図2　紙巻きたばこを口にくわえるモデル

特徴づけるものだからである。またファッションページにも喫煙の場面が登場する。ウィーンで行われた春の最新モードを紹介する写真（一九二六年三月一四日号。図2）ではモデルが紙巻きたばこを口にくわえている。同様にアメリカの最新モードを紹介するコラム「エレガンスについての手紙」（一九二七年七月三一日号）ではホルダーに紙巻きたばこをはさみ、手に持ったモデルの写真が載っている。

一方、挿絵による喫煙場面もある。自動車という当時の最新メカニックとその車に乗る女性がテーマになっている連載の短編小説「火付け役、シャフェール」では最新モードに身を包んだ女性アラベジャが紙巻きたばこを口にくわえて、車の所有者シャフェールに火を貸してくれと頼む場面が挿絵で展開されている（一九二六年八月二二日号。図3）。小説では主役の三人の女性は車中や食後にたばこを吸い、周囲から「不品行な女」と見なされていると描写されている。また、当時の画家が描いた新しい女性像にも喫煙女性が登場する。フェデリコ・リバとバルドリッチが描く「新しい女性」を紹介した記事（一九二六年六月一三日号）では、紙巻きたばこを吸っている女性を描いた作品が数点並ぶ。そして二八年以降、映画は新しい娯楽としてスペイン社会に定着していく様相を見せていくが、誌面での占有率を次第に拡大してゆく中で、女優の喫煙姿が写真やイラストで紹介される（一九二九年、一〇月二〇日号。図4）。

このように多様な表現手段で登場する女性の喫煙場面は、同時に当時の「最新」を標榜するものに付随して現れる。それがモードや車、映画であり、あるいは女性の喫煙そのものが最新の現象である。その意味で喫煙する女性は「近代女性」の表象といえるのであり、たばこは車や最新モードと並ぶ重要な近代の記号となっている。

2　女はなぜたばこを吸うのか

では、女性を喫煙に向かわせるものは何なのか。この問いに対して『ブランコ・イ・ネグロ』が展開している言説は、当時のスペイン社会が、女性の喫煙に対して示した姿勢を投影している。

まず喫煙主体としての女性の発言として唯一掲載されている、マティルデ・ムニョスというコラムニストが書いた「ティーサロンのおしゃべり」（一九二六年一〇月一七日号）という記事を見てみよう。記事の冒頭はこうだ。

「たばこをあなたも吸わないのですか？　やれやれ私は臆病なグループに入ってしまったみたい。もちろんあなたたちはスペインから来たのでしょうね？　あそこではまだたばこはプライベートでしか吸われていない、ある意味では禁じられているから……まちが

図3　『火付け役、シャフェール』の挿絵

図4　女優の喫煙姿

いというよりももっと悪いことだわ。」

ムニョスが会話している相手は女性である。このことからスペインでは女性の喫煙にタブー規範が存在していることがわかる。それというのも、女性の喫煙という習慣は「あまりにも新しい」からだ。ムニョスは、自分の喫煙経験をこう語る。

「私はスペイン女性です。私だって最初の一服を自由に吸うのは、恥かしさなしにはできなかった。」

喫煙のきっかけは、夫が翡翠のたばこ入れと紅玉髄とダイヤモンドの装飾が施されたホルダーを贈ってくれたからだ。吸ってみたらたばこは「たとえようもなく美味だった」。そして彼女はこう述べる。

「近代的な生活（vida moderna）にはもうずいぶん慣れてきたのだし、恥ずかしく思うことなどほとんどありません。（略）それよりももっともおもしろいことを逃してしまったら。」

ここでは二つのことが示唆されている。一つは、タブー規範に優先したのは、「美味だった」という喫煙したときの自己の感覚と、その感覚を正当化させているのが「近代生活」という言葉が示す新しい生活形態であるということだ。女性の自主性あるいは身体感覚が近代性と結びつくことによって、タブー規範を弱めているのである。

さらにムニョスは、「たばこを吸ったとき、煙たい香りに包まれた自分を〝シック〟だと感じました」と述べる。ここでは喫煙は、新しいエレガンスの発見として自己肯定されている。すなわち、喫煙は〝シック〟という新しい女性性を獲得する手段でもあるのだ。

こうした喫煙女性からの言説とは異なり、『ブランコ・イ・ネグロ』では、批判的な言説が目立つ。その代表的な意見が「フェミニズム要因論」である。シレノという漫画家による連載漫画に「勝利を収めたフェミニズム」（一九二七年一〇月二三日号。図5）と題した六コマの女性のシルエットが載っている。シレノによればこれら「喫煙、車の運転、水泳、飛行機の操縦、参政権」は、フェミニズムによって女性が勝ちえた、あるいは獲得をめざす項目なのだ。そして家庭生活さえも、と続いて締めくくられる。

確かに女性参政権や職域拡大、教育権の確立などを目標に、スペインにおいてもフェミニズム運動が組織化され、機関誌などが発行されていくのは一九二〇年前後からであり、その意味でこのような認識は当時広くもたれていた。しかし運動がどれほどの成果をあげたかに関しては疑問の点も少なくない(19)。参政権の獲得は、政治体制が共和制へと変った一九三一年になってからである。

そこでこういった意見も登場してくる。マヌエル・アブリルという男性コラムニストによる「煙の遊戯」（一九二八年一〇月二八日号）では、女性の喫煙という新しい習慣とフェミニズムは、同時に発展していったが、その内実は異なっていると「分析」される。なぜなら喫煙女性は、フェミニズムとしてではなく、媚態の一つとしてたばこを見出したからだ。彼女たちにとってたばこは「新しいおもちゃであり麻薬」である。彼によれば「新しい女性」は、「職場進出と参政権を希求する女性――フェミニスト」と、「たばこを吸う女性」の二グループに分けられる。しかし「たばこを吸う女性は参政権獲得派ではないし、参政権獲得派はたばこを吸わない」。この二分法は間違いでしかない。いずれにしても彼にとってはどちらも批判の対象である。このコラムニストがあ

図5　シレノ「勝利を収めたフェミニズム」

がめるのは「昔も今も存在する」、「母とよばれる女性、神への愛に生きる修道女」たちだ。たばこを吸う女性は「悪女」と規定され、吸わない女性は「家庭の天使」というキリスト教倫理に基づいた理想の女性として認知される。すなわち従来のジェンダー規範の中に存在する女性である。

こうした喫煙女性に対する批判的言辞は、男性執筆者に限らず、女性の執筆者からも述べられる。「全く近頃の女性ときたら」(一九二八年七月八日号)というタイトルのコラムでは、「女性はハッピーエンドの映画に影響されてそれをまねしようとするだけでなく、香水の代わりにたばこを持つ」と述べてエレガンスの衰退が嘆かれる。また「イギリス女性のようなスペインの女性」という題のコラム(一九二九年三月三一日号)では、少年のように短い髪で車の運転やゴルフをする女性をこのように表現している。挿絵には、ジャケットにネクタイ、短いスカートをはいた女性がたばこを手に持って足を組んでいる。これは外来文化がスペインの「女性性」を侵略しているという文脈でとらえられる。したがって『ブランコ・イ・ネグロ』における女性の喫煙に関する言説は以下のようにまとめることが可能だろう。女性の喫煙場面をさまざまな表現方法で展開することで、現象をあたかも受容しているかのように見える。喫煙女性のイメージは、イラストレーションや小説などによっても増幅されている。だが、一方で批判的な言説を取り上げることで明らかになるのは雑誌の保守性である。その意味で女性の喫煙は、容認されているのではない。依然としてジェンダー規範が存在しているのである。

3　喫煙に見る女性と男性の差異化

1　女性と紙巻きたばこ

『ブランコ・イ・ネグロ』に登場する喫煙女性は、大部分が紙巻きたばこを手にしている。紙巻きたばこが持つ合理性——スピーディな日常生活の変化に伴う簡便性——と、表象としての近代女性が選ぶたばこが結びついていくのは必然である。合理性や簡便性は近代の新しい規範だからだ。

ところで、喫煙具においては女性が紙巻きたばこにホルダーをつけて吸っている場面が、紙巻きたばこをそのまま吸っている場面と同様に見られる。ただし、男性においてもホルダーつきの紙巻きたばこを吸っている場面も同様に見られるので、長さの違いは多少あってもホルダーに関しては必ずしも差異があるとはいえないであろう。

むしろ注目したいのはパイプや葉巻を女性が吸う場面の圧倒的な少なさである。男性の喫煙場面においては葉巻や紙巻きたばこ、パイプが写真や挿絵などで頻繁に登場し、スポーツ選手から政治家、あらゆる階層の男性の喫煙姿がみられる。その中でも葉巻に関しては、嗜好という単純な側面のほかに前述したように富と権力の記号となっている。ところが女性のパイプや葉巻は、嗜好の枠を超えたものとして表現されるのだ。

女性がパイプを吸っている例として、当時のパリの様子をレポートしたアドルフ・ファガイロという筆者の「パリから」のコラム(一九二七年八月七日号)で、女性のパイプ姿が挿絵として掲載されている。挿絵のイメージのもととなっているのは、女子学生の数が増加して皆が「インテリ」になりつつあるという本文の言説である。あるいは前述の「煙の遊戯」において「紳士になった女性たち(señora-caballero)」という造語を用いながら筆者が述べる、「究極のフェミニストはアイロンのかかったシャツを着て、ひげをはやし、葉巻を吸うことになるのだろう」といった言説である(20)。これらが意味するものは、従来、女性が入れなかった知的な男性の領域に参入すること、あるいは女性の平等権獲得のためにする運動行為が「女性の男性化」を促進すると見なされ、その結果としてパイプや葉巻の喫煙につながるという解釈である。葉巻やパイプは「強調された男性性」の記号として用いられているのである。

2　広告に見るたばことジェンダー

『ブランコ・イ・ネグロ』においてジェンダーがより明白になるのが広告である。というのは、誌上では女性の喫煙場面が頻繁に登場しているにもかかわらず、広告において女性が喫煙している場面は一つも見られないからである。たばこを吸っているのはすべて男性である。ただし、たばこの広告そのものよりも、異なった商品を紹介する際のイラストレーションにたばこが使用されているのである。

二〇年代は車や自動車、カメラ、冷蔵庫などの家電製品など新しい消費文化がスペインにも入ってくる時代である。吉見俊哉は二〇世紀初頭の広告産業が、次第に読者層の特性と商品についての消費者の要求を調査すると同時に、消費者に向けて商品の単なる告知からやがて説得というイデオロギー性を持つようになったことを指摘している(21)。たとえば「ラ・ヒラルダ」という練り歯磨きの広告（一九二五年一月一八日号と二月一五日号。図6、7）は、その典型だろう。当該製品を使用する「説得」理由として男性向けにはたばこの害――たばこは歯と健康にとって有害――を説く。一方、女性向けには衛生と白い歯のため、虫歯を防ぐためという理由を述べる。この場合は男性にとってたばこが日常的なものであることを示唆している。

注目したいのは「スタコンブ」という整髪料の広告である。「とても二〇世紀な」と題して男女の俳優がモデルとして登場するにもかかわらず、紙巻きたばこを持っているのは男性である（一九二七年九月一八日。図8）。同じ製品の別の広告はパイプたばこを口にしている男性が描かれ「イエスかノーかはその人の見た目に大きく作用される」というコピーで対人関係や女性を口説くときには特に頭髪の第一印象が大切だと力説する（一九二七年九月一八日。図9）。また異なるメーカーの整髪料の広告でもたばこを口にくわえた男性が描かれる。これらの広告から読み取れるのは男性にとってたばこが「洗練されたもの」として男性性を補強する意味で使用されているということである。したがってそこでは女性の喫煙は排除されるのである。

図7　練り歯磨きの広告（1925年）

図6　練り歯磨きの広告（1925年）

図9　整髪料の広告（1927年）

図8　整髪料の広告（1927年）

商品イメージを増大させ購買欲を喚起させることを目的とした広告において女性の喫煙姿が登場しないのは、たばこが男性イメージにはプラスに作用するが、女性イメージにはマイナス要因と見なされることを意味する。その根底にはこれまで見てきたように女性の喫煙は男性の領域を侵す「女らしくない」、「不品行な」行為であるというジェンダー規範が、少なくともこの雑誌の広告表現においては強固に存在しているからだといえる。

喫煙が公然化してもジェンダー規範は依然として存在していた。このジェンダー規範は広告表現において強調される。広告におけるたばこは常に男性性を補強するものとして機能しているため、女性の喫煙姿は現れない。一方、男性の喫煙姿はこの章ではすべてを取り上げることが不可能なほど多用されており、男性の日常的な喫煙の側面と男性イメージを増幅させるたばこの機能が理解できる。その意味で女性の喫煙は「新しい女性」を表象してはいても、それゆえに非日常的な現象でしかない。社会的な認識はされていても容認される段階までは至っていないのである。

Ⅳ たばこ産業の中の女性たち

「たばこ」を吸う女性たち、贈る女性たちのほかに、「たばこ」を生産する女性たちも販売する女性たちもいる。明治期の民営時代に、女性の煙草売りは、屋台や店頭での客寄せとして期待された。昭和戦前期には、たばこ小売店の「看板娘」は、歌謡曲にもなって親しまれた。

ところで、カルメンは、スペインの国営たばこ工場の労働者であり、奔放なセクシュアリティの主体であった。日本でも松井須磨子の『カルメン』が上演される。一方、佐多稲子は、プロレタリア文学として『煙草工女』を書いた。工場内託児所に子供をあずけながら働く煙草工女の姿は、別な局面での「たばこ工場」の位置を示す。

14 「たばこ屋の娘」のセクシュアリティ

女性とたばこの関わりは、何も喫煙者としてだけではない。「贈り物としてのたばこ」を購入するのは「主婦」としての女性である。一方で、たばこの栽培や葉の摘み取り、たばこ工場の女工など「生産者」としても、女性はたばこと大いに関わりを持っている。さらに、たばこ小売人といった「販売者」として、女性がたばこに関わる場合も少なくない。そこで本章では、販売者としての女性に着目したい。近年、自動販売機の普及等によってたばこ販売の形態も様変わりし、たばこ小売店の窓口で対面販売によるたばこ購入の風景を目にすることは少なくなった。しかし、「町のたばこ屋」のイメージには、たばこを販売する女性として、高齢女性が「たばこ屋のおばさん、おばあさん」(1)、若い女性が「たばこ屋の看板娘」という形で世間に認識された歴史がある。それは、「煙草屋の娘」という歌謡曲や、文学作品において『たばこ娘』(2)が登場していることにも表されている。このたばこ屋の娘は、何故その存在が注目されたのか、どんな社会的イメージを表していたのか、現実のたばこ屋の看板娘はいかなる境遇または社会的状況にあったのか。本章では、「たばこ屋の娘」が表象するものについて素描しながら、これらのことについて考察したい。

1　たばこを売る女性たち

1　江戸、明治のたばこを売る女性

江戸期から、たばこ屋の販売人として女性は散見されている。それは、江戸時代の川柳や図版の中に明らかである(3)。近世においては、「かか巻き、とと切り」といわれる女房の仕事としてのたばこの葉に付着した砂を掃く砂掃きと、屑葉を挟んでたばこの葉を適当に折り畳む葉巻、亭主の仕事としての葉の刻みという家族内分業に基づく刻みたばこ屋(4)がよく知られているが、そこでは女性が販売も受け持っていた。図1、図2からは、そうした夫婦での「かか巻き、とと切り」の様子と、客の応対をしている女性の姿を見ることができ、葉を掃いている女性の愛想のよい様が描かれている。

また、たばこを販売する女性についての川柳には、次のようなものがある。

煙草が四匁女房が七匁(5)

この句は、たばこの金額は四匁であるが、たばこを販売している美しい女房の値打は七匁であり、たばこの値打よりも高価だと持ちあげている。これは、美しい女性は売り手として魅力があり、女性のセクシュアリティが客を引きつけることを表している。

図1　宝暦7（1757）年刊行「絵本雪月花」に見られるたばこ屋

図2　近世のたばこ屋の店先

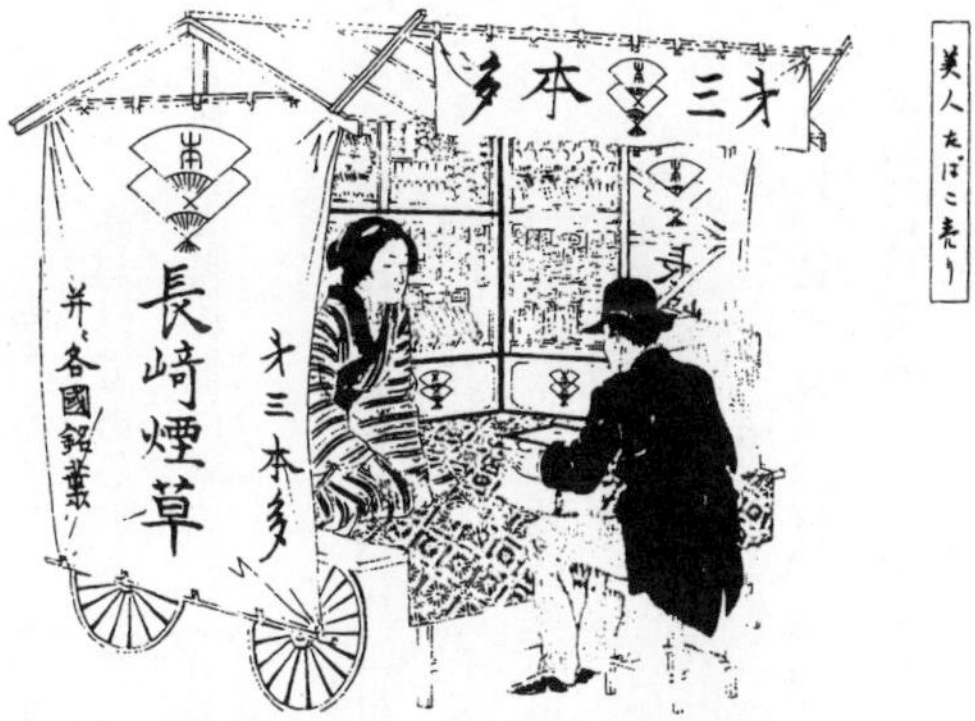

図3　明治23（1890）年の風俗画報に見られる「美人たばこ売り」

明治三七（一九〇四）年にたばこ販売は専売制になったが、それ以前には、図3のような「美人たばこ売り」の行商も見られた。これは、「露店やうのものに車輪をとりつけ、長崎煙草の小売をなす商社」[6]であり、「東京市中にその数多く、往来雑踏の巷又は神社の祭日、仏寺の功徳日、老若群集の区域いづれのところを問はず挽きゆきて、商ふ」店だという[7]。売り手には、妙齢の女性を選んでいたため、「美人車」と呼ばれていた。[8] つまり、祭日や縁日などにテキ屋や屋台の店舗が並ぶ中に、たばこを販売する図のような屋台があり、その元締めが長崎屋という商社であるというわけである。そして、女性を販売人として選ぶことによって、人目を引くことを意図したものであるが、それは女性の性的魅力により人寄せを図ったものと思われる。

同様のことは、店売りでも見られている。明治期のたばこ民営時代に岩谷商会は、「世界煙草婦人販売店」として「数百の美人」を店頭に立たせて、たばこ販売を行うことを新聞広告している。[9] これも「美人女性」が販売人であることを宣伝として利用し、話題作りとしたものである。こうしてみると、特に専売以前のたばこを販売する女性には、男性にとって性的他者としての「女性」の存在を実感させるようなエロティシズムといったセクシュアリティが期待されていたことがうかがえる。

また実際、こうした商社や会社に雇用された女性販売人の他に、専売以前には、表面的にはたばこ屋であるが、「種を洗ってみたら過半は淫売婦である」[10] といったように、実際には売春が行われていることもあったという。客は、「煙草を買いにきたやうに粧ふ」[11] ため、「警官が注目しないで安全に娼法ができる」[12]。明治期の日本は公娼制度下にあり、私娼は取り締りの対象であった。そこで、他の商売を装って売春が行われたとしても不思議ではない。特に、たばこ店は狭い場所でも可能であるし、準備や資金もさほど必要ではないために、見せかけの商売として始めるには適当であったのかもしれない。

さらに店売りには別の様相もある。たばこ小売店は仕入れ定価が一定しており、定価販売であることから、専売以前にも、専売以後の大正期にも、「婦女子に営業が出来」[13]、「素人には非常に適した商売である」[14] と見なされ、「諸官省の安官吏や会社員などは細君に店を任せ」[15]、また「俸給生活者の妻の副業として、万一の場合の準備のために」[16] たばこ小売店が開店されることがあったようだ。このようなたばこ店の開店は、専門性のいらない仕事であるために女性に適した職業であるという意味と同時に、賃労働者にはなれない（ならない）「諸官吏や会社員」「俸給生活者」の妻に適した職業という含意もある。性別役割分業観、職業観によって中産階級の既婚女性が賃労働者となることへの抵抗とともに、女性に開放されていた職域が限定されていた明治期や大正期には、自営業としてのたばこ販売は、体面を損なうことなく従事できる職業であったと推察できる。このことは、特に専売以後、「国家管理によるたばこ屋」という官営化の下で強められ、夫も許容しやすい妻や母に適した「堅実な」職業というイメージが定着したことを示している。

2　昭和一〇年代の「たばこ屋の娘」

昭和戦前期には、「たばこ屋の店先には若い女の子が座っている場合が多かった。俗に『看板娘』といわれ、その若い女の子に人気が集まって、若い者たちはわざわざたばこを買いに行くのを楽しみにしていた。看板娘が街の話題となった」[17]という記述もあるほど、「たばこ屋の娘」は注目される存在であった。それは、昭和一〇年代に、「たばこ屋の娘」というタイトルのレコードが二曲もリリースされていることからも見ることができる。では、このことは何を表象しているのだろうか。

昭和一二（一九三七）年、薗ひさし（鈴木静一の筆名）作詞、鈴木静一作曲の「タバコやの娘」（ビクター）は、もともと童謡歌手であった平井英子と映画俳優であった岸井明によって歌われた。昭和一二年は、日中戦争が勃発し、歌謡曲の中では、一方で、軍国調の歌が隆盛であり、他方では、「裏町人生」等不安な世相についての歌が歌われた[18]。そんな中で、「タバコやの娘」は、コミカルな歌詞と明るい曲調の歌である。

タバコやの娘

薗ひさし作詞／鈴木静一作曲

1.
（男）
向こう横丁の煙草屋の　可愛い看板娘
年は十八　番茶も出花　愛しじゃないか
いつも煙草を買いに行きゃ　優しい笑顔
だから毎朝毎晩　買いに行く

2.
（女）
この頃毎朝毎晩　煙草を買ってくあの人は
なあんて煙草を　のむんでしょ　あきれた人ね
おまけに煙草を渡す時　変な目つき
それでもお店にゃ大事なお客　毎度有難う

3.
（男）
向こう横丁の煙草屋の　可愛い看板娘
初めはつうんと　すましていたが　この頃うちとけ
お早う今日は今晩はへへ　おあいそよろしい
だから毎日煙草をじゃんじゃん買いに行く

4.
（女）

今日で三日目あれほどに　煙草を買いに来た人が
ちっとも来ない　顔を見せない　ちょっと心配よ
時候当たりか風邪ひきか　何だか気がかり
それやこれやと考えてたら　おつりを間違えた

5.

（男）
今日で五日目煙草屋の　可愛いあの娘はどうしたろ
買いにゃ行きたし　金は無し　横丁も通れない
今日という日を待っていた　月給もらったぞ　へーイ
あわてて駈けこむ煙草屋の　ガラス戸割っちゃった

（女）アーラしばらく　どうしたの
（男）へへ　実は風邪ひき　腹くだし
（女）それじゃ矢張り　病気だったの
（男）いえいえ財布が……それでも今日は月給日　これから毎日
（女）相も変らず
（男）煙草を下さい
（女）毎度ありがとう
（男）へへへ　どういたしまして

〔日本音楽著作権協会（出）許諾第0915122-901号〕

この歌は、「向こう横丁の煙草屋の可愛い看板娘」と彼女に憧れる男性客というシチュエーションの中で、二人が親しくなっていく過程とその心情が、掛けあいによって明るく歌われている。「看板娘」の年齢は一八歳であり、やさしい笑顔で愛想よく客を迎えている。その笑顔見たさに、客は「毎朝毎晩煙草を買いに行く」のである。さらに、「毎朝毎晩煙草を買いに行く」うちに、娘は「うちとけ」「おあいそよろしい」、それゆえ客は「お早う今日は今晩は」というほどに、日に何度も「タバコをじゃんじゃん買いに」行く。仮に、販売しているのが男性ならば、この客は日に何度もたばこを買いに行ったであろうか。この客は「可愛い看板娘」に会うためにたばこを購入するのであり、ここでは、たばこ屋の女性の「若さ」「笑顔」「可愛さ」「愛想」が客に対するサービスとしてあり、たばこ商品の一部となっていることは明らかである。

小売業に働く女性店員については、「効率、忍耐、従順、愛想などの特定のサービスを客に提供することを強要されている[19]」という指摘がある。この場合にも、「愛想」や「笑顔」といった女性らしさを喚起させるものが特定のサービスとして求められていることが読み取れる。

次に、もう一つの「煙草屋の娘」というタイトルの歌についてみてみよう。この曲は、高峰秀子によって、昭和一六（一九四一）年九月にポリドールレコードから発売された。高峰秀子のポリドール専属入社後、初のレコードであった。ポリドール月報によると、「明朗で軽快な……歌です。それでゐて銃後の近代娘の意気をイトも高らかに示したもの[20]」であるという。

昭和一六年には、すでに「敵性音楽」であるジャズの追放が行われており、歌謡曲にも戦時色の濃い歌が多くなり、一般の歌謡曲は非常に少ない時代であった。この曲も、軽快な歌詞、曲調ではあるが、防空演習や兄が戦地に赴いている等、その歌詞からは戦時であることが示されている。

煙草屋の娘

フランク・クラメット作詞（清水みのる訳詞）
フランク・クラメット作曲（米山正夫編曲）

「私　煙草屋の娘です。名前は秀子って申します」

1. 向こう横丁の　曲り角
二間間口の　小さい店
せまい乍《なが》ら　母さんと
楽しく暮らす　職場です
身体丈夫で　お転婆で
人に負けない　がっちりもん
年齢はまだまだ　十七よ
朗らかなのよ　仲良くね

「家の兄さんは今、戦地へ征《い》ってるの。でも、私、ちっとも寂しいとは思わないわ。だって兄さんたら
……」

2. いつも便りは　勇ましく
元気　元気の　走り書き
留守はがっちり　母さんと

守っています　この店で
隣組でも　評判よ
防空演習　ある時は
学校で自慢の　ランニング
真っ先駈けて　大手柄

「これでも私、とっても大きな野心があるのよ。それはね　来年の春には　いよいよ女学校も卒業するでしょ。そしたら私、女流飛行家を志願するの」

3．男ばかりと　言うけれど
空は女も　行くところ
翼伸ばして　大陸に
乙女の夢を　飛ばしたい
寝ても覚めても　この頃は
唸るプロペラ　エンジンの
音が楽しく　耳に鳴る
希望はこれよ　凄いでしょ

〔日本音楽著作権協会（出）許諾第0915122－901号〕

先の『タバコやの娘』では、販売に携わる女性と客との二者関係を描いていたのに対して、こちらは「煙草屋の娘、秀子」が、一人称で自分の生活や夢について歌うものである。「秀子」の兄は、戦地に出征しており、母と

「秀子」の母子でたばこ屋を営んでいる。秀子は一七歳の女学生で、兄のいない寂しさに堪えながら、「朗らかさ」を失わず、銃後において母と店を守り、大空に羽ばたく夢を持っている。ここでは、「煙草屋の娘」である秀子のけなげさ、愛らしさが前面にだされている。それは、高峰秀子という若い人気女優の魅力によってさらに増幅されて、伝えられたのだろう。

どちらの「たばこ屋の娘」も、年齢は一七歳、一八歳と一〇代後半であり、若い女性がたばこを販売していることが、違和感を覚えるものではないことが読み取れ、こうした状況が受け入れられる素地が既にあったと見ることができる。特に、後者では、「秀子」が「母子家庭の娘」であることが明示されており、母を手助けして商売を営んでいることは、彼女のけなげさを表すメタファーとなっている。また、母子家庭の母と娘によって営まれる商売として、たばこ屋があったことを示している。

2　戦後の母子福祉施策と「たばこ娘」

母を手伝う「看板娘」という形で見られるような戦前、戦中期にあったたばこ屋は、終戦後において初めて母子福祉施策の中で、たばこ営業の優先許可として法的に規定された。以下で概略を確認したい。

現在では「母子及び寡婦福祉法」第一七条に、製造たばこの小売販売業の許可が規定されているが、母子福祉施策としてたばこ小売人販売の優先許可が位置づけられたのは、昭和二七（一九五二）年成立の「母子福祉資金の貸付等に関する法律」（昭和二八年四月実施）においてであった。[21] この法律制定の経緯は、おおよそ次のようである。

終戦後の日本社会の「失業、飢餓」状態は、つとに知られているところであるが、母子世帯にとってはことに厳しい状況であった。たとえば、昭和二四（一九四九）年当時には、国内の生産活動が廃業か休業の状態となったために、失業したものは約二五〇万人と推定されていた[22]。こうした中では、女性、特に子供のいる母親に被雇用者としての門戸は狭い。そのため、「小さな飲食店とか、技術があれば美容店や理容店でも開いて糊口をしのぐしかなかったと戦争未亡人であり全国未亡人団体協議会の事務局員をしていた鯉渕鉱子は述べている。」[23]そうした社会情勢への対策として政府は、昭和二四年に「母子福祉対策要綱」を閣議決定した。そこでは、それまでの母子福祉施策には欠けていた生業援助の促進、すなわち雇用促進の方策が図られ、以後に続くような母子の経済力向上への積極さが見られるが、たばこ小売人に関しては何の規定もされてはいなかった。

昭和二五（一九五〇）年一一月に結成された全国未亡人団体協議会（以下、「全未協」とする）は、昭和二六（一九五一）年に、中央社会福祉協議会（以下、「中社協」とする。現、全国社会福祉協議会）と母子福祉対策中央協議会を組織し、母子福祉総合法の制定運動を開始した。そして、同年九月には全未協、中社協とによって母子福祉法案研究会が発足し、昭和二七年二月には、「母子福祉法案要綱」を作成している。その中の「生業に関する事項」において「母子世帯に対し、専売事業並に公共建物内営業の優先的許可の途を講ずること」として専売事業の許可の優先について提案している。ここにおいて初めて、母子福祉施策として「たばこ小売販売業優先許可」が登場するのである。それは、母子世帯の母親の雇用促進対策として現れた。

なお、この「母子福祉法案要綱」は、二月六日衆参両議院の関係委員会（衆議院は厚生委員会の母子福祉対策小委員会、参議院は遺族援護小委員会）に提出され、一二月に「母子福祉資金貸付等に関する法律」が成立した。この法律は、二〇歳未満の児童を扶養している母子世帯に対して必要な資金を貸付け、経済的自立を助成するとともに生活意欲の助長と扶養している児童の福祉の増進を図ることを目的としている。その中で、「母子家庭の経済的自立を促進するため、（略）日本専売公社は、たばこ小売店の優先指定を行う」ことが規定された[24]。

つまり、母子世帯に対して、初めてたばこ小売店の優先指定が法的に定められたのである。そして、母子相談員の扱う相談に、たばこ販売に関する相談も含まれた。賃労働者として職業に従事することが困難な母子世帯は、生業資金の貸付けをえて何らかの商売を開始する方策をとるしかない。そのとき、商売に従事したことのない女性でも、たばこ小売店を開業することは比較的容易であり、許可の優先は有効に活用されたのではないだろうか。そして、娘がいた場合には、手伝いとして娘も販売に携わり、それは「看板娘」として注目されていったと思われる。

さらに、終戦直後の「たばこ娘」を表象しているものとして、源氏鶏太の『たばこ娘』がある。[25]これは、主人公の「私」と闇たばこを売る一八歳の娘「ツユ」との交流とツユの死による別れを描いたものである。闇たばこを売る女性は、闇の世界に生きる女性、娼婦的なイメージとしてとらえられがちであるが、「ツユ」は「私」に恋心を抱き、「私」に煙草を残して死することによって、「私」の心に「ツユ」の純真さを印象づける。つまり、源氏の『たばこ娘』では、闇たばこを売るという境遇にある女性の純真さがむしろ強く印されている。

たばこを売る娘は、その境遇のゆえに闇たばこを売らざるをえない娘も、母を手助けする孝行娘も「たばこ娘」「看板娘」として人びとの共感を集めたのである。

3 「たばこ屋の娘」が表象するもの

女性によるたばこ販売は、専売以前の民営時代には女性のエロティシズムが強調され、専売以後は母子福祉施策にも位置づけられるような国営の堅実な職業となっている。そのような中で、「たばこ屋の看板娘」が表象したものは、明治の民営時代にはエロティックで娼婦的な女らしさという商品化されたセクシュアリティであった。また戦前、戦中期には、若い「看板娘」の「明朗さ」や「溌剌さ」といった女性に期待される「かわいらしさ」、「愛らしさ」、健康的なセクシュアリティであり、銃後や終戦直後において母を手助けする「けなげ」な女性のセクシュアリティであった。

このように、たばこ販売に携わる女性のセクシュアリティは変容している。こうした変容は、社会の中でのたばこの存在の様相に符号している。民営時代には、商品としてのあくなき「消費」が第一であり、そのために女性のエロティシズムを積極的に利用したのである。戦中期及び終戦直後には、たばこは専売配給品として貴重品であり、ささやかな人間らしい楽しみであった。たばこ屋の「看板娘」にも、そうした気持ちの交流を求めている。たばこの喫煙者、購入者の多くは男性であり、男性は単なる性的行為のみを求めたのではなく、社会の中でのたばこの存在に併せて、女性のエロティシズム、「かわいい色気」や、「けなげさ」をも希求し、女性のセクシュアリティについての多様な幻想を期待したのである。

こうしてみると、たばこを売る「看板娘」は、それぞれの時代におけるたばこというものの存在の意味の反映といえるのかもしれない。

現在の消費社会において、再びたばこは商品としていかに売るかが重視されており、たばこは男性のものというイメージも強い。さらに、自動販売機やスーパーマーケット等でのたばこ購入が可能となり、たばこ小売店での対面販売の形態は少なくなっている。

そして「たばこ屋の看板娘」として表されていたものは、広告の中でセクシーさを誇示するモデルたちや、揃いのコスチュームを身につけて、街頭でたばこの試供品を配布する若くかわいい「キャンペーンガール」たちに移行しつつある。彼女たちは、自らの性的魅力、性的価値を十分自覚しており、男性たちの求める多様なセクシュアリティの幻想を演じてみせる。彼女たちは、現代の「たばこ屋の娘」にほかならないのだ。

15 たばこ工場労働者カルメンの表象

一八四二年、フランスの作家プロスペル・メリメは、『両世界評論』に『カルメン』(1)を発表した。自分の感情のままに自由奔放に生きた女カルメンと、彼女を愛しながらも最後に殺してしまう元兵士ホセとの悲劇。考古学者が獄につながれたホセの話を聞くという形で展開するこの物語は、約三〇年後、ジョルジュ・ビゼー作のオペラ『カルメン』(2)(一八七五年、アンリ・メイヤックとリュドヴィック・アレヴィの台本による)として再登場し一躍脚光をあびる。オペラは、カルメンに対立するホセの婚約者ミカエラ、カルメンが次に恋心を寄せる闘牛士エスカミーリョとホセ、という二項対立的な人物配置の構成と独創的な音楽により、一五〇年以上をへた今日でも人気を博し、上演回数の多さを誇っている。

しかし『カルメン』の特異性は、オペラはもとよりさまざまな表現形態を通して再現されるたびに、新たな解釈がされてきたところにある。たとえばピーター・ブルックによる映画『カルメン』（一九八三年）は、徹底した内面心理劇として企図され、最後にホセがカルメンを殺すのは単純な嫉妬からではなく、ホセにとって「離れたいが、離れては生きていけない」女、カルメンとの相克に苦悩したうえでの殺人なのである。またカルロス・サウラの『カルメン』（一九八三年）は、メリメの原作をメタヒストリーとして巧みに利用し、フラメンコの振り付け師アントニオと、ダンサーカルメンとの恋愛が、いつしか小説のホセとカルメンのそれのようにアントニオの内面を浸食し、現実と虚構が境界を失っていく過程をダンスと音楽で描いたものだ。これらの作品におけるカルメンは、「謎の女、開放された女」としての造型だが、一方ではモノオペラ『カルメン』（一九九六年）を上演したソプラノ歌手塩田美奈子のように、「純粋な女カルメン」としてヒロインを解釈した例もある。ここではカルメンの死は、完全な自由への希求なのである。

ホセという一人の男を虜にするが、決して男の自由にはならない女カルメン、この人物造型こそがさまざまな解釈を生む素地となっている。それを強調しているのがたばこの役割だといえよう。喫煙するカルメンを「女性に相応しくないとされる属性の境界を超え出た魔性の妖婦」と称し、カルメンこそが「たばこそのものの象徴」とリチャード・クラインは指摘する。彼によれば、たばこは「女性性」を失い、「妖婦」であることを示す記号である。なぜなら喫煙は元来男が所有している快楽であり、それを求める女は当時の女性の喫煙におけるタブー規範を逸脱した、「あるべき女」ではないからだ。

メリメとビゼーがカルメンを描いた一九世紀にこうした女性像が生まれたのはなぜなのか。カルメン像の分析はこれまでも多様な観点から行われているが、本章ではメリメの小説とビゼーのオペラ作品の双方をもとに、カルメンはなぜジプシーで、(3)なぜたばこ工場の女性労働者という設定なのかという点に注目することによって、「カルメンという女性の表象」の分析を試みたい。

1　メリメのエキゾチシズムとセクシュアリティ

1　カルメン――ファム・ファタルの典型

カルメンの特徴はなによりもそのセクシュアリティにある。積極的に男を誘惑し、性的関係を結ぶ。カルメンにとっての性行為は、そのときどきの目的に応じた手段の一つである。カルメンがホセと持つ初めての関係は、刃傷沙汰を起こした自分を逃がしてくれた報酬として「私ゃ借りを払うよ！」（メリメ『カルメン』岩波文庫、八五頁。以下引用は同書による）の言葉とともに持たれる。

小説では、ホセはカルメンの愛人であり、ホセがカルメンの夫である山賊の首領を殺した後に、二人は実質的な夫婦となる。そこでの夫婦関係はフランスにおける一九世紀のジェンダー規範「女は家庭の天使であれ」といった、結婚して夫に従い、子供を育てるのが女の幸福という不文律とは相容れない。

「とりわけ指図がましくされるのが一番いや」（第三幕第二景）というカルメンとホセの関係は、常にイニシアチブがカルメンにあり、その開放的なセクシュアリティは、家父長制下における文化的基盤とキリスト教教義においては罪と見なされていた夫婦間の性の快楽の追及であり、「女は羞恥心が強いものだから、男はその欲求を判断して行為に及ぶべきという伝統」と相反するものである。密輸のためにイギリス人に身を売るカルメンに嫉妬するホセ。だがカルメンは「私がお前さんにほれているのがわからんのかい？　私ゃお前さんにお金をくださいって言ってないじゃないか？」（六三頁）とかわす。

家父長制の中で生きているホセは、おのれが支配できないカルメンのセクシュアリティに直面するとき、激しい混乱を引き起こす。その象徴的な言葉がカルメンを形容する「悪魔のような女」（六二頁）である。「二、三度、私がいやがるのを無理に、口づけしました。『お前は悪魔だぞ』私は女にこう言いました。『ええ、そうともさ』女はこう答えました」（六七頁）。水田宗子は、母性と処女性を備えた女性の原型が聖母マリアであり、その特徴が性欲と自我を持たないことに対して、快楽を求める女、生殖につながらないセクシュアリティを持つ女は、イブを原型とする誘惑者、魔女、悪女として典型化されると分析する。(4) カルメンは快楽を求めるセクシュアリティを持つがゆえに悪女であり、自身もまたそれを肯定してはばからない。

カルメン像が現代においても不朽の名をとどめているのは、単に快楽を追求するだけでなく、相手の男に殺意を惹起させるような状況に追い込み、破滅させることによって自分も破滅していくというセクシュアリティにある。この「破滅的に生きることによって、相手も破滅させる悪女」はメリメのカルメンだけに見られるのではなく、一九世紀ロマン主義に端を発してフローベール、ゾラまで含めた当時の文学作品の中に、際だって現れてくるヒロイン像なのである。つまり運命の女、宿命の女あるいは死をもたらす女、破滅をもたらす女として造型される〝ファム・ファタル〟(Femme Fatale)である。マリオ・プラーツはファム・ファタルを『マンク』のマチルダから二つの系譜に分かれると説明し、カルメンを一方の筆頭にあげている。(5) ファム・ファタルには『椿姫』（一八四八年）のマリ・デュプレシス、『ボヴァリー夫人』（一八五七年）のエンマや、ゾラの『ナナ』（一八四八年）の娼婦ナナもあげられるだろう。

真正の魔女の化身である魔女マチルダはともかく、現実の女として現れるこれらの一九世紀のファム・ファタルにはその特徴として死による結末がある。『カルメン』はホセに従属することを拒否して殺される。『ボヴァリー夫人』のエンマは、ルドルフ、レオンとの愛の遍歴からやがて負債に苦しみ、服毒自殺をする。『ナナ』の娼婦ナナはミュファ伯爵をもてあそび、ジョルジュ少年とたわむれた果てに天然痘にかかって部屋で腐り果てて死ぬ。『椿姫』のマリ・デュプレシスも、結核による病死である。快楽を追求する自らのセクシュアリティを貫くことは、すなわち家父長制の枠組みから逸脱することを意味する。男を破滅させるまでの悪女はその代償として結果的に死による結末を与えられるのである。この根底に存在するのは女性嫌悪といえるだろう。死は男性支配に反逆する女への、男性作家からの制裁措置なのである。

ファム・ファタルを成立させる要因の一つは開放的なセクシュアリティにある。こうした女性が、読者にとってより身近な存在であればあるほど、そのリアリティは増幅する。ナナやマリ・デュプレシスは職業とセクシュアリティが直結した娼婦という設定だった。ボヴァリー夫人、エンマが「田舎の娘」という設定であるのは、肉体の乾きと倦怠感がごくありふれた女にもあるということをフローベールが見通したからに他ならない。では、カルメンが工場労働者だったという設定はどう位置づけられるのか。

一九世紀の文学、芸術活動では、現実にいる女、身近にいる女が写実主義、自然主義の流れとともに盛んに描かれるようになり、これまで描かれることがなかった労働者階級の女たち、たとえばゴンクール兄弟の『ジェルミニー・ラセルトゥー』(一八六四年)におけるメイドのジェルミニーやゾラの『ルーゴン=マカール叢書』二〇巻に現れる『居酒屋』の洗濯女ジェルヴーズなどが新しいヒロインとして登場するようになる。カルメンが工場労働者であることもその流れと無関係ではない。また、当時のフランス社会では、食い詰めた工場労働者が生活の糧をえるために売春婦に「転落」していくこともあり[6]、父親の多くが労働者や経済困窮者といった下層の人間であること、労働者のセクシュアリティが売春婦のそれと同等とまではいえないまでも、近いものとして一般にイメージされていたことも否めない。

2　カルメンはなぜジプシーか

メリメは『カルメン』の着想を、執筆の一五年前にえていたといわれる。一八三〇年にスペインを旅行した際に知りあったモンティホ公爵夫人から、情婦を殺したマラガの男の話を聞き、それが後に『カルメン』に結実したことは、夫人への書簡で、「以前からジプシーの研究をしているので、ヒロインをそのようにした」と述べていることからもわかる。(7) メリメはカルメンのセクシュアリティはすべて「ジプシーの血、あるいは環境」がなせるわざとして規定する。ホセに借りを返すために性的関係を結ぶのも「これがカレのしきたり」(八五頁)だからだ。カレとは、ジプシー自身をさす言葉だ。ホセに殺される際にも「お前さんは私のロムだから、お前さんのロミを殺す権利はあるよ。だけど、カルメンはどこまでも自由なカルメンだからね。カリに生まれてカリに死にますからね」(八八頁)といい放つ。ロムは夫、ロミは妻で、カリに生まれてカリに死ぬというのは、女のジプシーに生まれてジプシーとして死ぬことを小説では意味している。

メリメがフランス人であるにもかかわらず、『カルメン』の舞台にスペインを選び、しかもジプシーをヒロインとして設定した背景には、当時のロマン主義の特徴としてのエキゾチシズム(異国趣味・異国情緒)への傾倒が深く作用している。ナポレオンのヨーロッパ侵略とフランスのアフリカ、中近東への植民地支配が文学における舞台の地理的拡大をもたらし、ヴィクトル・ユゴー以来、オリエントへの希求は熱心なものになった。スーザン・マクラリーは、ビゼー研究の立場からユゴーの『東方詩集』(*Les Orientales*, 1829)を引用し、フランス人にとってはスペインもまたオリエントであると指摘する。(8) しばしば自作の不評に悩まされていたビゼーにとっても、エキゾチックな歌とダンスで、フランスでも知られていたジプシーは、魅力的な「地方色」と映った。そのためメリメの原作をオペラ化したのである。

そして、ヨーロッパ人にとってのオリエントは常に「性道徳と抵触するもの」であり、「危険な性の魅力を発散するもの」(9) であった。なぜなら未知であるがゆえに想像の領域を増大させて、いくらでも放埒なセクシュアリティを持った女性像を造型することができ、男性をアンモラルに振る舞わせることが可能だったからである。この物語の話者である考古学者の、カルメンを表現する言葉、「ふしぎな野性的な美しさ（中略）とりわけ、彼女の目は情欲的であり、同時に凶暴な表情をそなえており、以後私は人間の目つきにこういう表情をみいだしたことはない」（三〇頁）は、作者メリメのジプシーに対するイメージそのものである。こうしたジプシーに対するオリエンタリズムは、他の研究者の言説にも見られる。マルティン・ブロックは、「ジプシーの容貌のなかでいちばん目立つのは、なんといってもその目つき、またはまなざしである。（中略）愛と憎しみ、親切と不親切が、ひとところに共存しているような瞳である。それは東洋人独特のまなざしだ。それは実に魅力的だ」[10]とその関心の高さを示してはばからない。しかしこのまなざしは、眼前のヨーロッパ人に照射された他者性の主張にほかならないはずだが、彼らはそれを「謎に満ちた魅力」と無邪気にとらえる。

その背景にはジプシーという民族のありよう自体が、エキゾチシズムの対象としてふさわしい条件を備えていたということがある。ジプシーは、定住している集団もいるが、放浪の民というイメージが強くあり、その起源がエジプトにあるのか、中央アジア・インドにあるのかが論議の対象ともなってきた。彼らは文字を持たずに固有の言語であるロマーノ語で会話する民族である。さまざまな国への流入と排斥による流出を繰り返しながら、職業としては鍋釜の製造、馬の売買、動物の皮はぎをし、細工物を作る人びとであった。見せ物として蛇使いやアクロバットをする集団もいた。小説などにも登場する女性の占い師などは特徴的な文化的側面の一つである。舞台となったアンダルシーア地方は、一八世紀後半から一九世紀、二〇世紀にかけてジプシーの文化とスペインの音楽舞踊との融合であるフラメンコが広まっていく地域でもある。ジプシー研究は、一八四一年と一八四三年にイギリス人ジョージ・ボローによって研究書がだされたころから盛んになり始めた。メリメもこの影響を受けたことは想像に難くない。そして一九世紀においてパリはオリエント研究の中心地だったのである[11]。

白人と異なる肌の色、「蠱惑的な」瞳、謎に満ちた民族の歴史と習俗。これらすべてはカルメンという開放的なセクシュアリティの女性像の造型にふさわしいものであった。後につけ加えた第四章で、メリメ自身が「ヒタナス（スペイン語でジプシーの女性たちをさす―引用者）どもが彼女らの夫に対して異常な貞淑ぶりを見せることだけは確かである」（九七頁）と述べて、彼の観察では現実にいるジプシー女性のセクシュアリティが、造型したヒロインとは矛盾していることを露呈している。だがメリメにとって現実のジプシーの女性がどれほど貞淑であったかは問題ではない。エキゾチシズムの流行の中で、彼の個人的嗜好がスペインだったのであり、彼の抱く性的ファンタジーを具体化させてくれるのが、そこに住むジプシーだった。

2　一九世紀スペインの女性たばこ工場労働者

1　女性労働者の誕生

「魔性の女」カルメンの相手となる男がその時代においてごく「平凡」あるいは「典型」であればあるほど、翻弄されるたびにヒロインのセクシュアリティは際立つ。ホセがスペイン人で、「先祖代々のキリスト教徒」（三八頁）であることは、その性のありようが禁欲的であることを意味するうえでも、父権制を維持する点でも重要である。その普通の男ホセと、謎の女カルメンの接点がセビーリャのたばこ工場である。ではなぜ、カルメンはたばこ工場の女性労働者でなければならなかったのか。それにはまず、セビーリャにおけるたばこ工場の存在がどのようなものであったかを確認しておく必要がある。

「あの大きな建物は、グアダルキヴィル河の岸に近く、城壁の外にそびえております」（三八～三九頁）とメリメによって描写されるたばこ工場は、一七二八年に建設が開始され、一七五七年に完成、ファサードの上にラッパを吹く天使をいただく当時の建築の粋を集めた建築物をさすと思われる。現在、セビーリャ大学として使用されていることを考えても、その規模が容易に想像できるだろう。アルカサルやヒラルダの塔といった観光名所と並ぶ大きなモニュメントである。セビーリャとたばこのつながりは深い。一六一四年にスペイン王がたばこ貿易を行う独占権をこの市に与え、たばこの製造はセビーリャから始まった。初めて工場が造られたのは一六二〇年、そして一八世紀の初めから国の専売として稼働するセビーリャの王立工場はスペインのたばこ産業の中心地となった。

女性労働者がこの分野に参入してくるのは、セビーリャにおいては一八一二年、それまで製造されていたかぎたばこ（tabaco en polvo）の消費が減り、葉巻や紙巻きたばこ（cigarillo）の需要が増えていったことと密接に関わっている。一六二〇年からおよそ二〇〇年間、たばこの製造に従事するのは男性に限られていた。たばこの葉の圧搾や粉砕に屈強の男性の労働力が必要とされたからである。セビーリャで女性労働者の雇用が正式に決まった理由は主として二点あげられる。(1)セビーリャ産の葉巻は、キューバ産や近隣のカディスで女性労働者が巻いたものに比べて繊細さという点で劣るという消費者からの指摘。(2)一八世紀の終わり頃から需要の拡大により労働力不足になり、低賃金労働という点からも女性の雇用が検討され始めていた。当時の女性労働は、男性労働に比べて報酬が二分の一から三分の一である。これらの点から女性の採用が決定され、カディスから女性の技術者をよんで葉巻の巻き方の指導を受けている。

このようにして一九世紀のたばこ製造には女性労働者が重要な役割を果たしていく。たばこ工場はセビーリャだけでなく、設立時期に違いは見られるが、カディス、アリカンテ、ラ・コルーニャ、マドリード、ヒホン、カナリア諸島など計一一カ所に設けられていった。アリカンテ工場のように一八〇一年の創業時からほとんど女性が占めていたところもあるが、セビーリャ工場では一八五〇年頃、女性と男性の労働者の比率が逆転する。一八八〇年には、約六〇〇〇名の女性労働者がいた。一八九〇年にはスペイン全体で二五〇〇〇人の女性たばこ労働者に対して、男性たばこ労働者は二〇〇人に欠けるという割合だった。[12] すなわちこの時代のたばこ製造は圧倒的に女性の手によって担われていたのである。たばこ工場は、スペインの産業革命の中心だった繊維工場に次いで、従来からの家政婦やお針子といった家庭内労働とは異なる、女性にとっての新しい職域であった。

労働形態はランチョ（rancho）とよばれる形式を用いていた。六〜八人のグループで一つのランチョを形成、それを統括するのがマエストラ（maestra）とよばれるグループ長の女性で、さらにランチョ全体はアマ・デ・ランチョ（ama de rancho）とよばれる女性によって統括された。アマ・デ・ランチョは工員たちの労働全般を管理するだけでなく、葉の選別、管理までも行ったが、最終監督者はインスペクトール（inspector）とよばれる男性だった。女性労働者の仕事は出来高払いで、たばこのごまかし、スキャンダル、けんかは解雇の理由となった。『カルメン』でも工場内のけんかが重要なモチーフとなっている。

2　たばこ労働者をめぐる言説

女工たちが昼飯をすまして帰ってくる時刻には、若い男が大勢その行列を見物しに集まってまいります。そして何とか口実をつけてはじょうだんをあびせるのです。もっとも薄こはくか何かのショールをもらってもいらないといってつきかえすような娘はまずありませんから、物好きな連中は、このつり遊びでは、ちょっと身をかがめさえすれば魚が手づかみにできるというわけです（三九頁）。

この描写とそれに続く場面は、カルメンのセクシュアリティが二重の意味で造型されていることを明らかにしている。たばこ工場の女性労働者は「ちょっと身をかがめさえすれば魚が手づかみにできる」ほど開放的なセクシュアリティを持ちあわせていると述べることによって、たばこ労働者としてのカルメンの一般性を示している。そのなかでも「ひとりひとりに流し目を送りながら」お世辞に応えるカルメンの特異性を「ボヘミヤ女の名に恥じぬ」（四〇頁）とジプシーの性質に帰して強調するのである。

メリメがたばこ工場の女性労働者に注目したのは、彼女たちの存在をめぐって生まれていたさまざまな言説にある。一九世紀、たばこ労働者に与えられていた言説の一つはその活発な活動性にあった。「とにかく元気でおしゃべりで自分たちの仕事に誇りをもっている」[13]というものである。ヒホンにおけるたばこ工場の研究からパメラ・ラドクリフは、「女性たばこ労働者こそスペインそのものだ」と賞揚する民俗研究家アントニオ・フローレスの言葉を引用しながら、彼女たちを「エリートの労働者」と定義づける。その理由として「たばこを造るという仕事の経験が、他産業における男性職人のそれと似通ったものであり、相対的にみて高い賃金、その技術によって長期間働くことが可能であり、生産性を引き上げることもできるという事柄が、彼女たちに職人のエリートという意識をもたせたのではないか」と述べている。[14] つまりたばこ労働者は、一種の職能集団を形成していたといえる。この意識の高揚が待遇改善要求、解雇反対という労働運動的デモンストレーションとなって具体化する。

ヒホン工場では、一八九八年、他の労働者との共闘による消費税反対運動のデモンストレーションがあり、一九一九年の組合結成の際には「私たちたばこ労働者が下品な民衆扇動家だという、誤った伝統を打ち壊すときがきた。私たちは賃金の上昇を勝ち取って、労働における全き自由を満喫するのだ」といった宣言がなされている。[15] 一八九七年、セビーリャでも待遇改善を目的としてデモンストレーションが起きた。またマドリードにおいても、一八八五年と一八八七年、製造工程の一部が機械化されることによる失業不安から、たばこ工場の女性労働者が暴動を起こしている。[16]

セビーリャにおいて女性たばこ労働者がある種のステータスをえていたと思われるのは、一九世紀中頃から風俗画家によって彼女たちの姿が描かれるようになり、「セビーリャ女性」の代名詞としての認識があったことからも

図1　19世紀スペインの女性たばこ労働者（1865年）

理解できる[17]。童話作家アンデルセンは、一八六二年にスペインを訪れているが『スペイン紀行』の中で、セビーリャに関してこのように記述している。

「もうひとつ特筆すべき建物がある。町ひとつくらいの大きさのたばこ工場である。（中略）工場内では、五百人の人が――主として女性であるが――広大なたばこケースのなかで働いている。実をいうと、私はその工場を見学しなかった。だからよけいに、セビーリャを訪れる旅行者には行ってみることをお勧めしたい。『そこでは美しいひとみが見られる！』と言われた[18]」。

容姿への言及もさることながら、彼女たちがたばこ労働者であるとアイデンティファイできるのは、その服装にもあった。マンティーリャとよぶショールを胸にかけて着飾っていたのは「セビーリャのたばこ労働者だけだ」という言説もあるが[19]、一八八二年に女性作家エミリア・パルド・バサンが書いた『女性弁士』(*La tribuna*)というたばこ労働者を描いた作品にも見ることができる。パルド・バサンはフェミニズムを志向した作家だが、この作品はラ・コルーニャのたばこ工場に取材したうえで書かれたものである。

　工場に入ったその日から、たばこ工場で働く女工の古典的な服装をしていった。つまり大きなショールと、おごそかな感じをを出すための絹のスカーフ、アイロンのかかった裾の長い木綿のスカートといういでたちである[20]。

ラ・コルーニャは北スペインに位置し、セビーリャは南スペインのアンダルシーア地方の都市である。この時代はまだ制服着用ではない。ここではショールが共通項として考えられるが、「古典的」とよばれるほど、たばこ工場の女性労働者はファッションにおいてもアイデンティファイできた。カルメン像の個性を語るうえで興味深いといえる（図1）。

しかし、女性労働者をめぐる言説の中で、セクシュアリティに関する「喜んですぐ男とくっつきたがるのが工場労働者」[21]という言説は最も広く流布していたと考えねばならない。これはたばこ工場の労働者のみならず、広く工場で働く女性労働者に向けられていたものだったからである。家庭を離れての長時間労働、劣悪な労働環境が女たちをふしだらにするという意見も現れてくる。[22]たばこ労働者がどれほどエリート意識を持とうとも、働く女には経済的な必要性があった。工場労働者のセクシュアリティに対する言説の根本には、労働者階級への差別意識と同時に、家庭外労働によって彼女たちが当時のジェンダー規範「女は家庭の天使であれ」に抵触していく存在になるのではないかという、支配者側の危機意識も含まれていたと思われる。なぜなら「男の中の女の奴隷」という職場内でのヒエラルキーと差別からの解放をめざし、やがて労働運動の中で闘っていく「新しい女」のモデルがこの工場労働者の女性たちだったからである。

実際にたばこ工場の女性労働者が開放されたセクシュアリティを持っていたという言説もあるが、[23]その実態はあらためて検討される必要がある。しかしメリメにとっては、セビーリャにおけるたばこ工場の歴史的、経済的な存在価値と、そこで働く女性たちをめぐる言説が、快楽を生きるセクシュアリティの女カルメンを登場させるにふさわしかった。ジプシーの定住率が高いという点でも、アンダルシーア地方は『カルメン』の舞台に適っていたのである。さらに父権制に生きる男ホセが、カルメンと出会う場所としてセクシュアリティの言説に満ちたたばこ工場ほど、すぐれた対比を生みだす場所もなかったといえるだろう。

3 喫煙と「新しい女」

メリメの小説『カルメン』は、考古学者の前でたばこを吸う。それも「味のやわらかい紙巻きがあれば自分でも吸うくらいです」(二七頁) といって、たばこの嗜好をはっきりと示す。だが一九世紀のスペインにおいて女性は、たばこの製造には関わっていても、喫煙の主体とは見なされてこなかった。女性の喫煙は常にモラルとの対比で述べられてきたのである。「男装でたばこを吸う」ことで評判だったフランスの女性作家ジョルジュ・サンドは「女がたばこを吸うことは、その女がモラルに対して緩慢であることを示す」例として取り上げられている[24]。喫煙が公然化していたのは娼婦やごく一部の労働者階級の女性であり、上流階級や中産階級の女性の喫煙は秘密裡に行われていた。一八九一年に書かれたコロマ神父のエッセイ『ささいなこと』には上流階級の女性の密かな喫煙場面が描かれているが、いずれも「頭痛を嘆きながら」葉巻を吸ったりしている。つまり何らかの「正当な」理由なしに喫煙はできなかったということである[25]。

メリメにとってのカルメンとは、あくまでもエキゾチシズムのイメージの枠内で造型された女性である。メリメは性的ファンタジーを強調するためにジプシーという民族と、セクシュアリティの言説に満ちたたばこ工場の労働者を設定した。小説で表現されるたばこ労働者のセクシュアリティは、その開放性を「下品なもの」としてとらえられている。必然的に、そこから導かれるカルメンの喫煙は、ゾラやフローベールが娼婦にたばこを吸わせる場面と等しい。たとえば『ナナ』ではこのように表現される。「ナナはタバコを巻き、椅子にそっくり返って体をゆすぶりながら、煙を吹いていた[26]」。ナナの喫煙行為は、女性の美徳とされていた「慎み」をあからさまに覆す表現として用いられている。フローベールは『感情教育』（一八六九年）で、ロゼットに水ぎせるを吸わせている。「火をもってこさせた。（中略）赤いモロッコ革の管が蛇のように床の上にとぐろを巻いているのが、彼女の腕にからみついていた。この琥珀の吸口を唇におしあてて、渦を巻いてただよっている煙の中から、フレデリックをじいっと見るのだった」[27]。管を形容している蛇がセックスを表しているのは明白で、水ぎせるはロゼットの官能的なセクシュアリティそのものなのである。

見ろよ……はすっぱな目つ
きをして　思わせぶりな顔
つきで　みんなタバコを横
っちょにくわえてやがる
（第一幕第四景）

図2　カルメンを当たり役としたメゾソプラノ歌手セレスティーヌ・ガッツ・マリーの1875年3月オペラ初演時の服装。パリにおける初演でカルメンを歌った。

図3　ドン・ホセを演じた最初の歌手ポール・レリー。1875年、パリ初演時の服装。

ゆらゆらとタバコのけむり　目で追えば
空のかなたへとのぼっていく　甘い香り
（中略）言い寄る男の甘い言葉も　どうせ
けむりよ（第一幕第四景）

オペラの『カルメン』における兵士の台詞は、開放的なセクシュアリティへの嘲りであり、それに対抗しての女性たちの歌は、煙が男ないしは恋愛のメタファーとなっており、女性労働者たちのセクシュアリティに対する自己肯定を示している。

つまりカルメンの喫煙は、メリメにおいてもビゼーにおいても、セクシュアリティの開放性を強調するもの、ないしはセクシュアリティそのものとしてとらえられているのだが、その開放性を、従来のジェンダー規範から逸脱しあるいは規範に挑戦的な態度を示す行為として、否定的なニュアンスで表現するための強力な手段として用いている。

図4　カルロス・サウラ監督による現代的『カルメン』1983年。フラメンコを基調にした作品でアントニオ・ガデスが好演。

しかし、前述したように、カルメンがたばこ工場労働者であるという設定に注目すれば、このようにとらえることもできるだろう。たばこ労働者は、一九世紀に登場してきた新しい女性の職業領域としての工場労働者であり、その仕事内容によって職人のエリートとしての意識を抱かせる側面があった。経済手段をえた彼女たちはまた、二〇世紀にかけて政治・労働運動へと参加していく存在でもある。その点に着目するならば、たばこ工場労働者のセクシュアリティは主体的に開放されたものであり、セクシュアリティを「売る」ものとして規定されている娼婦のそれとは異なっている。それゆえたばこ工場労働者カルメンの喫煙は、一九世紀になって圧倒的に人気をよぶようになる新しいたばことしての「紙巻きたばこ」を吸う、労働市場の「新しい女」を表象していると読みとれるのである。カルメンが「味のやわらかい紙巻」と限定するのは積極的にたばこを嗜好品として楽しんでいるからに他ならない。

ヨーロッパにおいて女性の喫煙は、一九世紀以前は閉ざされていたものではなかったことがわかっている。一七世紀のオランダ絵画にはパイプをくゆらせる女性の姿があり、一八世紀のフランスでもパイプ姿の女性が絵画に描かれている。フランスにおいては、マリー・アントワネットの婚礼道具の中に五二個のスナッフ・ボックス（かぎたばこ入れ）があり、それらは宝石と同様の扱いだったということからみれば、この時代にたばこを楽しんでいた女性がいたことがわかるが、その喫煙主体については階層性を切り離しては考えられない。つまりかぎたばこやパイプは上流階級の女性の「たしなみ」として消費されていたといえる。だがスペインにおいて喫煙は、もっぱら男性のものとして記述され、前述したように女性の喫煙にはジェンダー規範が階層をこえて作用していたのである。

女性のセクシュアリティとたばことの関係が不可分になるのは、一九世紀に入り、文学において娼婦とたばこの密接な関わりあいを表現されたことが要因として大きい。この時代はまた「セクシュアリティ」という言葉が認知されるようになっていくだけでなく、それが人格を規定する一部と見なされるようになる時代の始まりでもあった。とするならば、カルメンのように、主体的にセクシュアリティを開放する女性は、女性の近代の姿を表象しているといえるのであり、その唇にくわえられるたばこもまた、女性の近代性の一つの記号なのである。

16 小説『煙草工女』における労働とジェンダー

近代日本のたばこ製造は、民営期から明治三七（一九〇四）年の専売をへて戦後の昭和四〇（一九六五）年代にいたるまで、その主なる労働の担い手は女性であった。[1] これは、昭和七（一九三二）年にＩＬＯ（国際労働機関）からの依頼によってまとめられた谷野せつの「最近五ヶ年間に於ける女子労働者の進出状況」[2] での女子労働全般に関する調査報告がすでに指摘しているように、戦前期の繊維・紡績産業と同様、女性労働者が男性に比較して低賃金で雇用できるという性による賃金格差が前提となって現出した雇用形態といえよう。イルディシュ・エッチュビットはトルコの女性労働における問題の一つとして、女性の特性を「忍耐」強さや「手先の器用さ」ととらえ、たばこ工場での単調なたばこの葉の等級分け作業を「女性の仕事」とするジェンダーによる性別分業システムを説明しているが、[3] 日本の場合も民営時代の「刻ミ場及荷造リ其他ノ雑業ハ男工ニシテ巻詰及仕上ハ主トシテ女工幼年工ノ受持」[4]という、〈力仕事（裁刻）は男の仕事／細かい仕事（紙巻き）は女の仕事〉といった性別役割分業が専売後も踏襲されていく。いわば、近代の新しい喫煙形態として登場した紙巻きたばこは女性を喫煙者から排除しつつ[5]、一方では、たばこ製造の労働力として女性を労働市場に送り込んでいたのであった（図）。

ただ、戦後は工場の機械化が進み、生産に従事する人員の減少にともなって女性と男性の比率は近づき、一九九三年には女性二五七八人に対して男性三一四〇人と逆転するなど、五〇年以上にわたって続いた女性労働を中心としたたばこ製造も様変わりを見せてきている。

ところで、このようなたばこ産業をささえる女性の労働者が主人公に設定されている文学作品としてメリメの『カルメン』は世界的にも有名であるが、日本でもたばこ女工を主人公にした小説がある。佐多稲子による『煙草工女』である。昭和の初めに書かれたこの短編小説は、恋愛小説ではなく、さらにたばこ女工という主人公の職業設定もカルメンのように話の展開の一部分としてのみ描かれているのではない。この作品を執筆する際、作者は実際、淀橋にあったたばこ工場に潜入して取材しており[6]、佐多稲子は、主人公であるおその女性一個人としての特別な物語でなく、たばこ女工のおそのの生活をとおして、当時の女性のたばこ工場労働者たちが直面していた、経済・労働・保育・階級・性の権力関係などの諸問題を小説というジャンルに凝縮し再現しようとしたのである。

図　専売開始（明治37年）頃のたばこの製造風景

本章では、小説『煙草工女』においてたばこ労働者としての女性がどのように表象されているのか、大正から昭和にかけての女性を取りまく労働状況をふまえて検討したい。

1　小説『煙草工女』

1　プロレタリア文学における『煙草工女』

『煙草工女』は、夫の正次とともに同じたばこ工場に勤めている共稼ぎの若い女性労働者おそのが、工場の事務所で夫が逮捕されたことを聞かされるところから物語は始まる。

結婚当初、夫が熱心に取り組んでいる左翼運動に対して、おそのはたいして興味を持っていなかったが、「尋常小学校を出るとすぐから工場生活を続けている」おそのにとって、夫が家に持ち帰る組合運動のパンフレットは、自然に共感されるものであった。おそのは、夫の逮捕によって工場で冷たい視線にさらされるものの仕事はやめず、生活のため出産ぎりぎりまで働き続ける。そして、夫不在のまま出産し、産後三週間で工場に復帰するが、工場内の託児所は満員で入れず、毎朝四時起きで工場とは逆方向にある夫の妹に子供を預けて仕事にでるという生活の無理がたたって体をこわし、経済的にも精神的にも厳しい状況に追い詰められる。

そんな中で、運動の救援会から支援金をもらい「何か自分も一つのおおきな輪の中につながれていることを感じて気強く」立ち直る。まもなく、工場内にある託児所に子供を預けることもでき、赤ん坊を抱きながら弁当を食べたり、仕事の合間に子供に乳をやる生活が始まる。工場の託児所は昨年「日本に於いては理想的」と評判になるほどのものが建設されたが、従業員の反対にもかかわらず取り上げられてしまい、今は日当たりの悪い、おむつ洗いの水道が一本しかない灰色の建物の中にある。しかし、子供たちの笑い声がそこにはあり、仕事のあい間に来る母親たちの中で、一度はつぶれた組合について再び話が持ち上がるのをおそのは聞き、明るい姿で仕事場に戻る、という描写で作品は終わる。

この『煙草工女』は、昭和四（一九二九）年にナップ（全日本無産者芸術連盟）の機関紙『戦旗』の二月号に窪川いね子名で発表されたプロレタリア文学作品である。[7] 掲載誌である『戦旗』は、機関紙といえども最盛時の発行部数は二万六千部にのぼり大衆に広く支持されていた。[8] 同年、『戦旗』には小林多喜二の『蟹工船』（五・六月号）や徳永直の『太陽のない街』（六〜九・十一月号）なども発表されており、まさに『煙草工女』は大正後期から昭和の初めにかけて平林初之輔や青野季吉、蔵原惟人らのマルクス主義文学理論を索引力に文壇を席巻したプロレタリア文学運動の昂揚の中で創作された作品といえよう。『煙草工女』は初出以後、単行本や全集などに七回収録されている。[9]

この作品は、『キャラメル工場から』（一九二八年）や東洋モスリン工場の争議に取材した『幹部女工の涙』をはじめとする五部作『小幹部』『祈祷』『強制帰国』『何を為すべきか』（一九三一〜三二年）といった彼女のプロレタリア文学期の代表作と目される作品の間にあって、従来独立した作品論という形では研究者から取り上げられることはなかったものの、平野謙[10]や長谷川啓[11]などから、稲子のプロレタリア作家としての階級的視点が初めて明確に表れた、いわば佐多文学における転回点として位置づけられてきた。佐多自身、この作品について「ようやく私の、プロレタリア文学としての内容を持ちたいと意識的に、題材を求めた作である」[12]と創作動機を説明しており、中野重治の勧めによって書いた『キャラメル工場から』が好評をもって迎えられることで、本格的に作家の道に踏みだした労働者出身の佐多稲子が、初めて自らをプロレタリア作家として自覚し意欲的に取り組んだ対象が、たばこ工場に勤める女性労働者だったのである。

2 『煙草工女』の独自性

ところで、この作品は従来いわれているように、主人公おそのの左翼運動への共感の過程という形をとった、当時の社会主義運動を肯定的に描いているだけの物語なのであろうか。

おそのが、階級意識に目覚めるきっかけを作ったのは、夫正次である。しかし、おそのによって回想される夫との運動に関する語らいの場面は、正次の次のような罵声であった。

「馬鹿ッ、何も知らない癖しやがって、よけいなこと言うなッ。」(『佐多稲子全集　第一巻』七五頁下段)

運動のパンフレットを持ち帰ったときには、

「読まなきゃアだめ駄目だぞッ」正次は怒りつけさえした(同、七五頁下段)。

おそのは、これらの正次の言葉に対して反発せず、語りもあからさまな非難を向けていないが、反対にこの正次の言葉に納得したとの記述もない。ただし、おそのが「パンフレットなどに書いてあることに何の疑いもなくすうっと這入って行けた」のは、正次の罵声に屈したのではなく、あくまでも「尋常小学校を出るとすぐから、工場生活を続けて」いて、労働者がいかに不当な扱いを受けているかを「日々の生活のなかにはっきりとそれを自分の身に感じた」からと説明される。当時の社会主義運動が、「主は男／女は従」といった女性差別を抱え込んでいたことはよく指摘されることだが、佐多稲子は階級闘争そのものへの共感とは別に、運動内部に厳然と存在する対等でない男女(夫婦)関係を夫の強圧的な物言いであぶりだしつつ、そのような抑圧にただ付き従うのではない女性の自立的な意志もさりげなく表現している。

従来、佐多稲子に対してプロレタリア文学における、その独自性がしばしば指摘されてきた。宮本百合子は『婦人と文学』の中で佐多文学を「小林多喜二の作品と又ちがった」ものとして比較し、「感性と筆致の柔軟さ」「澄んだ人間意欲のより高いものへの憧れ」、あるいは「人間葛藤の微妙な心理」の「立体的」な表現などを評価している。[13] 佐々木基一は、佐多が「終始妻としての、あるいは母としての立場を放棄することなく運動に参加した」点で、他のプロレタリア男性作家のみならず女性作家とも違った「独自さ」を持っていたとする。[14] また久保田芳太郎は「階級的視点」が「生のままの、むき出しの図式では出てこない」点から「彼女の文学はいわゆるプロレタリア小説とはちがう」と位置づける。[15]

たんに葉山嘉樹、小林多喜二、徳永直らの男性作家をプロレタリア文学の本流とし、佐多の独自性から彼女の作品を「プロレタリア小説とは異質」とすることには問題があるが、確かに佐多稲子の作品、とりわけこの『煙草工女』に関しては、小林たちのプロレタリア男性作家とは明らかに異なっている部分がある。さらに、佐多の女工ものを扱った他の作品ともこの『煙草工女』は趣を異にしている。それは、第一に苛酷な状況に押し潰されず、子供とともにある労働生活が主人公の充足感につながるよう肯定的に描かれること、第二に女性が子を産み、育てながら働くという〈女性労働と託児所問題〉が主人公の〈階級意識の目覚め〉に平行し、あるいはそれ以上の比重を持って書かれている点である。

「ねえ、運動やる人だって子ども生むことはいいじゃないの」おそのは正次に話していた（『佐多稲子全集　第一巻』七六頁下段）。

これは、正次の逮捕後のおそのの夢の場面であるが、おそのが逆説的にあえて主張せざるをえないこの言葉からもわかるように当時の男性中心の左翼運動は、妻や子供の存在を切り捨てるところで闘争が展開していた。むろん、これは度重なる検挙、弾圧という政治権力との緊張関係が高まる中、安定的な家庭など実質的に望めない事情も背景にはあった。小林多喜二の『蟹工船』や徳永直の『太陽のない街』、また佐多稲子の他の女性労働者作品が、いずれも労働者の苛酷な労働状況と組合闘争を描き、結婚どころか、会社からの馘首や警察による拷問などによって、生きるか死ぬかという人間の生存権そのものの危機的状況が問題にされる中で、『煙草工女』の主人公のような、苦しい生活ながらも働きながら希望を失わないで子産み・子育てをするという状況が描かれているのは、むしろ特殊なことなのである。

『煙草工女』に先立つ平林たい子の『施療室にて』（一九二七年）は、争議を指導した夫の共犯として出産後入獄する予定の女主人公が、不衛生きわまりない慈善病院で出産し、妊娠脚気の乳を飲むしかない赤ん坊は結局死んでしまうという結末が描かれていた。『煙草工女』と同年の『太陽のない街』（一九二九年）の印刷女工のお加代も、警察での取調べによって月足らずの胎児とともに変わり果てた姿で死んでしまう。また、子供と住み込みで金持ちの乳母として働く松田解子の『乳を売る』（一九二九年）では、自分の赤ん坊は「便秘」や「神経症（疳癪とひねくれ）」に陥って母の光子を苦しめる。

それに対して、『煙草工女』の赤ん坊は、工場内の託児所の中で、よく「笑い」「体も幸い丈夫」と設定されており、妊娠・出産・育児のすべての場面で子供の存在は左翼運動における仲間との連帯意識以上に、主人公おそのが労働者として「明るい姿」で力強く生活していく気持ちの原動力として描写されている。こと〈子産み・子育て〉に関しては、労働者の悲惨さを強調するために象徴化されることの多いプロレタリア文学にあって、それとは対照的ともいうべき表象が『煙草工女』ではどうしてなされたのであろうか。

佐多は、プロレタリア文学運動期にキャラメル工場の女工に始まって、製紙工場の女工[16]、モスリン工場の女工[17]、自転車工場の女工[18]、製帽工場の女工[19]、毛布工場の女工[20]、女車掌[21]などさまざまな女性労働者を作品に描いているが、それらの女性たちとこの『煙草工女』における女工の表象の違いは何によるものなのだろうか。

2　たばこ女工という職業

1　労働条件

大正七（一九一八）年三月号の『主婦の友』の「婦人職業案内」には、医者をはじめとする二七種類の中に「専売局女工」の紹介がある。この欄は、一つひとつの職業について、賃金から就職の申し込み方まで詳しい説明がされており、主婦の副業についての読者の成功体験談をたびたび掲載するなどして主婦層の家計の関心に応えていた『主婦の友』が、副業から一歩踏み込んで、女性の職業案内の特集を組んだものである。女医、看護婦、中学校教員、タイピストなどが並ぶ中で、専売女工の賃金は日給二四銭～三〇銭とあり、月収に換算しても六円～七円五〇銭程度にしかならない。これは、ここで紹介されている職業の中でも製糸教婦についで悪く、たばこ女工という職業は低賃金であるという印象は否めない。ただ、この中には、専売局女工以外の工場労働者は、印刷局女工と砲兵工廠女工があるばかりで、近代日本の産業を支え、明治以来女性労働者の大多数を占めていた生糸・紡績・織物工場の女工の紹介はない。

村上信彦はこの理由を、自分の意志で職業につき、転業も廃業も自分の意志にまかされていて、勤務時間以外は自由な生活が送れるという「近代的職業」に、生糸・紡績・織物女工が該当しないため職業婦人の職種と認知されなかったと分析している[22]。これに従えば、たばこ女工は女性労働の中でも明治期以来の女性労働にもかかわらず、大正期において低廉ながらも「近代的職業」としての要件を持ちえていたということができよう。

ただし、明治期のたばこ女工の就業実態は劣悪なもので社会的に「蔑視」[23]の対象として見られていた。『職工事情』によると専売以前の就業状態は、労働時間が一〇時間～一一時間、あるいは一四時間という所もあり、二日続けて徹夜労働するなど長時間労働を強いられていた。また、『女工哀史』[24]でその奴隷的側面がクローズアップされた紡績職工に比べれば、その「容貌は佳良」であるとされるが衛生状態は不良であるとの報告がなされており、賃金も日給一五銭〜三〇銭であるところから、繊維女工につぐかなり厳しい労働環境にあったということがいえよう。にもかかわらず、大正期には同じ女工でも繊維女工とは違ったものとしてとらえられるようになったのは、たばこ工場の官営化がきっかけとなっている。

専売開始の明治三七（一九〇四）年の職工規定で労働時間は一日一〇時間以内（実働九時間）とされ、大正五（一九一六）年工場法に先駆けて、模範的で先進的な労働条件が整えられるなど、就業形態は一新され当時注目をあびた。ただ、実際には「一二時間以上にわたって労働させた実態があった」[25]といい、女工の賃金も他の印刷局、造幣局、砲兵工廠、鉄道省工場などの官営工場に比べて一番低く[26]、「大正末期ごろまでは一般に賎業視される傾向」[27]にあったという。

小説『煙草工女』の中でおそのがもらっていた日給は一円、月収換算で二三円とされており、昭和四（一九二九）年当時の女工の一日当たりの平均賃金は一円七銭であるところから、小説は現実をほぼ反映して設定されているということがわかる。この賃金は、同年の錦糸紡績女工賃金の約九〇銭[28]に比べてやや高い程度で、同時代のタイピストは月給三五円七五銭、店員は二八円九一銭である[29]。このことからも、同一労働において男性給与の半分以下におさえられるという賃金差別の問題を抱えていた女性労働の中でも、たばこ女工は特に低廉の部類に位置していたといえよう。昭和五（一九三〇）年に白米一〇kgが二円三〇銭[30]だったことから見ても、たばこ女工の賃金は一家を支えるにはとうてい不十分な家計補助の域をでなかったことがうかがえる。

さらに大正期以降には産業合理化の波がおしよせ、労働者の解雇によって各地で労働争議が頻発していくが、たばこ工場もその例外ではない。馘首反対や賃上げ要求、また労働時間の短縮を掲げて大正八（一九一九）年から一二（一九二三）年にかけて全国のたばこ工場でおきた労働争議は記録されているだけでも一六回ある。[31] 大正九（一九二〇）年の芝専売支局赤羽工場の女工争議では、当時、新日本婦人協会を創立し女性労働運動に関わった平塚らいてうや市川房枝も支援活動をしていたことが、[32] らいてうの自伝の中でもふれられている。[33]

2　たばこ工場の託児所

では、小説『煙草工女』の中で、中心的な役割を担っているたばこ工場の託児所とはどのようなものだったのだろうか。

『全専売労働運動史　第二巻』によると、明治の末期、熟練職工の出産による退職をふせぐために授乳場所を設けたことに端を発したらしいが、正式には大正九（一九二〇）年に、職工の定着率が一年未満のものが五〇％近く[34]と低かった女工の定着率をあげるために託児所が設置された。大正一四（一九二五）年には、大正一五（一九二六）年の工場法実施に先立って一時間以内の育児時間が設けられ、さらに昭和三（一九二八）年には、『専売局託児所準則』が制定され、各工場の運営の統一がはかられている。

そもそも、日本で初めて職場託児所ができたのは、明治二七（一八九四）年の東京紡績深川工場であり、その後は、鐘ヶ淵紡績株式会社の鐘ヶ淵乳児保育所（一九〇二年）、福岡県の三井田川鉱業所（一九〇六年）、富士瓦斯紡績株式会社の小名木川工場保育所（一九〇七年）、山内鉱業所幼児預所（一九一一年）、三菱金田炭鉱託児所（一九一二年）などが設置されている。[35] これから見ると専売の託児所の設置自体は決して早い取り組みとはいえない。しかし、一九二七年の共同印刷争議における労働者の十ヶ条の要求に「完全なる授乳設備及び託児所の設置」[36] があげられていることからもわかるように、明治期から昭和にかけて職場託児所が設置されたのは、ごく限られた大企業や官営工場しかなかった。そのうえ、大正末期から昭和にかけての産業合理化によって、それまであった職場託児所も

「一方的に、整理されるものもかなり多かった」[37]という。公立の託児所ができたのも、東京市では大正一〇（一九二一）年からのことである。

大正一三（一九二四）年八月二〇日付けの『労働』号外婦人版には「安全な託児所もないので可哀さうとは思ひつゝも、幼い子供を家に残」して、工場に出勤する工場労働者の女性の訴えも掲載されており[38]、大正一一（一九二二）年の神戸市社会課の調査による「幼児の処置と年令とに分ちたる幼児数　燐寸軸木工場に於る婦人労働者の育児調査結果」[39]でも、家族や近所などまったく子守りがなく、子供だけを家に残して母親が仕事にでる割合は全体の約一割にのぼる。その中でも一歳～三歳までの乳幼児が全体の約二％おり、明治以降の女性労働者の激増に見合う形で、託児所設置などの対応が進まない状況がこれらの数字からもうかがわれる。

したがって、『煙草工女』の書かれた昭和四（一九二九）年当時、約一五六万人[40]いた女性労働者にとって、託児所施設も満足に利用できないまま、出産・育児をしながら働くということが現実的にかなり厳しい状況にあり、『煙草工女』のおそのが、低賃金に苦しみながら、ともかく子育てしながら働ける状況にあったという設定は、当時としては、工場内に託児所があるといった特別な条件があったからこそ成立したといえよう。

3　小説『煙草工女』の表象するもの

1　女性の解放と託児所

佐多稲子が『煙草工女』を書くにあたって、淀橋工場に潜入したことは始めにふれたが、彼女がたばこ工場の門をくぐるため、工場で働いている母親の所に友人の子供をおぶって乳をもらいにくる家のものを装ってまで見たかったものというのは、工場内と、当時注目をあびていたこのたばこ工場内の託児所だったという[41]。

佐多の「工場の託児所を訪ねる」というエッセイには、そのときの様子がルポルタージュふうに記述されている。「ちっとも陽が当たらない」寒々としたガラス窓、「遊び盛りの子どもが朝から夕方まで鍵をかけて閉じ込められる」様子。「薄暗い部屋」「泣いている赤ん坊が吸い込む」「ひどい埃」。これらの描写は、すべて小説『煙草工女』の託児所風景にも描かれているが、小説とエッセイには明らかな相違がある。エッセイの中には子供の笑い声などがまったく描かれず、「あすこじゃ死亡率が多いからね」という元専売局の職工の言葉や、「ここでは、物置きと同じ意味の子供置き場だ」という佐多自身の印象など、託児所の殺伐とした様子だけがたんたんと映しだされているのである。

結局、佐多が「是非見たい」と思っていた託児所は、残念ながら彼女の期待に反したものだったようである。佐多は、この託児所内の様子を前に、最近読んだというモスクワの工場附属託児所の様子を思いおこし、「そこでは婦人労働者たちはどんなに安心して働けることだろう」と比較せずにはいられない。

これらを見ると、彼女が抱いた実際の託児所に対する失望は、たばこ工場の労働状況の苛酷さと結びついて当時プロレタリア文学が持っていた典型、つまり労働者が苛酷な現状に押し潰されるといったモチーフにつながる可能性は十分あったと思われる。しかし、彼女は小説にはそうは書かなかった。佐多稲子は、たばこ女工を取りまく厳しい現実は反映させながらも、あえてそこに左翼運動に共鳴するたばこ女工と元気で笑う赤ん坊を配することで、女性労働に非常にポジティブな印象を与える作品に転化させていくのである。

なぜなら佐多にとって、女性問題の中心は労働問題であり、その問題解決に不可欠なものとして託児所の必要性が第一に認識されていたからである。佐多は、エッセイ「子供とペンと」(一九三三年)に、幼い子供たちに振り回されて創作活動がままならない自分自身の状況をつづりながら、以下のように書いている。

またしても私は貧しく働く母性に何の保護設備もないことを痛感する。預けるに託児所なく人を頼むにそれに相当する資格が必要なのだ。……私はこの働く母性の真実の姿真実の苦痛を書こう。この苦痛が今日の状態に於いては如何に苛こくであるか、この苦痛が今日の社会の下では何故少しもかえりみられないのであるか、この苦痛からは如何にすれば無産大衆の母たちは救われるのであるか、というような、原因と進路を示す作品を書こう（『佐多稲子全集　第一六巻』一八二頁）。

また、著名な女性がそれぞれに関心がある問題を自由に取り上げて語る連載ものの「生活改善を名流婦人に聴く」という福岡日日新聞のコーナーで、佐多が話題にしたのは「労働婦人のために完全な託児所が欲しい」[42]ということであった。

佐多にとって、たばこ工場の託児所がたとえ理想的なものとはいえなくても工場内に託児所を持ったたばこ工場の女工というのは、女性が出産をし、子育てしながら働けるという女性労働者の切実な要求にかなう最低限の条件を兼ね備えた職業だったのである。

2　労働者の権利としての託児所へ

かつて木村曙が『婦女の鑑』（一八八九年）で「貧民」の「救助」を目的にした託児所つきの工場建設を作品の中で作り上げたように、たとえ母親が育児をせず、実際には乳母や女中が育児を行うにしろ「子供は家庭で育てるもの」といった文化的な土壌がある日本では、乳幼児を預かる託児所というのは貧民への慈善救済という観点から始まったものである。女性の経済的自立を標榜した与謝野晶子と、母性の国家保護を要求した平塚らいてうによって行われた大正七（一九一八）年の母性保護論争は有名であるが、こと託児所問題に関しては、育児の私事化にたつ晶子と育児の国家保障を説いたらいてうの双方が、子供を託児所に預けることに反対する点では共通しているのも、[43] 両者が新中産階級の家庭像を中心に発想していたからである。このとき二人の対立点を整理し解決策を提示した山川菊栄が、育児の社会化、つまり託児所の必要性を認識しえた[44]のは当時の労働者の実状に詳しく、労働者の視点にたった人権意識に目覚めていたことによるものだ。

しかし、近代の日本の資本主義社会は〈男性は有償の生産労働／女性は無償の再生産労働〉という経済におけるジェンダー二分化システムの確立へ向かって展開しており、[45] 女性がたとえ賃労働を行う場合も再生産労働の役割は固定され、過重な二重労働を強いられることになっていく。佐多が女性解放の前提として託児所に注目したのも、まさにこのようなジェンダー区分への疑問が内在的にあったからである。『煙草工女』は、性の賃金格差を前提にして外勤の女性労働は激増するものの出産と育児の困難がすべて女性に背負わされようとする時代に、託児所を慈善でなく、人間が当然持つ「産育権[46]」という認識にたってとらえ直し、女性労働者の視点から二項対立的な人間のありかたとは別の方向づけを示そうと試みたといえよう。

さらに当時の左翼運動には、〈家庭〉をブルジョワ的なものと決めつけ、革命に殉ずることをプロレタリアートの使命と考えるようなストイシズムが風潮としてあり、佐多は運動の中にあってそのような発想への批判として人間らしさを捨てない希望を持った労働者の戦いの姿を提示したかったのである。『煙草工女』において、妊娠から出産、育児すべてにわたって肯定的な視点に終始したのも、子産み・子育てを左翼運動や労働活動に相反しないものとして位置づけたかったのであり、それこそ彼女が希求する新しい社会主義社会のあり方だったのであろう。

『煙草工女』の約三年後、プロレタリア自身の手によって昭和六（一九三一）年一一月に、荏原無産者託児所、翌昭和七（一九三二）年には亀戸託児所、吾嬬託児所などの無産者託児所を開設する無産者託児所運動[47]が展開され、プロレタリア文学でも住野茂子の『托児所探訪記』（一九三二年）のようなルポルタージュが書かれたり、宮本百合子の小説『乳房』(一九三五年)のように、無産者託児所の保母が主人公として登場するようになるが、佐多稲子の『煙草工女』は、それらの動きのさきがけとも位置づけられるだろう。

以上のように、佐多稲子の『煙草工女』は、当時先進的な託児所を保有するたばこ工場に勤める女工という設定を利用して、現実の女性労働者の抱える苦痛からの救いの一形態を提示した作品であり、〈託児所〉を解放の糸口にして、日本の女性解放の一つの方向を具体的に示したものといえる。

＊

佐多が希望を託したこの託児所は、現代でも女性の地位向上に寄与するものとして、一九九五(平成七)年の北京で開かれた第四回世界女性会議の行動綱領でも育児サービスの推進は戦略目標の一つにあげられており[48]、同年一〇月に国内でも「育児休業等育児又は家族介護を行う労働者の福祉に関する法律」が施行され(全面施行は平成一一年四月)、平成一五(二〇〇三)年には「次世代育成支援対策推進法」が成立するなど仕事と育児が両立できる環境整備が進められている。その中でも、事業所内保育所に関しては、事業主へ託児所設置の助成金の交付という支援プログラムが策定され、平成一四(二〇〇二)年度現在、全国で三六二二カ所ある事業所内保育所[49]の増加拡大がめざされている。

しかし、これらは未だ不十分であり、男女平等の環境整備の達成にはほど遠い現状といえる。さらに、女性労働の問題は、大日向雅美が指摘するように託児所問題、特に託児時間延長といったことだけでは根本的な解決策とならない[50]。現代では、『煙草工女』の中で問題とされなかった男女の賃金格差や、労働時間、雇用・昇進の機会均等の問題、性的いやがらせ、さらには生殖技術の進展に伴って発生する健康や倫理の問題[51]など、託児所設置だけでは解消されないさまざまな問題に働く女性たちは直面しているのである。

ただ、日本のたばこ工場の託児所は、たび重なる縮小化にさらされながらも、戦前・戦後を通して常に労働者の権利要求の一つに組み込まれてきた中で[52]「今日まで維持され[53]、戦前からの職場保育所としては唯一の存在[54]」として、日本の保育史上まれに見る先進的な歴史を持っている。たばこ工場の託児所問題にその後佐多自身が直接的に関与していたかは不明であるが、託児所設置の初期段階に佐多が注目したたばこ工場の託児所がその後日本で唯一、戦前からの職場内託児所として現在まで存続してきた経緯を考えると、『煙草工女』はその先見性を含めてその後の日本の女性解放運動にとっても、その果たした役割は決して小さくない。小説『煙草工女』は、まさに近代日本において女性にとって期待された女性労働者像を表象するものとして位置づけられよう。

V　女性の喫煙倫理とジェンダー

女性の喫煙タブー規範に抗して喫煙する女性主体を描いた小説家に富岡多恵子がいる。そこでの「たばこ」は、ジェンダー規範を超越し、自我を確立した女性像に賦与される記号の一つとなっている。

戦後日本の占領下において、外国たばこを喫煙する街娼の姿は、規範逸脱者として批判、侮蔑の的となるが、彼女らの喫煙のポーズには、スティグマ化への反抗が垣間見られよう。

近年の「たばこ」への批判は、喫煙者の規範意識から、他者への影響を問題化する喫煙倫理の意識化に向かっていることが、「新聞投書」の内容分析からもうかがわれる。さらにＷＨＯによる女性喫煙の分析や禁煙キャンペーンの展開、大学生等への回想記述調査を元に、「喫煙倫理」という視座から、たばこと社会システムについて考察してみよう。終わりに、「たばこ」のジェンダー分析を通じてえた知見を述べておこう。

17 女性作家と喫煙表現

――富岡多恵子の描く女性の喫煙

近・現代の日本の女性作家には、木村曙[1]、与謝野晶子[2]、吉屋信子[3]、尾崎翠[4]、森茉莉[5]、林芙美子[6]、佐多稲子[7]、円地文子[8]、河野多恵子[9]、大庭みな子[10]、高橋たか子[11]、富岡多恵子[12]、森瑤子[13]、干刈あがた[14]、津島佑子[15]、山田詠美[16]など喫煙習慣の経験がある人が少なくない。このことは、作家という職業が、明治期から始まった「たばこは女に好ましくない」といったジェンダー規範の強い影響下にあった中流主婦層をはじめとする一般の女性たちとは規範作用が異なる、特殊な職業領域であったことを示している。彼女たちが規範に強く拘束されなかったのは、一つに女性でありながら独自の収入がえられること、さらに職場がプライベートルームであることなど、外部からの規制を受けにくい条件が揃っていたことがあげられるだろう。ただ、女性作家に喫煙者が多く見られる原因は、規範の規制を受けにくいといったこれらの条件だけにとどまるものではない。

与謝野晶子の長男光は、『晶子と寛の思い出』(17)で、晶子が愛煙家であったこと、そして医者である自分が、体に悪いと母の晶子に喫煙を注意しても晶子が終生やめなかったことを述懐しているが、その中で晶子にとってたばこというものは「頭の回転がよくなって、いい知恵」をだすもので、「歌は〝煙草の産物〟」であったと分析している。また、ヘビースモーカーとして有名な林芙美子の場合は、「(夜中の)一時頃起きて濃ゆいお茶を飲んでタバコ吸ってそれから(創作を)はじめる」(18)習慣だったという。いずれもたばこは言語芸術の創造過程で、より集中力を高め、思考を深めるために利用されており、喫煙行為は作家活動そのものと深い結びつきを持っていたことを示している。

また女性作家に喫煙者が多い一因として、彼女たちの教育水準の高さも見逃せない。彼女たち女性作家は、そのほとんどが比較的裕福な家に生まれ、当時としては最高の教育を受けた高学歴の知的エリートたちである。大庭みな子と高橋たか子は対談の中でたばこを吸ったのは「禁止されているからやった」のだと述べているが、このように「たばこは女に好ましくない」といったジェンダー規範が社会の風潮としてあったからこそ、知的能力によって性差の壁を越えて自己実現を図ろうとした女性は、喫煙に関する規範を女性差別の一つととらえ、これに反発して喫煙を行う傾向があった。女性がたばこを吸うことが、女性を一人前とは扱わない男性社会への抗議のデモンストレーションの一つとして実践されていたのである。

そもそも女性作家はその高い教育水準に加えて、近世以降、ほぼ男性の占有してきた文学という一種の知的職業に参入することで、社会が期待する「女」の役割からすでに自覚的に逸脱した存在といえる。ただ、その一方で、文壇内では「女流」といったジェンダー規範が厳然としてあり、女性作家は「女らしい」文体、作風、テーマなどを期待され、それが作品の評価にもつながる中で作品を執筆しなければならない状況に置かれた。さらに作品を商品として売るために、読者の需要に答えるべく常に社会の規範意識とも無縁ではいられない。したがって、女性作家たちは、ジェンダー規範からの逸脱と受容の両極に引き裂かれながら自己の表現活動を展開するといった点で、男性作家とは異なった、より複雑な問題を抱えていた。

このような状況のもとで、実生活のうえで喫煙習慣のある女性作家というのは、ジェンダー規範に抵触する女性の喫煙をいったい自らの文学世界の中にどのように表現してきたのだろうか。また、作品の中で喫煙行為以外のジェンダー規範が、作品の中でどのように表現され、それらと女性の喫煙はどのように絡みあって位置づけられてきたのだろうか。

本章では、喫煙習慣がある女性作家の中で、特に現代女性作家の富岡多恵子の作品を中心に取り上げ、女性文学とジェンダー規範の関わりについて、喫煙表現を軸にしてさまざまな角度から検討していきたい。

1　女性作家と作品内の女性の喫煙者たち

1　富岡多恵子と煙草

富岡多恵子は、大学在学中の二一歳から詩を書き始め、処女詩集『返禮』でH氏賞受賞、第三作目の詩集『物語の明くる日』では室生犀星詩人賞を受賞するなど、文学活動の出発地点からはやばやと世に認められ、それ以後詩への決別をへて戯曲、小説、エッセイ、批評といったジャンルに意欲的に取り組み、活発な創作活動を展開してきた現代女性作家である。一九七一年に『心中天網島』でシナリオ賞秀作賞、一九七四年『植物祭』で第一四回田村俊子賞、同年、『冥途の家族』で第一三回女流文学賞、一九七七年『立ち切れ』で第四回川端康成文学賞、一九九四年『中勘助の恋』で第四五回読売文学賞など、現在まで数々の文学賞を受賞しており、文壇デビューから約四〇年間、常に第一線で活躍してきた。(19)

これらの旺盛な富岡の創作活動に少なからず影響を与えてきたものは、なんといっても、七〇年代のウーマンリブ、そして八〇年代以降のフェミニズムである。七二年の『わたしのオンナ革命』では「男へ追いつき男を追いこせ」流の女性運動に否を唱え、リブに刺激を受けながら「傍観者」[20]的立場をとったが、その後も女性問題に対する関心は続き、八〇年代以降『藤の衣に麻の衾』[21]あたりを契機に積極的にフェミニズムに関わるようになる。九二年の社会学者の上野千鶴子、心理学者の小倉千加子らと男性作家における女性蔑視、女性嫌悪などの性的偏向を俎上にした対談形式のフェミニズム批評『男流文学論』[22]では、主に男性の文芸批評の専門家たちから批判をあびたが、女性を中心とした賛同の声も強く大きな反響をよんだ。富岡は、女性学の研究動向にも敏感に反応しながら、家族や女性のセクシュアリティを主要なテーマに「一作一作が時代の先端的問題を提起した作品を発表し続け」[23]た、現代女性作家の中で最もラディカルな作家として定評がある。

この富岡が喫煙を始めたのは、エッセイ『二十年』[24]によると大学三年の二〇歳頃であるという。当時、「若い女が煙草を喫うのは、水商売のひとか不良少女かぐらいだと思われていた」中で、富岡は「世間に気がねをし、またどこかで肩をいからせて世間と気分の上で闘」いながら「パール」[25]を吸った。

富岡は、彼女の喫煙習慣が原因の一つとなって、決まりかけていた就職を断られた経験があったが、たばこを吸うことは「個人の好みの問題だと思っていたから」「煙草を吸っているのをかくさなかった」という。また就職した先の高校では、生徒から「センセは女のくせにタバコ喫うてるやないですか」と非難された際に、「女のくせにとはなんですか」と逆に反論したことがエッセイの中で回想されている。彼女が喫煙を始めた昭和三〇年当時「ウーマン・リブもまだなかった」が、富岡は当時からすでにジェンダー規範の言説に反発し、規範には徹底的に対峙していくという傾向があった。

さらに、前述した与謝野晶子らの場合と同様に、彼女にとって喫煙は作家活動とも密接に関わっている。エッセイによると、喫煙習慣が始まったのも詩作を始めたときと重なるという。そのうえ、富岡は「詩や小説を書かなくなるとしたら、ごく自然に煙草をやめるようになるかもしれない」と述べているほどで、富岡にとって喫煙は単なる習慣性の嗜好を越えて、思索や創造活動と切っても切り離せない行為として位置づけられている。

このように、喫煙行為を通して創作されたともいえる富岡多恵子の文学作品には、いったいどのような形で喫煙が描写されているのか、まず全体的な傾向を見ていくことにしよう。

富岡作品に見られる喫煙者は、やや男性の方が多いもののほぼ同数の喫煙者が描かれており性別の偏りは見られない。女性の喫煙者の年齢構成は、『魚の骨』の二〇歳前後の女子学生、『ボーイフレンド物語』の三〇代の「わたし」、『波打つ土地』の四四歳の「わたし」、『冥途の家族』の五、六〇代のナホ子の母、『立ち切れ』の七五、六歳の「お糸さん」などが設定されており、年齢は二〇代から老年期までまんべんなく想定されている。

また喫煙者の職業と婚姻関係、そして子の有無といった属性に関しては、学生（『魚の骨』の女子学生）、有職―独身の女性（『砂に風』の高校教師の江見子）、有職―結婚―子供ありの女性（『波打つ土地』のパートタイムの容子）、有職―結婚―子供なしの女性（『波打つ土地』の詩人のわたし）、無職―独身の女性（『白光』のタマキ）、無職―結婚―子供ありの女性（『半分忘れた歌』のミツコの母など）、無職―結婚―子供なしの女性（『植物祭』のおくさん）など多岐にわたっている。

さらに、誰の前で吸っているかという喫煙状況に関しては、一人だけのとき、女友達とその夫の前、娘の前、男性の養子の前、男兄弟の前、男友達の前、恋人の前など、女性と男性にかかわらずさまざまなバリエーションが見られる。この中で喫煙する女性たちは、女がたばこを吸うことのうしろめたさを特に感じておらず、『環の世界』の「アキちゃん」[26]を除いて、喫煙することを他の誰からもいやがられたり、戒められたりしていない。この点に関しては、喫煙習慣のあった他の女性作家と明らかに異なる。

2　作品に刷り込まれるジェンダー規範

戦前戦後を通して「大衆の熱い支持を受けた」[27]作家の吉屋信子は、昭和二六（一九五一）年に毎日新聞に連載小説として発表した『安宅家の人々』の中で女性の喫煙を以下のように描写している。[28]

次枝は、ハンドバックから外国煙草の箱を出して、棒紅型のライターで火をつける。

「あなた、煙草のむの！」

姉は女にあるまじき振舞とばかり、眼に角たてる。

「のむわ、知らなかったの」

「保証人はけっして出来ません、その話なら駄目です、いつまでいったって」「じゃあ、こっちでお金貸して頂戴、そうたくさんじゃないわ、どうせたいしたことはかりられないんだから」

「次枝、あなたというひとは、いったい誰に似て、そんな者が宇田川の家に生まれたのか——私にはわからない」

国子は——声をふるわした。

「——ここの義兄さんが、どうして安宅家に生まれたのかわからないと、おんなじね」

次枝が煙草の烟を赤い唇から吐いた。


また、同じく喫煙習慣のある女性作家、干刈あがたは昭和五九年第九一回芥川賞候補作品『ゆっくり東京女子マラソン』で、喫煙する女性をこのように描いている。[29]

彼女は慣れた自信のある口調で言うと、タバコに火をつけ、勝手に席を立ち、ゆうゆうと歩いて教卓から灰皿を取ってきた。洋子はその態度に圧倒されながら、母親同士がつながりを、というのは先生が三年の終わりの父母会で言ったことと同じだが、何か違うんじゃないかしらという気がした。

吉屋の作品は、登場人物が善／悪にはっきり二分されており、知的障害者で、純粋無垢なこの作品中最も善人である宗一は「お酒も煙草も身体に毒だからのまない」と設定されている。これに対し、作中、喫煙者は宗一の弟譲二と、宗一の義妹次枝で、この二人はいずれも宗一の財産をねらう悪役である。前述の次枝による金の無心場面では、姉国子の気持ちを解説する語り手によって妹次枝の喫煙は「女にあるまじき振舞」として位置づけられたうえに、その喫煙習慣が自堕落でずる賢い次枝の性格にも結びつけられており、読者に非常に否定的な印象を与えるよう描写がされている。吉屋は、〈悪〉をシンボリックに表すものとしてたばこを使っているのである。

また、吉屋の作品から三三年後に書かれた干刈の場合も、女性の喫煙をやはり否定的なイメージとして利用している点では吉屋の場合と同じだが、そのイメージと結びつけられる特性が、吉屋のものとはかなり異なっている。喫煙者は、「フリーだけれど仕事している」ＰＴＡの学年部長をしている女性（母親）だ。彼女は雄弁で、強引な組織の責任者という設定となっており、自堕落、性的放縦といった従来の悪女イメージとは何ら関わりない。しかし、彼女はさまざまな家庭でひたむきに生きる母親たちが描かれる中で、唯一周囲に不快な印象、あるいは抑圧感を与える女性として描かれている。「あの人、（略）専業主婦をバカにしてるみたい」という他の母親からの非難は、彼女が母親達の連帯にそぐわない異質な存在であることを表している。彼女以外の母親たちはだれも喫煙をせず、彼女の自信に満ちた断定的な物言いに加えてその喫煙習慣が、彼女と他の母親たちとの溝をいっそう深めるものに利用されているのである。

干刈は吉屋のような善と悪の対立といった構図を作品には持ち込まず、女性の連帯を志向する点で、日本の女性作家の中ではユニークな存在である。ただ、連帯を構成するにあたって、他の人とは同じでないもの、他人の気持ちをくみ取らないもの、やさしくないものに否定的なイメージを付与し、それを意識下で除外することで連帯の結束が図られるという側面がないとはいえない。この作品では女性の喫煙は、異質なもののシンボルとして排除の論理に使われている。

以上のように吉屋と干刈の場合は、「女性にとってたばこは好ましくない」といったジェンダー規範が作品の中に持ち込まれ、さらにそれを意図的にネガティブな登場人物の特性に結びつけ記号化することで規範はいっそうテキストの中で強化されている。これは、作家自身の喫煙経験を作品にはまったく反映させず、創作上では社会のジェンダー規範に迎合してそれを利用するという、作家個人の意識を周到に隠匿した例として代表的なものといえる。

これに対して、たばこに関するジェンダー規範を否定的にとらえて作品の中で女性の喫煙を描写している女性作家作品もある。たとえば昭和五三年に女流文学賞を受賞した津島祐子の『寵児』では、以下のような女性の喫煙の場面がある。(30)

　高子は煙草を吸いたくなった。かまわない、と思ったが、やはり気兼ねをした。頭を下げながら、廊下に出た。（略）
　夏野子から眼をそらして、高子はハンド・バックから煙草を取り出した。
　〈だめよ……〉
　予想していたことなので、夏野子の声に驚きはしなかった。取り合わずに、箱から一本抜きだした。ほとんど同時に、夏野子の指がその一本を高子の手から剥ぎ取ってしまった。高子は夏野子の顔を見つめた。鼻翼が膨らんで、赤くなっている。夏野子は煙草を掌ににぎりしめたまま、眩しそうに眼を細め、窓に向き直ってしまった。

この場面は女性の喫煙を善悪を越えた女性の自我意識の表れとして、より肯定的視点にたって描写されたものである。主人公の高子は娘の夏野子とぎくしゃくした関係にあり、娘の中学入試の面接の前、校内で主人公がたばこを吸うことを娘にとめられる。この場面に先だって、かつて娘が母がズボンをはくことすらいやがるというエピソードも主人公と娘の会話の中で回想される場面もあるが、このような娘のかたくなともいえるほど〈女らしさ〉に固執する姿勢と、ほとんどジェンダー規範に頓着しないで生きる母との規範意識をめぐる深刻な対立がここではたばこをとおして象徴的に描かれる。

作中、全般にわたって語りは主人公の過去の心象風景を繰り返し現実の場面に挿入することで、彼女の現在の孤独感を重層的に描写していく。その中で規範志向の強く、自分になつかない娘は主人公にとって理解しがたい他者として位置づけられ、主人公の孤独をいっそう深める原因ともなっている。このように主人公は規範にこだわりなく自分の思うままに生活している反面、自分を受け入れる他者がいないことの欠落感が強く、非常に不安定な精神状態に陥っており、その深層にひそむ主人公の母子一体願望を原因とする想像妊娠へと話は展開していく。したがって、この作品は生活習慣のレベルではジェンダー規範の逸脱が表現されているものの、孤独の脱出口として〈母〉として生きることに執着する〈母性幻想〉という落とし穴が用意されているのである。

以上のように、吉屋、干刈、津島の事例は、たばこに関するジェンダー規範の追認と、逸脱といった点で対照的ながら、作家自身が実際に喫煙者といえども、富岡の場合とは異なり、作品内で女性の喫煙が描写される際いずれも女にとってたばこを吸うことが好ましくないといったジェンダー規範が何らかの形で反映されている点では共通している。

日本たばこ産業の統計調査によると昭和四〇（一九六五）年から現在までの女性の喫煙率はほぼ一五％前後で推移してきており、女性七人に約一人が喫煙者というところで、ほとんど大きな変化は見られない。一方、男性の喫煙率は、昭和四〇年の八二・三％から平成一七（二〇〇五）年の四五・八％と大幅に減少したものの、男性人口の半数弱を占めている。現実の女性の喫煙の状況というのは、リブやフェミニズムをへてもこの三〇年間あくまで少数派であったのである。

このような状況の中で富岡が女性の喫煙を作品に多く取り上げ、なおかつ規範をそこに反映させなかったということは、そこに富岡自身の規範に対する意識と規範変革を目的とした明らかな戦略を見てとることができるのではないだろうか。なぜなら、前述した吉屋らの場合のように現実の規範を作品に反映することは、社会で共通認識されている記号を利用するため読者の理解をスムーズにし、作品にリアリティを持たせることが可能だからである。しかし一方で、文学が規範の再生装置となる危険性もはらんでいる。

富岡がめざした新たな作品世界にたばこがどのように関わるのか、次章で具体的に見ていくことにしよう。

2　喫煙する女性と喫煙しない男性──『波打つ土地』『白光』

一九八三（昭和五八）年に『群像』に発表された富岡多惠子の『波打つ土地』は、彼女のエッセイ『西鶴のかたり』(31)の中で「既成の〈男〉〈女〉の役割から登場人物たちを解放しようと試み」たと作者自身によって明確な創作動機が表明されている作品である。

作品は元詩人で、夫はいるが子を産まないことを選択し、夫以外の男性とも性的関係を結ぶことに何の葛藤も逡巡もない四四歳の共子を中心に展開する。結婚と非婚、子を産むこと、産まないこと、産めないこと、そしてフルタイム労働、パート労働、専業主婦など結婚、子供、仕事に関して女性のライフコースの中で想定できるパターンがそれぞれに設定された四人の女性とそのパートナーが絡みあって、従来の男女関係に関する倫理、規範などが根底からくつがえされた作品である。

主な登場人物は共子の相手の四二歳のカツミ、カツミの妻のアヤコ、共子の友人で結婚はいやだが子供はほしいという自活している三〇歳独身の組子、組子の友人で専業主婦のアヤコ、夫が働かないのでパート労働をしている子持ちの容子である。この中で喫煙者として設定されているのは主人公の共子と、話の途中でたばこをやめたことがふれられる容子の二人だけで男性登場人物に喫煙する場面はまったく描かれない。特にカツミがたばこを吸わないことは、喫煙習慣のある共子と対照的に描かれており、二人が性関係にありながらまったく精神世界を共有していないことがたばこによって表されている。


「健康優良児ですね」

「そうですね。アルコールはだめだし、煙草はいたずらしたこともないですよ」

「それにこんな毒をのまないから」とわたしは煙草に火をつけて笑った。

「したことないですねえ。ここ数年、風邪ひいたこともないから」

「病気なんてしたことないでしょう」


これは、作品の冒頭部分のドライブをしている際の共子とカツミの会話である。カツミは、「よく響く健康な声」「ふとい、健康な腕」「憂いのない顔」を持つ一八八cmの大男で、夫のことを「ご主人」、妻のことを「大蔵大臣」と無邪気にいってはばからない凡庸な男性である。共子は、そのような「カラッポ」のコトバを使うカツミの人格を嫌悪しつつ「コトバの通じぬ男にアキて性的会話としての性交を求め」る。しかし「その性交にアキると、もうそこから求めるものは男にな」くなり共子は、外国行きをきっかけにカツミとの関係を断ち、カツミとの関係は共子の友人の組子に引き継がれる。この前半部分の共子とカツミとの関係を描写する際、「愛」という情緒的交歓がかけらもなく、かといって性欲の充足だけが目的とされたものではない点が、従来の男女関係を描いた作品とは際だって異なる部分であろう。

共子はカツミの言説に吐き気をもよおし、カミツを心底軽蔑しながら、「攻撃の衝動」としてカツミと性交を行う。一方、カツミは共子の心中をまったく察することなく、共子を「かわいい顔」「恋人」として位置づけ、自分の優位に支えられた恋愛幻想を信じて疑わない。加藤典洋は、共子とカツミの関係を「『男が女を買う』小説の逆をいった『女が男を買う』」式の話としてこの作品を読み解いているが、(32) この作品は従来の女性と男性の役割が単に転倒しているわけではない。

従来女性は、性的に受け身で、愛がなくては性交できず、産む性として平和主義者で、健康志向が強く、環境問題にも関心がある、という性質を本能的に持っていると一般に信じられてきた。富岡は、これを「神話」「迷信」「誤解」「思いこみ」「幻想」として位置づけ、エッセイ『藤の衣と麻の衾』の中で以下のように分析してみせる。

ヒトの「愛」の多くは、発情や性行為のためにつくられる。「愛している」から性を求めるのでなく、性を求めるから「愛する」場合もある（略）

「女は受身である」という迷信の中では、女から性を誘いかけない。誘いかけはいつも男であり、女は承諾をジラスことによって、女の性の値うちをひき上げることができる。値うちをひき上げられた女を自分のものにすることは、男の自尊心を満足させる。つまり、「女は受身」であるというのは、取引にこそ有効であれ、性の本質とはなんらかかわりない。

共子のキャラクターというのは、こういった女性にまつわる幻想をことごとくはぎとり、従来、実社会でも文学世界でも「疎外されてい」た「自我をもったヒトとしての女の性[33]」を体現する存在として設定されているのである。それに対して、カツミの場合は現実的に多く見られる男性を反映させたキャラクターといえる。

カツミはいつも誰にでも愛想がよく物腰がやわらかで、上司に媚びたり人の贅沢をねたんだり、自分の職業に関するコンプレックスも少々持っているというごく「フツーの人」だ。また、他人の気持ちに鈍感で、幼児性が抜け切れず、単純な言葉のいい間違えがあり、女性にやさしいようで無自覚なまま女性差別を内に抱え込んでもいる。いわば、男性の負の部分だけが、拡大・戯画化されたのがカツミである。カツミは、男性として立派な体格を持っていると設定されているが、それすらも「バカの大男」というネガティブな記号に置き換えられて、語り手でもある共子はカツミを徹底して「不愉快」な存在に象徴化する。

したがって、共子が喫煙するのに対して、カツミがたばこを吸わないということは、二人が精神世界をまったく共有していないといったことを表現しているだけにとどまらず、カツミ側の「吸わない」という行為も共子の批判の対象にさらされているといえる。

カツミが喫煙しないのは、たばこが体に悪いという健康志向からである。共子の友人の容子も、無農薬「野菜の会」に入会してたばこをやめた。この無農薬「野菜の会」には、偶然共子の友人の組子やカツミの妻のアヤコまで入会しており、思わぬところで共子の知人たちはエコロジー運動を通じてつながりを持っている。共子は、これらの知人たちとの交友はそれぞれ続けながら、この健康イデオロギーに基づく連帯に決して加わることはない。共子が友人の熱心な勧誘を受けても会に参加しないのは、無農薬野菜を食べれば健康だという会の標榜する正義のプロパガンダが、さまざまな問題を捨象した一つの幻想にすぎないことを見抜いているからだ。「野菜の会」は「宗教団体」にも換喩され、その運動の精神性のあやうさが強調される。

したがってカツミの健康イデオロギーも、主体的に思考し、判断することを放棄する一種の信仰行為として位置づけられているといえよう。たばこは、作中「毒」という記号を持たされ、共子だけが自覚的に「毒」を背負っているが、この「毒」は〈悪〉の記号に横滑りすることなく、正義や規範に追随するような思考の空白を許さない〈主体的思考〉へと結びつけられているのである。

ただ、それに加えて何よりも共子がカツミらの「健康」イデオロギーに対峙するのは、共子自身に〝人間が生まれないのが一番〟というニヒリズムの暗い闇が抱え込まれているからだ。父親の違う四人のきょうだいがいるという複雑な家族関係が彼女の意識形成に影響を与えているのか、共子は子供を産まないことを選択するといった、いっさいの生の再生を拒絶するという地平にたつ。ふだん「ただ、たんに生きている」状態をモットーとしつつ、ちぢれ毛の男性と波打つ土地で「性交することによって水となって消えてしまいたい」とも夢想するのは、そうすれば「もう生れ出ることはない」からである。

この共子の〈生〉の拒絶が、単なる「自潰の衝動」(34)に終わらず彼女の実存に深く根を降ろしていることは、逆説的ながら共子が自殺を嫌悪している点から伺える。橋本征子は、デュラスの『インディア・ソング』の女主人公マリ・ストレッテルに比較して、自殺しないで波打つ土地を夢想する共子に「救済が残されている」(35)と判断を下しているが、自殺行為そのものは一種の「救済行為」ともいえ、単に絶望の度合いをはかるものにはなりえない。少なくとも、生への絶望を死なずに背負う共子の絶望は、自分の存在をどうやってこの世界につなぎとめたらいいのか答えを見失って自殺した組子の絶望よりはるかに根が深く、希望がない。共子にとっては、自殺は解放を意味せず、救済などこれから自分が生きようが死のうが、すでに生まれてしまった今となってはもはやありえないのである。しかし、この〈生〉を絶望する〈生〉として自我主体が確立されていることこそが、共子をすべての規範から超越させる基盤にもなっているといえる。

水田宗子の『ヒロインからヒーローへ　女性の自我と表現』[36]によると、女性作家たちが従来表現してきた女性の自我は、二つの型に分類できるという。一つは、「疎外され、抑圧された自我意識」であり、もう一つは「女性であることに徹底し、女性の領域を深めることによって自己主張をし、かつ自我の超越をはか」るものである。前者が、狂気、葛藤、怨念に、後者が母性神話に結びつくという、いずれも女性への規範や抑圧に対抗する女性の自我が模索されたものだが、『波打つ土地』の共子のたつ自我主体は、このいずれにもあてはまらない。

なぜなら、共子が〈生〉を〈絶望〉として認識することによって、ジェンダー規範に対抗するために自分がよってたつような性（ジェンダー）がすでに手放されているからである。また、共子にとってジェンダー規範を含めた社会のもろもろの規範は、対抗されるのではなく、ことごとく解体され、無化される。いわば、共子は〈絶望〉という地点にたつことで、自分を規定するものや社会のあらゆる約束事から超越していくのである。存在の無意味性を根底に見据えた実存主義が女性像に結びついている点で、富岡多恵子は日本の女性作家の中では特異な存在といえるが、このために規範超越の際に新たな規範の罠に陥ることを免れており、富岡の実践はフェミニズムの在り方の可能性を広げるものとしても注目される。

この他に規範を解体する女性の自我主体に、たばこが結びついている他の富岡作品としては『白光』がある。

この作品は四〇代の女性タマキが二二歳の養子山比古と一七、八歳のヒロシ、タマキの旧友島子、若い娘ルイ子と新しい家族を作ろうと共同生活をし、それが壊れるまでの物語である。この家族の構成員は全員血が繋がらず、全員が性関係を持ちあうというまったく新しい家族形態がめざされており、『波打つ土地』よりさらに一歩進めた実験的な小説といえよう。

作中、喫煙場面が描かれるのは、この新しい家族形態をこの世の「ユートピア」、「浄土」として発案し、家族の中心的な存在となっているタマキだけである。[37]

この作品には、タマキが養子ながら山比古と性関係を持っているという倫理的タブーがあるため、「母子姦ユートピアの物語」と位置づけられてもいるが、[38]母子関係が特に他の組み合わせの中で焦点化されているわけではない。むしろ山比古との家族関係だけにとどまらず、家族を作るために人狩りめいた人集めにタマキが奔走し、新しい家族作りがめざされる、タマキの外に向かう志向性がこの作品の要になっている。タマキが企図する家族の形は、年齢や性による役割分担がない「血のつながらない」大人だけの家族である。また、お金をかせぐために働かなくてもいい、として、従来の家族形態の成立基盤になっていた経済問題まで周到に回避されているため、これは、一般の家族間に内在するような搾取・抑圧関係を排することを第一の目的にした新たなコミュニティの形態といえよう。

タマキの口癖は、「規則を守れっていってるんじゃなくて、なにも守らなくていい」である。自然にタマキに近づくことができないヒロシを叱り、山比古とヒロシに年長者として構える島子を注意する。さらに島子は、性別主義を指摘されるなど、この家族は、世間の規範に縛られる必要がないことがタマキ主導で進められる。

タマキは、母子の性関係の件で外部からあびる興味本意の疑念に対してまったくとりあわない。タマキにとって、世間の常識や社会規範などは、すでにどうでもいいことなのである。タマキの現在の新しい家族作りの「志」の背後には、かつて世間なみに結婚した経験があり、二人の子供がいたという物語が潜んでいるが、タマキの世間との対立・葛藤期は、すでに作品世界から遠い過去のものとしておしやられているのである。ただ、規範を超越し、さらに規範のない世界作りに取り組むというタマキの「志」は、結局、経済的な問題で頓挫してしまうが、たった一人になったタマキは、今度は物語をつむぐことといった新しいやり方で女性と家族の問題を追及し続けるという可能性を残して作品世界は幕を閉じる。

『波打つ土地』と『白光』の二作品とも、女性が喫煙者であり、男性は喫煙しないことで共通する。そして、喫煙する女性は、男に従い、妻となって子供を育てるといった従来の性役割から完全に逸脱した存在である。いわば、規範や倫理、慣習にしばられることなく主体的に思考し、行動するキャラクターにのみ、喫煙が表現されているのである。これらの富岡の作品において、たばこはジェンダー規範を超越し、ゆるぎない自我を確立した女性像に象徴的に付与される記号の一つとして使われているということがいえよう。

3 詩作品における煙草

富岡は、小説というジャンルにおいて従来社会で使われて来た記号とは異なる新しい記号化を試みてきたが、そもそも富岡とたばことの関わりは、彼女が詩作を始めた時期から始まっている。実際、富岡の作品において小説より詩の方がたばこの登場の頻度は高い。

彼女の詩集第一作『返禮』(39)以降、最後の詩集『厭芸術反古草紙』(40)まで『物語の明くる日』を除いて、詩集の中にたばこは必ず一カ所以上登場する。たばこが一番最初に登場する『返禮』の中の『取越苦労』では、「急に煙草が吸いたくなった」のは愛撫しあいながら、充足しきれず何か怒りにとらわれている「わたしたち」である。富岡作品においてたばこは当初から、女性／男性のどちらかに限定されるシンボルではなく、女性／男性のいずれもが喫煙者として想定されている。同じ『返禮』の中の『手品師』では、手品師がシガレットをだし、『植物的な話題』では「煙草の白い煙の風が／砂の粒を固めて」しまい、『道化の恋ごころ』ではたばこをふかすのは王様の道化であるなど、たばこが直接女性に結びつかないものの、これらのたばこは、マジックの素材や憂愁の孤独などそれぞれ異なった使われ方がされている。また詩集第二作にあたる『カリスマのカシの木』(41)の中の『長い時間』ではタバコはそれぞれ相手にマッチの火をともした「わたし」と「きみ」が吸っており、タバコが終わるその喫煙時間が恋の時間に重ねあわされている。このように女性と男性が二人で喫煙することが、恋愛感情や一体感を示すものとして使われているものとしては『捨遺詩篇』(42)の『ちいさな二つの恋の唄』もある。

富岡の詩は、その口語的な語り口から「饒舌体」ともいわれ、「わたし」「あたし」「わたくし」「あたくし」「あたい」「わたしたち」「きみ」「あんた」「あなたがた」など、人称の多様が特徴の一つに上げられているが(43)、おおむね「わたし」という一人称を基点としながら、詩集ごとにその世界を共にする相手を微妙に変化させ、視点や認識のレベルが切り替えられる。処女作では、男女が未分化のまま一体となっている「わたしたち」の世界が描かれ、二作目では「彼」が多用される三人称の世界を描き対象に距離を置くが、三作目では絶えず「あなた」を意識しながら「わたし」のモノローグが続いていく。その流れの中で四作目の詩集『女友達』では、初めて「女」が「あたし」の対象として浮上する。

くろい服をまとった女の前に
きのうはすわっていた
ビロウドのような湿った布をからだにまきつけて
かの女は喪服ではなかった
横むいて柱にもたれて
床に
タバコのぺしゃんこのすいがら

マッチの茶色のじく
あたしの吐いた
いがらいツバがたまると
かの女はちいさいホーキではいた（略）

『女たち』(44)と題されたこの作品は、文字通り女だけが登場する。前半部、「あたし」は「くろい服」の女と一緒にいて、気に入っているバーバラという女性の歌うたいの歌を聞きたいと彼女に話をしている。床には「あたし」が捨てたタバコやらマッチやら吸い殻が無造作に転がっていて、それがたまると彼女はそれとなく片付ける。一方「あたし」の視線は彼女の「うすっぺたい腹のふくらみ」に注がれており、いわば「くろい服」の女はこまやかな世話という身体表現で、「あたし」はその〈まなざし〉によって、両者の間の濃密な空気が表現される。後半部は、一カ月前その歌を「女のひとたち」のいる家で、初めて聞き、その歌が気に入って喉が腫れるまで海岸で歌ったこと、女たちは「毛唐の真似」をして靴のまま家にあがり、ミッチャンが「ラッキョウをつまんでたべた」りと、従来、女であれば〈はしたないこと〉〈不作法〉とされるようなことを自由きままに屈託なく行った歌にまつわる思い出が振り返られる。このように女だけの世界の解放感や充足感が表現される一種のシスターフッドの作品においてたばこが取り上げられている。

しかし、なんといっても富岡の詩の中でたばこが富岡自身の主体そのものに関わるような独自の意味づけがされているのが、詩集『厭芸術反古草紙』の中の『だからどうなんだというから　いくのだといった』という作品であろう。この作品は、「あたし」「タエコトミオカ」の一〇連に及ぶ一人語りという形式をとっており、作者の実名「富岡多恵子」がカタカナ表記に置き換えられて一つの虚構世界が偽装されているものの、「あたし」が富岡自身であることを強く示唆した富岡作品の中では唯一のものである。

「あたし」は、「おしっこ」をし、「メシ」を食べ、「キモノ」を着、「キスをして」「植木に水をやって／金魚にエサをやって／猫にゴハンをやって」「朝のコーヒー」、「風呂」、「掃除」、「メイキャップ」、そして「戸じまり」をしながら、「ありがとうございました」とのお世話になった人へのお礼というように、家をでて行くまでに準備される「あたし」の行動が、一つひとつ順番に列挙されていく。この中で「ちょっとそこまで／タバコ買いにいってくるわね」として作品は締めくくられている。

作品の中では「タバコ」がでてくるのは、この作品の一番最後であり、このセリフで作品は締めくくられているが、「あたし」は「家」をでようとしているのかなど「あたし」の心情はまったく説明されないが、「あたし」にとってこの行動が、転生をかけた決死の覚悟ともいうべき思いが伴っていたことは、さまざまな準備をへて、最終的に家をでる際「手甲に脚絆で／ワラジのひもをしめ／死装束で」出掛けたことからもうかがえる。ただ、このものものしい支度をし、家をでた「あたし」の新たな目的地は、家のすぐ近くにある「タバコ」屋であり、「タバコ買い」というのが、「あたし」がめざす行為として提示されている。

したがって、この結末に関しては単に、支度と、その目標とする場所の落差という、「オチ」のおもしろさ[45]を味わうことも可能であり、また、表面上「大喜劇」を装った作者の「韜晦」[46]を読み取ることもできるだろう。

しかし、この詩の中で「オノ先生／お世話になりました」と挨拶がされているのは、富岡の詩作の師小野十三郎に対してのことであり、富岡は、この詩集で詩作と決別したことを踏まえれば、この作品は虚実入り交じった富岡にとって詩への別れの儀式ともいうべき作品といえる。したがって、作中の「あたし」の今まで住んでいた「家」との別れは、富岡が「やっとこさ、愛想をつかして別れた」「詩という男」[47]との別れが表されているのであって、「タバコ買い」に行くという行為は、実は富岡がめざしていた〈散文〉世界への参入ということが置き換えられ象徴化された表現として解釈することができる。しかし、〈散文〉への参入がなぜ、〈タバコを買いに行く〉という行為へ結びつくのか。この二つの記号の意味内容をつなぐためには、まず富岡にとってジャンル変更がどのようなものであったのかをおさえておく必要があるだろう。

富岡は詩作から散文へのジャンル変更に関して、散文に転じた後もたびたび評論で言及し、[48]さらに『詩から小説へ――室生犀星』[49]で室生犀星のジャンル変更の分析に自身の問題を仮託して論じたりするなど、常々言語表現のスタイルについて強いこだわりを見せてきた。富岡がジャンルを変更したのは、彼女が三〇歳当時、アメリカに滞在したことや父の死などの実生活上の変化をきっかけにして、詩の持つ主観的世界や自己肯定性に飽き足らなくなってきたことが一つの原因となっていたと思われる。「生存している状態の深さを認識したい[50]」として自己を取りまく事象を再検討する「認識」行為に関心が向かう富岡にとって、〈私〉の存在を提示するだけの〈私〉語りの原型ともいうべき詩のスタイルは、もはや彼女の新しい問題意識にそぐわないどころかまったく相反する表現形態として決別される。

というのも富岡にとって詩と散文というのは、単にそれぞれが異なるのではなく、主／客、天／地、善／悪といった点でまったく対照的なジャンルとして位置づけられているからである。[51]いわば富岡は、〈私〉あるいは人間がなぜ存在するのか、どのように存在するのか、といった問いを掘り下げるために、主・天・善の詩の世界に背を向けて、客・地・悪の散文の世界へ自ら乗り込んでいったのである。

したがって、作品の結末において〈タバコを買いに行く〉行為というのは、富岡自身が認識主体として転生していくというポジティブな意味内容が背後に背負わされているといえよう。

ただし、この〈タバコを買いに行く〉こと、つまり喫煙するということが「あたし」にとってまったく初めての経験ではなく、どうやら「あたし」の日常的なものであることは「ちょっとそこまで／タバコ買いにいってくるわ」というセンテンスの中の「ちょっとそこまで」という、たいしたことではないというニュアンスからうかがわれる。さらに、最後に突如付与された「わね」という語尾の変調からかもしだされるテレの姿勢や直前の連との流れの断絶など、結論に向かう統合をあえてはずすレトリックが施されており、〈タバコを買いに行く〉という行為は、新境地に乗りだす気負いなどの意味内容を正反対にはぐらかしたものとしても読み取れる。しかし、たとえ日常性としても、それはジャンル変遷をへても変わらない日常として、それはたばこが単なる習慣性の行為を越えて、〈私〉が〈私〉であり続けるという存在のシンボルとしてとらえることも可能であろう。

このようにさまざまな解釈が可能な〈タバコを買いに行く〉という行為は、認識主体に関わる暗喩として表現されているにせよ、日常性、さらには不変の自我主体を表現するために使われているにせよ、いずれも家を出た「あたし」「タエコトミオカ」が新たにめざす行為であるという点は動かない。

詩作品において、富岡は「女にとってたばこが好ましくない」という社会のジェンダー規範があたかも存在しないがごとく、女性や男性にかかわらず、人間関係や心情を示す記号としてたばこをふんだんに使ってきたが、ジャンル変更という転機において、富岡におけるたばこは我が身に引き受けられ、作家自身のめざす散文という新たな世界をまるごと提示するものとしてその意味内容が飛躍的に拡大した。

詩というジャンルは、散文に比べて圧倒的に読者数が少なく、勝手な言語表現が許容される、自己満足に陥りやすい閉鎖的な世界であると富岡は詩と決別した理由をあげているが[52]、流行歌という大衆化された詩の世界がたばこに関してジェンダー規範の再生・強化装置になっていたこと[53]と比較しても、富岡がたばこに関して、規範に捕われずに自由に意味内容を創造できたのは、まさに詩が読者への迎合を第一におかない芸術空間だからである。詩的世界は、ステレオタイプの流行歌とは対極にあり、常に自由な新しい言語表現がめざされる言語生成の場でもある。したがって、富岡によって決別されたにもかかわらず詩というジャンルは、その後富岡が散文世界でのたばこに関する新しい記号内容を創造していった原点として位置づけることができるだろう。

4　富岡多恵子とジェンダー

以上、富岡多恵子が詩作を原点にして、散文へのジャンル変遷をへて、七〇年代の自己の認識主体から八〇年代以降の女性の規範超越へと富岡が取り組んできた文学テーマに、煙草がさまざまな形で密接に関わってきたことを見てきた。富岡が現実社会の中ではジェンダー規範の規制力の強いたばこを規範に捕われないで自由に作品に描写したり、さらに規範を逆手にとって、規範にからめとられない女性の自我主体を象徴するものとして新しい記号化を行うなど、彼女の文学表現とたばことの関わりは深い。

これは、富岡が喫煙者であることもさることながら、富岡にとって「文学の本意は、世間の信じる秩序に向かって否を表明すること[54]」であったこと、さらに「小説に出てくる女は男によって書かれてきた『女』だったのではないか、それはステレオタイプとしての『女』で、女は書かれていないのではないか[55]」という強い問題意識によって彼女の創作活動が展開されていたことと無縁ではない。作家自身喫煙習慣があっても、喫煙習慣のある女性作家たちが、何らかの形で女性がたばこを吸うことは好ましくないというジェンダー規範（既成の記号）を作品に持ち込むことが多く見られる中で、規範に縛られた記号を規範からずらし、多様な意味内容を創造するという新たな意味生成に取り組むことで、富岡は散文小説がときには無自覚なまま背負っているステレオタイプの再生産装置という側面を切り崩そうとしたのである。

富岡文学におけるジェンダーとの闘争は、彼女の作家デビューと同時に始まっている。第一作目の詩集『返禮』の中の『身の上話』には、「みんなが男の子だと賭けたので／どうしても女の子として胞衣をやぶった／すると／みんなが残念がったので／男の子になってやった／すると／みんながほめてくれたので／女の子になってやった／

すると／みんながいじめるので／男の子になってやった……」と周囲の押しつけに反発して自在な性の転換が行われる詩がある。この詩は常に相手の期待を裏切る「あまのじゃく」行為をへて「立派な女の子になってやった／恋人には男の子になり文句をいわせなかった」として「意識の両性具有[56]」に到達し、他人の思惑に左右されない〈自我〉が確立されるまでを歌ったものであるが、ここに富岡のジェンダー観と女性としての自我意識の在り方の原型が読み取れる。

富岡にとってジェンダーとは、自己の意識や存在を外部から不当に規定し束縛する抑圧装置以外の何ものでもない。そして、たとえ女から男に、男から女に変性したところでジェンダーという罠からいずれも逃れることはできないということが見抜かれた時点で、富岡の自己存在の探求とジェンダー解体への模索は同時に始まったといえるだろう。

5　喫煙から禁煙へ

近年、たばこをめぐる記号化は転換期にさしかかっており、ジェンダー規範と喫煙の関係性にも変化が生じてきた。一般の喫煙イメージも男女ともに不潔・不健康・他人の迷惑と低下傾向にあり、禁煙の記号化が活発化している。厳密にいえば〈禁煙〉というゴールの記号化ではなく、〈禁煙に向かう過程〉の記号化であり、それらは禁煙の困難さによって引き起こされていると思われる。禁煙に関してあの手この手のプログラムが考えだされているものの、必ずしも成功するわけではなく、挫折者も多い[57]。しかし、禁煙が困難であればあるほど、禁煙をしようとする者は困難や忍耐といった難行苦行に挑む挑戦者として、かつての質素倹約や健康第一主義とは異なる新しい意味内容が立ち上がってくる。禁煙は己れの断ちがたい誘惑に打ち克つ自分との闘いであり、強い精神性の証しともなる。

「禁煙というものは実に退屈である」と述べる、現代女性作家の松浦理英子（一九五八年生）は、この「退屈さを紛らわせるために」巻に出回る禁煙本を読みながら、「目下禁煙に挑んでいる」[58]。そして、かつて「嫌・嫌煙」を表明していた富岡多恵子も禁煙を実践中という[59][60]。

喫煙に挑む女性から、禁煙に挑む女性へ、女性作家たちの禁煙実践の試みは、女性と喫煙表現の新たな物語を予感させる。近代の喫煙におけるジェンダー規範成立後、女性の喫煙表現は規範への抵抗、解体として象徴的意味を持ち続けてきたが、禁煙というタームを取り込むことによって、女性が、喫煙しないこと／喫煙し続けること／禁煙すること／禁煙に挫折すること／あえて喫煙を始めること、の差異をめぐって女性の喫煙表現は錯綜し、規範との関係性もより複雑化することは間違いない。忍耐と挑戦という両義的なジェンダー・アナロジーを背負う〈禁煙〉に今後、女性作家たちはどのように向きあうことになるのであろうか。

18 占領下における女性とたばこ

女性に対する喫煙イメージには、「たばこは動くアクセサリー」に見るファッショナブルで格好のよい女性、魅力的でセクシーな女性という肯定的なイメージの一方で、母性を尊重しない、母性役割から逸脱している女性というイメージや、性的に放縦な女性といった嫌悪的なイメージもある。[1] これらのイメージは、いずれも女性のセクシュアリティを表象するものといえる。そして、嫌悪的な性的イメージの極には、売春女性の喫煙を見ることができる。たとえば、売春女性を描いたポスターでは、売春女性＝「夜の女」は、たばこをくわえたり、たばこを手にした女性として描かれている（6章、図4参照）。それほど、売春と喫煙は密接なものとして、われわれの中にイメージづけられている。

本章では、終戦後の街娼[2]とたばこの関連を見ることから、ジェンダー規範を逸脱した存在として位置づけられている売春女性と喫煙の結びつきが、いかに明示化されていったかについて考察する。江戸時代の遊廓においてもたばこは、一種の作法として位置づけられており、たばこと売春は深く結びついている。しかし、遊女のたばこは、遊廓という閉鎖的な世界での、いわば虚構の世界で、一時の恋愛を盛り上げる小道具である。(3) 遊廓という閉鎖的な世界であったからこそ「遊び」として容認されていた売買春や遊女のたばこは、終戦後、一転する。端的にいえば、終戦後に見られる街娼の増加は、売春する女性の存在を公然のものとし、公衆の面前で喫煙する女性の存在を公のものとした。もちろん江戸期の「夜鷹」等、以前から街娼は存在していたが、「誘客場所や誘客方法においても世人の注目を惹くものではなく(4)」、しかもその街娼の大部分は「貧民窟や労働者街に出没し、中心地にはほとんど見られなかった(5)」という点で、終戦後の街娼とは様相が著しく異なっている。

そこで、終戦後に見られる売春女性の中でも特に街娼に焦点をあて、売春女性の手記から喫煙状況とその心情について読み解いてみたい。

幸い、終戦後、売春女性自身によって執筆された手記の刊行を多数見ることができる。その理由としては、高等教育を受け、文字に親しんだ女性が売春に携わるようになったことや、女性の作文運動に見られるように自分史を書くことに対して女性が自覚的になったことがあげられる。それと同時に、売春防止法制定をめぐる社会の売買春問題への関心から、売春女性に対してさまざまな調査研究が行われ、売春女性の口述が記録され、出版物として「売春女性の手記」が商品価値の高いものとなったこと等に起因している。ここでは、売春女性の心情が語られていると思われる手記を手掛かりに(6)、売春女性の喫煙観について検討したい。

1　終戦後のヤミたばこをめぐる状況

終戦後の国民は、インフレによる実収入の低下、離職、失業、戦災、引き揚げ、復員等、経済の無力化、家族・地域共同体扶養の低下により、きわめて厳しい窮乏生活を余儀なくされた。一九四六（昭和二一）年には、六〇〇万人内外の失業者が、インフレや食糧難で苦しんでいた。こうした者たちの中には、ヤミ屋となり、あるいは浮浪者となるものも少なからずいた。彼らは、靴みがき、新聞売り、たばこ売り、パンパン、パンパンの客引きなどを行いながら街頭に溢れていた。(7) 要するに、終戦後の日本には、浮浪、売買春、犯罪が横行していたのである。

売買春に関していえば、一九四六年、赤線地域と呼ばれる集娼地区が政府によって公認される。集娼地区が公認されるということは、それ以外の地区での売買春は犯罪であるという意味を持つ。集娼地区は、いわば戦前の公娼制度との連続であり、それ以前との著しい変化は街娼の増加、すなわち犯罪としての売買春の増加である。こうした状態にあった日本は、一九五二（昭和二七）年四月の「サンフランシスコ平和条約」発効までの七年間、連合国軍の占領政策下に置かれていたが、実はそのことが、不正たばこや、街娼の増加等、たばこや売春女性に大きな影響を及ぼしている。それについては後にふれることにし、まずは終戦直後のたばこをめぐる状況について見てみよう。

戦時下の一九四四年一一月、日本では、原料、材料不足や労力不足、輸送困難といった状況から、たばこは割り当て配給制となった。その後も、たばこ工場への空襲などから、たばこ製造能力はその五五％を喪失し、一九四五年八月一日には、配給たばこの割り当ては成人男性一人一日当たり三本とされ、「たばこ飢餓」状態が現出した。(8)

終戦後は、生産能力の回復が図られ、一九四六年五月に配給たばこは一日当たり五本となり、成人女性も登録者に加えられた。そして同年には、「両切コロナ」「両切ピース」などが自由販売化され、たばこは配給品、自由販売品の二本立てとなった。しかし、これらの自由販売品は、配給たばこの「光」や「みのり」が六〇銭、「金鵄」が三五銭であるところ、一〇円、七円といったヤミ値と変わらぬ高値であった。一九四七（昭和二二）年五月からは、配給本数を成人男性一人当たり月一二〇本、女性に対しては三〇本とし、同年一一月からは、男女とも等しく一カ月当たり五〇本と減少させた。専売局では、代替として新たな自由販売たばこを発売したが、新発売された「新生」は四〇円、さらにすでに販売されていた自由販売たばこの値上げも実施された。こうしたことから、安い配給たばこは実質的に減少し、その代替とされた自由販売たばこは高価となり、私製手巻きたばこのヤミ需要が高まり、その結果、ヤミたばこが市場に蔓延していくこととなった(9)。

また、終戦後の混乱期は物資不足で、その中でもたばこは貴重品であったため、たばこは生活物資獲得のための交換物となり、通貨の役割を果たすこともあった。一例をあげれば、橋本嘉夫の『百億円の売春市場』（彩光新社、一九五五年）の中には、占領軍を対象とした売春施設の寮を訪れる「芋屋のおばさん」と娼婦たちのやりとりがある。二円五〇銭の芋に「タバコと、とっかえない」と声を掛ける娼婦。おばさんは、「やだわ、それっぽち。二本だなんて」と返答する(10)。娼婦たちが、貴重品であったたばこを芋との交換に持ちかけるのは、占領軍人を相手にする娼婦たちにとって、たばこの入手は比較的容易であるためであろう。こうした物資不足はヤミ市場を形成し、一方で、窮乏者はヤミ商売を開くことによって、そこから逃れようとした。

たとえば、芦田寿々子は、終戦後、検挙されても闇たばこを製造、販売した頃のことを次のように回想している。「三人の子どもをかかえた身重の私」は、夫が一獲千金を夢見て定職に就かず、窮乏生活のどん底にあった頃、ヤミたばこの製造法を習い、子供総出で自宅でたばこを巻いた。たばこを巻く台は食卓兼用となり、家中がたばこまみれとなるほどであった。巻いたたばこは、職業安定所で仕事を探す労働者に売った。警察に検挙され、「疲れと、腹立たしさと、惨めさ」に襲われながらも、生活のために「『さあ、頑張って、明日は今日の分も取り返さなくちゃあ』と煙草の山と取り組」んだ。[11] 芦田にとってヤミたばこの製造や販売は、「決して誇らしい」ものではなかったが、子供と自分の生活を支える唯一の方策として選択されていた。芦田は、たばこを一箱一〇円で売り、自宅で製造することから「うまく巻けば三円か四円で仕上がる」。[12] このようにたばこの密売買は、利益の上がるヤミ商売であり、女性にも手軽にできることから、戦争未亡人、戦災者、引揚者など、貧困階層の者に多く見られた。[13] こうして一九五〇(昭和二五)年頃までは、私製たばこを主流としたヤミたばこは、需要の概ね三分の一を占めていた。[14] また、たばこ不足のときには、「モク拾い」が盛んに行われた。[15] これは、当時の駐留軍人が投げ捨てた吸い殻や国産たばこの吸い殻を拾うものであり、この吸い殻をほぐして刻みのよいところを集め、再度紙巻きたばこに巻き直すものである。前述の芦田も、「モク拾い」と呼ばれた浮浪者から吸い殻を買っていた。[16]

他方、ヤミたばこ販売人を装った「ポン引き」も存在した。警察の検挙活動が強力に実施されているときには、たばこ販売人を装うのである。「煙草賣の如く装ひ暗い處を歩く男を『煙草いらんか』と呼び止め、『要らぬ』といへば、『そんならええ娘いらんか』[17]」と誘客行為にでるのである。ここでたばこ販売は、売春勧誘の隠れ蓑となっており、この誘客人は「ヤミたばこ販売人」「売春のポン引き」という二重の意味でもヤミの存在である。

このように、ヤミたばこ販売を行う女性、売春勧誘を行う偽装ヤミたばこ販売人といった存在は、たばこに不道徳なイメージを結びつけることに荷担していた。

2　外国たばこと売春女性

外国たばこに関する犯罪行為は、占領軍が駐留し始めた頃から急速に現れていたが、一九四八(昭和二三)年頃

図1　有刺鉄線越しに差しだされるたばこ

から顕著となってきた。外国たばこは、在日駐留軍基地周辺の飲食店、キャバレー、ダンスホール、バーなどの風俗営業店を中心に、広がりを見せた。それは、基地周辺のブローカー、接客婦が、外国たばこを、軍人、軍属やその家族から買い集め、あるいは相互に取引し、主要な都市へ流通させていったためである。[18] たとえば、駐留軍の基地が置かれたことによって目覚ましい発展を遂げた立川市は、駐留軍基地から流れた外国たばこ等のヤミ物資を扱う市民が大きな利益を上げた。この仲介人には、パンパン宿の経営者等があたり、軍人が持ち込む洋酒やたばこを原価で買い受けて、地域の特殊飲食店等に売却していた。[19]

仲介者には、売春女性も多く見られている。駐留軍人たちは、売春女性に代償を支払うだけでなく、「外国タバコ、チョコレート、コーヒー、菓子、ウイスキーなどを持ってきてくれた[20]」。つまり、必ずしも取引という形態をとらなくとも、女性たちはたばこをはじめとする外国物資を入手することが容易であった。

さらに、『街娼——実態とその手記』に掲載されている手記によると、あるアメリカ兵は知りあった翌日に「煙草や、チョコレートなど、いろいろ私達のカバンの中に入れてくれた[21]」。このアメリカ兵は、出会ってまもなくたばこ等の外国物資を豊富に贈り、その後、この女性と性的関係を結んでいる。このような女性に対する贈り物は、直接的に金銭を支払うことなく、女性と性関係を持つという目的のためであり、ゲームとしての恋愛を演出する小道具であった。

なお、図1は、アメリカ兵が、売春女性と思われる露出度の高い服装をした女性にたばこを差しだしている写真である。有刺鉄線があるというのは、基地の中なのだろうか。有刺鉄線があるにもかかわらずたばこを差しだしているのは、女性の気を引こうとしているのだろうか、あるいは何かの取引をしているのだろうか。このように、たばこは、駐留兵と売春女性の間で多様な意味あいを持って、さまざまな場所でやり取りされていた。

一方、外国たばこは、駐留軍人によって性暴力の代償としても使用されていた。後にパンパンとなった小野年子は、ある駐留軍人に「何ともたとえようのない浅ましい写真」(22)を撮られ、「さんざん、いいようにされて、私はラッキーをたった一個ポケットに入れられただけ」(23)であったと記述している。またレイプした後に、その代償として「百円の金とタバコ一箱を置いて」(24)いったという例もあった。

神埼清はその著『夜の基地』の中で、駐留軍人の中には、女性をゆする目的で外国たばこを取引するものがいることを描いている。つまり、取引後に「お前はヤミをやった。調べることがあるからちょっとこい」(25)と呼びだし、レイプするのである。(26)

こうしてみると、駐留軍人にとってのたばこは、容易に現金と交換できるものであり、通貨の代替を果たすとともに、ゲームとしての恋愛を演出する小道具であり、女性に性的暴力を振るう機会を狙うための一つの道具としても見なされていたようだ。このようなことは、ジェンダー観が固定化された社会を背景に、男性権力・男性支配が特化した組織集団としての軍隊で過ごす軍人たちが、その支配下にある日本において暴力の発露の対象を女性に求めたものである。したがって、占領下にある女性は、二重に差別され、占領軍人は二重の意味で優位に立つ。一つには、占領軍としての優位性、さらにジェンダーによる優位性である。ゆえに、外国たばこは二重に優位性という意味を付与されたものとして表象されている。実態的には、外国たばこはヤミ業者にとって利益の高いものであり、駐留軍人と関係のある女性は、これを処分して生活費とする等、たばこを扱う者それぞれにとって益をもたらすものでもあった。(27)

他方、こうした外国たばこを喫煙する駐留軍人に対しては、当然反感も生じている。米軍基地でガードマンをしていた森田甫男は、当時の状況を次のよう述懐している。(28)

二二、三歳ぐらいの白人の男の兵隊がきた。私から二メートルばかりはなれた真ん前で立ち止まり、胸のポケットからおもむろにキングサイズのたばこを一本とり出し、ゆっくりと口にくわえた。そして、ライターでゆっくり火をつけ一吸い吸うた。
それをやりながらいちいち私を見る。ばかにした軽蔑の目つきである。

(中略)

その若い兵隊は、たったひと吸いしたそのたばこを私のすぐ前にポイと投げてよこした。

つまり拾って吸えという意味なのである。

「こん畜生」

ぶんなぐってやりたい気持ちだが、それをやったら終わりである。

私は一歩前に出て、まだ煙りの立っているその煙草を兵隊めがけて蹴っとばしてやった。


この当時、外国たばこは、「女の娘《こ》を一晩抱」くことができるほどの「値打ちものになって」いた。(29)日本人は、「平気でそれ(もく拾い―引用者)をやった」(30)。森田は、復員したばかりで基地のガードマンの職につかざるをえなかった。つまり、戦争の傷も癒えぬまま「手当り次第の仕事」(31)として見付けた職であったのだろう。それだけでも屈辱感を味わうところへ、日本では払底しているたばこ、しかも外国たばこを一口吸い、拾うことを期待して投げてよこすという、さらなる屈辱が浴びせ掛けられている。そこには、米兵個人に対する憤りのみならず、日本人としてのナショナリズムから、力を持つアメリカに対する反感と羨望があったと思われる。外国たばこには、外国人から見た場合の優位性とともに、日本人からは反感や羨望といった、複雑な様相が表象されていたのである。

3　街娼へのまなざしと喫煙

街娼の喫煙は、どのように見られていたのだろうか。ここでは、売春女性がどのようにとらえられていたのかを確認していくこととするが、その前に、終戦後の街娼の増加について簡単にふれておきたい。前述したように、終戦後は街娼の増加が著しく、一九四八（昭和二三）年、厚生省は推定三万八八六〇人の街娼がいると公表している。[32]こうした街娼の増加は、一つには日本政府が「性的慰安施設」を占領軍に提供したことにも起因している。日本政府は、占領軍対策として売春業者たちに性的慰安施設の設立を指示し、業者たちは各所に開設した。貧困に喘ぐ女性たちは、「宿舎・被服・食糧支給」といった広告によって集められ、「国体護持のため」「良家の子女の防波堤となる」という名目のもとに売春女性とされていった。それによって、最盛時には七万人、閉鎖時には五万五〇〇〇人の女性が働いていた。結局、性的慰安施設は駐留軍人に性病が蔓延したことから、閉鎖されることになった。[33]そして、失業した女性たちの多くは、街娼にならざるをえなかった。生きるのに困難な貧困を背景に、政府が作りだした多数の売春女性が、街娼へ転化したのである。

それでは、街娼へそそがれていたまなざしを見てみたい。一九四八年、総理府国立世論調査研究所において実施された『風紀についての世論』調査[34]によると、基地における外国人相手の売春女性を見たことも話に聞いたこともない者は四%に過ぎず、ほとんどの者が、外国人相手の売春女性を「目にしている」（七九%）か、「話に聞いたことがある」（一七%）という。このことは、売春が一部の地域に限定されたものから広がりを見せ、周知されていることを示している。というのは、集娼は限定された地区によって行われる売春であり、一般人には窺知し難いものであるが、街娼の場合は一般人の通行する場所で誘客が行われ、人びとはその様子を直接目にするためである。先の調査によると、こうした基地における売春女性に対して、「反感」を抱いている者は六〇％に上る。そのことは、外国人相手の売春女性に対する嫌悪的なイメージが、広範に流布されていたことを意味している。それは、外国人相手の売春女性を目にしたことがない者でも、同様の結果であった。それを裏づけるように、後にパンパンとなった小野は、初めてパンパンを見たときの印象を、「なんだか怖し」[35]と当時の日記に書き記している。「なんだか怖し」というのは、パンパンは、自分とは異なる世界を生きる女性、通常の道徳を逸脱した恐ろしい女性と把握されていたためではないだろうか。

また、集娼地区の売春女性より外国人相手の売春女性の方が、嫌悪感を抱かれているが、その理由は「外人相手の売春婦の存在による弊害についての回答」にうかがうことができる。弊害ありとした者の回答には、「子どもの教育上」（三三％）が最も多い。「年頃の娘、若い女に悪影響を及ぼす」（一〇％）「漠然と年頃の青少年に悪影響を及ぼす」（七％）「年頃の青年男子に刺激を与える」（四％）を併せた、青年に悪影響を及ぼすとの回答が二一％である。さらに「風紀上、道徳の低下」（一九％）、「日本人としての劣等感を感じる」者（四％）等が見られる。つまり、外国人相手の売春女性に対する嫌悪感は、次のように把握できる。

一つには、女性が外国人に媚態を表すことから、売春が暗示され、売買春に子供や青年の接近を助長することへの嫌悪。第二に、それらを子供や青年が見ることによって生活や精神に、無秩序や不道徳などの影響を及ぼすことへの不安と嫌悪。第三に、性的な放縦さを感じさせる女性の存在は、婦徳や貞操観念を失った道徳の低下した女性と感じられ、特に外国人に媚態を示す女性は「日本人としての誇りをすてた存在」と見なされ、同じ日本人として劣等感や恥を感じるものであり、ナショナリズムの見地から「外国人に肌を許す存在」として嫌悪的存在であったのだろう。

さらに、実際に基地周辺で生活し、パンパンを間近に見ていた者の売春女性への視線を検討する。基地周辺に住む子供たちの文章を集めたものに、『基地の子』（清水幾太郎他編、光文社、一九五三年）がある。この中から、パンパンの喫煙がどのように見られていたのか確認してみよう。


はでな服装をして、たばこをすっている様子はみられたものじゃない。(36)


口をまっ赤にしてタバコをすい、男のような荒い言葉づかいをしている。

私は会うと、じっと見てやる。(37)


派手な服装、真っ赤な口紅、たばこ、これらのものは、パンパンとしての符号のようだ。前者では、派手な服装をして喫煙するパンパンのことを、「みられたものじゃない」と厳しく非難し、露骨な侮蔑・嫌悪感がうかがえる。後者では、真っ赤な口紅をつけて喫煙する売春女性が、「男のような荒い言葉づかい」であることを指摘している。ここで、子供は、真っ赤な口紅、たばこ、「男のような荒い言葉」に表される売春女性の野卑な態度、ジェンダー規範から逸脱した態度を、じっと白眼視している。

なお、図2は、そうした街娼の写真である。ハンドバックを片手に、ひざ丈のスカートで肌を露出し、サンダルを履き、片手にたばこを持っている。いわゆる街娼のスタイルである。客を待っているのだろうか、表情を見ることはできないが、物憂げな雰囲気が漂っている。

さらに、パンパンに対して激しい憤りや怒りが表現されているものも見られる。

図2　街頭で喫煙する街娼

腹がたつ

佐世保の町のにぎやかさ／町のはしからはしまで赤い灯、青い灯だ。／その中をパンパンがうようよ泳いでいる／この町にもかわいそうな人がたくさんいるのに。／パンパンはタバコをふかし／ハンドバックを肩にかけ／口べにをまっかにぬって通るのだ。／ぼくは腹がたつ／ぼくの父は炭鉱で／まっくろになって働いているから。／そんな服も石炭からできているんだぞと思って／だまって通った。[38]

月に一度ぐらい、やっと子供むきの映画が来て、学校から許可を受けてみんなよろこんで見物に行くと、映画館の中にパンパンがいて、声高でペラペラしゃべり、悠然として「禁煙」の字を無視してタバコをすっているのを見ると、こんなところまで来て私たち子供のじゃまをするのかと思って、つばをかけて追い出してやりたい気がします。[39]

前者の詩では、まっくろになって炭鉱で苛酷に働く父とまっかな口紅を塗って「タバコをふかし」た、一見ただ快楽を求めて遊んでいるかのようなパンパンとのコントラストが鮮やかである。そして、父親の労苦を知る子供は、町には「かわいそうな人がたくさんいる」のに、その対極にあるかのようなパンパンに憤る。ここでも、やはり真っ赤な口紅、たばこは、パンパンの退廃的な様子を象徴するものとして描かれている。

後者の文章で、パンパンは映画館の中で傍若無人に振る舞う。禁煙指定の公共空間で喫煙することはマナー違反であるが、「つばをかけて追い出してやりたい」という激しい怒りはおそらくそれだけではない。パンパンが公共空間に在ることへの怒り、子供の場へ侵入していることが怒りを生んでいるのだろう。たばこは一つの契機にすぎない。喫煙する女性を描くことで、そうしたパンパンの行動すべてが暗喩されている。

こうして見ると子供たちは、喫煙するパンパンに対して、侮蔑、嫌悪、怒りといった感情を抱いている。そしてたばこは、野卑、退廃的、傍若無人といったパンパンの姿を表象するものとなっている。

このようなパンパンに対して、各地で排斥の動きも起こっている。立川市では、一九五二年頃「浄化運動」が開始され、「学校近辺をはじめ市内諸道路への街娼進出の取締」[40]が実施された。当初は、「教育的に害ある悪質業者の除去、彼等（街娼及び業者―引用者）を有為なる職に転ぜしめる、一般風紀の粛正」をも目的としていたが、これらについては実施されなかった[41]。それは、街娼の取り締りを強化している間に、業者たちは対策準備を完了し、表向き商売替えをし、別の地域に家を借りる等、地下に潜行したためである。しかし、実際にはパンパン及びパンパン業者は、立川市に存在していた。結局、これらの動きは、根本的な売買春防止対策ではなく、単に街娼の進出を取り締まるものにすぎなかった。

以上、売春女性へそそがれるまなざしを見てきた。パンパンの容姿やしぐさから見られる、毒々しいまでの性的アピールやエロティシズム、傍若無人な振る舞いは、ジェンダー規範から非常に逸脱したものであり、蔑みや憤りの視線がそそがれた。さらに多くの日本人が苦しんでいる中で、パンパンは堕落して、一人快楽のままに生きているかのようにとらえられていた。そのためパンパンが、公共空間に現れることへの人びとの怒りが、パンパン排斥の動きへと連なっていったと推測することができる。

4　売春女性の喫煙観

さて、前項では、売春女性に対する人びとのまなざしを検討した。ここでは、終戦後の売春女性たちのたばこ観を、その手記を手掛かりにして明らかにしてみたい。まず手記の中から、たばこに関する記述を拾ってみたい。

1　規範の逸脱の象徴としてのたばこ

『マリヤの賛歌』（城田すず子、かにた出版部、一九七一年）の城田は、母親の死後、父親の事業の失敗から芸者になり、横浜や台湾等の遊廓を転々とした後に、従軍慰安婦となる。終戦後、日本に引き揚げてからも赤線等を転々とし、やがて婦人保護施設に入所した。台湾へ渡航する頃、城田は「パーマもかけず、オカッパを鏝《こて》で内巻きにし、長い袂の着物に三尺をしめ[42]」て、唯一「すれていない[43]」、「お嬢さんみたい[44]」であったのに対し、他の人は「あばずれた姿で煙草をふかしている遊廓の女ばかり[45]」だったと記している。

まだ若く「お嬢さんのような」城田と「あばずれた姿で煙草をふかす遊廓の女」との対比は著しく、同様に売春を稼業としていても喫煙する女性に対する城田のまなざしは厳しかった。しかし彼女も、渡航後「どうにでもなるさ、なるようにしかならない[46]」し「太く短く楽しく暮らせた方がいい、というやけ気味な気持ち[47]」が強くなっていく。彼女が喫煙を開始した時期は不明であるが、城田自身が「どうせ男の人は私を利用してはお金をもうけたり遊んだりしてるんだ、女だもの、体一つ張りやという捨て鉢な気持ち[48]」となり、「すさんだ[49]」気持ちが強くなってくる時期から、喫煙している様子が描写されるようになる。たとえば、終戦後日本に引き揚げ、「GI相手の女」になった頃の城田は、「店へ出ても煙草をぷかぷかふかし、髪もパーマをかけてパアっと流し[50]」と変貌している。城田は、「女だもの、どこへ行ったって体一貫もっていれば何とか暮らせる[51]」と、これからも売春に従事して生活することを覚悟している。ここでたばこは、すさんだ売春女性であることの象徴となっている。

そして、売春稼業をやめようと決心したとき、「その頃、私は毎日煙草を二〇本か三〇本吸っていましたので、両方の人差し指と中指は煙草のやにで真黄色になっていました。（略）今日から煙草をやめなくてはならないとはっきり決心[52]」した。つまり、彼女の中でたばこは、すさんだ気持ちや売春女性であることを体現するものとして認識されていた。それが故に、売春生活との決別を決心したと同時に、禁煙を決意している。

城田にとっては、規範の逸脱としての売春、喫煙であり、それらは対としてとらえられていた。それだからこそ、売春を止めることは喫煙を止めることなのである。換言すれば、規範の逸脱の象徴としての売春であり、たばこであった。

2　行為の意味づけの回避としてのたばこ

各務千代著『悲しき抵抗――闇の女の手記』（江戸橋書房、一九四八年）で、「ラクチョウ」の街娼であったみどりは、仲間の「玉の井で稼いでいたおたまちゃん」に次のようにアドバイスされている。「客を男だと思っちゃ駄目よ、ちょうどほら煙草を喫う時みたいな、あんな感じで、さばいて行かなきゃ駄目、頭の中で決して男のことを考えたりしちゃ駄目、煙草を喫う時これから煙草を喫いますなんて考へてなんかいないでしょ、何も考へないで頭をカラッポにしておくんだよ[53]」。お客との行為には、何の感情も加えてはならない、ただひたすらたばこを吸うように、男が「自分で良いように[54]」やるのに任せる、そして「一人が済んだら、はいおつぎってゆうふうにやっていく[55]」ことが売春女性の心構えとして語られている。「何の感情も加えない」ことは、行為の意味を考えないようにすることである。それは、行為の意味を考えることによってもたらされる苦痛を回避する方法ともいえる。つまり、喫煙という行為は、何も考えないですむ行為の例としてあげられている。この場合の喫煙は、売春という行為に対する意味づけから逃れるためのたばこと推察できる。

3　一時の快楽としてのたばこ

一方、竹中勝男・住谷悦治編『街娼——実態とその手記』(有恒社、一九四九年)の中には、次のような記録もある。ある女性は、幼少時に父母を亡くし、叔母の家に預けられていたが、小学校二年のとき、中退させられ奉公にだされた。郵便局に勤めていた頃、ある日本人兵士の子供を出産した。その後、女中奉公を転々とし、遊廓で女中となった。収入が少ないので、客をとるようになるが、結局、遊廓では女中にもどり、その外で、外国人相手の売春女性となった。彼女は仕事は何でもやりたい働きたい、「夜はパン助をして稼ぎ(56)」たいと述べている。「酒や煙草は勿論大好きですが、あの夜の仕事は楽しくてやめられません、性病の恐ろしいことは知っていますが、快感の方が強い力をもっています(57)」。

彼女の売春への態度は、とても積極的に見える。しかし、将来のことに関しては「そんな事考えても仕方ない(58)」と述べ、そこには、未来への展望を見出せないことからくる刹那的な快感を求める気持ちがうかがえる。両親の死亡や幼い頃に叔母の家から奉公にだされる等、家族の不在によるサポートの欠如等生育歴においても多様な困難をかかえてきた彼女にとって、今では未来への希望を見つけることも困難である。将来展望を持てないときには、現在の一時を享楽的に過ごすことでしか、生きる術を持てないのだろう。そんな中では、たばこや酒、男性との性行為は、一時の快楽なのであり、そうした瞬間にのみ自らの生の存在証明を感じているとも思われる。

以上、手記を手掛かりにして喫煙に対する意識を検討した。そこには、規範の逸脱の象徴としてのたばこ、行為の意味づけの回避としてのたばこ、一時の快楽としてのたばこといった意味づけが見られた。これらのたばこ観は、売春女性として生きることと密接に結びついている。

売春女性は、ジェンダー規範を逸脱した女性と白眼視されている。そして、そのことを痛烈に認識している。それは、『街娼――実態とその手記』の次のような記述からも明らかである。「何気なく道を歩く私を、じっと冷視している人びとの目とぶつかって、口に出さねど態度で蔑視する彼等、口惜涙が胸にこみあげて思はず足を早める。こんなに馬鹿にされながら、何ぜこの道からぬけ切れぬのだろう」(59)。さらに、子供にまで「あれはパンパンだねお母さん」(60)とささやかれ、蔑視される。また、そんな自分自身を「こんなに馬鹿にされながら、なぜこの道からぬけ切れぬのだろう」と自嘲、嫌悪している。パンパンとして生きる彼女は、「今の私には、住む家もあれば、やはらかい布団もある。あたたかい銀飯がまっている。それに着る服も出来、小遣ひにも不自由しない。まことに楽しい人生だと云ひたいが、心はいつも灰色である」(61)。パンパンとなった彼女は、物質的にはゆとりができたものの、精神的には常に鬱々としている。そして、売春から抜けだしたいと思いながらも、結局はあきらめ、社会全体に対して憤りながらも、なす術なく鬱々と現状に埋没しているさまが見てとれる。

一体、売春女性の「やけ」、反抗的態度とは何だろうか。たとえば、遊廓において、娼婦は、次のように遣手婆に教えられる。「この稼業が楽だと思ったならば、間違って居ます。金を取って、そして、この稼業でご飯を食べて行こうとすれば、どんな業でも容易なことではありません。(略)何でもこの稼業に入ったならば、(客の)気嫌を(うまく)取り、第一花魁と云ふものは、客にほれるものではありませんよ。(略)(花魁が)客にほれて仕舞ふと、花魁自身を亡す元だから。決して花魁は客がどんなに親切らしいことを云っても、客のやつ何を云ってる位に思ってゐて、丁度よい。」(62)〔( )内は引用者〕

つまり、娼婦となったうえには、客の機嫌をとりつつも、どんなに親切な客であっても「客のやつ何を云ってる」と心の中で軽蔑するくらいがちょうどいいというのだ。それは、親切な言葉や態度を示されて、客に想いを寄せてしまうと、それがまた娼婦の苦しみとなるためである。客の言動を信用しないことが娼婦の心構えの一つなのである。娼婦には金を稼ぐことだけが求められており、客を愛人としてしまうと客の支払うべき金を立て替えたり、さらなる借金がかさむことにもなるためである。こうした態度は、娼婦の「投げやりな態度」と見なされていたのではないだろうか。前述の『悲しき抵抗』の中でみどりは、自分に想いを寄せる男性について次のように述べている。「あたしは闇の女の一人に過ぎないし、あたし達には世間で云うような色戀などと云うものは、およそ縁の遠い世界の人間なのだから、そこであたしは努めてこの人に甘えまいと思う。きびしい硝子の隔たりを間に作つて《ママ》、あたしはこの人をみなければいけないと思う。意識に反抗して見たくもなる」[63]。「闇の女」=売春女性である限り、世間でいうような恋愛とは遠い世界にいるのであり、男性に甘えないよう、意識的に男性との間に隔たりを作り、反抗した態度をとろうとしている。それは自分が傷つかないための、「反抗」的態度である。

さらに、『男たちとの夜』を著した「赤線女給」であった津田加寿子は、男に騙されていたことに気付いて以後、「赤線女給」として「ヤケ気味に」覚悟を決めて、「今までの倍以上も稼ぐように」なった[64]。そして、「お店が大事、お客が大事」[65]と客をとることだけに専念していく。また、前述の城田も「女だもの、体一つ張りやという捨て鉢な気持ち」[66]でいたことを述懐している。こうしてみると、娼婦として自覚して生きることとは、売春女性の「ヤケ」=自暴自棄を根底に据えることなのである。またパンパンとして生きる小野は、パンパンに見られる「だらしなさ」の裏にあるのは、「捨鉢な反抗のポーズ」であると述べている[67]。女性に対する喫煙タブー規範を無視することも、反抗のポーズの一つである。彼女たちの反抗は、自分たちに暴力を振るい娼婦になる要因を作った男性個人に対してのみならず、社会全般に対して向けられている。さらに、自分自身への劣等感が、他者への強い反発として表出している。端的にいうと、このような「ヤケ」や反抗的な態度は、自分自身を維持していくための一つの方策なのだ。そしてその売春女性たちの思いを表象するのが、喫煙にほかならない。

娼婦世界の原則は、娼婦としていかに売れるかのみにある。娼婦である以上「体を売って金を稼ぐこと」が第一義であるから、いかに男性が買いたいと感じるか、エロティシズムが表現できるかにある。まっかな口紅、肌の露出度の高い服装、たばこ等は、性的にアピールするための道具であり、彼女たちが示す媚態は男性の性的興奮を高めるための演技である。彼女たちは、そうした小道具を身につけ、みだらな態度を取り、反抗のポーズをとることによって自分自身を成立させている。それはジェンダー規範という文脈から見れば、規範にはずれた異質な存在として浮かび上がり、人びとの嫌悪の対象となったのである。

＊

本章では、終戦後の街娼を中心に売春と喫煙の関連について見てきた。終戦後の街娼の増加は、公然と喫煙する女性の存在を公にした。そして、エロティシズムの喚起を目的とした派手な衣装や媚態じみた態度は、ジェンダー規範を公に逸脱する女性であることを表明するものであった。また、特に外国人男性と性的関係を結ぶ売春女性は、日本人のナショナリズムの観点からは、異民族であり、支配的な地位にある占領軍に対する反感を反映し、憎悪の対象となった。さらにたばこへの飢餓感は、たばこを公然と自由に喫煙する街娼に対して、羨望の裏返しとしての反感を喚起した。こうして、街娼にはジェンダー規範を逸脱した存在であるという烙印が押された。ジェンダー規範にはずれた女性であるというスティグマをラベリングされた女性は、存在自体が不道徳とされ、そうした女性が喫煙するたばこはさらに不道徳なものとして照応することとなった。

他方で、売春女性にとってたばこは、規範の逸脱の象徴としてのたばこ、行為の意味づけの回避としてのたばこ、一時の快楽としてのたばこという位置づけが見られた。これらのたばこ観は、自身の生業が売春であることと深く結びついていた。つまり、娼婦であることに印づけられたたばこ観である。さらに売春女性にとっては、喫煙に象徴されるような規範の逸脱といった反抗的なポーズをとることによって、自分自身を維持していた。

たばこと売買春をめぐるこのような状況は、一つには固定的なジェンダー観を背景としている。そこには女性に、家制度を守る貞淑な妻、母としての役割と、男性に快楽を提供する娼婦という二つの性役割を求め、女性を二分化するジェンダー規範の非対称性を見ることができる。この女性の二分化が、家制度の裏面としての公娼制度を生みだした。売買春は、まさにこのジェンダーの非対称性から不断に生みだされるものであったのだ。売春女性はこのジェンダーの非対称性の中で最も不道徳な存在と印づけられる。この構図は街娼に対しても同様である。売春もたばこも、固定的なジェンダー構造の中で、ジェンダー規範をはずれた存在として位置づけられており、喫煙する売春女性は、二重に負の存在として記号化されている。たばこはジェンダー規範の非対称性へ対応するものといえよう。

19 現代の喫煙倫理とジェンダー

――新聞投書の内容分析から

喫煙に関する最近の世論は、喫煙することの善し悪しや他人の喫煙に対する干渉がましい論が減り、他者への迷惑や環境への影響の問題へと関心が移っているように思われる。これは新しい喫煙倫理を模索する方向に向かっているのだろうか。その中にあって、女性の喫煙については依然として規範が存在するのか、あるいは問題にされなくなっているのだろうか。喫煙に関して世間一般の人が何を問題とし、どのように考えているかについての最近の動向を調べ、喫煙にまつわるジェンダー規範の現状を把握することを目的として、喫煙に関して述べられている新聞投書の内容分析を行った＊。

＊この分析は一九九七年に行ったものであり、その時点で収集可能な最新年度及びその四年前、八年前のものを分析対象とした。

1　世論の動向と新聞投書の分析

1　新聞記事と投書

たばこをめぐって最近どのような動きがあったかについては、新聞記事を追って調べることができる。また、世間一般の人が喫煙に関して何を問題にし、どのような考えを抱いているかを知るには、アンケートやインタビューなどの調査を行うという方法もある。

ここでは、喫煙に関して世間一般の人びとがどのようなことを問題にし、どのような考え方をしているかについての最近の動向を知るために、新聞投書の内容分析を行うこととした。

新聞投書には、新聞記事などで報道された出来事や論説、識者の意見などに反応し、それに対する自分の考えが発表されたり、日頃考えていること、日常の見聞、自分の体験などから、気づいたこと、感想、意見などが書かれたり、問題が提示されたり提言がなされたりする。また、他の人が投書した内容に対して意見を述べるなど、投書欄では議論も行われる。新聞投書にはそのときどきの社会状況が反映され、それに対する人びとの反応や意向が示される。つまり新聞投書は世論を刻々と写しだすものである。

新聞投書は誰にでもできることになっているとはいえ、実際には、新聞に投書する人には社会的階層などにある程度の偏りが見られるかと思われる。また、投書を紙面に載せるかどうかは会社や編集者の考えによることなので、紙上に発表されたものが世間の人びとの意向を公平に反映しているとは、必ずしもいえない。しかし、紙面に載ることによって多くの人びとの目にふれ、人びとの考え方などにも影響するのであって、投書欄に載せられたものを見ることによって、世論が形成されてゆく過程をある程度知ることができると考えられる。

2 内容分析

「喫煙」に関する新聞投書の内容分析資料として、たばこ総合研究センター（TASC）作成の新聞論調分析カードを用いた。同カードの収録対象となっている新聞は、『朝日』『毎日』『読売』『日本経済』『産経』『北海道』『中日』『沖縄タイムス』『ディリースポーツ』『赤旗』等々であり、中央紙、地方紙、スポーツ紙、政党紙などが全国的に網羅されている。このファイルの中から、一九八八年、一九九二年、一九九六年の各一月、四月、七月、一〇月の「喫煙」に関する「新聞投書」計三一一件を分析対象とした。年次別、投書者の性別は表1のとおりである。

分析では、

●主題――何を問題にしているか

●論旨――問題についてどう考えるか、誰の責任においてどう処理すべきか

●女性の喫煙に関する言説

を読み取り、

●喫煙に関してのトピックスとの関係

●女性が喫煙することについての見方（賛否、理由）に経時変化が見られるか

●女性が喫煙することについての女性からの見方の特徴（男性との比較）

●喫煙に対する態度から見た女性の役割意識（妻、母親、健康管理者、など）

に注目して考察した。

なお、分析に際しては、見出し、表題にとらわれずに、本文を読んで内容と文意を理解するよう努めた。

表1　分析対象投書件数

年次	女性から	男性から	計
1988年	44（13）	83（8）	127（21）
1992年	27（2）	42（1）	69（3）
1996年	51（8）	64（2）	115（10）
計	122（23）	189（11）	311（34）

注：（　）内は女性の喫煙にふれている投書数。

2　投書の主題――全体の傾向

喫煙に関係のある投書といってもその内容は多様である。ここでは、まず、何が主題になっているかについて、全体としての傾向を概観する。主題になっているのはどのようなことか、これは、喫煙のどのような側面に関心があるか、ということである。

主題は表2のように分類した。広範な内容を含む項目と限定された内容の細かい項目とがあるが、実際問題として分類が可能なようにした結果である。

以後の文中や図表では、おおむね表2の先頭の字句を項目名として使用している。

図1は、一九八八年、一九九二年、一九九六年それぞれの投書の主題別比率を図示したものである。一つの投書の中に多様な内容が盛り込まれているものもあるが、そこで扱われているのは主に何についてであるか主要なものを読み取って、一件の投書について一主題とした。

一九八八年は「喫煙・禁煙場所」が最も多くて二八・三%を占め、次いで「喫煙の態度、マナー」が一八・一%で、この二つで半数近くなる。その次に多いのは「禁煙」で一五・〇%である。

一九九二年は件数が少ないのだが、この中で「喫煙の態度、マナー」が五二・二%と過半数を占めている。次に多いのは「喫煙・禁煙場所」二一・七%で、この二つでほぼ四分の三を占める。

一九九六年は「喫煙の態度、マナー」が三四・八%と約三分の一で最も多く、二番目に多い「禁煙」一五・七%と三番目の「喫煙・禁煙場所」一四・八%の二つを合わせたものが全体の三分の一になっている。

また、各々の年で他の年にくらべて目立つこととして、一九八八年は「若年者喫煙」の問題、一九九二年は「自

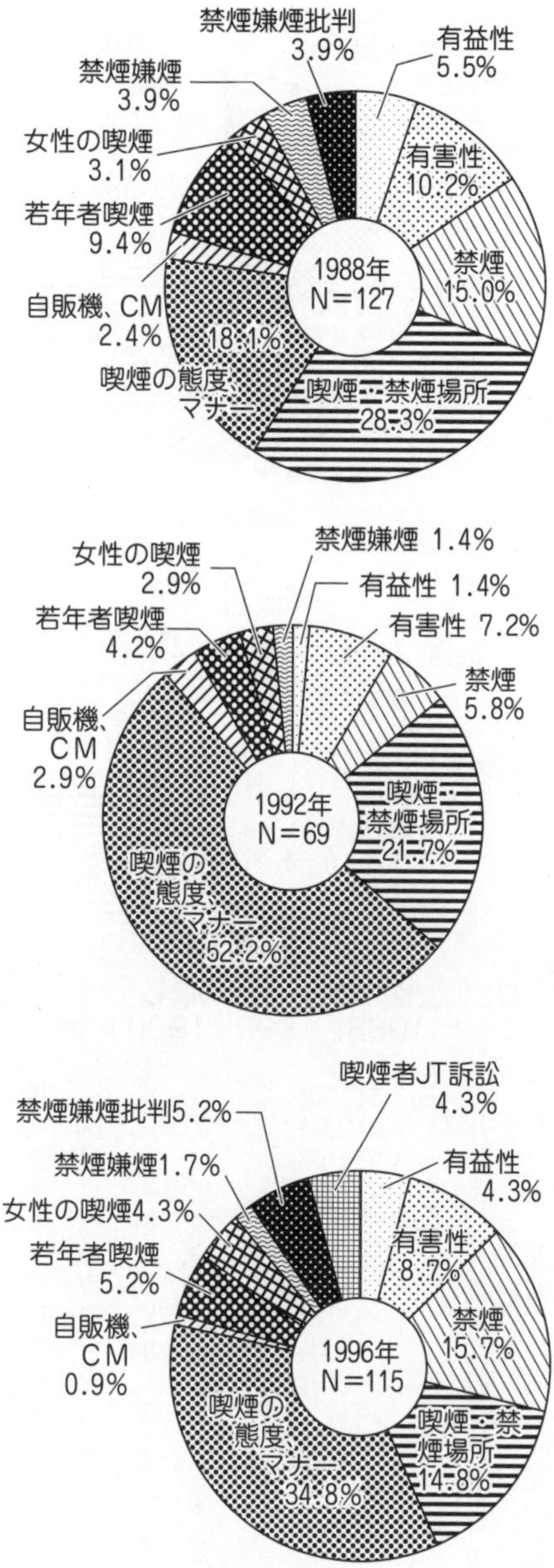

図1　投書の主題（年別）

表2　主題分類

有益性――喫煙の肯定、喫煙の意味
有害性――喫煙者に、副流煙、たばこ・喫煙者の否定、リスク、有害訴訟
禁煙――体験、方法、勧め
喫煙・禁煙場所――時間制限、分煙、設備、禁煙訴訟
喫煙の態度――マナー、迷惑喫煙、ルール違反、歩行喫煙、吸い殻投げ捨て、ごみ捨て条例化
自動販売機――売り方、宣伝、ＣＭ
若年者喫煙
女性の喫煙
禁煙嫌煙主張――是認、勧め
禁煙嫌煙運動批判――疑問、風潮警戒
その他――喫煙者のＪＴ責任訴訟

販機、ＣＭ」の問題、一九九六年は「禁煙嫌煙運動批判」、「若年者喫煙」の問題がやや多いこと、そして一九九六年には「喫煙者のＪＴ（日本たばこ産業㈱）責任訴訟」という問題が取り上げられていることがあげられる。

このように、年によって主題として取り上げられることに違いが見られる理由として、そのときどきのトピックスが投書に反映されるということと、状況の変化による関心の移り変わりということの二点が考えられる。

詳細な分析は後に行うこととして、次に女性と男性とでは

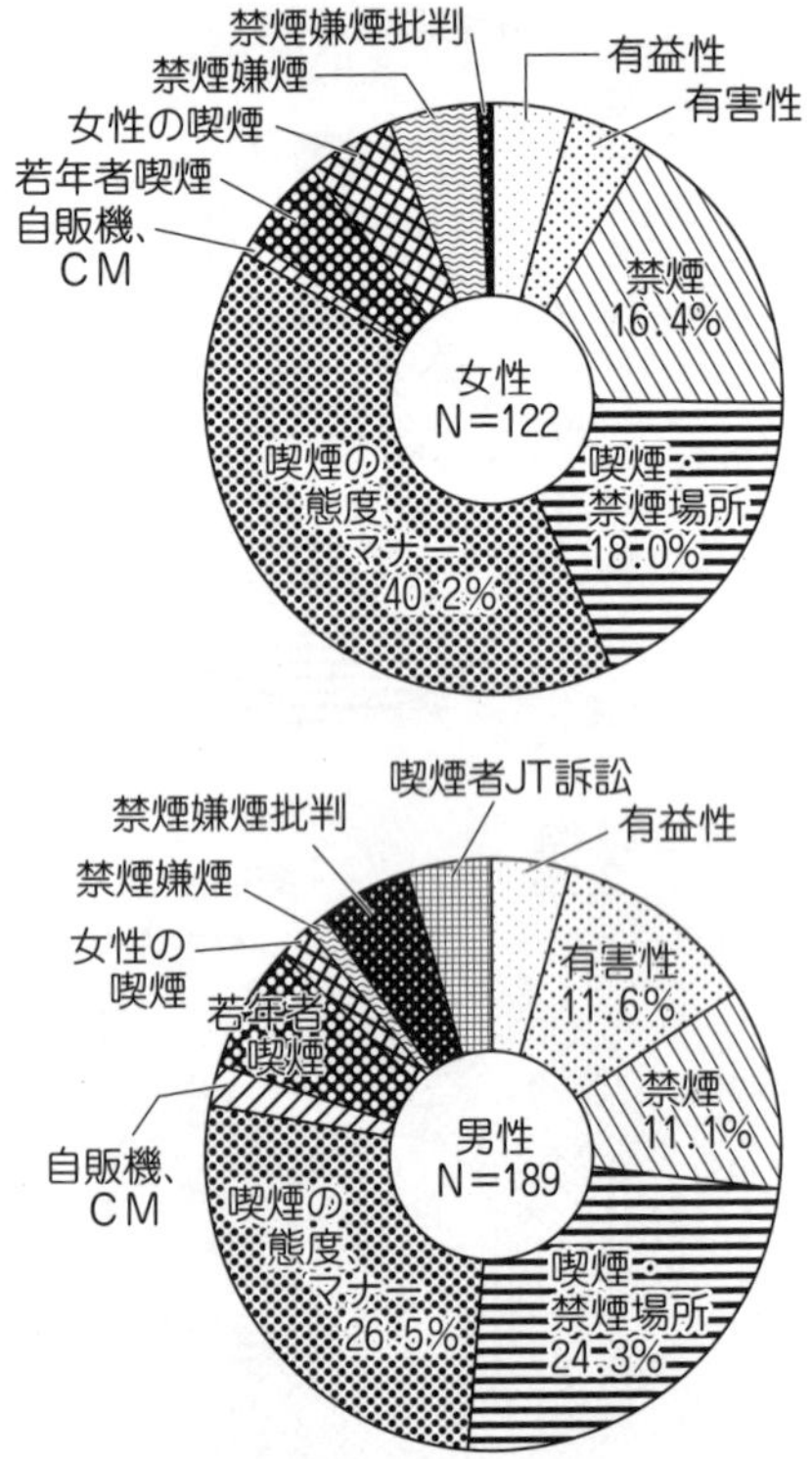

図2　女性の関心・男性の関心
（1988、1992、1996年計）

関心が異なっているだろうか。

図2は、三カ年分を合算して、主題別比率を男女別に示したものである。

女性について見ると、最も多いのが「喫煙の態度、マナー」で四〇・二%、次が「喫煙・禁煙場所」一八・〇%、次いで「禁煙」一六・四%となっている。

男性は、一位は「喫煙の態度、マナー」二六・五%、二位は「喫煙・禁煙場所」二四・三%であり、順位は同じだが率は女性とはかなり異なっている。三位「有害性」の一一・六%と四位「禁煙」の一一・一%はほぼ同率と言っていいだろう。

また、率の高さで比べてみると、女性の方が「喫煙の態度、マナー」と「禁煙」について男性よりも高率である一方、男性の方が「喫煙・禁煙場所」と「有害性」について女性よりも高率であり、数としてな少ないものの、「若年者喫煙」「禁煙嫌煙運動批判」についての発言も男性の方が高率であり、「喫煙者のＪＴ責任訴訟」を取り上げているのは男性だけである。

このように女性と男性では関心を持っている事柄にはいくらか違いがありそうである。しかし、さらに詳しく見ると、同じく「禁煙」を取り上げたものでも、男性は自分自身の禁煙の成功談や失敗談といった内容のものが多いのに対して、女性は家庭で夫に禁煙させるという内容であったり、「喫煙・禁煙場所」という主題の中で、職場での分煙に関する発言が女性に見られるなど、内容にはかなり相違が見られる。また、「喫煙の態度、マナー」の問題で、これを当人の自覚、マナーの問題と考えるか、条例によって行動を規制するべきだと考えるかなど、問題の対処法についての考え方にもいくらか違いがありそうである。

これら、女性の関心の持ちかたと男性の関心の持ちかたの特色などについても、後に詳しく取り上げる。

3　年次別の特色、性別の特徴

ここでは、投書内容を具体的に見ながら、調査対象とした一九八八年、一九九二年、一九九六年のそれぞれにどのような特色が見られ、年を追って増加したり減少したりなどの経年変化が見られるかどうか、また、発言の内容や論旨に性別の特徴が見られるかどうかを検討する。図3は女性の投書、図4は男性の投書の、各年の主題別比率を示したものである。これによって、主題別に順次見てゆくが、それぞれの件数が少ないため、以下の文中では数量については、%値ではなく、主として件数を示すことにする。

1　喫煙の害益

「有益性」を主題にしたものは女性から六件、男性から七件で件数は同じくらいだが、内容に違いがある。女性のうち一件だけが喫煙している自分にとっての効用について述べたもので、他はすべて投書者自身は喫煙していない。他人が吸っているのを見てほっとする、雰囲気が好きだ、などである。ちょっと変わったものとして、姑の喫煙は嫁にあたりちらすのを和らげるという効用があげられている。また、やはり喫煙しない女性が、女性の喫煙理由は男性と同じなのだと、喫煙の効用に男女の違いがないことを述べている（詳しくは後述）。

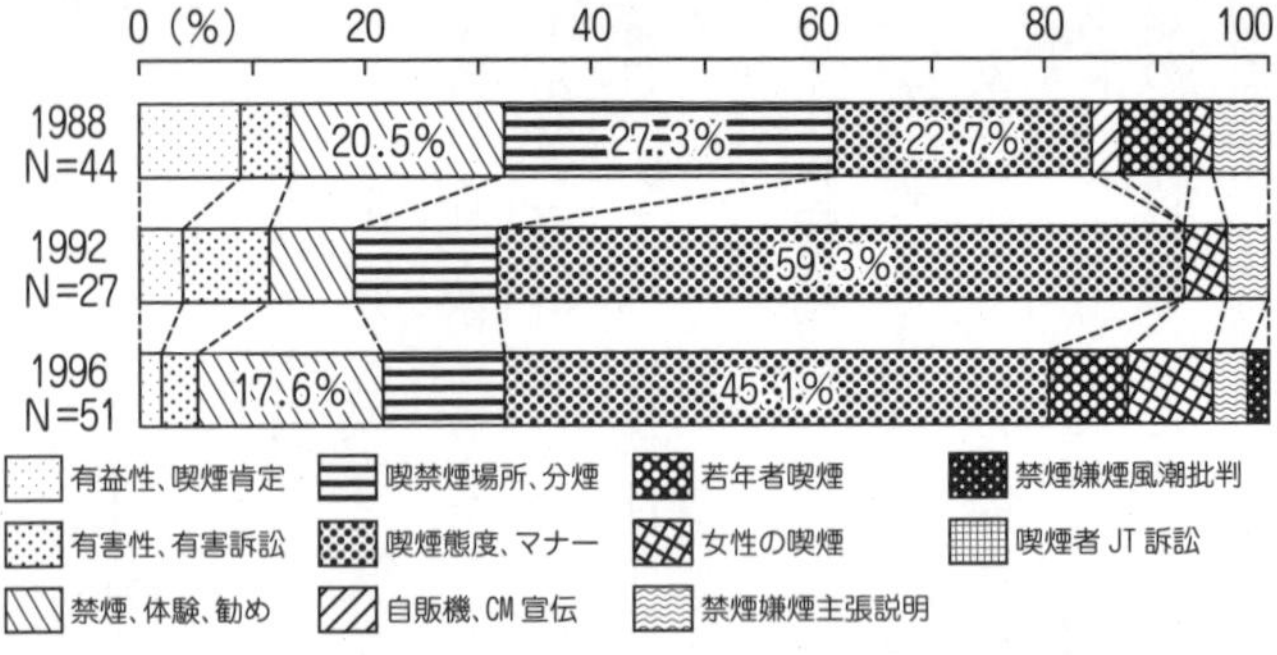

図3　各年の主題比較（女性）

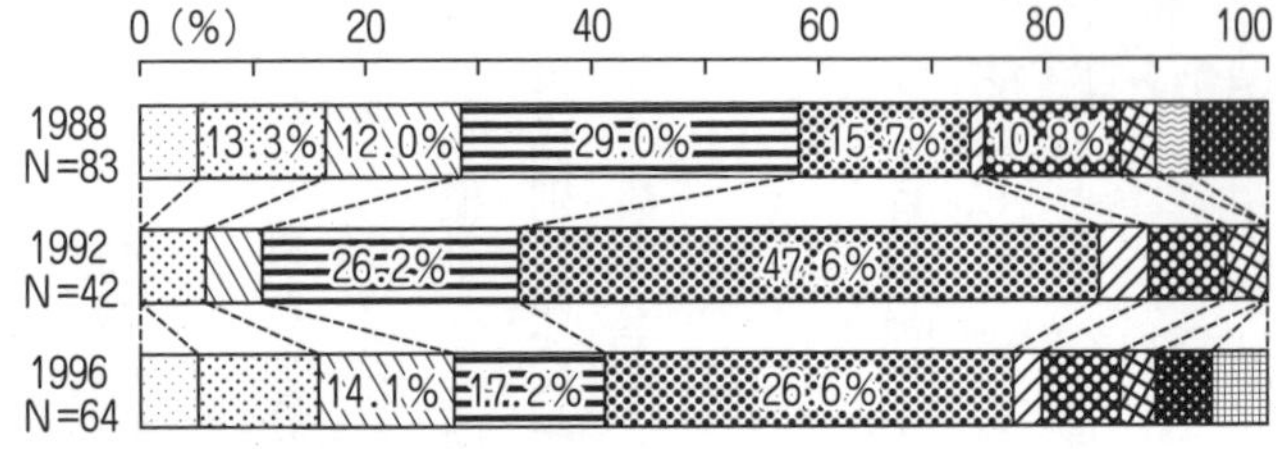

注：主題は図３に同様。

図4　各年の主題比較（男性）

男性からのものは、ほとんどが「心を落ち着かせ和ませる」など自分が喫煙していての効用をあげ、そのほとんどが嫌煙運動の盛んなことに対して「喫煙には害もあるが益もある」ということを述べ、「要はマナーの問題」としている。

「有益性」を主題にしたものは男女ほぼ同件数であるのに対して、「有害性」を主題にしたものは女性から六件、男性から二二件で、男性からのものが圧倒的に多い。

「有害性」を主題にした女性からの六件は各年二件ずつで、胎児や乳児に危険だと妊婦や若い母親の喫煙の危険性を指摘して、非難しているものと禁煙を呼びかけるものとがある。喫煙している当人だけでなく周囲の人の健康にも有害としているものの中には、指摘するだけのものと、自分自身が被害者という立場にいる妻として夫に禁煙させたがっているものとがある。このほか、アルバイト先の職場の煙でひどい目に遭っているという自分の紹介をしているものがある。

一方、男性の投書では、自分自身はたばこは有害とわかっていながら止められない、自分は禁煙して健康になった、といった、自分の体験に基づいて喫煙者の健康に有害だといっているものが多い。喫煙者当人の健康への有害性を指摘しているものでは、ほかに、若い女性や妊婦、中・高校生の喫煙の有害性を指摘しているものが六件ある。

有害性を主題にしている投書でどのような害が指摘されているかを見ると、

区分	八八年	九二年	九六年
喫煙者本人の健康に有害	六件	一件	五件
周囲の人の健康に有害	二件	一件	二件
周囲の人に迷惑			二件
火災の危険	一件		
空気汚染	一件		

となっている。重複して数えられているものもあり、また、有害性を主題としたもの以外にも有害性にふれているものは数多く見られるため、これが全体の傾向であるということはできないが、有害性を主題とした投書に限っていえば、主流煙の害を指摘するものの方が副流煙の害を指摘するものより多い。しかし、八八年から九六年に向かって、主流煙の害を指摘するものは減って副流煙の害を指摘するものが増えている。

これら喫煙の有害性を指摘している投書には、禁煙を呼びかけているもの、吸い始めないよう呼びかけているもの、学校での教育の必要性を説いているもののほかに、「非喫煙者への有害性を認識して、禁煙・分煙対策をとるべき」（九六年男性）、「薬物と認識するべき」（九六年男性、九六年女性）、「有害性についての警告文が生ぬるい、オーストラリア並みに厳しく」（九六年男性）、「喫煙させないための規定を作って喫煙しにくい環境を整備せよ」（九六年男性）などさまざまな要望、提言があり、「喫煙者の労働はコスト高」（九六年男性）という認識を示しているものもある。このさまざまな提言などが見られるのは九六年の投書であり、対応の考え方が多様に広がっている様子が見られる。

「禁煙」を主題にしたものは、女性二〇件、男性二一件と、件数はほぼ同じだが、内容には女性と男性とで違いが見られる。すなわち、女性では自分の禁煙に関することが三件、夫その他家族の禁煙に関することが一二件、その他一般的なこと、未成年者に関することが五件であるのに対して、男性では自分の禁煙に関することが一九件と大多数で、その他は一件だけである。男性の投書は自分の禁煙の成否の紹介が大多数であり、成功している人はほかの人にも禁煙を勧める、という趣旨のものがほとんどである。一方、女性の多くは、夫に禁煙させるための努力、方法、その成否の紹介をしていて、自らを、夫に禁煙させる役割を担うものと位置づけている。

このように喫煙の害益や禁煙を主題にした件数は、八八年から九六年に向けて横ばい、ないしやや減少気味かと思われる。

では、嫌煙の主張や禁煙の呼びかけは減っているだろうか。

禁煙・嫌煙の主張が主題になっているものは、八八年に五件、九二年に一件、九六年に二件と、やや減少傾向という感じは見られる。性別で見ると、女性五件、男性三件と女性の方がやや多い。「主張」の内容は、女性の四件は自分の「嫌煙」の主張であり、男性の二件は嫌煙運動の趣旨の説明、男女各一件は若年者への禁煙教育の必要性を述べたものである。

一方、禁煙・嫌煙権の主張や風潮に対する疑問や批判が主題のものは、八八年には五件、九六年には六件とあまり違いはない。性別では、女性一件、男性一〇件と、男性がほとんどである。その内容は年によって大きく異なり、八八年には嫌煙主張者の考え方に対する疑問、嫌煙運動への非難、批判といったものであり、中には「喫煙者のマナーをうんぬんするあまり、喫煙者自体を嫌悪し、異端視すること」を危惧しているものもある（八八年『朝日』男性六六歳、無職）。これに対して、九六年には嫌煙者の示す態度への不快感など、実際に体験したことを含めて、具体的、感情的なものが多くなっている。

八八年には第一回世界禁煙デーが行われたことなどにより、喫煙の是非をめぐる議論が行われやすい状況があって、喫煙、禁煙、嫌煙に関するテーマについて新聞の投書欄でも議論が見られたのに対して、九六年には「嫌煙」という場面が実際に多くなり、反発や反感を持つような場面も見られるようになったということであろう。

2　喫煙場所、禁煙場所

「喫煙場所、禁煙場所」を主題にしたものは、八八年は三六件と多く、九二年は一五件、九六年は一七件とほぼ同程度である。そして、どの年も男性の方が多く主題にしていて、三年通して女性二二件、男性四六件である。

この三分の一近くの二九件が、禁煙場所にしてほしい、するべきだとする場所をあげているもので、病院、市役所、飛行機や空港、バスなど交通機関、飲食店、学校の職員室、投票所などがあげられている。これは男女ともほとんどが実際の経験から禁煙にしてほしい場所をあげているのであり、各年とも見られる。禁煙場所の拡大を述べているものの中には、「アメリカのように」とか「フランスでは」などと、外国の例を出しているものが少なからず見られる。

この数字には含まれていないが、禁煙タクシーが登場して記事になり、これにエールを送っているものが八八年と九二年にあわせて三件あり、いずれも男性からである。

交通機関については、地下鉄駅の禁煙タイム、全面的禁煙、ＪＲの禁煙車両についてのことが前記の数字に含まれている。これとは別に、八八年にＪＲ九州が喫煙車両を設けることにして話題を呼んだが、これに対する賛否の意見の特集を含め、喫煙車への賛否の意見が八八年に一一件ある。賛成六、反対五という内訳だが、この問題に意見を寄せているのは、喫煙者・非喫煙者を含め全部が男性である。

禁煙場所の要求がある一方で、喫煙場所を設けるようにというものも一一件、男女ほぼ同数見られる。この中には、嫌煙派の目を避けるように喫煙するのは不自然、のびのびと喫煙したい、という喫煙者からのもの、禁煙場所の増加に伴って喫煙場所も必要、という一般的なものなどがある。喫煙場所の設置については、たばこ会社の責務とするもの、行政機関が指導するべきだというものが見られる。

おなじく喫煙場所の設置をいっているものでも、「愛煙家サロンを」（八八年男性）というものもあれば「喫煙者を囲い込め」（八八年女性）というものもあり、喫煙者に対して好意的な発想のものと非好意的な発想のものとがある。

「禁煙場所」「喫煙場所」という意見が多い一方で、「禁煙場所、喫煙場所ということが問題にならない換気設備を」（九六年男性）、「町に嫌煙者も行きたくなるような快適な喫煙空間を」（九六年男性）という提唱もあるなど、九六年には分煙を超えて共存を図ろうとする呼びかけが見られるようになる。

分煙ということでは、職場の分煙については三件で、女性からのものである。

「労働省の『職場における喫煙に関する懇談会』が職場での分煙を提言する報告書をまとめた。……うれしいニュースだ。日本の企業には年齢・性別・身分による枠組みがあり、上司がヘビースモーカーの場合、いくら禁煙をお願いしてもとりあってもらえなかったり、逆に協調性のない人間だと冷遇されるケースもある。……今回の報告を契機に、非喫煙者が一日も早くタバコの煙から解放されるよう、具体的指導を労働省にお願いしたい」（八八年『毎日』女性三九歳、団体職員）

「このほど、労働省から労働衛生の視点でとらえた『職場の喫煙対策』の報告書が出された。……今回の報告書をきっかけに、職場でなかなか言い出せなかったたばこ問題も口に出せるようになり、分煙社会が一層進むに違いない」（八八年『東京』女性二七歳、公務員）

これはいずれも、八八年に労働省から職場の分煙を提言する報告書がだされたことによって職場の分煙を進めやすくなったというものであるが、同時に、職場での分煙問題を考えている多くの女性たちは、それをいいだしにくい状況にあるということを述べている。

女性からのこのような投書は、家庭にあっては夫をはじめ家族の禁煙の推進役である女性は、職場にあっては職場の分煙の推進役であるという実態の一端を示している。

職場での喫煙の制限に関する実際の様子については、九六年一〇月の『週刊文春』「ＯＬ委員会　おじさん改造講座　おじさんと禁煙」というコーナーで、さまざまな職場の二三人の女性たちによって、楽屋話ふうに語られている。曰く「うちの部署には禁煙タイムというのがあって、その時間になると……みんなあわてて消す……どころか、たばこを出して最後の一本を吸い出します。せこい」（団体職員、二六歳）、「前に一度、……事務所内全面禁煙。……一回でも吸ったら罰金一万円！　ということに決まった。次の日から、営業が事務所に帰ってこなくなった。……」（販売、二三歳）、「うちの会社、禁煙手当……が出ます。……でも五千円ぐらいじゃ誰も禁煙しない。……実は、うちの社長が近々これを査定の基準にしようとしている。恐怖はこれから徐々にスモーカーたちを襲うことをまだ誰も知らない」（ソフトウェア、二三歳）という具合で、「禁煙」に逆らおうとするおじさんたちを揶揄することによってＯＬたちは禁煙の推進役を任じている様子を示している。中には、「……いいってば、気をつかわなくっても……私もトイレじゃ吸ってんだから」（卸、二三歳）と、女性のためにおじさんたちが禁煙するのが職場での禁煙という「実態」を暗に示す発言もある。また、「うちは女が多いので、わりと手順をふまずに大胆な展開を見せることがある。……ある日突然、お局さまの一人が『さぁさ、禁煙にしましょ』と言ってオフィスの灰皿をぜーんぶゴミとして捨ててしまった。その日からあっという間に全社禁煙になってしまいました」（外資、二五歳）と、一般にはいいだしにくい職場の禁煙をいとも簡単に実施させてしまう「実力者」である女性の例も紹介されている。

一般に、女性たちは職場で分煙など提言しにくい状況に置かれている。

「……職場ではなかなか『喫煙ノー』と言えないのが現実である。……近ごろ喫煙者が増えたこともあって、私は事務所での『禁煙』『分煙』を提案した。……ずいぶん勇気がいったけれど『言ってよかった』と思う。私の職場はまれに見る幸運な例で、職場での『禁煙』申し出は時として対人関係さえこじらせかねない」（九六年『読売』女性五一歳、公務員）

さきにあげたように、労働省の報告書が職場での分煙を提言しやすくした、ないし、提言しやすくなることが期待されていたが、この投書を見ると、一般に職場で言いだしにくい状況は、九六年になっても少しも変わっていない。これは、たんに喫煙の問題ではなく、多くの職場で女性が置かれている状況の問題である。

九二年に、山口県岩国市で、市役所の職員が市庁舎を全面禁煙にすることを求めた訴訟で、受忍限度を越えていないとして請求を棄却するという判決がだされた。この判決に関連して、女性から一件、男性から三件の投書が見られる。このうち一件は、「受忍限度」をいっている裁判官の立論を非難するもの、一件は「神聖な」職場で喫煙とはとんでもないと喫煙を非難するもので、他の二件は、「公共機関」ということで外部から来る利用者のことを考えて、喫煙室を設けるか喫煙時間を制限するなどの「分煙」に解決策を求めるべきだとしているものである。この訴訟は、市職員の職場の問題であったのだが、投書では問題の焦点がややずれてきている。

3　喫煙の態度、マナー

「喫煙の態度、マナー」を主題にしたものは件数が多い。この中には、歩きながらの喫煙の問題、吸い殻の投げ捨ての問題、そばで吸われて迷惑、喫煙マナーが悪いといった苦情、周囲の人に配慮するなどのマナーを要求するなど、さまざまな内容が含まれる。どのような面で喫煙の仕方が問題にされているのか、また、どのような態度がマナーに反するとされ、あるいは好ましいマナーと見られているのかを知るために、投書が取り上げたり問題にしていることが歩行喫煙に関することなのか、吸い殻投げ捨てに関することなのか、また、どんな態度・マナーが非難され、望ましいとされているのかというように、内容をさらに詳しく調べてみる。表3は喫煙の態度・マナーを主題にした投書の具体的な内容別件数だが、一件の投書の中に複数の内容が含まれている場合があるため、全体件数と内容別件数の合計とは一致していない。

表3 「喫煙の態度、マナー」の投書内容別件数

区分	88年	92年	96年	女性	男性	計
全体件数	23	36	40	49	50	99
歩行喫煙	4	6	10	12	8	20
TPOわきまえない	5	—	4	5	4	9
不快・迷惑	4	7	7	12	6	18
マナー良く	4	1	5	3	7	10
喫煙者の態度非難	1	2	1	1	3	4
ルール違反	—	3	3	3	3	6
吸い殻投げ捨て	8	10	22	20	20	40
ゴミ捨て規制条例化	—	13	4	4	13	17

歩行喫煙を非難するものには、たばこの火が危険、煙が不快、そして吸い殻の投げ捨てへの非難がともない、年々増加している。女性からの方が多く、不快というだけでなく、自分が危険な目に遭った、連れている子供が危険な目に遭ったなどと、具体的なのが特徴である。

場所や場面をかまわずに吸う、周囲の人にかまわずに吸うなど、不快、迷惑な喫煙状況を具体的に述べているのは男女ほぼ同数であり、具体的ではなく不快、迷惑な喫煙について述べているのは女性からの方が多い。非難だけでなく、マナー良くと呼びかけたり、あるいは自分がマナー良く喫煙することを心掛けているというものは男性からの方が多い。喫煙するときは周囲にいる人に吸ってもいいかどうか尋ねるのが正しいマナー、とするものがある一方で、吸ってもいいかといわれて実際にだめだとはいいにくいと訴えるものもある。

吸い殻投げ捨てについては、八八年から九六年に向けて急速に増加している。男女同数である。投げ捨ての問題は、環境美化、具体的には道

路へのごみ捨ての問題として取り上げられることが多い。女性では、道路の清掃をしていて、空き缶やたばこの吸い殻などのゴミの多さを嘆かわしく思い、道路を汚さないように、投げ捨てをしないようにと呼びかけるものが多い。女性は環境美化の役割を担っているもののようである。男女ともに、シンガポールなど外国の例をあげて道路の清潔さを呼びかけているものが散見される。

九二年頃から、和歌山市、福岡県北野町などいくつかの地方自治体で、ゴミの投げ捨てに罰金を科すなどの条例が作られ、それが報道されると、ゴミの投げ捨て規制の条例化への賛否の投書が現れる。条例化についての投書は男性からの方が多い。マナーが悪いのだから仕方ない、もはやマナーなどといっていられない、条例によってゴミの投げ捨てを規制すべきだ、条例化賛成、というものは、女性四、男性九であり、条例によって規制すべきことではない、逆効果、など、条例に反対するもの四件はいずれも男性である。

4　若者の喫煙、自動販売機、CMの問題

若者の喫煙については、八八年一二件、九二年三件、九六年六件が見られ、八八年がやや多く、投書者は女性六、男性一五と、男性からの方が多い。

内容としては、喫煙の未成年者への有害性を指摘しているもの五件、未成年者の喫煙はルール違反、犯罪も同然と、法を犯す行為であることを強調しているものが二件ある。未成年者の喫煙については、防止策、対応策が述べられているのがほとんどであり、たばこの自動販売機の制限、スーパーでの販売の規制、CMの禁止、値上げを要望しているものが八件、親や教師の適切な指導、学校での喫煙防止教育の要望が八件見られる。このほか、未成年者が喫煙していたら大人が忠告するべきだという呼びかけ、喫煙している未成年者に対して毅然とした態度で接している場面を見たといって紹介しているもの、そして、喫煙している未成年者の禁煙には喫煙のダメージを当人が

自覚することが必要という、男子中学生と女性教員からのものがある。

若年者の喫煙を主題とした投書者には、教師、元教師が七人いて、他の主題とくらべて特に多い。女性一人、男性六人である。現在苦労している、あるいは苦労した経験があるということであろう。この教師たちの中の三人が、対応策として、自販機の制限、スーパーでの販売の規制、CMの禁止、値上げ、と、「買わせない」環境づくりを訴えている。親や教師、学校での教育指導の必要性を訴えているのは八人中の二人である。

たばこの自動販売機やCMについては、若年者の喫煙に影響するものとして問題にされている場合が多いが、一般的にたばこの自販機の制限を訴えるもの、病院に自販機を置くな、というもの、CMを禁止すべきだというものも若干見られる。

5　その他

以上のほか、「喫煙者のJT責任訴訟」というトピックを取り上げたものが、九六年に五件見られる。いずれも男性からのものである。

これは、喫煙者がたばこを止められなくなったのはJT（日本たばこ産業）がたばこを売るからだと、たばこの販売禁止を求めてJTを訴えたというニュースを受けての投書である。投書の中には、禁煙に苦労した経験から心情的に理解できるとして、行政にたばこの製造販売禁止を訴えているものが一件あるが、このほかは、個人の責任であるべきはずのものを他人のせいにするものとしてこの提訴を非難している。次の例は、他人のせいにしたがることを現代の悪い風潮として警戒している。

「……『みんな他人が悪い』というような、現代の最も悪い風潮の現れではあるまいか。たばこが悪いと思えば吸わなければいい。なのに、すべてをたばこのせいにして販売禁止を提訴するのは、賢明にたばこを楽しんでいる人たちの権利を侵害している。一連の動きは、米国の禁酒法時代を思い出させる。変な規制をすれば、暴力団の格好な資金源となろう。大人になっても自己規制できないことの方が問題。個人が責任を持って対処する良識も必要なのではないだろうか」（九六年『読売』男性七一歳、会社員）

4　女性の喫煙についての言及

図5は、女性の喫煙について何らかの言及のあるものの率を示したものである。女性の喫煙に関することが主題になっているものとは限らず、どのようなことでも、女性の喫煙に関してふれられているものを含めている。したがって、これまでの主題による分類では「女性の喫煙」に入っていなかったものも含まれる。

女性の喫煙に言及している投書者の性別は次のとおりである。

区分	女性	男性
一九八八年	一三人	八人
一九九二年	二人	一人
一九九六年	八人	二人

では、具体的にどのような内容なのかを見てみよう。

なお、一つの投書の中にいろいろなことが一緒に述べられているものがあり、一件の投書が別件としても数えられている場合がある。

1　母体に有害

最も多いのは、妊婦がたばこを吸うのは危険、という指摘、だから禁煙せよという趣旨のもので、八八年女性から二件、同男性から二件、九二年女性から一件、九六年男性から一件見られる。「将来母となる若い女性、出産前の若い女性」の喫煙を非難したものも、八八年女性から二件、同男性から三件、九六年女性から一件と多い。これらは喫煙を「母体に有害」とするもので、従来からある、若い女性の喫煙を否とする最も多い理由である。母体へ

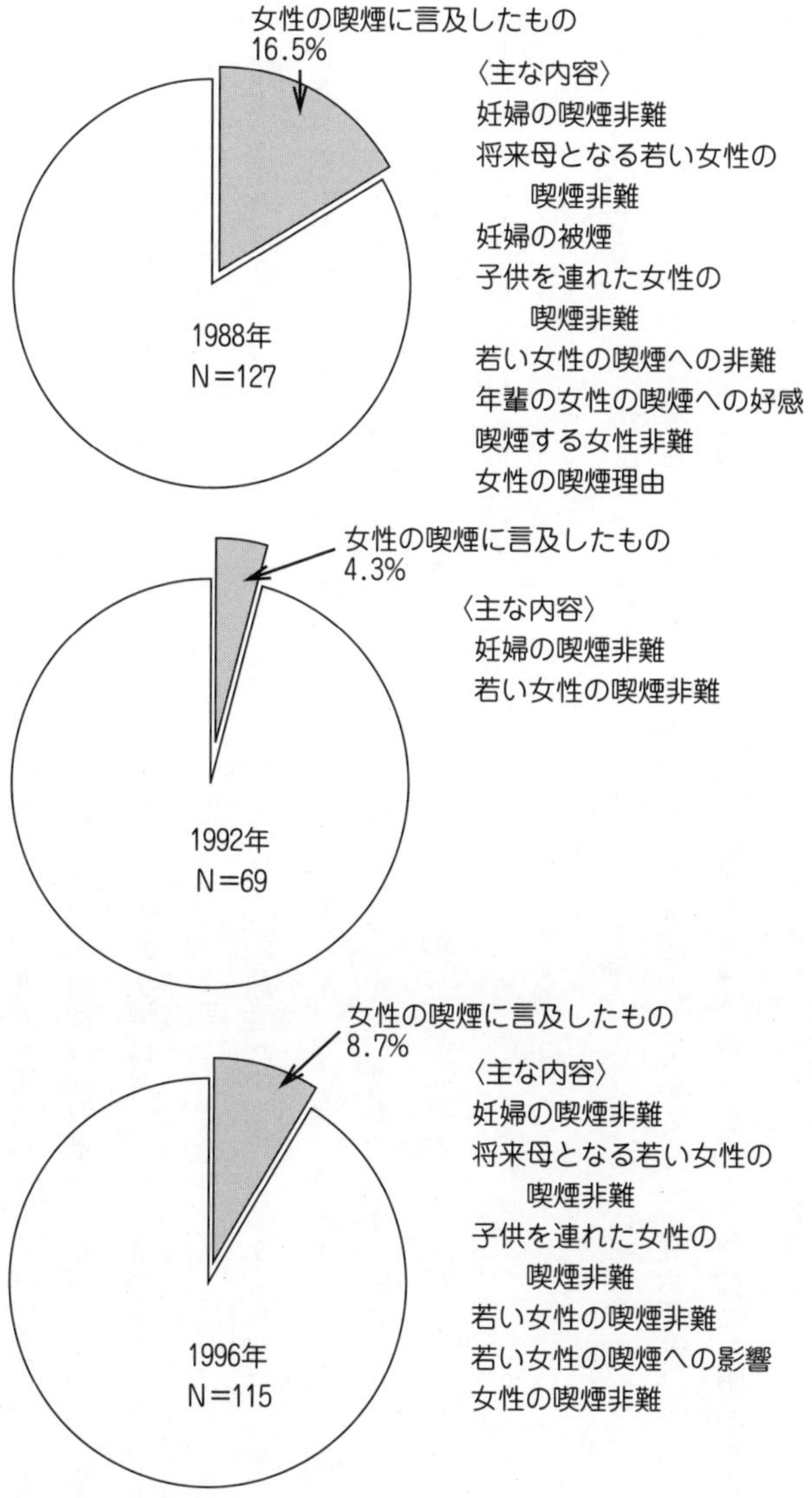

図５　女性の喫煙に言及したものの率

の有害性についてのものが八八年には九件あり、九二年の一件、九六年の二件とくらべて多いが、母体への有害性が問題でなくなったわけではなく、八八年は第一回世界禁煙デーの行われた年であり、体への害、禁煙ということに関しての発言が全体に多い年である。しかし、八八年は女性の喫煙に言及した投書が多く、その中でも母体への有害性についてふれている率が高い。

「将来母となる若い女性」の喫煙を非難したものの中には、「喫煙者が中学生のしかも将来妻となり母となる女の子にまで広がりつつある現実を目のあたりにして、暗い気持ちに……」（八八年『朝日』男性五〇歳、自営業）と、対象が中学生であることで強く非難しているものがあるが、その中で、非難の理由を「将来母となる……」だけでなく、「将来妻となる……」女性ということにまで広げているのは、単に言葉の上でのことだけでなく、男性である投書者の本音が覗いているのではあるまいか。

2　子供に有害

乳児を抱いて母親が喫煙することは乳児に有害だからと注意を促しているもの（九六年女性一件）、妊婦が自分ではたばこを吸わなくても副流煙を吸うと胎児に悪影響があるとして、自分がそばでたばこを吸われた経験を述べて喫煙者の注意を促しているもの（八八年女性二件）などがあるが、このほか、妊婦がほかの人の喫煙に迷惑したという経験は、喫煙場所を設けてほしいという要求、喫煙者は喫煙するときは周りの人に注意してほしい、という中でしばしばふれられている。

3　好ましくない若い女性の喫煙

若い女性の喫煙への非難は、母体への影響やガンなど病気との関連を指摘したり、他人への煙の影響を指摘していても、それだけでなく、「見苦しい」「好ましくない」などの感覚的、感情的な理由が加わる。
「……よく女の人で吸っている人を見かけるけど、すごく見苦しいと思います」（八八年『山陽』女性、高二）
「最近、特に若い女性がたばこを吸うのが目につきます。車に乗って片手運転をし、一方の手でたばこを吸っていますが、他人が見ると本当に見苦しいものです。……」（九六年『北海道』女性六二歳、主婦）
「喫茶店で……若いお嬢さんがたばこをくゆらせておられるのを見かける。……私はたばこくさいお嬢さんにあまり魅力を感じないし、何よりも将来お母さんになる体が心配……」（九六年『朝日』女性六五歳、無職）
若い女性の喫煙は、要するに「好ましくない」のである。
「近くに公園があり、……乳幼児連れのお母さん仲間……四、五人グループの方々ですが、子供さんを遊ばせながらそろってたばこを吸ってるんです。友人は『今はそんなの普通よ』と言います。でも私は、女性の喫煙そのものには別に反対しませんが、若い母親たちの公園のベンチでのそんな光景はとても嫌なの。……」（九二年『北海道』女性二四歳、主婦）
これは、「女性の喫煙には反対しない」といっているものの、「見苦しい」のであり、それが、限られた女性だけのグループでこそこそした感じが嫌なのか、公園という環境にそぐわないから嫌なのか、あるいは、本当は女性の喫煙に不快感を持っているのか、ここからはわからない。
以上は女性からの発言だが、男性が若い女性の喫煙者の増加を問題視しているものの中には、年輩の女性ではなく「若い」女性の喫煙者の増加を問題視しているものが見られる。
「駅のホームで最近よく見かける……女性がベンチに座って両足を組み、たばこをすぱすぱやっている光景……、最初のうちは、どこか遠慮がちなところがあったが最近ではあたりはばからずといった風情である。駅のホームでの女性の喫煙の輪は中年女性から若いＯＬなどにも広がっているようだ。……喫茶店に入ると、ＯＬグループなどが談笑しながら、たばこをくゆらしている。みんなで吸えば恥ずかしくない？……喫煙はやはり若い女性の健康なイメージを損なうように思う」（八八年『フクニチ』男性四三歳、公務員）

文面から、中年の女性の喫煙は気にならなかったが、若いＯＬに喫煙が広がったことで問題視するようになったことがよくわかる。そして、「みんなで吸えば恥ずかしくない？」など、若い女性の喫煙は本人として「恥ずべきこと」であるとする、この投書者の本音が表れている。

また、次の投書者は、喫茶店で見かけた女性の喫煙について、はっきりと「若い」女性に対してだけ非難し、年輩の女性の喫煙についてはむしろ好感を持って述べている。

「数人の若い女性が、わいわいがやがや入って来るなり、……灰皿を手元に置いて、堂々とタバコをくゆらしている。……にらみつけるが、目がかち合ってもぜんぜん平気な態度である。……たまには孫を連れたおばあさんが、孫に遠慮がちに喫煙している姿を見ると実にほほえましさを感じる時がある。……もし実の娘が喫煙している場面を見たら、詰問したいところだ」（八八年『沖縄タイムス』男性）

4　気に入らない喫煙する女性の態度

「……嫁は、……息子を送り出したら、こたつでコーヒーをのみ、テレビを見ながら、タバコをふかす毎日の繰り返しで、もし妊娠しておりましたら、胎児にどんなに害を与えることでしょう。この喫煙癖はどこで覚えたものか、こんな女性とは知らずに、……」（八八年『読売』八〇歳、農業）

これは投書ではなく相談なのだが、会社員である息子の嫁について、親として気に入らない面をあげて非難し、嘆いている。喫煙は気に入らない行動の代表になっていて、喫煙を含む嫁の態度を非難している。「妊娠していたら……」と気遣っているようだが、嫁には子を産み育てる機能を期待しているのであって、嫁が喫煙したい気持ちへの思いやりは見られない。また、喫煙が母となるべき嫁の体に悪いといっているのは、嫁の態度を非難することに一般の納得がえられやすいためでもあろう。

喫煙する女性の態度への非難は、さきにあげた例でも、「ベンチに座って両足を組み、すぱすぱやっている」、「堂々とくゆらす」といった表現で非難がましさが強調されているが、ほかにも、スキーに行く列車に乗りあわせた「ギャルの集団」について、「たばこを吸うのはいいが、……座席にあぐらをかいて、くわえたばことときた。おじんギャルどころか、まるでチンピラ、……」(九〇年『ディリースポーツ』男性四九歳、会社員)などがある。この中には、公平に見てひどい態度を指摘しているものもあるが、「女にはあるまじき格好、態度」を非難しているものもある。

5 成人式での喫煙

若い女性の喫煙を非難したものとして、成人したての若い女性が成人式でたばこを吸っているのを非難したものが二件あり、いずれも同じ世代の若い女性からのものであることが注目される。

「……その豪華けんらんさたるや、……うらやましいと思う反面、同窓会気分ではしゃぎ回るのには少々うんざり、それに何よりも興ざめなのは、白いショールを振り回しつつプカーっとたばこのけむりを吐き出すその姿。初々しさのかけらもない。……」(九六年『日本経済』女性二二歳、公務員)

「……成人式に出席して……久し振りに再会した友人たちは……何年か前とは人が変わってしまって晴れ着をきたままたばこを吸う姿にはがく然としました。……」(九六年『日本経済』女性二〇歳、学生)

前者は職員という立場で成人式での新成人の喫煙を見て興ざめだったというものであり、後者は新成人として成人式に出席して同じく新成人である友人の喫煙に驚いたというものである。いずれも、成人するかしないかでもはや慣れた手つきで喫煙する女性たちに不快感を持っているが、喫煙が若い女性の「晴れ着」にそぐわないこと、新成人は、初々しさ、新鮮なイメージが求められるものであって、喫煙の仕方、態度がこれに反するものであったことによって違和感というよりも反感を持っている。

男性の成人式での喫煙についての投書が見られないことと対照的である。

6　女性の喫煙への「対策」

女性の喫煙については、良くない、好ましくないという種類の投書がほとんどであり、それを指摘するだけのものと、だから禁煙せよ、控えるように、というものが多い。また、たばこの有害性についての教育が必要という指摘も、若年者の喫煙防止とともに、女性の喫煙対策の一つとしてあげられている。さらに、テレビＣＭなどが、未成年者に対するのと同じく若い女性の喫煙にも影響しているとして、会社や報道機関などに一考を促すというものもある。

「若い女性の喫煙が多いのは、キムタクやトヨエツがたばこを吸うシーンがたびたび登場するドラマの影響もある。……たばこのＣＭの喫煙シーンとドラマの喫煙シーンの違いはどこにあるか」（九六年『北海道』男性二九歳）

この投書者は、日本ではドラマの喫煙シーンの影響が過少評価されていることを、アメリカの場合と比べて指摘している。

ほかに、女性の喫煙を減らすためにたばこの値上げをせよというものがある。たばこの値上げについては、喫煙者全体を減らすために値段を極端に高くせよというものもあるが、未成年者や女性がたばこを買いにくくするために値上げを、というものがあり、いずれも男性の投書である。女性は未成年者と同じく経済的に自立していないはずという、旧態依然とした前提にたっている発言である。

7 女性が喫煙する理由

女性が喫煙する理由は男性のそれと同じ、という内容の投書が、たばこを吸わない女性からだされている。これは、投書者自身は嫌煙家なのだが、と断ったうえで、新聞の投書欄に載った「格好をつけて周りに顕示している」だけだとして若い女性の喫煙を非難している文章に対して、自分の知っている女性たちの喫煙を見て、

「……男性諸君と同じく、おいしく、イライラを鎮め、考えをまとめ、心の安定をはかろうとしての喫煙……」

（八八年『毎日』女性二五歳、公務員）

と、彼女たちの喫煙理由を説明している。そして、次のように続けている。

「確かに、『母となる日』を考えれば女性はより自重すべきでしょう。健康を害するのは、男性も同じですね。……」

喫煙理由が納得できるものかどうか、また、有害性が肯定できるものかどうかは別として、喫煙する理由は女性も男性も同じでありうること、体に悪いという点では女性も男性も同じであることを指摘したものがこの一件だけということに、改めて驚かされる。なお、この投書の中に、喫煙している女性たちが「『あたし、産めないのよね』とつぶやきながら」喫煙していると書かれていて、喫煙する女性は産まない女性、産む女性は喫煙しないもの、という、明治時代中期以来の喫煙のジェンダー規範が、現在もなお根強く存在し、内面化され続けているという実態が示されている。

喫煙している女性からの喫煙する理由を述べている投書は一件だけである。そこには、妊娠中に吸っていてもまったく別状がなかった例も述べられている。

「……仲良し四人グループの女友達はみな喫煙します。……全員、喫煙してから体が快調になり、便秘がすっかり治ったのです。（禁煙するとまた、元に戻ります。）それに二人は子供もいます。妊娠中も吸っていましたが、子供はいたって元気で、……大きく生まれ、すくすく成長し、……知能は普通以上……」（八八年『朝日』女性二六歳、主婦）

この投書は、とくに女性の喫煙への非難に対してのものではなく、喫煙することを一律に非難することに対しての抗議である。したがって、ここにあげられている喫煙の効用は、おそらく、女性だけに通用するものではないであろう。しかし、後半に述べられているのは、一般に女性が喫煙することは母体に有害と認識されていることに対する反論である。ここに書かれているのは、喫煙は必ずしも有害ではなく人によっては有益であるという主張だけではなく、女性であることで喫煙することが二重に非難されることへの不満である。

5　現代における喫煙観とジェンダー

以上、一九八八年、一九九二年、一九九六年の三カ年の新聞の投書欄に載せられた喫煙に関係する投書の内容分析を行い、年次別の傾向、女性と男性の発言の相違、女性の喫煙に関する言説を見てきた。

その主なものは次のようにまとめられる。

喫煙の害益を主題にした投書数は八八年から九六年に向けて横ばい、ないし減少傾向であり、有害性について、男性からの投書では喫煙者である自分の健康への有害性及び母性への有害性を指摘するものが、女性では母性への有害性の指摘と自分への副流煙の有害性をいうものが多かった。害について、主流煙の害についてのものは減少、副流煙の害についてのものは増加の傾向が見られた。

禁煙について、男性は自分の禁煙についていうものが多いのに対して、女性は夫の禁煙についてのものが多く、夫に禁煙させる役割を自認している様子が見られた。

禁煙場所に関して、副流煙から逃れたいとして具体的に禁煙にしてほしい場所をあげるものが多い一方で、喫煙場所を限定するという分煙の試みへの賛否の議論や提案も見られた。これは八八年から見られるもので、交通機関や職場の分煙の問題が登場している。職場の分煙の問題では、女性が職場の分煙の推進者となっている様子が見られる。また、喫煙場所を限定するというのではなく、快適な喫煙サロンの提案も見られ、さらに九六年には、空調設備などの整備された空間を設けることで喫煙者と非喫煙者との共存を図るべきだとする、分煙を超えた提言も見られる。

喫煙の態度、いわゆるマナーに関しては八八年から九六年に向けて投書数が増加し、関心の高まりが見られる。この中で、歩行喫煙についてのものと不快な喫煙についてのものは女性からの投書が多く、女性は危険なたばこの火や副流煙の被害者という立場で発言している場合が多い。また、吸い殻の投げ捨てについては男女とも厳しく見ていて、女性では環境美化の役割を持った者としての発言がしばしば見られる。たばこの吸い殻だけでなく、空き缶なども含むゴミの投げ捨てには、罰金をともなう条例によって対処しようとする自治体が現れ、投書でもこれに賛意を示すものがかなり見られる。しかし、多くは心がけの問題、マナーの問題であるとしていて、マナーが悪いと法的に規制されるなど喫煙者は自分の首を締めるようなことになるとして、他者への配慮を持った行動の重要性を指摘している。他者に危害を与えないだけでなく、不快な思いをさせたり迷惑をかけたりすることのない範囲で、自己の責任において喫煙するべきだというのが現代の喫煙倫理である。

各主題を通して、女性の喫煙に関しては、母体に有害、乳幼児に悪影響などと男性の喫煙に比べてより以上に有害とされ、ほかに、若い女性の喫煙は見苦しい、好ましくない、魅力的でないとする、感覚的・感情的非難が、女性からも男性からもだされている。若い女性の喫煙を好ましくないとするジェンダー規範は現代社会においても依然として存在し続けている。

20　喫煙・禁煙・嫌煙とジェンダー規範

世界的なレベルでの「喫煙」に関するデータや資料を作成し、喫煙動機の要因分析などを行っている機関に、WHO（世界保健機構）がある。WHOは、世界の人びとの「健康」を保障する見地から、現在、「禁煙」を中心とした政策を推進していることは、よく知られている。ここでは、WHOがまとめたデータや資料を手掛かりにしながら、女性の喫煙についての状況を確認するとともに、WHOによる女性の喫煙要因の分析と喫煙、禁煙ポスターに見られるジェンダー規範について論じることとする。

次に、限られた資料ではあるが、日本の大学生などの喫煙イメージの規範性について、ジェンダー分析を行うこととする。本章では、主に一九九〇年代後半の状況に基づく分析であることをお断りしておく。

一九九五年当時の日本の若者たちの喫煙イメージは驚くほど固定化されたものであるが、喫煙がジェンダー規範と強く結びついていることは、ほとんどの学生が認識している。「スポーツが苦手な男は、男らしくないとバカにされる」「メガネをかけた女は、性的魅力がないと言われる」「男は跡取りになるのが当たり前」「女は結婚して子どもを産まなければ一人前ではない」等々のジェンダー規範への疑問が噴出する中で、必ず「たばこを吸う女はなぜよく思われないのか」という事項が提出される。学生生活の中での「なぜ男が女に食事をおごるのか」「なぜレディースランチがあるのか」といった具体的なジェンダー規範への疑問の中で、「喫煙」はかなりの関心事といえるのである。

未成年者喫煙禁止法によって未成年の喫煙が法的に規制されている日本において、未成年と成年者が共存する大学という場は、一定程度「社会」から隔離された場であるがゆえに、学生たちはむしろ、より「規範」に左右されているといえるのかもしれない。ここでWHOと日本の大学生への調査という、レベルの異なる資料やデータをあえて用いた理由は、喫煙、禁煙、嫌煙という、「たばこ」をめぐる見解のありようを考察するための手掛かりをえるためである。

1　女性の喫煙の世界的動向

1　女性の喫煙の歴史的状況

日本たばこ産業（JT）の一九九四年の全国喫煙者率調査結果によると男性は五九・〇％、女性は一四・八％の喫煙率で、喫煙推定人口は男性は二七一六万人、女性が七二二万人にあたるという。二〇〇五年のデータでは男性四五・八％、女性一三・八％となっている。さらに二〇一〇年のデータでは、男性が三六・六％、女性が一二・一％となっており、男性の喫煙率の減少が目立つ。男性は、特に二〇歳代の喫煙者が二〇〇五年から二〇一〇年の間に、五一・六％から三八・三％に減少していることが注目される。男性の喫煙率は全世代減少しているが、女性の五〇〜六〇歳以上の喫煙率は横ばいかむしろ増加している（本書五七〇〜五七一頁参照）。

ところで、ＷＨＯの一九八八年の報告によれば、先進諸国での女性の喫煙率はおおよそ二〇〜三五％、途上国では二〜一〇％とされており[1]、日本の若い世代の女性喫煙率は増加傾向にあるものの（本章四七四頁参照）、先進諸国の中では比較的低い方といえる。クレール・ショラー・トラケーは、一九九二年にＷＨＯから出版した著書『女性とたばこ』（*Women and Tobacco*）[2]の中で、女性の喫煙の歴史的状況と今日的課題を整理している。以下、トラケーが示す女性の喫煙の歴史的状況、現状分析を紹介しながら、ジェンダー規範分析の視点からの批判も含め、検討していくことにする。

トラケーは、欧米女性の喫煙状況を見るに、第一次世界大戦が大きな変化の時期にあたっていると述べている。第一次世界大戦以前の一九〇〇年代初期までは、女性の喫煙はほとんどなく、社会規範としても喫煙女性は品位を欠き、無作法でモラルに反すると見なされていたらしい。この点は明治二〇年代まで女性の喫煙が容認されていた日本と大きく異なるところである。

欧米女性においては、女性解放運動の出現と女性賃金労働者の増加、女性の職業進出等に伴う生計面での男性への依存度が低下するにつれ、女性の喫煙に対する従来の規範意識が変わり始めた。さらに、第一次世界大戦の間、兵士にシガレットを送ることが愛国的行為と見なされたことから第一次大戦以前に行われていた禁煙運動が下火になり、女性の喫煙が社会的に容認されていくようになったという。トラケーは、「北米、ヨーロッパでは女性参政権や衣装の改良を通じて女性解放が進むにつれ」と記述しているが、この点はトラケー以外のさまざまな資料にも散見される。

たとえば「ブルマー」の考案者であるアメリア・ブルマーは女性のウエストを締めつけて細さを強調した不自由

なスカートを改良し、ブルマーを制作した。そのブルマーは、女性解放運動家たちが愛用したが、当時の男性たちはそれをおぞましいものと見なし、しばしば揶揄の対象とした。そしてまた、そのブルマーをはいた女性参政権運動家たちのシンボルとなったのが、「たばこ」であった。女性の参政権は、男性のシンボルであった政治領域への進出を示すところから、女性参政権運動家たちは男性領域への侵入者と見なされた。それゆえに女性参政権運動家たちは男たちが行うことであった「たばこ」を吸い「スポーツ」をする女、そして家事や育児を放棄する女としてイギリスの中流向け風刺雑誌『パンチ』等のカリカチュアに描かれている(3)(図1)。

図1　ジョン・テニエール作「女性の解放」(1851年)

一九〇〇年前後から現出してきたこうした女性の喫煙イメージは、第一次世界大戦後の一九二〇年代には、さらに女性解放と平等の象徴として公共の場で見られるようになったという。トラケーによれば米国の場合を見ると、一九二九年には一日の平均喫煙本数は、男性七・二本に対し女性は二・四本であったという記録がある。ヨーロッパではアール・ヌーボーの時代、そしてモダニズムへと加速的に消費社会が到来する中、女性の喫煙はファッショナブルなものとしてポスターに描かれるようになった(図2、3)。

一九二〇年代後半から一九三〇年代にかけて、日本にも女性の喫煙のファッション化現象が見られたことはすでに指摘した(本書七〇～八一頁)。米国では、一九三五年の女性の喫煙率は一八・一%、男性は五二・五%であったという(4)。女性解放運動との関係でいえば、日本では女性参政権運動のピークは昭和六年頃の婦人公民権運動であったということもあり、時事漫画家北沢楽天が描くように「モダニズムと女性参政権と女性の喫煙」が重なりあう形

図２　シャルル・ルーポ「サト（たばこ）」（１９１９年）

図３　フランツ・レンハルト（イタリア）「モディアーノ」（１９３６年頃）

で認識されていたといえる（図４）。

第二次世界大戦後、欧米女性の喫煙は職場進出や独立・解放、そして愛国心と結びつけられるようになり、喫煙率は急速に高まった。英国での喫煙率は一九五〇年に女性が三八％、男性が六二％、一九六六年には女性の喫煙が四五％に達し、その後徐々に低下して、一九八八年には三二％というデータがある（表２参照）。オーストラリアの女性喫煙率も戦後三〇％となり、一九八六～八九年での調査では二七％となっている（表６参照）。一九三五年には一八・一％であった米国では、戦後二五％に達し、一九九〇年段階で二六％というデータがある（表１参照）。たばこの宣伝活動の影響もあった

婦人が公民権を得るまで　（『時事漫画』昭和５年10月５日号）

図４　北澤楽天「婦人が公民権を得るまで」（1930年）

表1　アメリカ地域の女性のシガレット喫煙率

国	喫煙率（%）	調査時期	出　典
アルゼンチン	27（38）†	1988	(a)
バハマ	4	1989	(b)
ボリビア	38	1986	(c)
ブラジル	33（30～33）†	1990（1986）	全国調査
カナダ	25.8	1986	(b)
チリ	31（58）†	1988	(a)
コロンビア	18（21）†	1988	(a)(d)
コスタリカ	20（12.4）†	1988（1986）	(a)(d)
キューバ	25.5	1988	(e)
ドミニカ共和国	13.6	1989	(e)
エクアドル	16（8）†	1988	(a)(d)
エルサルバドル	12	1988	(a)(d)
グアテマラ（都市部）	17.7（4）†	1989（1987）	(e)
ガイアナ	4	−	(e)
ホンジュラス	11	1988	(a)(d)
ジャマイカ	27（6.2）†	1988（1989）	(d)
メキシコ	17	1988	(d)
パナマ	20	1983	(e)
パラグアイ	（7）†	NA	NA
ペルー	17	1988	(a)(c)(d)
トリニダード・トバゴ	5	1986～89	NA
米国	26	1990	(e)
ウルグアイ	23（44）†	1988	(a)
ベネズエラ	23（34）†	1988	(a)(d)

注1：アンティグアバーブダ、バルバドス、ベリーズ、ドミニカ、グレナダ、ハイチ、ニカラグア、セントクリストファーネビス、セントルシア、セントビンセント、グレナディーン諸島、及びスリナムについてはデータなし。
注2：†印を付した（　）内の数値は出産の可能年齢の女性のみについてのデータである。
〈出典〉(a)＝ギャラップ、1988年、(b)＝保健省、(c)＝アメリカがん協会、(d)＝WHO/PAHO：CD33/24, Rev.1〔未刊行文書, WHO米州地域事務局（ワシントンD.C.,20037, 米国）から入手可能〕、(e)＝WHOが各種の情報から算出、NA＝出典について種々の情報源からWHOが収集したもの。時期についてもさまざまである。

といわれるが、日本でも女性をターゲットにした宣伝活動はあったが、本章の冒頭に示したように欧米のような女性の喫煙率の上昇には繋がらなかった。

2　女性の喫煙の現在

世界各国・諸地域での女性の喫煙率のデータを、トラケー『女性とたばこ』より再掲載する（表1〜表6）。調査時期は一九八〇年代から一九九〇年にかけてのものであるが、かなり幅があり、かつ注記にもあるようにデータの取り方は各国で異なっている。各国の保健省の提出データのほかギャラップ、アメリカがん協会、WHO調査データ、それに「各国からよせられた情報」などの出典が見られ、東南アジア・西太平洋地域では農村部のデータのみが掲載されている場合も見られる。それゆえデータの質については疑問があるものの（その他の国連統計も同様であ

表2　ヨーロッパ地域の女性のシガレット喫煙率

国	喫煙率（%）	調査時期	出　典
オーストリア	28	1984	(a)
ベルギー	28	1988	(b)
ブルガリア	17	1989	(a)
チェコスロバキア	28	1990	(c)
デンマーク	45	1988	(b)
フィンランド	20	1988	(a)
フランス	30	1991	(a)
ドイツ	27	1988	(b)
ギリシア	26	1988	(b)
ハンガリー	23	1986	(a)
アイスランド	32	1990	(d)
アイルランド	31	1988	(b)
イスラエル	25	1988	(a)
イタリア	26	1988	(b)
ルクセンブルク	30	1988	(b)
マルタ	22	1991	(c)
オランダ	37	1988	(b)
ノルウェー	34	1990〜91	(a)
ポーランド	35	1989	NA
ポルトガル	12	1988	(b)
スペイン	28	1988	(b)
スウェーデン	26	1986〜89	(d)
スイス	28	1989	(a)
旧ソ連（モスクワ）	10†	1986	NA
英国	32	1988	(b)
ユーゴスラビア	36†	NA	(c)

注1：アルバニア、ベラルーシ、モナコ、ルーマニア、サンマリノ、及びトルコについてはデータなし。
注2：†印は一部地域のデータである。
〈出典〉(a)＝加盟国から寄せられた情報、(b)＝ヨーロッパ対がん協会、(c)＝国家総合非感染性疾患対策委員会（CINDI）、(d)＝WHOが各種の情報から算出、NA＝出典についてさまざまの情報源からWHOが収集したもの。時期についてもさまざまである。

表３　アフリカ地域の女性のシガレット喫煙率

国	喫煙率（%）	調査時期	出　典
コートジボアール	1	1981	(a)
ガーナ	1～6	NA	(a)
ギニア	1	1981	(a)
モーリシャス	7	1986～89	(a)(b)
ナイジェリア	10	1990	(c)
スワジランド	7	1989	(a)
ザンビア	4～7	1984	(a)(b)

注：アルジェリア、アンゴラ、ベニン、ボツワナ、ブルキナファソ、ブルンジ、カメルーン、ケープベルデ、中央アフリカ共和国、チャド、コモロ、コンゴ、赤道ギニア、エチオピア、ガボン、ガンビア、ギニアビサウ、ケニア、レソト、リベリア、マダガスカル、マラウィ、マリ、モーリタニア、モザンビーク、ナミビア、ニジェール、ルワンダ、サントメプリンシペ、セネガル、セーシェル、シエラレオネ、南アフリカ共和国、トーゴ、ウガンダ、タンザニア、ザイール、ジンバブエについてはデータなし。

〈出典〉(a)＝WHOが各種の情報から算出、(b)＝Chapman, S., Leng, W. W., *Tobacco control in the Third World, A resource atlas,* Penang, International Organization of Consumer's Unions, 1990. (c)＝*Tobacco and society in Nigeria: reseach trends in proruction, promotion and consumption of cigarettes,* Paper presented at the 7th World Conference on Tobacco and Health, Perth 1990. NA＝出典について種々の情報源からWHOが収集したもの。時期についてもさまざまである。

るが）、女性の喫煙状況を示すこれらの数字に基づき、WHO本部たばこ対策部技官であるトラケーによってどの様な分析がなされているのか見てみよう（なお国名表記及び文献表記は一部訂正し、文献表記についてはWHOの方式に従ったが、一部作成し直した箇所もある）。

WHOは、女性の喫煙状況について先進諸国と途上国とを分けてその状況を把握し、整理している。トラケーはまず先進諸国での喫煙の問題点として、第一にオーストラリア、カナダ、フィンランド、英国、米国などの国々では、男女の喫煙率が接近してきていることをあげている。男性の喫煙率は下がる傾向にあり、女性の喫煙率はわずかに低下してきているものの、際立った変化はなく、将来は女性の喫煙率が高まることが予想されるという（WHO国別データベース）。

第二の問題点は、少女の喫煙の増加である。一五歳くらいの少年と少女の喫煙率は、ベルギー、フィンランド、ハンガリー、イスラエルなどはあまりかわらず、スイス、オーストリア、ノルウェー、スコットランド、スウェーデン、ドイツ、ウェールズ、デンマーク、米国などは少女の喫煙率の方が高い。ノルウェーでは三八・三％に達している[5]。

第三には、英国、米国、オーストラリア、スウェーデンなどでは、学歴や職業的地位が低く、低収入、単身、離別状態、その他恵まれない境遇の女性の喫煙率が高いことに問題があるという。WHOのデータは、スウェーデンにおいて母子家庭の母親の喫煙率が高いこと、米国では大学教育を受けていない女性や会計係、機械操作係、看護助手、工場労働者、ウエートレス、美容師などの職種の女性の喫煙率が高いことを示している。(6) 英国、ニュージーランド、カナダ、オーストラリアでも無職や手作業従事者の喫煙率が高く、(7) さらに、社会的経済的に不利な民族や人種の女性の喫煙率も高くなっているという。

表4　東地中海地域の女性のシガレット喫煙率

国	喫煙率（%）	調査時期	出　典
バーレーン	20	1985	(a)
キプロス	8	1991	(a)
エジプト	2	1981	(a)
イラク	5	1990	(a)
ヨルダン	18（学生）	1989	(b)
クウェート	12	NA	(a)
レバノン	39（学生）	1975	(a)
モロッコ	9.1 ～ 14.9	NA	(c)
オーマン	3 ～ 9	1990	(a)
パキスタン	6（たばこ使用者（種々の形を含む）の39%）	1982	(a)
カタール	3 ～ 9	1990	(a)
スーダン	19	1986	NA
チュニジア	6	1984	(a)
アラブ首長国連邦	3 ～ 9	1990	(a)

注：アフガニスタン、ジブチ、イラン、リビア、サウジアラビア、ソマリア、及びイエメンについてはデータなし。
〈出典〉(a) = WHO が各種の情報から算出、(b) = *Jordan time*, 30 May,1989. (c) = モロッコの女性の喫煙率は Bartal, M. et al., Le tabagisme u Maroc, ebauche de lutte antitabac [An outline of Morocco's fight against tobacoo use.] *Hygie*, 1988, 7 : 30-32. では 14.9%とされているが、WHO が保健省から 1990 年 3 月 26 日にえた情報では、9.1%となっている。NA = 出典については種々の情報源から WHO が収集したもの。時期についてもさまざまである。

一方、途上国においては、これまでほとんどの国で女性の喫煙は社会的に容認されず、厳しく制約されることが多かった。しかし、インド、ネパール、パプアニューギニア、タイ北部などのように女性の喫煙率が高い例外地域も存在する。途上国での女性の喫煙の問題点としては、第一に農村と都市部住民の喫煙状況の相違により課題が異なることである。都市部では、シガレット喫煙は、若くて学歴が高く裕福な女性の習慣となっており、これは新たに生じた現象といえる。一方、農村部では年長の女性が噛みたばこなどの旧来のたばこを吸っていて、これは根強い習慣として存在し続けているという。

第二にこれまで宗教による喫煙規制が存在していた地域における急激な変化である。たとえばモロッコの回教徒の女性は〇・一四%と、とりわけ喫煙率が低かったし、一般に途上国では若い女性の喫煙率は低かった(8)。しかしながら最近ではこの傾向が変化してきており、たとえばナイジェリアの女子学生の喫煙率は、一九七三年には三%未満であったが、一九八二年には大学生及び専門学校生の喫煙率は二四%に達し、師範学校生は五二%にのぼるという(9)。都市化、キャリア志向の教育、消費能力の向上に伴い、喫煙は豊かな生活のイメージともなって若い女性のシガレット喫煙が増加してきているのである。

今後、途上国への猛烈なたばこ産業のマーケティングにより、特に若い女性の喫煙が促進されるであろうとトラケーは述べている。

表5　東南アジア地域の女性のシガレット喫煙率

国	喫煙率（%）	調査時期	出　典
バングラデシュ	20（1）†	1984（1982）†	(a)（c)（d)
インド	3 ↕	1984	(c)
インドネシア	10（3.6）	1990（1986）	(b)（e)
モンゴル	7	1991	(a)
ミャンマー	29 †	1989	(b)
ネパール	58	1991	(a)
スリランカ	1～3.3 §	1989	(f)
タイ	4	1988	(g)

注１：ブータン、朝鮮民主主義人民共和国、及びモルジブについてはデータなし。

注２：†印のデータはそれぞれ農村地域と二つの貧しい村落のもの。↕印のデータは農村地域のもの。インド女性のたばこの使用は、地域及びたばこの使用の様式により０～67%という開きがある。§印のデータは、スリランカの都市部の１%、郊外地域の3.3%、それに農村部の１%の調査からえたもの。

〈出典〉(a) = WHOが各種の情報から算出、(b) = Chapman S., Leng W. W., *Tobacco control in the Third World, A resource atlas*, Penang, International Organization of Consumers' Unions, 1990. (c) = *Smoking and Health*, Report of a WHO Regional Seminar. (d) = Cohen, N., Smoking and survival prospects in Bangladesh, *World health forum*, 1982, 3:441-444. (e) = In:Durston,B., Jamrozik, K., ed., *The global war, Abstracts of the 7th World Conference on Tabacco and Health, Perth,1-5 April, 1990.* Perth, Health Departmant of Western Australia, 1990, p.241. 1990年と1986年に実施された世帯調査でそれぞれ3.1%、3.6%、(f) = *Smoking patterns in Sri Lanka 1989,* National Cancer Control Programme, Sri Lanka. (g) = *Health and Welfare survey on tobacco use, 1989,* Updated in March 1990 by H. Chitanondh, National Committee for Control of Tobacco Use, Ministry of Public Health,Thailand.

トラケーは世界的な女性の喫煙状況を概観した後、次に若者の喫煙動機要因、若者及び成人の喫煙継続要因を中

2　女性の喫煙要因——WHOの分析と対策

表6　西太平洋地域の女性のシガレット喫煙率

国	喫煙率（%）	調査時期	出　典
オーストラリア	27	1986〜89	(a)
ブルネイ	7	1980	(b)
カンボジア	−†	1990	(b)
中国	8.28（7.04）‡	1984	(c)
クックアイランド	19	1978	(d)
フィジー（メラネシア人）	44§	1980	(d)
フィジー（インド人）	13**	1980	(d)
日本	14.3（12.7）	1990（1989）	(b)
キリバス	−††	−	(d)
マレーシア	5	1990	(e)
ニュージーランド	26	1986〜89	(b)
パプアニューギニア	80‡‡	1990	(e)
フィリピン	18.7（21.9）	1988（1990）	(f)（e）
大韓民国	6.8	1990	(g)（f）
サモア	22§§	1978	(d)
シンガポール	2.4	1988	(b)
ソロモン	10（33）	1989（1990）	(f)（e）
トンガ王国	8	1990	(e)
バヌアツ	10	1990	(e)
ベトナム	0.3〜3.4	1990	(e)

注1：ミクロネシア、ラオス、マーシャル諸島、及びトケラウについてはデータなし。

注2：†印のデータは都市部と農村部の喫煙率はそれぞれ3%、及び10%。‡印のデータは20歳以上の女性の喫煙率に関するもの。（　）内は15歳以上の女性に関するもの。§印のデータは都市部と農村部の喫煙率はそれぞれ33%、及び55%。**印のデータは都市部と農村部の喫煙率はそれぞれ4%、及び22%。††印のデータは都市部と農村部の喫煙率はそれぞれ74%、及び66%。‡‡印のデータはある農村地域での小規模な調査による。§§印のデータは都市部と農村部の喫煙率はそれぞれ17%、及び27%。

〈出典〉(a) = Hill, D.J., White, V.M.,Gray, N. J., Australian patterns tobacco smoking in 1989, *Medical journal of Australia*, 1991, 154:797-801. (b) = WHOが各種の情報から算出、(c) = Wing X. Z., Hong Z.G., Chen D. Y., Smoking prevalence in Chinese aged 15 and above, *Chinese medical* journal, 1987, 100:886-892. (d) = Tuomilehto, J. et al., Smoking rates in Pacific islands, *Bulletin of the world Health Organization*, 1986, 64:447-456. (e) = たばこか健康かに関する地域作業グループ、オーストラリア、1990年3月、(f) = WHO西太平洋地域事務局「たばこか健康かに関する地域作業グループ報告」パース、1990年、(g) = Hae Sook Lee, Ⅱ Sook Kim「韓国民の過去80年間のシガレット喫煙率——生年コホート分析」Durston, B., Jamrozik, K. 編集『世界戦争：パースで1990年4月1〜5日に開かれた第7回世界たばこと健康会議抄録集』パース、西オーストラリア衛星部、1990年、p.163. から転載。

心に分析を行っている。

1　女性の喫煙要因の分析

彼女は、喫煙動機要因には、社会的文化的要因、個人的要因、環境的要因の三つがあるという。まず、社会的文化的要因としては、社会の喫煙規範や両親の態度、仲間の影響をあげている。未成年の喫煙がタブー視される社会において、一般に若者たちは社会や両親への反発、好奇心から、また友達から仲間はずれにされる恐れから喫煙を始めるという。次に個人的要因としては、喫煙が健康に害を与えるという知識の有無及び、自己イメージの問題をあげている。若者たちは往々にして、自己を大人っぽく、格好よいイメージで見せることにより自尊心を満足させようとするが、喫煙はそのための最適な手段となっている。また特に少女たちは、細身の女性は美しいというイメージを体現したくて、ダイエットのために喫煙している場合が多いという。またトラケーは、あまり学業成績がよくない自信のない少女が、不安感を隠し、自己イメージを高めるために喫煙する場合も多いと指摘する。

最後に環境的要因としては、たばこの手頃な価格、自動販売機等での入手のしやすさ、マーケティングの問題とともに、広告宣伝の影響力の大きさにふれている。ちなみに、ここでは日本の雑誌広告に見られた、一九九五年段階のヴァージニアスリム、カプリ、ヴォーグの女性向け喫煙広告をあげてみた（図5〜7）。この広告を見るかぎり、女性向けの喫煙広告は魅力的な女性を登場させ、洗練、大人、セクシー、ロマンチック、美しさ、女性解放、進歩的、スリム、リラックス、自由などのメッセージを送り、イメージ形成を図っている。

トラケーは、喫煙動機要因を以上のように整理しているが、現代日本の若者たちにも同様のことがいえるのか、後に検討することにしよう。

次に喫煙継続要因としては、次の点を取り上げている。

まず第一に生理学的要因として、ニコチンの依存性があげられるが、それとともにダイエット効果があることを取り上げている。確かに喫煙は食欲抑制作用があり、代謝率も上昇させる。細身であることを維持する効能が喫煙継続要因になるというのだ。第二に、心理的社会的要因として男性の喫煙継続が楽しみをえるためといった積極的な要因からなされるのに対し、女性の喫煙継続はストレスやマイナス感情を軽減するといった消極的要因からなされると述べている。

図5 「ヴァージニアスリム」の雑誌広告（1992年頃）

図6 「カプリ」の雑誌広告（1993年頃）

図7 「ヴォーグ」の雑誌広告（1992年頃）

具体的にトラケーは次のような状況を呈示しながら説明する。多くの女性は職場や家庭で常に抑圧されている。雇用されている女性は仕事をこなし、上司を喜ばせ、家を切り回し、家族の世話をやくなど多くの役割を引き受けている。女性は職場と家庭で多くの要求に応じなければならず、役割葛藤は実に多大なものがある。それゆえに、単純な仕事をしている女性は単調さを紛らわせるため、欲求不満のたまる仕事をしている女性は、その仕事に対応しやすくするために、子供たちに取り囲まれた若い母親は、子供たちから離れて自分をとりもどすための唯一の安らぎをえるために喫煙をする。低所得の女性たちは喫煙するときがわずかな自分の時間であり、シガレットは唯一の贅沢と考えているという。

女性たちのこのような喫煙状況についてトラケーは、喫煙する女性たちは喫煙が「精神を静め、ストレスを和らげ、怒りと欲求不満の感情を軽減してくれると信じている」「たばこを吸う女性たちはシガレットなしにはこのような事態にうまく対処できないと信じている」[10]（傍点—引用者）と、その依存性を強調している。このようにしてトラケーは、女性の喫煙は楽しみというより孤独、悲しみ、嘆き、怒り、欲求不満などのマイナス感情を紛らわすことにあると特徴づけるのだ。

しかし私見を述べれば、男性の喫煙にもこのようなストレス解消要因や依存性があることは自明のことである。しかるに女性のみが役割葛藤から生じるマイナス感情によって喫煙しているかのように述べるのは、的確な解釈とはいえまい。こうした解釈をもたらす背景には、トラケー自身に、男性に対する以上に、女性に対してより強い喫煙タブー意識があるからであろう。調査や分析を行う者自身が自明視している女性に対する喫煙タブー意識は、結果として女性喫煙者のマイナスイメージの固定化を招いている。

2　女性喫煙者の記号化

トラケーは先進諸国の女性の中で、喫煙しやすいタイプとして、次のような女性像を提示する。「低所得層で単純な仕事をしており、経済的にも活動しておらず（失業中）、独身か別居、あるいは離婚しており、学校の成績も悪く、あるいは社会経済的に恵まれない民族の出身である」。また「差別され抑圧されている女性」、たとえば「殴られる女性」、「性的暴力の犠牲者」、「移民」、「少数民族」、「母子家庭」、「障害を持つ女性」なども喫煙者になりやすいタイプという。一方で途上国等での女性の喫煙しやすいタイプは、より恵まれた専門職についていることが多いが、その理由は、働いている環境が社会規範から比較的自由であり、たばこ広告にふれる都市環境にいて経済的にも入手しやすいという条件によって成り立っているという。

こうして見ると、トラケーによる喫煙する女性のイメージは、広告においては美しくスリムで洗練された魅力のある、進歩的で自由な女性として造形されているが、先進諸国での実態は「低所得、低学歴、非専門的な単純労働に従事する独身または母子家庭の女性、差別される民族の女性」であるとして「現実の」喫煙女性のイメージが提示される。

専門職等で喫煙する女性より、貧困や過酷な労働条件や家庭環境の中で喫煙する女性の「健康」について考慮して対策を講ずることは、WHOの立場からして緊急性を要する問題と認識するからこそ、「喫煙」女性の抱える問題性を注視することになるのであろう。しかしながらこのような「喫煙しやすい女性」のタイプ化は、喫煙と貧困、非自律性、無能性、不道徳性を結びつけて、女性の喫煙を記号化することになるのではないだろうか。そしてなによりもこのことは、貧困や過酷な状況にある女性を、自らの責任においてそのような状況を招いた努力のたりない不道徳な女性という「規律的な基準」に立った位置づけをする結果になってしまっている。この傾向は、いくつかの研究成果の分析において、やはり一面的な解釈へと向かっていることによっても示されている。

グラハムは、喫煙と貧困と子供の養育との関連についての英国での研究結果を次のように紹介している。[11] 低収入世帯で子供を養育している母親の半数が喫煙者であり、彼女たちは自分たちにとって喫煙は子供の世話の合間の休憩にとても役立っていると語る。日常的な養育の間の短い休憩としてだけではなく、子供たちの要求が手に余り、パニックとなりそうなときに彼女たちは喫煙するという。その理由について問うと、自分と子供との間に「身体的ではなく、象徴的な隙間」を作り、その隙間を自分で決めた行動である「喫煙」によって埋めるという。「母親にとって喫煙することは、最も大切な自主的な行動である」とグラハムは述べている。

また、低収入世帯で、贅沢な買い物はもちろん、贅沢でなくても衣服、化粧、必需品以外の食品などをまったく買えない、レジャーなど行えないといった状況の下で、「シガレットは、女性が自分のために買える、唯一のものと思われる」、つまり過酷な生活を暮らしていくための必需品にほかならない。それゆえ、低所得層の家計の中でたばこの支出割合は相対的に高くなっているのであり、こうした実態は必ずしも女性の喫煙が依存的で無気力なものとはいいきれないことを示している。

禁煙論者は、喫煙が身体に悪いのみならず、依存的精神状態に陥らせると主張するが、むしろこの過酷な生活の中では、自暴自棄になる精神状態を平常に保つ貴重な調整弁の役割を果たしているといえないだろうか。むしろ問題とされるべきことは、決して少数ではない女性たちが、こうした過酷な条件に置かれていることである。喫煙が体に悪い、依存的な精神状態にさせるといって彼女たちの喫煙を中止させるという思考の回路を辿る前に、喫煙によって彼女たちが狂気に陥らずにすむというギリギリの状況であることの意味を検討する必要がある。

先進諸国や途上国にも存在する「高所得、高学歴、専門職に従事する夫と子供のいる優位な民族」の女性喫煙者について検討することなく、こうした境遇の対極にある女性喫煙者のみを取り上げ、喫煙の負のイメージを刻印するかのように女性の喫煙者を記号化することは、問題の本質を解明していくことに繋がらない。「女性の喫煙」研究は、体に悪く、依存的な中毒症をもたらす「喫煙を中止させること」を前提とした目的論的解釈を行うべきではなく、職場や家庭での女性の役割構造の社会科学的検討、心理学的解明など、より研究的な視点で論点を深めることが重要なのである。

3　禁煙ポスターによる女性規範の固定化

前項では、トラケー及びＷＨＯの喫煙を中止させようという目的論的認識が、女性の喫煙の負の記号化を行っていることを指摘した。次にこの女性の喫煙の負の記号化が、女性規範の固定化に繋がっていることを、禁煙ポスターを取り上げながら明らかにしておきたい。

トラケーは、これまで紹介してきた『女性とたばこ』において、女性が喫煙しないよう多くの女性が非喫煙女性の役割モデルとなることを提起する。母親や友人、学校の教師は子供たちが喫煙しないような「お手本」を示すことが必要であり、保健医療職の女性、看護師、女医などが喫煙をやめるよう助言を与えることが効果的であるとする。スポーツやメディアで働いている女性は、喫煙しない女性の方が健康的で魅力的で美しく、知的な女性は喫煙しないことを示すことができると述べ、政治や行政、民間組織で働いている女性は、女性の問題を扱う際に、喫煙をやめるよう勇気づけ、喫煙しないよう支援する絶好の立場にいるし、喫煙しないための法律や規則を通過させることにも参与できるという。さらに女性解放運動家たちも、禁煙に大きな影響を与えることができるという。「女性の喫煙も男性と平等に」という認識はすでにフェミニズムからも批判されていて、むしろ女性の健康についての見地から見れば、禁煙はフェミニズムが取り組む課題と見なされていると述べる。また、シガレットの広告は「喫煙のゆがめられた、また誤解されるイメージ」を助長しているので、フェミニズムが批判するテーマだと主張するのである。

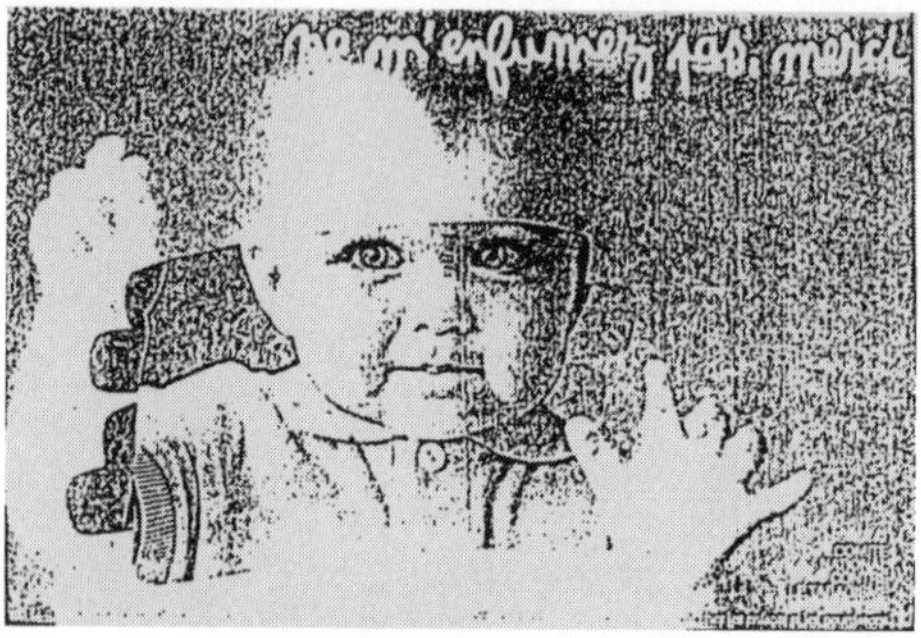

図8　フランス制作ポスター「けむたくさせないでね」（1990年頃）

図9　アメリカ制作ポスター「たばこを吸うと、あなたとその周囲すべてが汚染される」（1990年頃）

確かにトラケーの指摘するように、喫煙ないし禁煙に対し、こうしたフェミニズムの視点からの研究も必要であるし、実際に行われてもいる。しかしながら、フェミニズムないしジェンダーの視点から見ると、また別の指摘をせざるをえなくなる。WHOの禁煙キャンペーンは女性が非喫煙の役割モデルとなることを促すとともに、学校での喫煙予防教育、販売制限、広告制限、課税などの反喫煙対策を展開することを促している。ラジオ、テレビ、新聞、雑誌、ポスター、屋外の広告、パンフレット、映画、人形劇、演劇などのメディアを通しての禁煙広報活動も活発に行われている。特にポスターやテレビなどは、たばこ産業の広告に対抗して、激化しているようである。先にトラケーは「広告が喫煙の歪められ、誤解されるようなイメージを助長している」と述べた。だが、禁煙ポスターにおいても、女性規範の固定化、ジェンダーの規範化が極度に行われている。

禁煙ポスターのメッセージは、喫煙は体に悪い、空気を汚染させまわりの人びとにまで弊害が及ぶといったメッセージがほとんどであるが、近年ではシガレットの紙はアジアの森林を破壊するといった環境破壊の観点からの禁煙ポスターも制作されている。禁煙ポスターには図8～図12のようなものが見られるが、図10～12は明らかに女性に向けて作られた禁煙ポスターである。一つにはたばこを吸うと

図10　オーストラリア制作ポスター「そんなくさい息では、せっかくの美貌が台無しになる」（1990 年頃）

図 11　オーストラリア制作ポスター「喫煙はよい事は何もない、死をも招く」（1990 年代前半）

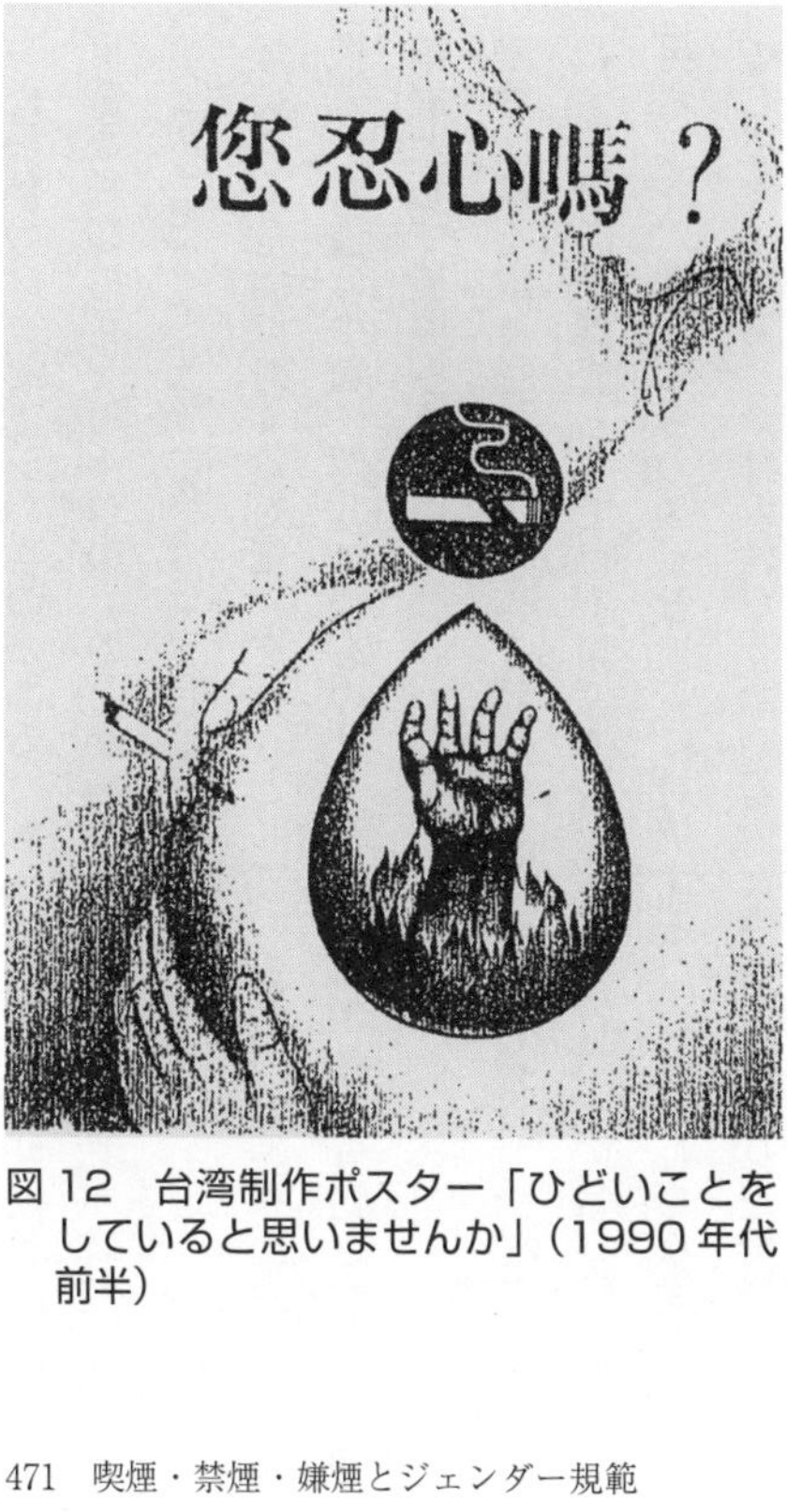

図 12　台湾制作ポスター「ひどいことをしていると思いませんか」（1990 年代前半）

美貌が台無しになる、醜くなって死を招くのみといった種類のメッセージのものがある。もう一つには、妊娠した女性が喫煙することは子供を殺すことであるという直截な種類のメッセージのものとがあり、男性の禁煙キャンペーンには見られない、「美」と「妊娠・出産」といったコンセプトがポスターに示されている。

WHOの広報活動プログラムでは「女性特有の喫煙による危険に対する対策」を行うとしているが、妊娠や出産可能な若い女性たちを対象にした広報活動に力点を置き「女性は生殖に関して特有のリスクがあることを自覚させなければならない[12]」という視点からのメッセージが確固として展開されている。

一九七四年以来、WHOの専門委員会は「女性の喫煙問題を取り扱う中で性差を認識すること[13]」と報告した。このことは、女性の喫煙状況の男性との違いを明らかにする研究や調査としては有用であったが、一方で、広報宣伝活動においては、現在のポスターなどに見られる、男らしさ、女らしさのメッセージに対抗するために、むしろ従来のジェンダー規範を踏襲して強調することになってしまっている。スリムになりたい若い女性や洗練された恰好よさに魅かれて喫煙する女性に対しては、喫煙は「美」が損なわれるというメッセージを送っている。このことは、女性ならば、「美」に関するメッセージを示されると気になるはずという、喫煙ポスターの認識と軌を一にしている。子供に障るから妊婦の喫煙は特に危険というメッセージは、女性は子供を産むものという脅迫力を帯びさせ、不妊の女性を苦しめることになってしまう。

喫煙ポスターにおける女らしさの強調は、ファッショナブルで虚構的なイメージ上の「女らしさ」を形成させている。しかしながら禁煙ポスターにおける、若さや美しさを失うことへの恐怖をあおるメッセージ、女性は子供を産むから喫煙は特に危険というメッセージは、「女らしさ」「女性に特有」「女性の役割」という規範を女性に課すことになってしまうのである。禁煙キャンペーンは、女性の多様な生き方というポリシーと共存させる形でキャンペーンの内容をもたらさない限り、女性規範の固定化、ジェンダーの規範化を導く危険をクリアできないのである。

3 日本の若者たちの喫煙規範とジェンダー

これまで女性の喫煙の世界的動向や要因について、WHOの見解を中心に紹介してきた。ところで日本の喫煙状況はどのように把握されているのであろうか。トラケーは、先進国である日本で女性の喫煙率が低いのは、「女性の喫煙を容認しない伝統的な風潮」が主な原因であると述べている。[14] 確かに先に紹介した先進諸国の女性喫煙率と比較すれば、図13にあるように日本女性の喫煙率は低い。前述した欧米の女性喫煙の歴史的状況と対比すれば、第二次世界大戦後、日本女性の喫煙はさほど高くならなかった。第二次世界大戦後の女性の喫煙規範についての詳細な言説の研究は別の機会に譲るとして、ここではトラケーの女性の喫煙要因分析を参考にしながら、現代日本の大学生たちの喫煙規範のイメージや実態を垣間見ることにしたい。

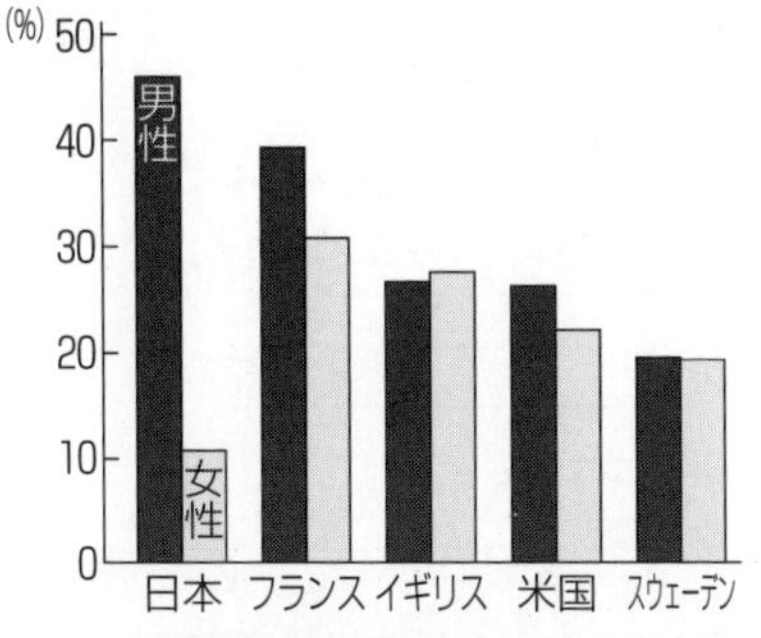

図13　先進諸国の喫煙率（WHO調べ、2001年）

先にトラケーが女性の喫煙状況として問題にしている点について、日本での状況を確認しておこう。まず、第一に男女の喫煙率の接近という点については、先に紹介したように一九九四年の日本での場合、女性が一四・八%、男性が五九・〇%、二〇〇五年でも女性一三・八%、男性四五・八%であり、男性が下降、若い女性が上昇傾向にあるといってもまだまだ差がある。

第二に、少女の喫煙の増加については、詳細なデータがないので明確なことはいえないが、ノルウェーのように少女の喫煙率が少年の喫煙率より高く三八・三%に達するなどということはない。第三に、女性喫煙者に恵まれない境遇の女性が多いという点については、調査データがないので明確なことはいえないが、必ずしも日本においては該当しないようだ。むしろ社会風俗として、ＯＬや女子学生などの若い女性たちの喫煙が話題になっている。二〇〇一年に日本看護協会が六八〇〇人の看護職の男女を対象に行った喫煙の調査を紹介しておこう。

調査によれば女性看護職の喫煙率は二四・五％であったという。また世代別には二〇代が最も高かった。ちなみに、二〇〇二年にＪＴが行った「全国たばこ喫煙者率調査」の女性の世代別喫煙率を見ても、やはり若い女性の喫煙率は高くなっていることは確かなようである（図14）。

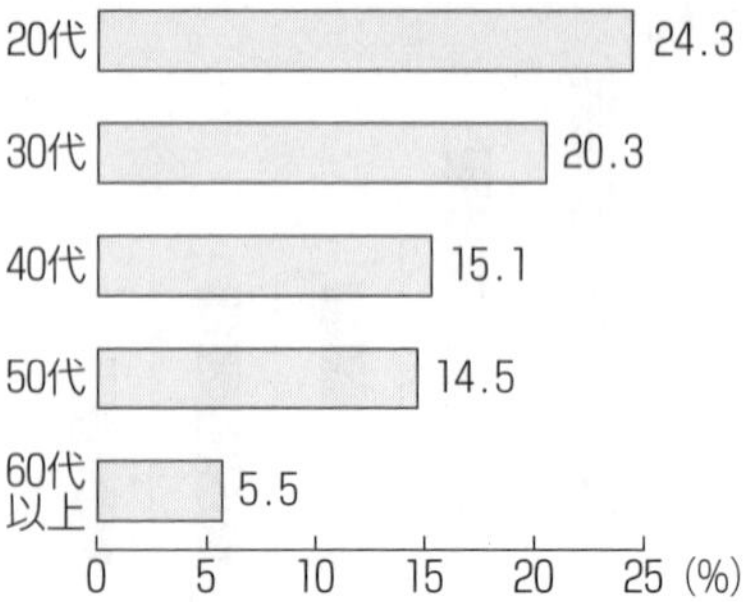

図 14　日本女性の世代別喫煙率（JT「全国たばこ喫煙者率調査」2002年）

1　喫煙イメージの形成要因

これから紹介するのは、筆者が東京都内にある四年制私立大学の男子学生・女子学生、私立短期大学の女子学生たちに、女性の喫煙イメージと男性の喫煙イメージ及び禁煙や嫌煙の問題について、自由記述調査方式により記載してもらった内容である。数量的には、男子学生約八〇名、女子学生約一八〇名で、一九九五年一月時点での調査である。それから約一五年余をへている現在ではかなり異なった状況が見られるが、一九九五年当時の喫煙規範認識として見てみよう。なお、ここでは高校までを生徒、大学・短大からを学生と記して一応区別している。

ジェンダー規範は、年齢要因や職種等の階層要因と複合して作用していることを前述したが、喫煙イメージの想起においては、特にその感が強いといえる。

まず、年齢要因と喫煙イメージの関係を見てみよう。未成年者喫煙禁止法が存在し、学校の校則においても停学等の厳しい処分があるにもかかわらず、未成年者の喫煙はかなり日常化している。男子大学生の場合は、中学校くらいから喫煙を始め、高校で習慣化し、二〇歳になったらやめようかという冗談ともつかない会話がなされるくらいである。したがって学生たちは、未成年者が喫煙する場合のイメージについては、社会人の喫煙に対してよりも、具体的なイメージを持っている。男子生徒の喫煙に対しては、「生意気」、「不良」、「大人ぶる」、「格好つけ」といったイメージとともに学校の先生や両親に対して、「反抗する勇気」のある行為といったイメージを持っている。男子生徒の喫煙動機については「不良ぶる」、「格好つけ」と見える姿の内面にある心の動きを、若者たちのアイドル的存在であった尾崎豊の「十五の夜」という歌の歌詞を記すことで示した男子学生がいた。

落書きの教科書と外ばかり見ている俺（略）やり場のない気持ちの扉破りたい／校舎の裏　煙草ふかして見つかれば逃げ場もない／しゃがんでかたまり　背を向けながら　心のひとつも解りあえない大人達をにらむ（略）退屈な授業が俺達のすべてだというならば　なんてちっぽけで　なんて意味のない　なんて無力な十五の夜—／覚えたての煙草をふかし　星空を見つめながら　自由を求め続けた十五の夜

ここからは、中学三年生か高校一年生頃、学校という統制の中で教師や親たちへ不信感を抱きながらもがき、煙草を吸うことに反抗と自由を象徴させている様が見てとれる。もちろんこれは美化された未成年喫煙のフレーズであるに違いない。実際にはもっと単純に、「ラーメンやすきやきを食べた後は、特に煙草がおいしい」といった現実的な感覚の中で喫煙が行われている。今回対象にした男子学生の喫煙動機には、先にトラケーがあげていた、両親や教師に対する「反発」、「好奇心」、「仲間意識」、「不良ぶる」とか「格好づけ」の自己イメージ、煙草の入手しやすさなど、同じ要因が見受けられた。

一方、男子生徒に比べ中学・高校からの喫煙経験を語る女子学生は本当に少ない。せいぜい浪人時代が喫煙開始期である。そして女子生徒の喫煙には、尾崎豊の歌詞の世界はイメージ化されえない。「男の子だって喫煙する子は不良っぽいのに、まして女の子で煙草を吸うのは相当な不良」というイメージが定着しているのである。女子生徒の喫煙には「反抗と自由のシンボルとしての煙草」は似合わないと思われている。女子学生たちは、未成年の女子生徒の喫煙を一様に、「不良」とか「生意気」「怖い人」と称するが、「ヤンキーかと思う」という表現が目立っている。

一九九〇年代になってから、「ヤンママ」（ヤンキーが母親になった姿）という言葉も流行語になっているが、「ヤンキー」とは中高生の頃にいわゆる「世間の女の子の規範」からはずれて、親や教師にも少し反抗的で不良っぽいことをする女の子たちをさしている。暴走族や女番長といったタイプの女の子は「ヤンキー」に含まれるが、同じく「ケバイ」格好をしていても六本木のディスコで踊っているような女の子は「ヤンキー」ではないようだ。「制服にフルメイク」といったアンバランスが特徴で、どこか柄が悪く、品のない感じで田舎っぽい雰囲気がないとヤンキーとはいえない。

女子生徒の喫煙もトラケーの指摘する両親、教師への反抗や仲間意識の昂揚、自己イメージを高めるためといった、若者たちの喫煙要因と同質のものがあるが、男子生徒の喫煙に見られるようなロマンチシズムはまったくない。そもそも「ヤンキー」は、あまり大学・短大に進学しないともいえるのであるが、女性の喫煙には、このヤンキー・イメージが成年になっても維持される。また、喫煙動機としてダイエットをあげた女子学生はほとんどいなかった。

次に年齢要因の上に職種や階層要因との関連から、喫煙イメージを見ていこう。女子学生たちがイメージ化している「派手」、「ケバイ」、「茶色に髪を染めている」、「アバズレ」、「ガサツ」、「スレた感じ」、「頭が悪そう」、「育ちが悪そう」といった言葉からは、従来から存在していた水商売や娼婦という女性喫煙者の職種イメージとは異なるイメージが存在することが理解されよう。水商売や娼婦の喫煙イメージは、「化粧が濃くて、脚を組んでだるそうに吸っている」、「粋がっている」、「頽発的、現実逃避的」という表現で示されている。ほかにも「見苦しい」、「抵抗を感じる」、「すねたイヤな女」、「不健康」、「道をはずれた女」、「悪女」、「ストレスのかたまり」、「人格が低い」といったようなイメージが強いようで、口唇の色が悪く、歯や歯茎さえ黄色くて汚いといった肉体的イメージも浮かんでくるようだ。特に子連れの母親が吸っているのは、見苦しいと強調する女子学生もいる。

女子学生たちの女性の喫煙イメージは、水商売や娼婦といった堅気の職種ではないことによるものから、ヤンキーに示されるようなアンバランスな女、道をはずれた女、子連れの母親の喫煙のように、守るべき規範、あるべき姿からはずれたことを象徴するものとして形成されているのである。そして規範からはずれた姿は決して素晴らしいものとはイメージされず、「頭が悪そう」、「育ちが悪そう」、「人格が低い」、「ストレスのかたまり」であり「低学歴」、「低階層」、「低人格で恵まれない境遇」にあることにほかならないのである。それは、口紅のついたたばこの吸殻への嫌悪感という生理的レベルでの拒絶意識まで伴っている。本書で取り上げた「流行歌における失意の女性」というドラマ性より一層規範性が強いことを示している。

前述した女性の喫煙イメージは、驚くほど否定的なものだが、女性喫煙者への肯定的なイメージには、どのようなものがあるのだろうか。少数派であるが「積極的な人で、昔からの女性の型にこだわらない人」、「ちゃきちゃきして精神的にも強い人」「バリバリのキャリアウーマン」というイメージも確かに存在している。「パリッとスーツを着こなし、ハイヒールで颯爽と街を歩いていく女性が、真っ赤なマニュキュアを塗った細い指にたばこを挟む」といったファッション性の高い、カッコよいイメージを抱く者もいるようだ。セクシーさに関しては、「キャミソールでベットに座って煙草を吸っている姿は娼婦的でそそられる」と述べた者が一人いたくらいである。

なお、イライラが静まるといった効能について言及している者は多いが、喫煙するとやせるのでダイエットによい、便秘がなおるといった効果についての記述は女子大生にも少なく、世界的には大きな喫煙要因となっているにもかかわらず、さほど重要な関心事とはなっていないようだ。

女性の喫煙は「中高生の女の子が吸うと不良、生意気な印象を受け、スーツを着たキャリアウーマンが吸うとシックな大人の印象を受け、派手な茶色の髪の女性が脚を組んで吸うと下品な印象を受ける」と記している者がいた。このように女性の喫煙イメージは、年齢の違い、職種や階層の違いによっても大きく異なってくるのである。

前述のトラケーは、喫煙女性のタイプとして先進諸国では、低学歴、低所得、単純労働、独身か母子家庭、移民や少数民族といった、恵まれない労働環境、家族環境の女性をあげたが、それらは女性規範を逸脱したというイメージというわけではない。あくまでも恵まれない境遇の女性の喫煙なのだ。日本の女子学生の女性喫煙者に対する多数派のイメージは、「道にはずれた」、「見苦しい」、「抵抗がある」といった規範に反することを示す言葉が続く。そして先にも指摘したが、規範を逸脱する者は、能力、人格ともに低く、その帰結として、不幸で恵まれない境遇に堕ちているのであると認識していることがうかがわれる。

広告において積極的に肯定的な女性の喫煙イメージが描かれていても、日本の女子学生の場合、女性の喫煙タブー規範の拘束力の方が強いのかもしれない。また、学生であるがゆえか、役割期待を果たすために喫煙せざるをえない女性へのイメージは抱きにくいらしく、たとえば母親である女性の喫煙動機要因に対する感情移入はまったく見られない。

男性の喫煙に対しては、こうした女性の喫煙に対するような「規範」の強さはうかがわれない。男子の未成年の喫煙は、不良とか格好つけているというようには見られるが、大人になるとかなり肯定的な表現に変わる。男子学生は男の喫煙をカッコよい、男らしいと思って疑わない。女子学生たちも男性の喫煙に対しては、カッコいい、男らしい、渋いといった肯定的なイメージを抱くか、ないしは男の喫煙は当たり前のことと評価して違和感を持たない。女子学生が、男性の喫煙を「カッコイイ」と思う感覚を具体的に述べている興味深い例を紹介すると「普段は不器用だったとしても、タバコを取り出して火を付ける動作だけはスムーズで、かっこよく見えてしまう。指が骨っぽいのと、手の大きさとタバコの華奢な細さが対照的であるからだ」ということである。この女子学生は、女性の喫煙は好きではなく、男だけが似合うものだと考えているという。しかしながら、別の女子学生たちは、「男がたばこを吸う姿を見て思うことは、別に何もない」とか「変だと思わないが、かっこ良いイメージもない」と素気ない。「ストレスがたまっていて耐えきれず、せわしなく吸う」姿は、肯定的にとらえられないにしても、男が喫煙することに対して、規範にはずれる行為とはあまり思わない。「男は子どもを産むわけではないし、体に悪いことを自覚していれば喫煙してよい」という規範が成立していたからであり、男性の喫煙が問題視されている近年では、また異なったイメージが抱かれているのかもしれない。

2　男子学生の女性の喫煙イメージ

男子学生が女性の喫煙をどう見ているかというと、これは実にはっきりと否定的である。女性の喫煙を許する否定的な言辞の噴出にはあきれるほどである。「人目を気にしてコソコソ吸う姿は悪いイメージを与える」、「性格がきつそう」、「すさんでいそう」、「我慢ならない」、「不真面目」、「賛成できない」、「欲求不満に見える」、「情け無く卑しい気がする」、「格好つけていて嫌だ」、「スレた印象」、「悪い人に見える」、「みっともない」、「たばこをふかしている女はバカっぽい」、「けしからん」、「バカといいたくなる」、「ひっぱたきたくなる」……。女子学生が女性の喫煙に対して規範的イメージを抱いているのに比べると、男子学生の場合は嫌悪感が先に立っているようである。喫煙しない男性は、往々にして喫煙女性に対してより否定的である。「可愛い女性がタバコを吸っていると幻滅してしまう」「どうしても女の人が煙草を吸っているのは好きになれない。差別とかではなくて、単にかっこ悪く見えてしまうからである」と吸わない女の方が好ましいと述べる男性は圧倒的多数である。「一般的に女性が吸うのはかまわないが、自分の彼女だけには吸ってほしくない」と強調する男子学生は多い。

一方で、少数派であるが「たばこを吸う女性の姿が妙にかっこよい」と感じる男性も存在する。彼らは彼女たちを弁護しようと躍起になる。「目茶苦茶にたばこの似合う女性がいて、服や眼鏡のようにからだの一部と思わせてくれるからだ」。それなのに女だから煙草を認めないというのは、「女の子はスカートをはくべきで、ズボンをはくなと言っていることに等しい」と述べている。また、男の喫煙はよくて女の喫煙はよくないという規範を不合理と認識し、それは「男尊女卑の考え方である」と述べる男子学生も何人かはいる。喫煙するガールフレンドに注意したら、「たばこを吸うのに男とか女とか言わなければいけないわけ？」と問い返され、自分の感覚がおかしいと思い直したという男子学生もいる。

このように大多数の男子学生は女性の喫煙を嫌悪しているが、その男性中心的な言辞に疑問を感じる男子学生もいる。女子学生としても、必ずしも女性の喫煙を肯定的に見るわけではないが、男子学生に「あの人は女のくせにタバコを吸う」「どんないい女でもタバコを吸っているとガクッとくる」とか「女だから吸うな」などといわれると、その身勝手さに腹が立ち、怒りを覚えるようだ。しかしながら何故男性は、自分が喫煙者、非喫煙者であることに関わりなく、喫煙する女性が「嫌い」なのであろうか。女性は子供を産むから、身体に悪いからやめた方がよいという理由から、理性的に考えを述べているという態度ではなく、感情的に「ともかくイヤ！」というのが先に立つようだ。男性自身、「好意を持っていたとしても、その女性がもし煙草を吸っていたら気持ちが変わるかもしれない」とすら述べている。「煙草」を吸うか否かでその女性への好意が失われかねないほどの影響力を持つのである。社会人の男性だったらここまでの嫌悪はないかもしれない。男子学生が煙草を吸う女性から連想して嫌悪するものとは一体何なのであろうか。

一つには、こうした男性の感情的レベルの反発は、従来男性の領域とされていたところに女性が進出する際に見られる現象である。たとえば、女性参政権論に対しての「生意気の一言につきる」等の発言と符合する[15]。男の専有とされていたことを女がすることとは、男にとって不愉快で腹の立つことなのだ。専有していた優越感が失墜させられてしまうからである。男性の女性に対する優越意識ということでは、ある女子学生が「女性の喫煙のみならず、嫌煙に対しても肯定的イメージをもたれないのは、男性がしていることを女性が許す（我慢する）のは当たり前という意識がどこかで働いているからだと思う」と言及している。

もう一つには、煙草を吸う女性＝「子供を産むことを大切に思わない女性」という等式は、「結婚して子供を産んで家庭を築くという行為をともにする女性」とは不等式であるという認識が成立する。父母の結婚によって自分が産まれた「子供」の位置にある学生の彼女及び彼らには、自分が育った家族以外の多様な家族のあり様や女と男の生き方についてふれる機会が少なく、子供を大切にしない女性は「ハズス方がよい」と思ってしまうのかもしれない。

さらには、煙草をくわえる、吸うという動作が口唇性欲を想起させることと喫煙する女性が奔放なセクシャリティを体現していることへの恐れがあると思われる。こういう女性はポルノグラフィーにおいては楽しめ、遊ぶならよいが、日常の関係性を築いていく女性としては、「望まない」のであろう。まして清純さや汚れのなさを求める自分の彼女が、男にスレているようなイメージであってほしくないという思いから来る拒否反応のようだ。

このような男性の視線があるからこそ、女性たちは「煙草を吸うと男性に嫌われる」と「隠れタバコ」をしたり、規範意識を内面化して自己規制し、喫煙する女性を特殊化するのだろうと自己分析する女子学生の発言もあった。女子学生の喫煙イメージには、規範意識と共に、男性の視線を意識する側面がある。

3　喫煙・禁煙・嫌煙のイメージと実態

女性の喫煙に対する女子学生、男子学生のイメージを明らかにする中で、改めて女性の喫煙に対するタブー規範の強さが浮き彫りにされた。たばこ広告が女性の喫煙を素敵な格好よいイメージで描いていても、日本の女子学生は、喫煙規範を逸脱しない。このように強固な女性の喫煙規範が、どのようにして形成されるのか、自由記述を手掛かりにいくつか推察を加えておこう。

まず、女子学生の家庭環境に喫煙する女性がほとんどいないことがあげられる。それゆえ、親戚の叔母さんや友だちのお母さん、家庭教師の先生など、普通の女性がたばこを吸っている姿を見たときは非常に驚き、ショックを受けている。また世間一般や両親、学校の先生は女性の喫煙を「とんでもなく悪いこと」といい、マイナスイメージを刻印する。学校では、小学校から高校まで禁煙教育で、たばこの害や健康に悪いこと、子供を産むのに差し障ることなどを教える。広告ではキャリアウーマンが格好よく喫煙するが、健康と妊娠・出産に悪いという科学的データの方が、影響力を持つ。ＷＨＯのたばこ対策は日本の女子大生の禁煙を見事に成功させている。だが、それにしても女性に対する喫煙規範の強さは、疑いようもなく、ジェンダー規範の固定化があることを容易に推察させる。

もう一つ、女性の喫煙規範を強固にしている理由には、日本の喫煙実態についての批判が根底にある。第一に、なんといっても煙害である。女子学生たちは、「タバコを喫っている男は公害というイメージだ。汚い空気をまき散らしている」、「メディアの煙草がカッコよく思えるのは、煙がくる実害がないからだ」と述べる。そして彼女たちの髪の毛や洋服にたばこの匂いがつくことを嫌がる。確かに朝シャンをして、サラサラにブローして、ほのかな香りのする自慢の髪にたばこの匂いがついてしまっては台無しである。こうした悩みを解消するために、ようやく髪にたばこの匂いがつかないスプレーが発売され、爆発的に売れたことに言及している女子学生も何人か見られた。また、のどや目の痛みを訴える者も多い。副流煙の有害性は、小・中・高校を通じての禁煙教育で浸透しているようである。煙害については男子学生も同様で、その被害を次のように訴えている。「僕の両親は、煙草を吸っていたので家の中ではいつも煙の中で育ってきました。小さい頃から、たばこの煙でいやな思いをしてきました。食事など煙草の煙で食欲がなくなったり、かぜをひいてのどが痛く、せきが出ている時など本当に頭にきました。」そのせいか自分はいまもまったく喫煙しないが、吸わない人たちのことも考えてほしいという。また「煙草の臭いが嫌いなので、パチンコ屋にはいることすらできません」と記す。確かに女子学生は、駅や居酒屋、喫茶店やファーストフード店での煙害を訴えていたが、パチンコ屋というのも煙につつまれている場所である。

次に、喫煙者一般に対して怒りを感じているのは、傍若無人な喫煙の仕方、つまりマナーの悪さである。歩きながら吸ったり自転車に乗りながら吸ったりして、あげくには吸殻を投げ捨てることに対しては、やけどをしたり、灰がかかったり、制服が焦げそうになったとして身の危険を感じた経験を語る女子学生は多い。吸殻のポイ捨てについては、「そのためにどれ程街が汚くなっているのか、朝早くからスイガラのために掃除する人のことを考えたことがあるのか」と筆跡からも怒りがこみ上げているのがわかるものもあった。こういったことから「喫煙者全員みんな好きではない！」といいきる激しい口調もある。

次に禁煙女性・禁煙男性に対するイメージを簡単に紹介しておこう。女性の禁煙者に対しては、「自分の健康のため、特に胎児のために欲求をおさえている」イメージを持つという。妊娠中の女性の禁煙については、「当然」という認識が強かった。しかしながら、女性の喫煙者が禁煙している姿に対し、「吸いたいのに我慢しているという風情には嫌悪感を覚える」という発言もあった。積極的なイメージの中には、「清潔で、世の中のことを考えて一生懸命やっている人」、「バリバリのキャリアウーマンで意志的である」というものがあるが、禁煙運動家に対しては、「ヒステリックな感じがする、人に押しつけないでほしい」とする意見も目立った。

禁煙する男性に対するイメージとしては、「自分の身体のために欲求をおさえて潔い」イメージを受ける、「健康そうでよい」、「我慢強い」、「根性がある」、「妻子のために努力している」と肯定的、積極的なイメージを抱く者も男女ともに何人かはいる。しかしながら、ほとんどは消極的なイメージで、「病的な感じがする」、「吸いたいのに吸えないでパイポをくわえたおじさん」、「妻に隠れて吸う」、「つらそう」、「ガムを噛んで口淋しさをまぎらす」というイメージ、とあまり芳しいものではない。結局イライラしてやめられないという意志の弱さを彷彿とさせ、涙ぐましいくらい我慢しているイメージという憐れみを込めた表現が多かった。女性の中には「かわいい」という感想まであった。本当に禁煙をつらぬいている男性は、健康を害したり病気になったりしてやめざるをえなかった人であろうという発言も目立った。確かに、禁煙運動のキャンペーンを行っていた男性は、ユル・ブリンナーにしろコロンビア・ライトにしろ、喫煙で健康を害したとされる人が多い。また、禁煙というより非喫煙の男性はたばこが身体にあわないとか、嫌いなのであろうと述べて、たばこを好きでない男性、吸わない男性の存在が増えてきたと、好意的に指摘する女子学生は多かった。

女性が嫌煙を主張することに対しては、男女ともに当然と思うと述べている。女性の嫌煙者に対する男性のイメージは、両極端に分れている。「ヤマトナデシコ」で「良妻賢母」、「きちんと権利を主張できる人」とするイメージと、「うるさい」、「潔癖」、「性格がきつい」、「ヒステリック」、などという表現が見られた。

嫌煙を主張する男性についての男性からの発言は少なく、自分でも喫煙しない人からのものが多い。たとえば「朝のさわやかな空気を吸いたい時に、たばこの煙が混じっているのは不愉快である」と述べている。一方、女性からはさまざまな感想が記されている。「まじめで健康的で好感が持てる」、「自分の健康管理をきちんとできる人」、「周囲の健康を考える人」、「男性は喫煙者が多いので悪者にされていると思うが、自分の意志をはっきり持って主張していて偉い」、「勇気がある」などの感想が見られ、中には、「神経質そう」、「男らしくない」、「人づきあいが悪そう」、「女の人みたい」、「自己中心的なイメージ」、男性でも「ヒステリックというような否定的イメージがある」と述べている者もいる。

友人の姿を見ていて、スポーツをする男性には嫌煙者が多いと述べている女性も多い。スポーツと嫌煙についてはプロ野球選手の桑田真澄に対して「酒もタバコもやらず、身体を節制してトレーニングに励み、嫌煙権を得た。たいした奴だ」と男子学生もエールを送っている。女性の中にも同選手の嫌煙権獲得を評価する声が多かった。男性の喫煙マナーの悪さや横暴なまでの女性に対する喫煙タブー規範の強制に苦しめられている女性には、嫌煙を主張する男性は信頼感を抱かせるのであろう。ちなみに、喫煙しない男性に関心を持つ女性は思いのほか多く、自分の未熟さをごまかすためにたばこに手をだす男の人が少なくないため、たばこを吸わない男の人を見ると、「『ああ、あの人は自分に自信があるんだわ』とひときわ光って見えてしまう」「たばこを吸わないことが恋愛対象の必須条件」と語ったり「喫煙する男とはキスをしたくない」と嫌っている女性も見られた。いずれにしろ、日本は、喫煙者のマナーの悪さ、煙害などが目に余る社会であることは、つとに批判されるところである。

以上見てきたデータは、大学・短大の学生対象の限定された調査によるものであり、かつ一九九五年段階の調査なので、「たばこ」のマイナス面がより社会問題化されつつ、一方では、二〇代女性の喫煙率が増加している日本の現代では、異なる見解が見られるのかもしれない。しかし本章で取り上げた、WHOのトラケーの見解と日本の大学・短大生調査の記述から見られる知識は、ジェンダーの視点から見れば、驚くほど通底するものがある。女子学生の記述調査からは、女性の喫煙者に対する嫌悪感がかなり強く見られ、人格の否定につながるような見方をしているものが多いが、男性の喫煙者に対しては比較的寛大である。喫煙女性に対する、「まともな女性」から逸脱しているという意味付与は、トラケーが、喫煙女性の問題性を「貧困・非自立性・不道徳性」として解釈するところと符合している。男子学生の多くも、喫煙女性を唾棄すべきもののように語る。たばこが身体に悪いこと、とくに女性の妊娠・出産に悪影響を及ぼすことが常識となっている現在において、喫煙を否定すること自体は、何ら非難されるべきことではなく、むしろ正当なことと見なされる。それだけに、男女が非対称な喫煙規範に捕われていることが見えにくくなっている。

本書で述べた、明治三〇年代に成立した女性の喫煙タブー規範が、時代を超えて、いくばかの変容を見せながらも、これほどまで根深く強固に構築され続けている。社会におけるジェンダー・バイアスの構築は、喫煙のみならず、禁煙、嫌煙に関わる認識の中にもこのように埋め込まれている。私たちは、世界的な国際規範レベルで、かつ身近な日常のレベルで、今後も絶えず、ジェンダー・バイアスが社会規範として、さまざまな場面で表象化されることを、読み解いていく必要がある。

21 おわりに：「たばこ」とジェンダー

江戸後期から近代をへて現代に至る女性の喫煙を通観することにより、近代社会における女性にとっての「たばこ」の意味がクローズアップされた。日本社会に限ってみると、江戸後期にあっては、ジェンダーによる喫煙タブー規範は存在せず、あらゆる階級や職種、年齢の女性たちが喫煙していた。当時の人びとは、一人で、または人とのやりとりを楽しみながら、ほんのわずかずつ煙管に煙草をつめて吸っていた。煙草の生産量と加工の際の人びとの労働、販売方法、吸い方、人口密集度や喫煙環境等の需要と供給のバランスがとれていた社会であったのだろう。

明治国家は、日本に近代国家の原則を持ち込みつつ、近代天皇制という独自の統括システムを成立させた。そうした体制の中で煙草は、特異な存在として維持された。煙草税は、近世の藩の税収として貴重な存在であったことから、明治政府も明治八（一八七五）年には煙草を国税の対象とし、国税収入源としていた。明治三七年の「煙草専売法」により、煙草製造・販売は大蔵省専売局の事業となり、ますます国家財政や官僚政治家との結びつきが強くなった。また、煙草は民営時代にすでに軍隊の兵士に対する配給用品となり、国家のための戦意の昂揚に用いられた。さらに天皇制国家の秩序化の中で、煙草は恩賜品とされ、天皇制の心性レベルでの維持基盤ともなった。他の製品と異なり、煙草がこのように明治後期の近代国家体制確立の中で確固たる位置づけをえたことと、もう一つの近代国家の原則とされた性別役割分業観とが結合して、男性優位主義的な女性の喫煙タブー規範の成立をもたらしたといえるであろう。とくに日本社会の場合は、家族主義イデオロギーが母性規範を絶対的なものにし、子を産む女性の喫煙をタブー視した。そして本書で明らかになったことは、煙草の近代産業化のシンボルであるシガレット（紙巻き煙草）による喫煙が、女性の近代のセクシュアリティと連関した喫煙規範を成立させていたことである。また、女性の喫煙タブー規範ばかりではなく、女性たちによる喫煙の権利の主張や禁煙、嫌煙の主張も近代社会の形成原理と深く関わっていた。

近代社会は、労働者と資本家、男と女、白人と黒人、先進諸国と途上国を二項対立的に分別し、しかも一方を優位に置く権力構造によって秩序化し、国家による分別を所与のものとしていた。こうした近代社会システム批判として、労働者、農民の運動、人種差別撤廃運動、民族独立運動、女性解放運動が生じてきたことは、もはや周知のことである。禁煙、嫌煙運動も大きくは、こうした構造の中に位置づけられる。

また「たばこ」の問題は、消費社会との関連を看過できない。資本主義経済がもたらす消費社会では、常に商品を購買させて消費させなければ利潤が生じないため、人間の欲望は、絶えることがないよう刺激を与えられ操作されている。「たばこ」も喚起させられた欲望の前で、過剰に「消費」されている。性的欲望が、女の体をモノ化することによって、刺激的な快楽を味わうにすぎないものになってしまっているように。たばこ広告にも、このような消費社会のサブリミナルな性的欲望を利用している側面が見られる。消費社会とたばことジェンダーは、深く関連しているのである。

本書の20章で紹介した調査において、ある女子学生は次のように問題提起していた。「女性が子どもを産むかもしれないという理由だけで、女性から喫煙の権利を奪うのは問題なので、人体や子どもに害を与えないタバコの開発に力を注いでほしい」。私たちには、もっと人間にとって、人間社会にとってのたばこの役割の究明と、害のないたばこの開発が必要なのだ。現在のたばこが、喫煙者にもまわりの人間の身体にも悪いならば、悪くはないと主張し続けることは無意味なことだ。ただし、たばこを人間にとって大事な嗜好品として大切にすることをやめたくない人がいるならば、次の段階に議論を展開すべきであろう。大量生産によって利潤を生む「商品」としての視点ではなく、大事な「品物」と思っている人もいることを考え直さねばならないときにきている。

新しいシステムの社会への転換にあたっては、喫煙、禁煙、嫌煙の共存を計りたいものだ。煙草の撲滅に従事している人には、批判される見解だと思われるが、個々人の「選択可能性」の保障が、新しい社会システムの基本原則として重要であると私は考えている。

＊

一九八八年からＷＨＯは世界禁煙デーを設け、全世界的に取り組みを行っており、日本の厚生労働省をはじめ地方自治体は、公共の施設における禁煙、分煙、煙草販売の削減といった対策に取り組んでいる。こうした施策は、不可欠のものであろう。

そして市民運動の中にも禁煙や嫌煙といった主張とは異なる分煙運動が生まれてきている。そこに見る主張の表現の中には、これまでとは違った主体のあり方が見えてくる。たとえば、分煙社会をめざす会の発行する機関誌『分煙有理』は、そのコンセプトを「特定の価値観・ライフスタイルや有害物資などを強制したりされたりすることのない、『個人』に重点を置いた、多様な選択肢のある社会をめざす市民運動」であり、「タバコ問題を接点に、各種の人権問題・環境問題に取り組む」と記している。掲載記事には、「ザンビア喫煙事情」、WHOの文書の翻訳、厚生省の取り組み、会員のエッセイ、分煙実践例と実に多彩である。刊行物の中には、禁煙や分煙の飲食店や施設を紹介した『空気のおいしいレストラン』というパンフレットもある。副流煙の被害は広く認識されているところであり、彼らの運動もその改善を目的としている。しかし、それが喫煙者に対する一方的な断罪になることは避けるべきであろう。彼らが提起しているのはそのための手段としての分煙であり、分煙要求の主体となることと、喫煙主体になることが共存する「多様な選択肢のある社会」にとっての煙草のあり方の模索なのである。

このような分煙を掲げる市民団体は、いまや数多く生まれているが、女性の視点、ジェンダーの視点に立ち、かつ広範囲の目配りができているものはあまり多くはない。公共の場や職場での喫煙規制を呼びかけてきた人びとの多くは、女性たちであった。一九九五年の日本たばこ産業の「全国たばこ喫煙者率調査」によれば、日本の男性の喫煙者率は五八・八%、女性は一五・二%と報告されている。二〇〇五年段階でも、男性は四五・八%、女性は一三・八%である。一九六五年の日本の男性の喫煙者率は八二・三%、一九八〇年でも七一%であり、女性の喫煙者率は、一九六五年でも一五・七%であったことを鑑みれば、非喫煙者として「他者危害」を受けていた者の多くが「女性」であり、それゆえ、嫌煙権の主張の先鞭を切ったのが「女性たち」であったことは、しごく当然の状況であった。昭和五五（一九八〇）年に禁煙車両設置等の請求を提訴したのは福田緑ほか三名の女性たちである。昭和六二（一九八七）年に結審となった、いわゆる嫌煙権訴訟は、原告側の「煙害」の主張は「受忍限度を超えるものではない」として棄却されたが、「嫌煙権」という言葉に込められた非喫煙者の権利の主張は、社会の関心と共感を呼んだ。当時の国鉄も、訴訟中の議論の展開の中で、禁煙車両の設置に踏み切ったし、病院やその他の公共の場での喫煙規制に大きな影響を及ぼした。

交通機関などの公共性の高いところで、喫煙規制が実施されていったのは、個人の自由権に基づく喫煙行為が他者に迷惑を及ぼし、非喫煙者の権利を侵害する場合、法的規制を進め、両者の権利の調整を図り、「公共性」を保障するための措置が必要と認識されたからである。

しかし、公共の場以上に、日々多くの非喫煙者たる女性たちを悩ませてきた「煙害」の場は、職場であり家庭であった。職場での喫煙規制は各会社の自己判断に委ねていたので、喫煙規制は遅れ、先に紹介した労働省（現、厚生労働省）のガイドラインが示されたのは、平成八（一九九六）年のことである。

職場での喫煙規制の要求に声をあげ始めた女性たちの活動に、平成元（一九八九）年から始めた「煙害110番」がある。職場での「煙害」は、勤務場所、勤務時間が固定されているため、逃れる術はなく、副流煙の害に苦しまざるをえない状況であった。喫煙者たる男性の多くは、「煙害」などにはまったく気づかず、むしろ「煙害」に苦しむ女子社員に、吸殻の始末から、たばこ買いの命令すらするような状況であった。平成六（一九九四）年の『産経新聞』（一九九四年八月八日）に掲載された、「煙害110番」に寄せられた苦情を見ると、「一本位いいじゃないか」「煙が気になるのはノイローゼではないか」といった、身勝手な言葉をあびせられることもあったという。

東京赤羽保健所の斉藤麗子の報告（日本産業衛生学会関東地方会一九一回例会報告資料）によれば相談内容には、「職場にいると喉が痛くなる」「分煙を提案したら、喫煙者に対する嫌がらせと受け取られた」「煙が嫌なら会社に来なくていいと言われた」「煙たくて息苦しくて窓を開けると、暖房や冷房が効かなくなると窓を閉められた」「煙のなかで十五年働き、集団検診で肺癌が見つかった。肺がスモーカー並に汚れていたと執刀医に言われた」などと、副流煙の害や受動喫煙についての理解がない職場の状況を訴える内容が多いという。斉藤の報告によれば、職場の「煙害」を訴える女性は九七人であるが、男性も一〇一人存在する。「禁煙を希望する」は、女性は五八人、男性が六人なので、女性たちの一五五人が「煙害」に苦しみ、職場での分煙や禁煙を望んでいる。男性の場合でも、禁煙を望む者は六人で、「煙害」を訴える者とあわせると、一〇七人にのぼる。このように、喫煙の好き嫌いではなく、近年では男女ともに、職場環境の問題として、分煙を認識していることが窺われる。しかし、職場における女性にとっては特に、圧倒的多数の男性職員、上司のほとんどが男性という上下関係の中で、たばこ問題は、まさに男性優位の職場構造の象徴的現象としてとらえられるものであった。

職場で働く女性たちの多くは非喫煙者である。ほとんどの職場では、男性たちが数的にも職務上の関係性においても女性より優位にいることから、非喫煙者たる女性の状況に気付かず、むしろ「煙害」の訴えを圧殺するような状況が罷り通っていた。職場の男性たちは、同僚にあたる女性たちの訴えを受け止めようともせず、倫理的感性すらも鈍磨させていた。そうした男性たちに、職場で働く女性たちは、必死の思いで問いかけたのである。今日では、男性でも「煙害」を訴える者も発言し始めたが、お茶くみと同様、吸殻の始末、灰皿の掃除を職場の仕事として課せられていた女性たちが、まず声をあげていったことは、勇気のいることであった。

たばこを通じての男性の横暴さが、職場ばかりではなく、家庭での妻や子供に対しても、残酷な状況を生むことがあったことは、小説や身の上相談などにも散見される。妻や子が風邪でも平気で喫煙して咳き込ませたり、寝たばこの不始末で火事をおこしたり、夜中にたばこを買いに走らせたり、酷い場合には、たばこの火で妻や子供を脅したりするようなことすら生じていた。

このような横暴が比較的容認されていたのは、男性にとって、喫煙することは、男らしさの象徴であると意識されていたことも大きい。

一九七七年頃から、「弱者の異議申立ての権利」というコンセプトで嫌煙運動を始めた仲野暢子は、運動を始めた視点と動機について「大量消費を追い続け、人間まで使い捨てる今の日本で、健康・生活・環境を守るためには、まず女性が立ち上がり、声を上げなければ動きそうもない。とりわけ、煙草の問題で、ニコチン依存と男性支配の現状を変えるエネルギーは女性の中に求めるしかなさそうだ」と思ったと記している（「たばこと女性」『日本婦人問

題懇話会会報』No.55、一九九五年、七一～七五頁)。

なお仲野は、嫌煙運動とリブやフェミニズム運動は相反しないと述べる。本書で述べた富岡多恵子の場合やウーマン・リブ運動に参加した女性たちの中には、喫煙することで主体としてあろうとした者もいた。嫌煙運動をしている女性たちは、女性が喫煙タブー規範を打破するために喫煙することに賛意は示さず、「男たちを含めてたばこから解放された世の中をつくるべきではないか」と呼びかける。そこには、喫煙を主体形成や自己選択の問題としてとらえるという次元では語れない、男性優位主義構造の現状の深刻さに気付いてほしいという認識が根底にある。確かに、男女の関係性が男性が優位に置かれている社会構造下の中にあり、女性が主体としてあろうとするときは、まずその抑圧構造と闘わねばならないというコンテキストの中で「たばこ問題」がある。

仲野は、「男性たちが、『自分たちの行為は女性を抑圧している』と気付かないのは、職場や家庭が男性優位の構造であるからである。たばこ問題は日本の男性優位構造の典型なのである。それ故に、女性が立ち上がらねばならない必然性があったのだ」と記している(同前)。

以上のように一九七〇年代からの、喫煙に関わる女性たちの「弱者の異議申立ての権利」は、男性の倫理観を失わせている、男性優位社会の構造を問題にする、ジェンダーの視点からのアプローチの一つであった。

＊

ところで、女性たちが男性優位構造を批判する方法は、嫌煙、分煙の提言ばかりではなかった。近代において女性に対してタブー視された、喫煙規範に抗する方法も存在した。その中には、タブー化以前の喫煙スタイルを継承するものもあり、社会的変容に伴う女性の新しい意識を反映した喫煙スタイルを生みだしたものもあった。たとえば、農家やニコヨンなどの肉体労働に従事する女性たちにとっての喫煙は、労働の疲れを癒す、まさしく「一服」に他ならなかった。喫煙するがゆえに、逸脱の象徴に記号化された芸者や水商売の女性たちは、喫煙タブー規範を課せられた主婦に対抗し、自分の力で生きている自負心や心意気でたばこを吸った。女性解放運動の平塚らいてうや市川房枝はたばこが「好き」であり、思索の時に喫煙した。女性の作家は、執筆の疲れを癒し、アイディアのひらめきを求め、喫煙した。職業婦人の喫煙は、仕事するときの精神安定剤であった。

一九三〇年代の婦人参政権論者の喫煙は、男世界への参入と見なされ、映画女優の喫煙は、モダンでセクシーな喫煙の魅力を世に広めた。ファッショナブルな有閑マダムの喫煙、モダンで奔放な魅力の令嬢の喫煙などのイメージは、新たな女性喫煙のイメージ化をもたらした。

昭和三〇年代後半から五〇年代前半頃までの女性たちの喫煙には、「反抗」や「内なる女意識の告発」の色彩が強く、第二次世界大戦後の女性の主体形成の葛藤が窺われる。平成年代の若い女性の喫煙は増加しているが、その姿にあまり葛藤は感じられない。しかし、妊娠中の喫煙についてはよくないという意識は持っているようだ。

ここで喫煙する女性たちの姿に再びふれたのは、嫌煙、禁煙を提起した女性たちも、喫煙する女性たちも、男性優位社会の中で、自らの生を生きようとした主体であることを確認するためである。自分が仕事するために喫煙する女性、嫌煙する女性、主体の形成を模索して喫煙する女性、社会改良のために禁煙運動をする女性、時代を映すファッショナブルな流行に我が身を掛け喫煙する女性、男、女、子供の共生を求めて分煙運動を進める女性等々、女性たちがさまざまに表現した喫煙倫理に他ならなかった。また、それらの姿は、真摯であればあるほど、社会のジェンダーのバイアスを照らしだした。そして、ジェンダーの視点からの女性たちの喫煙倫理の提起は、同時に、「男性」の喫煙倫理の変革をもたらしたのである。

圧倒的多数の喫煙者であった男性の中にも、「煙害」を問題視し、嫌煙や分煙を推進する者も現れてきている。すでにふれたがプロ野球の桑田投手のようにベストのコンディションで試合に臨むために、自らは禁煙し、周囲にも嫌煙権を保障する措置を求めた事例がある。この事例には、いわば仕事責任からくる倫理観が感じられるであろう。一方、高校の男性教師が、生徒の健康と成長に配慮して、自らの体験に依拠して説く禁煙教育は、教育責任という倫理観であろう。「きれいな空気のレストラン」をエコロジー運動として進める動きは、環境責任を自覚した、企業人であった男性や若者たちの倫理観により推進されている。

*

最後に、やはり企業倫理についても、言及しないわけにはいかない。なぜ、たばこは、こんなにも人に害を与えるものと見なされるようになってしまったのであろう。たばこは、もっと人びとの日常の中で、愛され楽しまれていたものではなかったか。思い起こせば、私たちの研究は、ジェンダーの視点から「シガレット喫煙」を問題にした。大量生産され、たばこの葉のみではなく、巻き紙を燃やし吸う喫煙になってしまったシガレット、保存や香りの維持やブランドによる差異化をはかるために、保存料や香料をふきかけることになったシガレット、そして、一服することが「シガレット一本のたばこ」を吸うことになったことによる喫煙の質の変化など、このような変化は、近代産業がシガレットを生みだし、シガレット喫煙を普及させたことに起因する。たばこが簡便、安価、大量生産になり、大量消費が可能になったことの功罪は、確かに存在するといわざるをえない。

高度産業、消費社会に生きる私たちは、絶えず欲望を喚起し、モノを購入し消費する構造の中にいる。現在の「欲望」とは、まさしく「欠如」の別名である。私たちは常に、購買欲をわかせる宣伝広告により、欠如感を抱くように強迫させられ、消費する満足感そのものが、消費されていっている。今、改めて、商品を製造する企業には、製造物責任制度があり、販売責任も存在することを確認する必要がある。

喫煙を権利論として語るとき、非喫煙者の権利は嫌煙権や環境権を根拠とし、喫煙者の権利は個人の自由権、幸福追求権に依拠している。喫煙が健康を害するとされている今日、それでも喫煙する権利を「愚行権」と語ることも可能であろう。この「愚行権」という表現には、喫煙することを幸福追求権とは見なさない人びとへの配慮とそれでも喫煙したい者を許容してほしいという思いが込められている。また、社会の秩序化を「公序良俗」の名目のもとに図ってきた、日本の国家権力の全体主義的な法的規制への危惧が込められているようでもあり、劣勢にまわった喫煙者の自己主張のようにも思われる。

だが、私たちは、すでに「分煙」という、立場を異にする者の「共生」を保障しあうコンセプトを見出している。「分煙」の倫理を、より明確に示していくことの中に、新しい社会システムの形成があると思う。

しかしながら、二〇一〇年段階でも、いまだ半数の事業所では分煙・禁煙の措置が行われておらず、女性社員が、職場での喫煙量を減らすように依頼したところ、部署変えの後、解雇を迫られた事例があるという（『朝日新聞』二〇一〇年七月二〇日朝刊）。一方では、二〇〇八年頃から受動喫煙に配慮して、無煙たばこや電子たばこが発売されるようになった。電子たばこのインターネット上の宣伝デモでは、日本製の電子たばこは、ニコチンがなく煙は水蒸気だが、禁煙のきっかけにする人もいれば、口にくわえていれば喫煙しているのと変わらないという人もいるようだ。いずれにしろ喫煙者本人が「依存的な喫煙」を断ち切るきっかけとなっているようである。

しかしながら、ふと思う。嗜好品の中でも酒やたばこは、その害が指摘され、特にたばこは、他者危害の象徴となってしまった。だが本書五八頁で紹介した、自生煙草を椿の葉で包んで吸う「椿巻煙草」は、どんな味と香がしたのかと思う。「椿巻煙草」は、現在のシガレットのように、他者危害を与える煙をだしていたのだろうか。

しかし、私たちが垣間見ることができたように、喫煙という行為が、「一服する」という言葉に象徴される疲労回復や憩い、「気晴らし・憂さ晴らし」という気持ちの転換、「虫除けや魔よけ」という効用、思考や行動への弾みをつける「精神集中」といった、替えがたい機能を持っていたこともまた事実である。このような喫煙という行為の変貌の要因を、歴史的位相を辿る中から明らかにし、近代社会のジェンダー規範と表象のあり方を再考する本書の試みは、喫煙のみならず、新しい社会システムを見出す方途の一つに他ならないと考えている。

註・参考文献

1　近代日本における女性の喫煙規範の成立

1　長谷正規『日本女性喫煙史』たばこ総合研究センター、一九八四年、三九～四一頁。
2　宮城音弥『タバコ――愛煙・嫌煙』講談社、一九八三年、一二一頁。
3　天野正子・桜井厚『「モノと女」の戦後史』有信堂、一九九二年、二二三～二五一頁。
4　天野正子は、一葉の描く喫煙する女性たち（お力、お関）に「突き抜けたたくましさをもつ一種のすごみのある女性像」を見ているが、それは『にごりえ』の酌婦「お力」にのみ該当すると思われる。
5　根本参編『女子必携女禮式図解』自成堂、一八八二年、東京府編輯『小學女禮式』教育書館、一八八三年、泉米蔵編『女子必携女禮式図解』一八八三年、佐藤清三郎『絵本女禮式』一八八九年、内藤加我編『女禮式』金桜堂、一八九二年、青木恒三郎編『新撰女禮式』一八九三年、国分操子『日本女禮式』大倉書店、一八九六年、下田歌子『婦人禮法』実業之日本社、一九一一年など、たばこの作法に関してほぼ同じ言葉が転用されている。
6　『婦人教会雑誌』第二号、婦人教会、一八八八年三月二四日（後に『婦人雑誌』と改題）。
7　千宗旦、一五七八～一六五八年、千利休の孫。

8 林屋辰三郎ほか編『角川茶道大事典』角川書店、一九九〇年、八四一頁。
9 戸田宗寛『裏千家茶道入門』講談社、一九七四年、一九六、一九八、二〇一、二一八頁。
10 註(8)、八四一～八四二頁。
11 客に生花を所望する法式。
12「本號にハ吾流にて亭主より客に生花を所望するの圖を出し其法式の概略を述ぶ……客若し老人貴人なる時ハ座に敷物を設け置へし……時暖氣なれバ煙草盆を勝手に備え置くへし　客座に着きたる時給仕先づ素湯を出し次に暖なる時ハ煙草盆を出し次に菓子を上客の前に出し次に茶を出し最初の湯呑を撤て勝手に入る（但順序ハ何れも上客よりとす）……」

13「林薫氏の圓遊会の節、主人の注意にて二階の一室を婦人の吸烟室と爲し、数十本の長烟管を備へ、日本の貴婦人にして煙草を嗜む人の爲めに、特に日本煙草の馳走を爲したりしに、草煙好の貴婦人連中は何れも主人の注意の行届けるに感心し、悦んで數服を試みしと云ふ……國異なれば習慣同じからざるは當然のことなれば、日本にて夜會圓遊会などを催すときには婦人の爲めに吹煙室を設けて毫も差支なき筈なりと」

14『朝日新聞』一八八六年七月四日。

15『千葉新報』一八八七年七月二九日。

16『國民新聞』一九〇〇年三月二七日。
17 日本キリスト教婦人矯風会編『禁煙運動の歴史』日本キリスト教婦人矯風会、一九八〇年、一二二頁。
18 同前、一三三頁。
19 同前、一六頁。
20 同前、一三三頁。
21『報知新聞』一九〇八年九月二五日。
22 註(17)、一三三頁。
23 同前、一三三頁。
24 同前、一三三頁。
25 有島武郎『或る女』後編、岩波文庫、一九六八年、六頁。

26 谷崎潤一郎『痴人の愛』新潮文庫、一九四七年、三一五頁。
27 吉沢千恵子「婦人団体機関誌の誕生」近代女性文化史研究会編『婦人雑誌の夜明け』大空社、一九八九年、一一三頁。
28 『婦人衛生会雑誌』(四一号より『婦人衛生雑誌』に改題)私立大日本婦人衛生会、四五号(一八九三年八月)、四六号(同年九月)、四七号(同年十月)、四九号(同年十二月)、五〇号(一八九四年一月)、五二号(同年三月)、七三号(一八九五年十二月)、一一一号(一八九九年二月)、一一六号(同年七月)、一二六号(一九〇〇年五月)、一三六号(一九〇一年三月)、一三七号(同年四月)、一四一号(同年八月)、一六六号(一九〇三年九月)、一八五号(一九〇五年四月)、一九六号(一九〇六年三月)。
29 同前、一九〇一年三月二五日発行の一三六号は、「日本煙草及日本風喫煙具は衛生上無害なるものとす」とたばこの害を唯一否定したもの。
30 同前、四七号、一八九三年十月。
31 同前、五〇号、一八九四年一月。
32 同前、五〇号。七三号、一八九五年、一二月。
33 同前、一一六号、一八九九年七月。一八五号、一九〇五年四月。
34 同前、一四一号、一九〇一年八月。
35 同前、一八五号、一九〇五年四月。
36 同前、二〇一号、一九〇六年八月。
37 同前、二三二号、一九〇九年三月。
38 現存する作品は70点余りあるが、今回筆者が喫煙するキリスト教の会士を確認したのは、天理大学所蔵の南蛮屏風六曲一双。
39 海老沢有道『南蛮文化——日欧文化交渉——』至文堂、一九五八年、一三二頁。
40 上田瑪特斐訳『聖規則書上・下』正教會、一八八三年。
41 『メソジスト監督教会條例』メソジスト出版舎、一八九三年、二三四〜二四〇頁。
42 『日本組合教会規約』鶫沼裕子『資料による日本キリスト教史』聖学院大学出版会、一九九二年、一二一〇〜一二一三頁。

43　日本基督一致教会英文憲法の当時の翻訳文。『日本基督教会歴史史料集（三）明治初期教会憲法規則』日本基督教会歴史編纂委員会、一九七六年。
44　『東京毎週新報』を前身とする、日本組合教会の機関紙。
45　工藤英一『日本キリスト教社会経済史研究――明治前期を中心として』新教出版社、一九八〇年、二四四頁。
46　註（35）、一七頁。
47　日本キリスト教歴史大事典編集委員会編『日本キリスト教歴史大事典』教文館、一九八八年、一四五七頁。
48　H・Eハーマー編『明治キリスト教の一断片――宣教師シュピンナーの「滞日日記」――』岩波哲男・岡本不二夫訳、教文館、一九九八年、一三一、一七二頁。
49　註（17）、二頁。
50　「銭財を耗費する一害也　煙汁毒ある二害也　脳髄を傷る三害也　心血を涸す四害也　津液を傷り能渇病を招く五害也　吸飲既に久ければ口滋味を弁せず六害也　鼻塞り人に上氣せしむ七害也　悟性をして昏沈せしむ八害也　健忘を夾す九害也　吸ふと久ければ身手揺てんす十害也　齒堅固ならず薫灼焦黒尤醜十一害也　舌本麻木す十二害也　胃中の気を傷る十三害也　室中煙氣充塞して病を致し易し十四害也　面目憔悴十五害也　病後に吸ば原に復し難し十六害也　偶爾遺忘すれば火患を引き易し十七害也　煙灰飛揚して屋宇清潔ならす十八害也　童年早く吸は長大較遅く人に厭悪せらる十九害也空しく光陰を廢す二十害也」
51　ロジェ・メール『カトリック倫理とプロテスタント倫理』小林恵一・高木統禧訳、新教出版社、一九九〇年、八七頁。
52　牛丸康夫『日本正教史』日本ハリストス正教会教団、一九七八年、九六頁。
53　小田秀夫『山下りん』筑波書林、一九八〇年、八二頁。
54　ニコライ『明治の日本ハリストス正教会――ニコライの報告書』訳編中村健之介、教文館、一九九三年、七九頁。
55　日本基督教矯風会の運動方針の決定過程については宇津恭子『才藻より、より深き魂に――相馬黒光・若き日の遍歴――』日本ＹＭＣＡ同盟出版部、一九八三年と藤田和美「宗教運動と喫煙倫理――明治前期の日本基督教婦人矯風会を中心として――」『喫煙倫理とジェンダー』㈶たばこ総合研究センター、一九九八年）を参照。
56　一九九八年に筆者は各国矯風会に設立当時の禁煙活動について質問し、次のような回答をえたので以下に紹介する。カナダ、ノルウェー、南アフリカ、エジプトは規約に謳っていなくても自国の矯風会活動の一環として禁煙活動を行っていたが、スウェーデン、オーストラリア、フィンランド、ドイツ、スイスなどの矯風会は禁煙は規約に記載されておらず、禁煙運動も会の設立時に行っていなかった。カナダについてはカナダ矯風会会頭 Betty Wolfe 氏の回答による。ノルウェーについてはノルウェー矯風会会頭　Marianne Karisson 氏の回答による。南アフリカについては南アフリカ矯風会前会頭 Kay Laughton 氏の回答による。エジプトについてはエジプト矯風会会頭 Samira Asham 氏の回答による。スウェーデンについてはスウェーデン矯風会会頭 Irja Eskelinen 氏の回答による。オーストラリアについてはオーストラリア矯風会会頭 D.C.Giddings 氏の回答、及び Judith pargeter 'FOR GOD, HOME AND HUMANITY' NATIONAL WOMAN'S CHRISTIAN TEMPERANCE UNION OF AUSTRALIA centenary History 1891-1991, NWCTU of Australia, 1995, p.17. 参照。フィンランドについてはフィンランド矯風会会頭 Karin kj rsund 氏の回答による。ドイツについてはドイツ矯風会会頭 Helga Rau 氏の回答による。スイスについてはスイス矯風会会頭 Ursula Heuscher 氏の回答と、Schweizerischer Bund abstinenter Fruaen,Von Apfelsaft bis Zollifilm, 1996. 参照。

57　E. K. Stanley 編『世界キリスト教婦人矯風会一〇〇年史（抄）』長野栄子ほか訳、日本キリスト教婦人矯風会、一九八七年、一五頁。

58　明治二六年三月八日付の『国民新聞』によると、津田仙は、禁煙家となった人から煙草を集めて鐘を鋳造し、シカゴの世界博覧会へ出品したとの報道がある。

59　ニコチン中毒死、心臓病、舌癌、婦人生殖器障害、エピセリヲラ、コレラ、伝染病、脳髄障害、黄熱病、シーヒリチック腫など。

60　吉沢千恵子「婦人団体機関紙の誕生」によると、『婦人衛生会雑誌』の編集者荻野吟子は、婦人矯風会にも属し活動を行っている。また両誌とも巌本善治が編集人となって女学雑誌社から発刊されており関わりは深い。

61　『東京婦人矯風会雑誌』第一号、一八八八年四月一四日、二頁。

62　註（55）、宇津恭子著作。

63　「佐々木豊壽を葬る」山本泰次郎編『内村鑑三信仰著作全集一九』教文館、一九六四年、七一頁。

64　奥田暁子「近代と伝統の相克」奥田暁子・岡野治子編著『宗教の中の女性史』青弓社、一九九三年、一三七～一四三頁。

65　片野真佐子「婦人矯風会に見る廃娼運動の思想」総合女性史研究会編『日本女性史論集五　女性と宗教』吉川弘文館、一九九八年、二〇七～二二五頁。藤目ゆき『性の歴史学』不二出版、一九九七年、一〇五～一〇七頁。

66　三鬼浩子「明治婦人雑誌の軌跡」（『婦人雑誌の夜明け』所収）によると、一八九八年時の配布数一二四九四部。

67　『婦人教会雑誌』第一号（一八八八年二月）の緒言に掲載。

68　『家庭雑誌』徳富蘇峰発行、家庭雑誌社。

69　同前、一七号（一八九三年一一月）、七六号（一八九六年四月）、一一八号（一八九八年七月）、一一九号（同年八月）

70　お茶の水女子大学附属図書館、東京大学総合図書館、東京大学近代法政資料センターに所蔵されている『日本婦人』1号（明治三二年一二月）～12巻9号（明治四三年九月）を調査資料とした。

71　大橋隆憲編者『日本の階級構成』岩波書店、一九七一年、二六～二八頁。

72　浅見雅男『華族誕生』リブロポート、一九九四年、一五～一六頁。

73　藤沼清輔『日本の上流階級』日本勲章記章協会、一九七〇年、八六頁。

74　ピエール・ブルデュー『ディスタンクシオンⅠ・Ⅱ』石井洋二郎訳、藤原書店、一九九〇年。

75　保阪正康『皇后四代』中央公論新社。二〇〇二年、四～六頁。ドナルド・キーン『明治天皇　上』（角地幸男訳、新潮社、二〇〇一年）の一七五頁によると明治天皇は見合いの際、美子に煙草を贈っている。

76　「工場史」編集委員会編『たばこと共に七十余年』日本専売公社東京工場、一九八二年、一七一～一七七頁。

77　明治神宮編『類纂新輯昭憲皇太后御集』明治神宮、一九九〇年、二七七～二七九頁。

78　『下田歌子著作集　香雪叢書』第二巻、實践女學校出版部、一九三二年、一五九頁。

79　『下田歌子著作集　香雪叢書』第四巻、實践女學校出版部、一九三三年、八九頁。

80　若桑みどり『皇后の肖像――昭憲皇太后の表象と女性の国民化』筑摩書房、二〇〇一年、八〇頁。

81　皇后に喫煙習慣があったことを一般に公表したもので、最も早いのは管見では坊城俊良『宮中五十年』明徳出版社、一九六〇年、五六頁。著者の坊城氏は、皇后の喫煙習慣について明かすことを「こういうことを申しあげるのは、如何かとも思うが」と前置きして語りだしており、ためらいが見られる。一方で、斎藤由香『猛女とよばれた淑女――祖母・斎藤輝子の生き方』（新潮社、二〇〇八年、一六二頁）によると、学習院女子部の卒業式で皇后が喫煙していたのを生徒（斎藤茂吉の妻、斎藤輝子）が目撃しており、「いかにもおいしそうだった」という感想を後年、孫の由香に語っている。

82 貞明皇后に喫煙習慣があったかについては確認できないが、『貞明皇后御集』（宮内庁書陵部、二〇〇一年）に、以下のようなたばこに関する歌が詠まれている。「いにしへもいまもかはらぬことなれやたはこくゆらしうさ忘るとは」（大正六年三月）、「けふりくさくゆらすほともこゝろせよつひには身をもそこなひぬへし」（同年、同月）、「くゆらせハうさもつらさもわすれ草いのちをのはすくすりなるかも」（昭和四年）、「忘れ草くゆらすけふり水いろにたつもすゝしきすゝみかな」（同年）、「わくきりをたゝくきせるの音たえすたはこをのむに女はしかるらむ」（同年）、「まつかこつ人のおもひそわきいてんたはこくゆらし一吹のまに」（同年）。

83 『下田歌子著作集　香雪叢書』第五巻、實践女學校出版部、一九三三年、二六八頁。

2　女性の喫煙についてのディスクールとジェンダー規範

1 天野正子・桜井厚『モノと女の戦後史』有信堂、一九九二年、二三三～二五一頁。
2 瀬戸内晴美『余白の春』中央公論社、一九七二年、九一頁。
3 ＴＡＳＣ研究報告『生活史にみるたばこ』たばこ総合研究センター、一九八〇年、ＴＡＳＣ研究報告『喫煙の社会史』たばこ総合研究センター、一九八八年参照。
4 雲舟「女髪結いの禁煙」『読売新聞』大正八年六月一日。
5 註（3）に同じ。
6 加藤シヅエ『ふたつの文化のはざまから――大正デモクラシーを生きた女』船橋邦子訳、青山館、一九八五年、六〇頁。
7 本書、九頁参照。
8 本書、四五六～四五七頁参照。
9 主婦の友社所蔵の大正・昭和年間の『主婦の友』総目次のカードとデータベースの調査による。

10 「固い決心で断行する女髪結いの禁煙」『読売新聞』大正八年六月一日。
11 日本キリスト教婦人矯風会編『禁煙運動の歴史』日本キリスト教婦人矯風会、一九八〇年、同編『日本キリスト教婦人矯風会百年史』ドメス出版、一九八六年、六〇〇〜六〇五頁参照。
12 『元始、女性は太陽であった　上』大月書店、一九七七年、一八三頁。
13 築添正生氏書簡、一九九三年一月二一日付。
14 「元始、女性は太陽であった」『青鞜』一巻一号、『平塚らいてう著作集1』所収、一九八三年、一二一〜一二四頁。
15 柳田国男「女と煙草」『木綿以前の事』角川文庫所収、一九七五年、一二七〜一三一頁。
16 和歌森太郎「解説」同前書所収、三〇三〜三〇五頁。
17 石上堅『日本民俗語大辞典』桜楓会、一九八三年、七八五頁。
18 「妖怪談話」『柳田国男全集』四巻、筑摩書房、四三二頁。
19 佐藤春夫「椿巻煙草」『定本佐藤春夫全集第21巻』臨川書店、一九九九年、八一〜八二頁。
20 須藤功編著『写真でみる日本生活図引1』弘文堂、一九八九年、三〇〜三一頁。
21 尚学図書編『故事俗信ことわざ大辞典』小学館、一九八二年、五一〇頁。
22 註（19）に同じ。
23 稲村半四郎『ある農婦の一生——明治・大正・昭和に生きる——』農山村漁村文化協会、一九八〇年、二七七〜二八〇頁。
24 ロバート・J・スミス、エラ・L・ウィスウェル『須恵村の女たち——暮しの民俗誌』河村望・斎藤尚文訳、御茶の水書房、一九八七年、五四頁。
25 宇賀田文庫は、宇賀田為吉氏が収集した「たばこ」関係資料の文庫であり、たばこと塩の博物館に保存されている。本項の新聞等は、宇賀田文庫のスクラップ資料である。
26 註（11）に同じ。
27 沢山美果子「近代日本における母性の強調とその意味」人間文化研究会『女性と文化』白馬出版、一九七九年。
28 南博・社会心理研究所『昭和文化』勁草書房、一九八七年、六四〜六五頁。

29　板垣邦子『昭和戦前・戦中期の農村生活――雑誌「家の光」にみる――』三嶺書房、一九九二年。
30　註（28）に同じ。
31　同潤会「共同住宅居住者生活調査（第一回）」南博編『近代庶民生活誌』六、三一書房、一九八四年、三八四～三八五頁。

3　江戸時代の女性の喫煙の諸相

1　フォン・オーヒメール・フィッセル「日本風俗備考」庄司三男・沼田次郎訳、『東洋文庫』三二六頁、平凡社、一九七八年。
2　北村信節「嬉遊笑覧」文政一三年序『日本随筆大成』別巻、吉川弘文館、一九七九年。
3　守山孝盛「賤のをだ巻」『日本随筆大成』四、一九七六年。
4　平沢常当「後は昔物語」享和三年、『日本随筆大成』一二、一九七七年所収。
5　横井也有「鶉衣前編拾遺」天明五年跋『岩波文庫』岩波書店、一九九七年所収。
6　柳沢淇園「ひとりね」享和一七年頃『日本古典文学大系』九六、岩波書店、一九七四年。
7　『江戸時代女性生活絵図大事典』全一〇巻、大空社、一九九三～一九九四年。以下特に注記しないかぎり本書による。
8　たばこと塩の博物館編『版本』たばこ産業弘済会、一九九〇年。以下『版本』とする。
9　新見正朝『八十翁疇昔話』『版本』。
10　『頼山陽全書』付録、国書刊行会、一九三三年。
11　前掲『江戸時代女性生活絵図大事典』第一〇巻。
12　「人倫訓蒙図彙」『東洋文庫』五一九、平凡社、一九九二年。
13　「百人女郎品定」『版本』二二二～二二九頁所収。
14　横田冬彦「『女大学』再考――日本近世における女性労働」『ジェンダーの日本史』下、東京大学出版会、一九九五年、三六八～三七六頁。本稿は横田の分析におおきく依拠している。

15　今泉みね『名ごりの夢』『東洋文庫』九、平凡社、一九六三年、一三八頁。
16　E・S・モース『日本その日その日』石川欣一訳『東洋文庫』一七一・一七二・一七九、平凡社、一九九一年、一七九〜一八二頁。

4　「天狗煙草」ポスターに見る女性の裸体表現

1　岩谷商会は当時多くのポスターを製作したらしく、天狗をモティーフにした他のポスターも数枚残されている。
2　岩谷商会及び村井兄弟会社については、半田昌之「近代日本のポスター」『ポスター1』（財団法人たばこ産業弘済会、一九八七年）を参照。以下『ポスター1』とする。
3　村井兄弟会社のタバコ・カードには、有名人のブロマイド、風景、動植物、トランプや百人一首、花札などもあった。
4　井上ひさし・萱場修「赤天狗参上——岩谷松平」『歴史への招待』日本放送出版協会、一九八一年、一〇七頁。
5　北澤憲昭「『文明開化』のなかの裸体」『人のかたち・人のからだ——東アジア美術への視座』平凡社、一九九四年、三六三頁。
6　『日本近代思想体系』23「風俗　性」岩波書店、一九九〇年、三〜二六頁。
7　明治三一年六月二七日読売新聞には「村井煙草の裸体」という記事が載っている。村井の裸体画カードが風俗壊乱として京都地方裁判所の取調べを受け、その公判の結果は「外国の出版に係りたるものなれば、出版条例違反にあらざるを以て被告を無罪と宣告」とあり「但し右の印刷物は風俗壊乱の廉を以て同日内務省より発売禁止を命ぜられたり」とある。岩谷商会のポスターについては史料が手に入らなかったが、村井兄弟会社の場合と同様の扱いが、外国出版ではないため何らかの条例に違反したものとして扱われた可能性が考えられる。
8　北澤憲昭、前掲、三六五頁。
9　同前、三七一頁。
10　ハンス・ペーター・デュル『裸体とはじらいの文化』藤代章一・三谷尚子訳、法政大学出版局、一九九〇年、一四一頁。
11　北澤憲昭、前掲、三七二頁。

12 勅使河原純『裸体画の黎明——黒田清輝と明治のヌード』日本経済新聞社、一九八六年。
13 岡久美子「広告と女性」『シリーズ20世紀　女性』アサヒグラフ別冊、朝日新聞社、一九九五年、八四頁。
14 Cupid—愛の神でアモルともいう。ギリシャ語のエロス。当初ギリシャではエロスは人間の本性の中にある最深最強の力を意味したが、時代が降るとルネサンス期には可愛い有翼の少年へと縮小される。バロック・ロココの画家たちはしばしば丸々と太った幼児として表している。
15 Putto—ルネサンスやバロックの美術によく見られる有翼の童児で、小天使もしくは世俗の愛の先ぶれの役を果たしている。
16 Venus—英語ではヴィーナス。ローマの女神でギリシャ神話の愛と豊饒の女神アフロディテと同一視され、このアフロディテから受け継いだ特徴を持つ。
17 アニーバレ・カラッチ「ウェヌスの化粧」一五九四～九五年、油彩。三美神とクピドが念入りに女神の化粧をする図。
18 ルーベンス「鏡の前のウェヌス」一六一四年頃、油彩。女神の顔が鮮明に描かれている、肉感的な背中の表情を持ち、金髪と北方的なウェヌス像。
19 ベラスケス「ウェヌスの化粧（ロクビーのヴィーナス）」一六五〇年頃、油彩。「横たわるウェヌス」と「鏡の前のウェヌス」の二つの形式を統合した形態を持つ。ベラスケス唯一の女性裸体像とされる。
20 ブーシェ「ウェヌスの化粧」一七五一年、油彩。ロココに典型的な化粧のシーンを描く。神話画の形式をとっているが、時代性を強調している作品である。
21 若桑みどり、岩波近代日本の美術2『隠された視線　浮世絵・洋画の女性裸体像』岩波書店、一九九七年、四〇頁。
22 同前、四四頁。
23 クピドが天狗に置き換えられているのは、天狗を商標としてシンボル化した岩谷商会の商品イメージ及び企業イメージを強調するためだと考えてよいだろう。岩谷商会の宣伝方法は常に、視覚によるメッセージを重視する傾向にあった。岩谷らは自らを「赤天狗」と称して全身真っ赤な服装で銀座を練り歩いたり、店の構えも真っ赤にするなど、天狗の赤い顔から連想される赤という色彩を利用し、目立つこと、分かりやすいことを強調した宣伝方法を用いていた。
24 岩谷商会の看板や新聞広告などには、「税金たったの〇〇万円」などと記されており、商人としての岩谷が儲け、税金を支払うことが国益につながるというメッセージを送っている。

25　ルネサンス以降ウェヌスの持ち物とされた。その美しさと芳香のゆえにウェヌスに擬せられ、その棘による痛みは愛の痛手になぞらえられた。ウェヌスが足に刺さった棘を抜く場面では、滴る血が白薔薇を赤く染めたとされる。

26　たとえば、リゴッツィの「運命　Fortune」（フィレンツェ、ウフィーツィ美術館蔵）には、裸体の女性（運命）が、ハラハラとこぼれ落ちる宝石とともに描かれている。

27　井上ひさし・萱場修、前掲書。

28　天狗党は周知のように、江戸幕末の水戸藩における尊皇攘夷の過激派である。

参考文献

ジェイムズ・ホール『西洋美術史解読辞典――絵画・彫刻における主題と象徴――』高階秀爾監修、河出書房新社、一九八八年。

『西洋絵画の主題物語II神話編』美術手帳増刊、七二八号、美術出版社、一九九六年。

『ポスターワンダーランド　酒とたばこ』講談社、一九九五年。

『ポスター1』財団法人たばこ産業弘済会、一九八七年。

若桑みどり「寓意と象徴の女性像1」『全集　美術の中の裸婦7』集英社、一九八〇年。

『歴史への招待』日本放送出版協会、一九八一年。

岡久美子「広告と女性」『シリーズ二〇世紀　女性』アサヒグラフ別冊、朝日新聞社、一九九五年。

北澤憲昭「『文明開化』のなかの裸体」『人のかたち・人のからだ――東アジア美術への視座』平凡社、一九九四年。

多木浩二『ヌード写真』岩波新書、一九九二年。

瀧悌三『日本近代美術事件史』東方出版、一九九三年。

高階秀爾『日本絵画の近代』青土社、一九九六年。

勅使河原純『裸体画の黎明――黒田清輝と明治のヌード』日本経済新聞社、一九八六年。

ハンス・ペーター・デュル『裸体とはじらいの文化』藤代章一・三谷尚子訳、法政大学出版局、一九九〇年。

中田節子『広告の中のニッポン』ダイヤモンド社、一九九三年。

ノーマ・ブルード、メアリ・D・ガラード『美術とフェミニズム』坂上桂子訳、PARCO出版、一九八七年。

ジョン・バージャー『イメージ——視覚とメディア』伊藤俊治訳、PARCO出版、一九八六年。

若桑みどり『隠された視線　浮世絵・洋画の女性裸体像』岩波近代日本の美術2、岩波書店、一九九七年。

リンダ・ノックリン『絵画の政治学』坂上桂子訳、彩樹社、一九九六年。

Lynda Mead, *The Female Nude : Art Obscenity and Sexuality*, Routledge, London, 1992.（リンダ・ニード『ヌードの反美学——芸術・猥褻・セクシュアリティ』藤井麻利・藤井雅実訳、クリティーク叢書、青弓社、一九九七年）

5　日清・日露戦争期におけるシガレットのジェンダー化

1　田中冨吉『続・日本のたばこ——歴史と文化——』たばこ総合研究センター、一九九六年、三九頁。
2　岩崎穂一『明治煙草業史』世界社、一九二九年、七頁。
3　大渓元千代『近代たばこ考』サンブライト、一九八一年、八頁。
4　大渓元千代、前掲書、一〇頁。
5　岩崎穂一、前掲書、八〜一二頁。
6　口付たばこは紙巻きたばこに紙の吸い口がついたもの。吸い口のついていないものを「両切り」という。
7　岩崎穂一、前掲書、一三〜一四頁。
8　舘かおる「女性の喫煙表現とジェンダー規範」『喫煙表現におけるジェンダー』たばこ総合研究センター・お茶の水女子大学女性文化研究センター、一九九六年、一六二〜一六三頁。
9　岩崎穂一、前掲書、六二頁。
10　American Tobacco Company　アメリカのW. Duke Sons & Co. ほか五社が一八九〇年に合同して設立したアメリカ最大手タバコ会社。設立当時、合衆国のシガレット生産の九〇％を占めていた。デュークはこのあとも多くのタバコ会社を合併・買収し、その販路はアメリカ国外にも及んだ。

11　岩崎穂一、前掲書、二一～六頁。
12　大渓元千代、前掲書、四〇頁。
13　田中富吉、前掲書、九〇頁。
14　田中富吉、前掲書、六三頁。

6　昭和三〇年代のたばこ広告ポスターにおける女性像と新たな規範

1　ジョン・バージャー『イメージ　視覚とメディア』伊藤俊治訳、ＰＡＲＣＯ出版、一九八六年、一六〇～一九一頁。
2　本稿で分析対象としたポスターの制作年代の推移は以下のようになる。
「贈答」は贈答用ポスター、「喫煙」は喫煙用ポスター、「計」は両者の合計を示している。また、数量は『ポスター1』（前掲）に掲載された中で現在保存されていて、かつ情報が明らかなものに限定している。

年代	贈答	喫煙	計
1935	1	0	1
1950	1	1	2
1952	4	1	5
1953	4	1	5
1954	0	1	1
1955	4	1	5
1956	5	0	5
1957	1	5	6
1958	0	18	18
1959	0	11	11
1960	1	16	17
1961	2	6	8
1962	1	4	5
1963	4	7	11
1964	1	3	4

3　森三郎氏への聞き取りは、一九九二年に研究グループのメンバー（舘、松浦、藤田、山崎）で行なった。主に、森氏が宣伝課長時代になさった女性客層の開発に関する点についてお話しいただいた。
4　女性教養研究会編『これからの女性の教養と知恵』祥文社、一九六九年、七七頁。

7　テレビコマーシャルに見るジェンダー

1　ウィルソン・ブライアン・キイ『メディア・レイプ』鈴木晶・入江良平訳、リブロポート、一九九一年、一〇九頁。

2　さらに詳しくいえば、調査時期は一九九四年八月から一一月。関東地方で受信できる民放五局を調査対象としている。

3　この調査以降、段階的にたばこのコマーシャルはなくなっていく傾向にあり、現在では日本のたばこ会社は、たばこという商品そのものにふれたコマーシャルは放映していない。

4　『朝日新聞』、一九九四年五月二八日。

5　「ラーク」「ヴァージニアスリムメンソール」については、販売元のフィリップモリス社によれば、コマーシャル制作は日本の広告代理店が行なっており、またコマーシャルの放映も日本のみに限られているということである。「ラッキーストライク・ライト」の販売元であるB&W社からは、制作はアメリカで行なって、たばこのコマーシャルの放映が可能な全世界で同じものを放映しているという回答がえられた。

6　赤松潤『広告の心理学』日経広告研究所、一九九三年、一一六頁。

7　サブリミナル研究としてキイの前掲書があげられる。

8　この一つの例として、「コマーシャルの中の男女役割を問い直す会」の活動をあげることができる。

9　喫煙を積極的に進める場合と喫煙に消極的な態度があるとするならば、積極的広告とは喫煙の害をまったく無視して作られているが、禁煙・嫌煙意識に応じてたばこの害をできる限り少なくした方向へ向いている場合、「軽さ」を求めていくことになる。これは喫煙を進めるコマーシャルではあっても、その背後にある嫌悪意識を取り込んだものであり、ここでは、この態度を消極的と形容している。

8　たばこ広告に見る女性イメージ

1　現在まで、たばこ総合研究センターとお茶の水女子大学女性文化研究センター（現お茶の水女子大学ジェンダー研究センター）との共同研究の報告書としてだされたものの中から、以下のものを参照している。『女性とたばこをめぐるディスクールとビジュアル・メッセージ』一九九三年、『女性の喫煙と社会規範』一九九五年、『喫煙表現におけるジェンダー』一九九六年（本書では、第4章、6章、7章がほぼ対応している）。

2 山崎明子「昭和三〇年代のたばこ広告ポスターにおける女性像と新たな規範」『女性とたばこをめぐるディスクールとビジュアル・メッセージ』一九九三年、九七～一二六頁（本書第6章、一五七～八頁）。

3 山崎明子「LIFE 誌のたばこ広告に見る男女像」『喫煙表現におけるジェンダー』一九九六年、五七～九二頁。

4 同前。

5 前掲、「昭和三〇年代のたばこ広告ポスターにおける女性像と新たな規範」九九～一〇〇頁（本書第6章、一五一～二頁）。

6 西山千恵子「たばこ広告ポスターにみるジェンダー」『女性とたばこをめぐるディスクールとビジュアル・メッセージ』一九九三年、一二七～一四九頁。

7 前掲「テレビコマーシャルに見るジェンダー」『女性の喫煙と社会規範』一九九五年、九三～一二六頁（本書第7章参照）。

8 西山千恵子、前掲。

9 前掲「昭和三〇年代のたばこ広告ポスターにおける女性像と新たな規範」（本書第6章参照）。

10 藤田和美「近代日本における女性の喫煙規範の成立要因再考」『女性とたばこをめぐるディスクールとビジュアル・メッセージ』一九九三年、五～二四頁（本書　二五～二六頁参照）。

11 松浦いね「たばこ宣伝広告と女性」『女性とたばこをめぐるディスクールとビジュアル・メッセージ』一九九三年、八六頁。ちなみに、WHOのたばこ規制枠組条約が二〇〇五年二月二八日に発効し、原則五年以内にたばこ広告は全面禁止になった。

12 前掲、「テレビコマーシャルに見るジェンダー」（本書　第7章参照）。

9　男性の喫煙とジェンダー表象

1　上野千鶴子「歴史学とフェミニズム――『女性史』を超えて」『岩波講座日本通史　別巻1』一九九五年、一四九～一八三頁。舘かおる「歴史認識とジェンダー」『歴史評論』№五八八、一九九九年、四月号。
2　トマス・キューネ編『男の歴史――市民生活と〈男らしさ〉の神話』星乃治彦訳、柏書房、一九九七年。
3　田中冨吉・垣内貞夫「たばこパッケージのデザイン解説」たばこと塩の博物館編・刊『日本のたばこデザイン』一九八五年、一五二頁。
4　同前、一五三頁。
5　同前、一五〇頁。
6　諸井薫「甘辛茶論一九　恩賜のたばこもゆくゆくは消滅?」『北海道新聞』一九八九年一月二八日夕刊。
7　「工場史」編集委員会編『たばこととともに七十余年』日本専売公社東京工場、一九八二年、一八一頁。
8　この部分は、西山千恵子の研究に依拠している。西山千恵子「たばこ広告ポスターにみるジェンダー」『女性とたばこをめぐるディスクールとビジュアル・メッセージ』たばこ総合センター・お茶の水女子大学女性文化センター、一九九三年、一二七～一四九頁。
9　註（2）に同じ。

10　流行歌における女性の喫煙

1　見田宗介『近代日本の心情の歴史』講談社、一九七八年、一〇～一一頁。
2　同前、一〇頁。
3　同前、一〇頁。
4　本稿では、以下の文献を引用・参考にした。浅野純編『全音歌謡曲大全集』1～9、全音楽譜出版社、一九八一～二〇〇一年。添田唖蝉坊『流行歌・明治大正史』春秋社、一九三三年。古茂田信男・島田芳文・矢沢寛・横沢千秋編『新版日

本流行歌史』上・中・下、社会思想社、一九九四〜九五年。ORICON NO.1 HITS 500 メディア委員会編『オリコンNO.1 HITS 500』上・下、クラブハウス、一九九四年。中島みゆき『中島みゆき全歌集』朝日新聞社、一九八六年。『八〇年版明星デラックス　うたの世界一〇〇一曲』集英社、一九八〇年。塚本忠夫編『'94あのうたこのうた235曲』ソニー・マガジンズ、一九九三年。『ソングコング』第一巻第一号、ソニー・マガジンズ、一九九四年。『ソングコング』第二巻第六号、ソニー・マガジンズ、一九九五年。『ソングコング』第七巻第九号、ソニー・マガジンズ、二〇〇〇年。

5　添田唖蝉坊『流行歌・明治大正史』春秋社、一九三三年。復刻版、添田知道『添田唖蝉坊・知道著作集別巻　流行歌明治大正史』刀水書房、一九八二年、三八〇頁。

6　明治五年という説もある。株式会社コネスール編著『たばこの謎を解く』河出書房新社、二〇〇一年、一三二頁。

7　原忠彦『虚構の世界における男と攻撃性〈増補改訂版〉』思索社、一九八五年、一〇九頁。

8　同前、一一二頁。

9　発表年度が確定していないのは註（4）による。

10　註（5）、三八一頁に「其頃の唄本の賣り方は、武骨なものであった。悲憤慷慨の歌を一段うたひ終えると、『本の欲しい人は持つて行き給へ。』と聴衆に向つて怒鳴りつける如く言ひ放つ。聴衆の方では至つて小さくなつて本を買つて行くといつた風で、本は一部二銭であつた」とある。

11　藤田和美「近代日本における女性の喫煙規範の成立要因再考」（『女性とたばこをめぐるディスクールとビジュアル・メッセージ』（財）たばこ総合研究センター、一九九三年、五〜一四頁。

12　当時の舞台台本は、後年出版された川村花菱訳の『カルメン』（春陽堂、一九二四年）で確認できる。

13　「風のまにまに」（堀内敬三訳詞）『オペラ名曲全集　ビゼー　カルメン』音楽之友社、一九七八年、九〜一三頁。

14　註（12）、五頁のあらすじと曲目紹介に「穏やかな合唱」との説明がある。

15　メリメ『カルメン』杉捷夫訳、岩波書店、一九六〇年、一三頁。

16　大笹吉雄『日本現代演劇史』明治大正篇、白水社、一九八五年、一七七頁。

17　増井敬二『浅草オペラ物語』（芸術現代社、一九九〇年）によると『カルメン』は大正年間、何度か上演され、根岸歌劇団による大正一一年の興行より「浅草オペラの代表作の一つとして、いわば歌舞伎における『忠臣蔵』のような存在になった」とあるが、『煙草のめのめ』がそこで歌われたか不明。
18 註（1）、八〇頁。
19 註（4）、『オリコンNO.1 HITS 500 上』五五頁。レコード売上枚数六四万二千枚で、一九七一年七月一九日にオリコン一位。
20 同前、二〇三頁。一九八二年七月五日オリコン三位。
21 同前、三〇頁。レコード売上一〇〇万三千枚。オリコン九週連続一位。
22 同前、一九六頁。オリコン三週連続一位。
23 古茂田信男・島田芳文・矢沢寛・横沢千秋『新版日本流行歌史 上』社会思想社、一九九四年、三三五頁。
24 註（1）、一〇九頁。
25 註（4）、『オリコンNO.1 HITS 500 下』二四一頁。この曲は発売してから一四年後の一九九二年一一月九日にオリコン一位となった。レコード売上げ枚数六七万五千枚。
26 歌・里美ゆり、作詞・千家和也、作曲・八木架寿人『わたしの秘密』（一九七三年）の中に「どうしよう　困ってしまういたずらなお酒もあるわあるわ　真似ごとの　煙草もみつかるわ」という一節がある。
27 『ORICON CHART BOOK Listing by Artists ALL LPS 1970-1989 (20years) オリコンチャート・ブック　LP編』オリジナルコンフィデンス、一九九〇年、二二一頁。
28 吉本隆明「新・書物の解体学5」『marie Claire Japon（マリ・クレール）』五三号、一九八七年四月、三六〇頁。
29 呉智英「中島みゆきは中山みきである」谷川俊太郎ほか『ミラクル・アイランド』創樹社、一九八三年、一一〇頁。
30 大串夏身「雑誌・新聞紙上にあらわれた中島みゆき」（大串夏身・見目誠・谷田孝男『中島みゆきの場所』青弓社、一九八七年、一六一頁）に「そして『魔女』という称号さえ奉られている」とある。
31 中島みゆき「魔女の辞典」「魔女の料理辞典」「魔女のことわざ辞典」『愛が好きです』新潮文庫、一九八二年、五七～六四頁、一二五～一二八頁、二七三～二七六頁。
32 山本亮史「望郷の眼差しと義への情熱」山内亮史ほか『中島みゆきの社会学』青弓社、一九八八年、一九頁。
33 全日本みゆき族編『中島みゆき大研究』青弓社、一九八七年、一二五～一二六頁。

34 一九九四年五月に行われた日本たばこ産業の喫煙者率調査によると、男性は前年度に比べて〇・八ポイント減の五九・〇%に対して、女性は一・〇ポイント増の一四・八%で、推計による女性の喫煙者が初めて七〇〇万人を超えた（『朝日新聞』一九九四年一二月二三日朝刊）。

35 嘉門達夫『日常—COM' ON! スーパースラップスティック・ワールド超B級娯楽世界』大阪書籍、一九八六年、八頁。

36 註（1）、一一頁。

37 落合真司『椎名林檎の求め方』青弓社、二〇〇一年、五一〜五二頁。

38 『Quick Japan（クイック・ジャパン）』vol. 31. 太田出版、二〇〇〇年六月二一日、六〇頁。

39 『ROCKIN' ON JAPAN』vol. 238. 第一七巻第二号、ロッキング・オン、二〇〇三年一月二五日、三五頁。

40 『スポーツ報知』二〇〇四年一〇月二四日。この記事は、YAHOO! JAPAN NEWS のトピックスで「椎名林檎、禁煙で女性らしく」というタイトルでトップニュースとなった。

41 『日刊スポーツ』二〇〇四年一〇月二四日。

文中に掲載したレコードの歌詞カード等の資料（図3・4・5・6・8・9）は、なつメロ愛好会会長福田俊二氏と柘植書房の上浦英俊氏よりお借りしたものです。この場をかりて深くお礼申し上げます。

11 昭和初期日本映画における喫煙表現と社会的アイデンティティ形成

1 Kracauer, Siegfriend, "The Little Shopgirls Go to the Movies," in Thomas Y. Levin trans., *The Mass Ornament : Weimar Essays*, Cambridge MA, Harvard University Press, 1995, pp.291-309. 尚、訳は筆者による。

2 今泉容子が『日本シネマの女たち』で指摘するように、昭和初期には和装・洋装の若い女性の対立を構造の中心にした映画が頻繁に作られた。今泉氏は喫煙について論じないが、実は、その対照において和装女性は必ず非喫煙者で、洋装女性はほとんど喫煙者として描かれるのだ。

3 『非常線の女』の場合、たばこを辞めた時子は逆に恋人のたばこに火をつけてあげるようになるが、実は、「淑女役」の若い女性人物は必ず喫煙しないで、代わりに愛人にたばこを吸わせるのだ。たとえば、『朗らかに歩め』でやす江（川崎弘子）が、銃で打たれて負傷した謙二（高田稔）の痛みを癒すためのたばこに火をつけてあげる。マッチに火をつけるやす江の顔と手のクローズ・アップや、椅子に寄り掛かっている謙二の前に乗りだして口もとのシガレットに火をつける彼女のミッド・ショットや、たばこの煙に巻かれた顔と上半身のクローズ・アップなどの描写は、彼女の優しさと博愛精神を補強する。

4　『隣の八重ちゃん』の姉や性産業に関わる職業婦人にとって、女性の喫煙は性的な欲望を持つこと――つまり性的な主体性――を表すものの、喫煙によって女性の身体を性的欲望の対象に変身させることもある。たとえば本稿の冒頭で取り上げた『非常線の女』の喫煙している田中絹代の身体は、カメラや身体表現によって、彼女の強烈なセクシュアリティを表し、〈マリー・アン・ドーンが論じるように〉〈男性〉観客のための「視覚的快楽」を提供するのだ。ところで、ここでも喫煙は女性のセクシュアリティを表象しているのだ。

5　『家庭日記』の原作における主人公梅女の喫煙の描写に見えるジェンダーと階層の社会的規範も大変複雑で、母性・階層・喫煙のところは特に研究すべきである。映画を取り上げている本章ではこれについてふれないが、稿をあらためて論じたい。

6　戦前の政治・文化・社会的状況と母性論の普及に関しては加納実紀代「母性ファシズムの風景」『ニュー・フェミニズム・レビュー六号　母性ファシズム』学陽書房、一九九五年を参照。

12　明治・大正・昭和の小説の中の女性の喫煙と規範

1　一九七二〜一九八三年にTASCで行った「文学作品にみる嗜好」研究の際に収集作成した資料カードを利用したほか、これ以外の作品を若干加えた。以下の作品解説及び分析には、前記研究プロジェクトの報告書を参考として用いた。

2　TASC研究報告『女性とたばこをめぐるディスクールとビジュアル・メッセージ』たばこ総合研究センター、一九九三年。

3　井上理恵「無限の闇――『十三夜』」日本文学協会、新・フェミニズム批判の会編『樋口一葉を読み直す』学芸書林、一九九四年所収。

参考・引用文献

TASC研究報告『漱石文学のたばこ』たばこ総合研究センター、一九七八年。

同『島崎藤村の酒、たばこ』同、一九七九年。

同『明治文学にみる嗜好品』同、一九七九年。

同『鷗外・荷風の文学にあらわれた嗜好品』同、一九八〇年。

同『女王人公と嗜好品』同、一九八一年。

同『1920年代の嗜好品』同、一九八一年。

徳富蘆花『不如帰』(引用は「岩波文庫」による) 一八九八～一八九九年。

夏目漱石『虞美人草』(引用は「岩波文庫」による) 一九〇七年。

尾崎紅葉『金色夜叉』(引用は「岩波文庫」による) 一八九七～一九〇三年。

夏目漱石『三四郎』(引用は「岩波文庫」による) 一九〇八年。

島崎藤村『家』(引用は「岩波文庫」による) 一九一〇～一九一一年。

五木寛之『四季・奈津子』集英社、一九七九年。

森本貞子『冬の家　島崎藤村夫人冬子』文芸春秋社、一九八七年。

実方清『島崎藤村文芸辞典』清水弘文堂、一九七九年。

堺浩「藤村の『家』に因む　秦家の人々」『島崎藤村研究』一号、一九七六年、五七～七二頁。

鈴木昭一「『家』――お種を中心に――」『島崎藤村研究』一一号、一九八三年、五～一五頁。

伊東一夫「森本貞子『冬の家』の批評」『島崎藤村研究』一七号、一九八九年、七四～七七頁。

高橋昌子「「親類」の目――藤村と妻をめぐる虚構――」『島崎藤村研究』二二号、一九九四年、九～二〇頁。

飯塚典子「島崎藤村『家』について」『成蹊国文』一五号、一九八一年、三四～四四頁。

大西伍一「回想　島崎藤村（一九五八・四・一九)」『島崎藤村研究』九、一〇合併号、一九八二年。

加藤一朗「藤村先生の思い出」『島崎藤村研究』一九号、一九九一年。

13 『ブランコ・イ・ネグロ』に見る女性の喫煙

1 Salvador Teresa, *Tabaquismo*, Madrid, Aguilar, 1996, p.46.

2 磯山久美子「一九世紀～二〇世紀初頭、スペイン女性における喫煙の獲得と倫理」『たばこの喫煙と倫理』たばこ総合研究センター・お茶の水女子大学ジェンダー研究センター、一九九八年、四四～六二頁。

3 Robles Sainz de, *Ayer y Hoy*, Madrid, Aguilar, 1960, p.327.

4 ロナルド・J・トロイヤー、ジェラルド・E・マークル『タバコの社会学　喫煙をめぐる攻防戦』中河伸俊訳、世界思想社、一九九二年、四九～五〇頁。

5 J・グッドマン『タバコの世界史』和田光弘・森脇由美子・久田由佳子訳、平凡社、一九九六年、一四五頁。

6 アリス・リュッキンス『スウェーデン女性史三　女、自分の道を探す・自由主義から現代まで』中山庸子訳、學藝書林、一九九四年、三二六～七頁。

7 Cruz Seoane, Maria y Dolores Sáiz Maria, *Historia del periodismo en España3 El siglo XX 1898-1936*, Madrid, Alianza,1996, p.309. によれば、一九二〇年の発行部数は『ヌエボ・ムンド』が七万五〇〇〇部、『ムンド・グラフィコ』が一二万部、『ブランコ・イ・ネグロ』が一〇万部となっている。

8 一九二〇年代には『ラ・モダ・エレガンテ』や『ムヘール』といったモードを中心とした雑誌や、フェミニスト系の雑誌『ラ・ボス・デ・ラ・ムヘール』、『ムンド・フェミニーノ』などを代表とする女性雑誌が発行されていた。

9 Baena Luque, Eloisa, *Las cigarreras sevillanas un mito en declive (1887-1923)*, Malaga, Secretariado de Publicaciones e Intercambios Científicos Universidad de Málaga, 1993, p.57.

10 前掲『タバコの社会学　喫煙をめぐる攻防戦』四八頁。

11 Alonso Alvarez Luis, “Estrategias empresariales de los monopolios espanõles : de la gestión pública a la gestión privada en el estanco del Tabaco 1887-1936”, *La empresa en la historia de España*, Madrid, Civitas, 1996, p.384.

12 "Las cigarreras sevillanas un mito en declive (1887-1923)", op. cit., p.152.

13 Perez Vidal Jose, *España en la historia del Tobaco*, Madrid, Biblioteca de dialectorogiay tradiciones, 1959, p.111-117.

14 *ibid.*

15 前掲『タバコの世界史』一三二頁。

16 前掲『タバコの世界史』一二八頁。

17 上野堅實『タバコの歴史』大修館書店、一九九八年、二三〇頁。

18 "*Espana en la historia del Tabaco*", op. cit., p.116.

19 この時期のスペインのフェミニズムをどのように分類し、評価するかについてはいくつかの意見がある。マリー・ナッシュは、①「受け入れられるフェミニズム」を志向したカトリック系フェミニズム、②カトリックに必ずしも限定せず、女性に不利な法律の見直しをめざす中庸なフェミニズム、③政治的、市民権において男性と同等の平等をめざすラディカルなフェミニズム、④ブルジョアジーによって推進されたカタルーニャ主義運動に関連したフェミニズムの四グループをあげている。中庸なフェミニズムの中で最大の組織となったのは、一九一八年にマリア・エスピノサによって設立された「スペイン女性全国連合」だった。この組織は上流階級の女性たちが主なメンバーであり、「当時の支配的な政治勢力と強力に結びつき、女性の就業における権利獲得の立法化を目標としながらも姿勢は保守的」と右派に分類しているのがジェラルディン・スカンロンである。総じてスペインのフェミニズムは、ブルジョアフェミニズムが中心であったといえ、その最大の問題は具体的な成果をあげられないことにあった。参政権においても各フェミニストによって意見は異なり、必ずしもそれが共通の目標ではなかった。むしろ一致していた点は、女性の教育権の獲得、職域の拡大にあったといえる。前述の女性コラムニスト、マティルデ・ムニョスは、ラディカルなフェミニズムに属する組織「スペイン女性十字軍」のメンバーである。喫煙を女性のアイデンティティ形成の一つととらえている。

20 一九二八年一〇月二八日号。

21 吉見俊哉『メディア時代の文化社会学』新曜社、一九九六年、一六二～一六五頁。

参考文献

Comín Comín, Franciscon, Martín Aceña, Pablo, *TABACALERA Y EL ESTANCO DEL TABACO EN ESPAÑA 1636-1998*, Madrid, Fundaxión TABACALERA, 1999.（フランシスコ・コミン・コミン、パブロ・マーティン・アセニャ『タバカレラ　スペインたばこ専売史　一六三六～一九九八年』林屋永吉監修、たばこ総合研究センター訳、山愛書院、二〇〇五年）

14　「たばこ屋の娘」セクシュアリティ

1　薗ひさし作詞、鈴木静一作曲『タバコやの娘』ビクター、一九三七年。フランク・クラメット作詞・清水みのる訳詞、フランク・クラメット作曲・米山政夫編曲『煙草屋の娘』ポリドール、一九四一年。

2　たばこ娘というタイトルの文学作品には、以下の二作品がある。源氏鶏太「たばこ娘」『オール読物』一九四七年三月号。濱本浩「たばこ娘」『現代小説代表選集　四』光文社、一九四九年。

3　中村文「俳諧・川柳にみる喫煙表現と女性」『喫煙表現におけるジェンダー』たばこ総合研究センター・お茶の水女子大学ジェンダー研究センター、一九九六年、一～二四頁。

4　長谷正視『たばこ産業史資料第一九号　日本・たばこの歴史』たばこ総合研究センター、一九五五年、六七頁。

5　田中冨吉『日本のたばこ』たばこ総合研究センター、一九九五年、一六四～一六五頁。

6　三谷一馬『明治物売図聚・解説書』三樹書房、一九七七年、七九頁。『風俗画報』第二〇号、一八九〇年九月一〇日、東洋堂発行、一九～二〇頁。

7　前掲註（6）に同じ。

8　前掲註（6）。

9　『読売新聞』一九〇〇年二月一三日、二月一四日。

10　前掲註（6）。

11　前掲註（6）。

12　前掲註（6）。

13　前掲註（6）。

14　「婦人の手で營む商賣の経験」『主婦の友』大正一五年五月、主婦の友社、一五八頁。
15　前掲註（6）。
16　前掲註（14）。
17　大渓元千代『近代たばこ考』サンブライト、一九八一年、九一頁。
18　加太こうじ『新版　歌の昭和史』時事通信社、一九八五年、八七～九〇頁。
19　アデリーナ・ブロードリッジ「商品イメージと店員のセクシュアリティ――ロンドンのデパートに働く女たち――」セア・シンクレア、ナニカ・レッドクリフト編『ジェンダーと女性労働』山本光子訳、柘植書房、一九九四年、六五頁。
20　『ポリドール月報』一九四一年八月、三頁。
21　なお、この法律は、一九六四年公布・施行の「母子福祉法」に吸収され、一九八一年には、「母子及び寡婦福祉法」に改正され、現在に至っている。
22　大羽綾子『男女雇用機会均等法前史』未来社、一九八八年、二五頁。
23　鯉渕鉱子著、編集・発行「母は強し　母子福祉の道一筋に」刊行委員会『母は強し　母子福祉の道一筋に』一九九四年、一一一頁。
24　厚生省五〇年史編集委員会『厚生省五〇年史』厚生問題研究会、一九八八年、七九一頁。
25　源氏鶏太「たばこ娘」、初出『オール読物』一九四七年三月号、ただし、ここでは『たばこ娘』角川書店、一九五七年版を参照した。

15　たばこ工場労働者カルメンの表象

1　メリメの『カルメン』は四章からなっており、フランスの考古学者が旅の途中で山賊のホセに遭うところから始まる。獄につながれたホセがするうち明け話がカルメンとの出会いと殺人である。物語としてはこの第三章までで、第四章は考古学者によるロマ（ジプシー）の分析。本章では杉捷夫訳の『カルメン』（岩波文庫、一九九六年）を主に用い、参考として秋山晴夫訳（角川文庫、一九五二年）と堀口大学訳（新潮文庫、一九五六年）を用いた。

2　ビゼー版オペラはメリメの第三章を中心にしたもので、四幕からなる。メリメと異なる点は、カルメンとの対比として従順な婚約者ミカエラ、ホセに対抗する闘牛士エスカミーリョの二人が加えられた点にある。ビゼーの生存中に書かれたものはパリのオペラ・コミック座のためのもので、形式はオペラ・コミックであり、曲と曲の間は台詞だった。初演後三カ月でビゼーが亡くなったため、友人の作曲家エルネスト・ギローが改訂、台詞をレチタティーヴォにし、バレエ・シーンを加えたグランド・オペラ形式にした。現在までにいくつかの版がある。本稿では名作オペラブックス『カルメン』（音楽之友社、一九九三年）の初版台本テキストを参考にした。

3　「ジプシー」という呼称について。近年、「ジプシー」という呼称は論議の対象となってきた。この呼称が差別あるいは偏見を伴って歴史的に用いられてきたという認識のもとに、人権擁護の立場から「ロマ」を総称として使用すべきであるという動きが拡がりつつある。しかし一方では、「ジプシー」という呼称が必ずしも差別的な表現のみを含むものではないという意見も当のジプシー擁護団体から主張されているのも事実である。スペインにおいてはスペイン語「ヒターノス」が、英語におけるジプシーに当たるが、スペインのジプシー擁護団体『ウニオン・ロマニ Unión Romaní』は、「ロマ＝ヒターノス」と定義している。この団体は、ジプシーによって運営され、ヨーロッパ議員であるジプシー、ラミレス・エレディアによって率いられている。確かに、「ヒターノス」という呼称は、非ジプシー側からつけられた用語であるが、スペインにおいては行政機関をはじめ、「ヒターノス」が自称、他称として用いられており、必ずしも否定的な意味が含まれているわけではない。スペインにおいて「ロマ」は、ヨーロッパ全体における「ジプシー」を総称する際に用いられている。しかし「ロマ」という呼称もすべてを包括する呼称でないこともまた指摘されている。

以上のような理由から、スペインを題材とする本章では、ジプシーという呼称を用いて論考を進める。参考、久野聖子「どの社会へ統合するのか――スペイン・マドリッドにおけるジプシー統合政策に関する一考察――」『スペイン史研究一七号』二〇〇三年、二九～三一頁。

4　水田宗子「セクシュアリティの社会学」『岩波講座現代社会学一〇』岩波書店、一九九六年、四三頁。

5　マリオ・プラーツ『肉体と死の悪魔』倉智恒夫ほか訳、国書刊行会、一九九一年、二五一～二五八頁。

6　アレクサンドル・パラン＝デュシャトル『一九世紀パリの売春』小杉隆芳訳、法政出版局、一九九二年。

7　水本弘文「メリメのカルメン『書簡』との関連で」『北九州大学文学部紀要（B）八』一九七六年三月。

8 MaClary, Susan, *Georges Bizet Carmen,* Cambridge, Cambridge University Press, 1992, pp.15-43. 尚、訳は筆者による。以下、訳者の記載のないものについては同様。

9 エドワード・W・サイード『オリエンタリズム　上』倉沢紀子訳、平凡社、一九九三年、三八一～三八二頁。

10 近藤仁之『スペインのジプシー』人文書院、一九九五年、六二頁。

11 前掲『オリエンタリズム　上』一二四頁。

12 Radcliff, Pamela, "Elite women workers and collective action : The cigarette makers of Gijón, 1980-1930", *Journal of Social History*, 1993, fall, p.90.

13 *Ibid.* p.86. 同様の指摘はマドリードのたばこ労働者を扱った Ortega López, Margarita (dirección), *Las mujeres de Madrid como agente de cambio social,* Madrid, Universidad Autónoma de Madrid, 1995, pp.162-163. またセビーリャのたばこ工場について述べている Ortiz de Lazagorta, J. L, *Las cigarreras de Sevilla,Sevilla,* J. Rodiriguez Castillejo., 1988. にも見られる。

14 *Ibid.*, p.86.

15 *Ibid.*, p.86.

16 Ortega López, Margarita (dirección), *Las mujeres de Madrid com agente de cambio social, op, cit.*, p.163.

17 Reina Palazín, Antonio, *La pintura costumbrista en Sevilla—1830/1870*, Sevilla, Servicio de Publicaciones de la Universidad,1979,pp.74-75.

18 アンデルセン「スペイン紀行」『アンデルセン小説・紀行文学全集一〇』鈴木徹郎訳、東京書籍、一九八八年、二四三頁。

19 Ortiz de Lanzagorta, J.L., *Las cigarreras de Sevilla,* Sevilla, *op.cit.,* p.117.

20 Pardo Bazán,Emilia,"La tribuna", *Obras Completas Tomo I,* Madrid, Aguilar, 1964, p.119.

21 *Literatura y vida cotidiana [siglos XVI-XXI]*, Organizadores por el seminario de Estudios de la Mujer de la Autónoma de Madrid, Madrid, Seminario de Estudios de la Mujer, 1984, p.101.

22 *Ibid.,* p.103.

23 Ortiz de Lanzagorta, J.L, *op.cit.*, p.102.

24 Exposición en el Rectodado de la Universidad, *Sevilla y el Tabaco*, Sevilla, Tabacalera, 1984, p.80.

25 Diaz-Piaja, Fernando, *La vida española en el siglo XIX*, Madrid, Prensa en espanõla, 1969, p.152.

26 ゾラ『ナナ』川口篤・古賀照一訳、新潮文庫、一九五五年、五五頁。

27 フローベール『感情教育』生島遼一訳、岩波文庫、一九九六年、五五頁。

参考文献

Fernández Rodríguez,Carmen (direcciõn), *Gitanos en Cantabria*, Santander, Diptación Regional de Cantabria, 1991.

Ford, Richard, *Manual para viajeros por Andalucía y lectores en casa*, Madrid, Turner, 1981.

Leblon, Bernard, *Los gitanos de España El precio el valor de diferencia*, Barcelona, Gedisa, 1985.

Nash, Mary, *Mujer, Familia y Trabajo en España, 1875-1936*, Barcelona, Anthropos, 1983.

江口清「メリメとモンティホ伯夫人」『学鐙』六九（一一）、一九七二年、一一月。

金柿宏典「評伝ヴィクトール・ユゴー試論Ｉ」『福岡大学人文叢書八（三）』一九七六年、一二月。

Ｒ・ジーダー、Ｍ・ミッテラウアー『ヨーロッパ家族社会史――家父長制からパートナー関係へ――』若尾祐司・若尾典子訳、名古屋大学出版会、一九九三年。

清水正和『ゾラと世紀末』国書刊行会、一九九二年。

高階秀爾『想像力と幻想　西欧十九世紀の文学・芸術』青土社、一九九四年。

田嶋陽子『もう「女」はやってられない』講談社、一九九六年、九一〜一三一頁。

長塚隆二『ジョルジュ・サンド評伝』読売新聞社、一九七七年。

平島正郎・菅野昭正・高階秀爾『徹底討議　一九世紀の文学・芸術』青土社、一九七五年。

フランス文学講座二『小説Ⅱ』大修館書店、一九八二年。

ジュール・ブロック『ジプシー』木内信敬訳、白水社、一九七七年。

ヴェルナー・ホーフマン『ナナ　マネ・女・欲望の時代』水沢勉訳、ＰＡＲＣＯ出版局、一九九一年。

水本弘文「メリメの『カルメン』――カルメンの人物像」『九州大学文学研究七二』一九七五年、九六三〜九七六頁。

ロベール・ミュシャンブレッド『近代人の誕生　フランス民衆社会と習俗の文明化』石井洋二郎訳、筑摩書房、一九九二年。

16　小説『煙草工女』における労働とジェンダー

1　『職工事情』によると民営期の明治三五年の女性の比率は六四％。専売後の明治三八年には女性の比率は七五％あり、明治四二年の八〇％を頂点に昭和五年まで七割台を推移し、昭和一九年時には六五％まで徐々に減少。『全専売労働運動史　第二巻』（全専売労働組合、一九八二年）三八四～三八五頁と、『たばこと共に七十余年』（日本専売公社東京工場、一九八二年）二五二～二五三頁参照。

2　北川信編、谷野せつ著『婦人工場監督官の記録（上）』ドメス出版、一九八五年、一三九～一五一頁。

3　イルディッシュ・エッチュビット「工場での管理・統制——トルコの女性工業労働力の構造」セア・シンクレア／ナニカ・レッドクリフト編『ジェンダーと女性労働』山本光子訳、柘植書房、一九九四年、八三～一一二頁。

4　『職工事情』農商務省商工局、一九〇三年。新紀社版、一九七六年、一八七頁。

5　藤田和美「近代日本における女性の喫煙規範の成立要因再考」『女性とたばこをめぐるディスクールとビジュアル・メッセージ』たばこ研究センター・お茶の水女子大学女性文化研究センター、一九九三年、五～二一頁。

6　佐多稲子「時と人と私のこと（1）——出立の事情とその頃」『佐多稲子全集　第一巻』講談社、一九七七年、四三一～四三三頁。

7　初出の『戦旗』の目次には『煙草工女』とあるが、本文のタイトルは『煙草工場』となっている。再収録の際にはすべて『煙草工女』で統一されている。

8　三好行雄・山本健吉・吉田精一編『日本文学史事典』角川書店、一九八七年、三〇四頁。

9　『キャラメル工場から』戦旗社、一九三〇年。『祈祷』新興出版社、一九三一年。『キャラメル工場から』新興出版社、一九四六年。『キャラメル工場から』青木書店、一九五五年。『佐多稲子作品集一』筑摩書房、一九五八年。『佐多稲子全集　第一巻』講談社、一九七七年。『日本プロレタリア文学集・二二　婦人作家集二』新日本出版社、一九八七年。

10 平野謙「作家と作品　佐多稲子」『日本文学全集四七　佐多稲子集』集英社、一九七三年、四二二～四二三頁。
11 長谷川啓「解題――〈美しい時間〉への旅立ち」『佐多稲子全集　第一巻月報一』講談社、一九七七年、六頁。
12 註（6）、四三二頁。
13 『宮本百合子全集　第一二巻』新日本出版社、一九八〇年、三五八頁。
14 「日本文学全集三九『佐多稲子集』解説」『日本文学研究資料叢書　近代女流文学』有精堂、一九八三年、二四九頁。
15 「佐多稲子」『日本文学研究資料叢書　近代女流文学』有精堂、一九八三年、二八二～二八三頁。
16 佐多稲子『研究会挿話』『女人芸術』一九三〇年三月号。（註6）、一八三～一九二頁。
17 佐多稲子『幹部女工の涙』『改造』一九三一年一月号。（註6）、二二九～二三〇頁。他。
18 佐多稲子『初めての経験から』『新潮』一九三一年二月号。（註6）、三一九～三四〇頁。
19 註（17）、四三二頁。
20 佐多稲子『進路』『中央公論』一九三三年一〇月号。（註6）、三九一～四二四頁。
21 佐多稲子『生活の権利』『働く婦人』一九三二年一月号。（註6）、三六六～三七一頁。
22 村上信彦『大正期の職業婦人』ドメス出版、一九八三年、四二～五二頁。
23 全専売労働運動史編纂委員会編『全専売労働運動史　第二巻』全専売労働組合、一九八二年、三八三頁。
24 細井和喜蔵『女工哀史』岩波書店、一九八二年（初版は一九二五年）。
25 註（23）、四六九頁。
26 鈴木裕子編『日本女性運動資料集成　第四巻』不二出版、一九九四年、九九三頁。
27 日本専売公社専売史編纂室編『たばこ専売史　第三巻』日本専売公社、一九六四年、九四七頁。
28 北岡寿逸「紡績業の深夜業禁止と操短問題」『日本婦人問題資料集成　第三巻』ドメス出版、一九七七年、三四四頁。
29 東京市役所「婦人職業戦線の展望」『日本婦人問題資料集成　第三巻』ドメス出版、一九七七年、一四一頁。
30 週刊朝日編『値段史年表　明治・大正・昭和』朝日新聞社、一九八八年、一六一頁。
31 註（23）、三八七～三八八頁。
32 註（23）、三九四頁。

33 岩見照代編『作家の自伝八　平塚らいてう　わたくしの歩いた道』日本図書センター、一九九四年、一九三頁。
34 註（23）、四八七～四八八頁。
35 一番ヶ瀬康子『日本の保育』ドメス出版、一九六九年、二四頁。
36 註（28）、四四四頁。
37 註（35）、六七頁。
38 註（26）、二九六頁、「労働婦人とその子供達――野田連合会戸辺から」。
39 註（35）、六二頁。
40 註（2）、一四〇頁、「第一表　年度別男女別労働者数（社会局）」から算出。
41 「工場の託児所を訪ねる」『佐多稲子全集　第一六巻』講談社、一九七九年、一六五頁。
42 『福岡日日新聞』一九三三年六月二一日、五面。
43 与謝野晶子「母性偏重を排す」一九一六年（『与謝野晶子評論集』岩波書店、一九八五年、一四五頁）。平塚らいてう「我が国における女工問題」一九一九年（『平塚らいてう著作集三』大月書店、一九八三年、六一～八五頁）。
44 山川菊栄「与謝野晶子氏に答う」一九一六年、「婦人と職業問題」一九一九年（いずれも鈴木裕子編『山川菊栄女性解放論集一』岩波書店、一九八四年、一七三～一七四頁、二二一頁、二二六頁）。
45 上野千鶴子『家父長制と資本制』岩波書店、一九九〇年参照。
46 舘かおる「近代日本の母性とフェミニズム――母性の権利から産育権へ」原ひろ子・舘かおる編『母性から次世代育成力へ――産み育てる社会のために』新曜社、一九九一年、三六～三七頁。
47 浦辺史『日本保育運動小史』風媒社、一九六九年、一三～一五頁。
48 『第四回世界女性会議行動綱領』一七三―（g）「働く男女のニーズを考慮した、質がよく、融通性に富み、料金の手頃な保育サービスなど、手頃な料金の支援サービスを提供すること。」総理府仮訳案版、一九九六年、五九頁。
49 厚生省児童家庭局保育課の調査による。
50 大日向雅美「『母性／父性』から『育児性』へ」註（46）の二〇五～二二九頁。
51 駒野陽子「働くことと産むことと」『ア・ブ・ナ・イ生殖革命』有斐閣、一九八六年、一二二～一二三頁。

52　全専売労働運動史編纂委員会編『全専売労働運動史　第三巻』全日本たばこ産業労働組合、一九八六年、二四一～二四三頁、九一三～九一九頁。『講座現代の婦人労働三　労働者の生活と家事・育児』労働旬報社、一九七八年、一四八～一四九頁。
53　二〇〇六年八月現在、郡山、北関東、東海の三工場に保育所が設置されている。
54　橋本宏子『女性労働と保育』ドメス出版、一九九二年、一一七頁。

17　女性作家と喫煙表現

1　木村曙（一八七二～一八九〇年）。三宅花圃「逝きし才媛の友――曙女史、若松賤子女史、一葉女史――」『家庭』第二巻第十号、一九一〇年九月一日、四一頁。
2　与謝野晶子（一八七八～一九四二年）。『新潮日本文学アルバム二四　与謝野晶子』新潮社、一九八五年、八七頁（写真）。与謝野光『晶子と寛の思い出』思文閣出版、一九九一年、一六九～一七一頁。
3　吉屋信子（一八九六～一九七三年）。『林芙美子全集第十五巻』文泉堂出版、一九七七年、口絵写真に吉屋の喫煙姿が掲載されている。
4　尾崎翠（一八九六～一九七一年）。稲垣真実「女流作家尾崎翠の終焉」『尾崎翠全集』創樹社、一九七九年、五三五頁。
5　森茉莉（一九〇三～一九八七年）。森茉莉『私の美の世界』新潮文庫、一九八四年、二六頁。森茉莉『贅沢貧乏』講談社文芸文庫、一九九二年、二七五頁。
6　林芙美子（一九〇三～一九五一年）。『吉屋信子全集一二』朝日新聞社、一九七五年、三六二頁。『新潮日本文学アルバム三四　林芙美子』新潮社、一九八六年、一頁（写真）、七六頁（写真）。
7　佐多稲子（一九〇四～一九九八年）。「ヘビースモーカー――心身の健康に目安」『朝日新聞』朝刊（日曜版）、一九七一年七月一八日、二八面。
8　円地文子（一九〇五～一九八六年）。『円地文子全集第十五巻』新潮社、一九七八年、二四五頁。『日本文学全集四七　佐多稲子集』集英社、一九七三年、四四二頁（写真）。

9　河野多恵子（一九二六年〜）。河野多恵子・富岡多恵子『嵐が丘ふたり旅』文藝春秋、一九八六年一九頁（写真）。
10　大庭みな子（一九三〇年〜）。大庭みな子・高橋たか子『対談・性としての女』講談社、一九七九年、九〇頁。
11　高橋たか子（一九三二年〜）。註（10）に同じ。
12　富岡多恵子（一九三六年〜）。『現代詩文庫一五　富岡多恵子詩集』思潮社、一九六八年、一二五頁。富岡多恵子『どこ吹く風』思潮社、一九七八年、二四七〜二五二頁。
13　森瑤子（一九四〇〜一九九四年）。森瑤子『兎のさかだち』中央公論社、一九七九年、一八六〜一八七頁。
14　干刈あがた（一九四三〜一九九三年）。森瑤子『ファミリー・レポート』新潮文庫、一九九一年、一〇三頁。
15　津島佑子（一九四七年〜）。干刈あがた『おんなコドモの風景』文藝春秋、一九八七年、九四頁。
16　山田詠美（一九五九年〜）。津島佑子『小説のなかの風景』中央公論社、一九八二年、一七〇頁。
山田詠美『私は変温動物』講談社、一九八八年、六五頁。
17　註（2）の与謝野光前掲書。
18　註（6）に同じ。
19　与那覇恵子作成の著者目録（富岡多恵子『冥途の家族』講談社文芸文庫、一九九五年）によると当時の段階で出版してきた詩集は七冊、単行本は六四冊。
20　富岡多恵子『藤の衣に麻の衾』中央公論社、一九八四年、五頁。
21　註（20）に同じ。
22　上野千鶴子・小倉千加子・富岡多恵子「『男流文学論』の書評を総点検する」『中央公論』第一〇七巻第七号、一九九二年七月、二一四〜二二九頁。
23　村松定孝・渡辺澄子編『現代女性文学辞典』東京堂出版、一九九〇年、二三〇頁。
24　富岡多恵子「二十年」『どこ吹く風』思潮社、一九七八年、二四七〜二五二頁。
25　「かるい味で御婦人にも向く」というコピーで、昭和三〇年一〇月から昭和四一年七月まで販売されていた。
26　富岡多恵子「環の世界」『波うつ土地・芻狗』講談社文芸文庫、一九八八年、三七八頁。
27　田辺聖子「永遠のテーマ〝女性賛美〟」吉屋信子『安宅家の人々』講談社大衆文学館所収、一九九五年、三八四頁。
28　吉屋信子『安宅家の人々』講談社大衆文学館、一九九五年、一〇一〜一〇二頁。

29 干刈あがた『ゆっくり東京女子マラソン』福武文庫、一九八六年、二九頁。
30 津島佑子『寵児』河出文庫、一九八〇年、五七～五八頁。
31 富岡多恵子『西鶴のかたり』岩波書店、一九八七年、一三四頁。
32 加藤典洋「壁のまえの苦笑――『波うつ土地』再訪――」富岡多恵子『波うつ土地』講談社文芸文庫、一九八八年、四〇八頁。
33 富岡多恵子『藤の衣に麻の衾』中央公論社、一九八四年、三六頁。
34 千石英世「性のニヒリズム――富岡多恵子論」『群像』第四〇巻第七号、一九八五年七月、二二四～二二五頁。
35 橋本征子「富岡多恵子『波うつ土地』にみられる浮遊性について――マルグリット・デュラスの文学との比較から」『国文学』第三七巻第一三号、一九九二年一一月、一二二頁。
36 水田宗子『ヒロインからヒーローへ　女性の自我と表現』田畑書店、一九八二年、五五頁。
37 富岡多恵子『白光』新潮社、一九八八年、八〇頁。
38 荒井とみよ「母子姦ユートピアの明日――富岡多恵子『白光』をめぐって」『新潮』第八六巻第五号、一九八九年五月、二一二頁。
39 一九五七年の山河出版社版は、自費出版本。『富岡多恵子詩集』思潮社、一九七三年、一九～一四二頁。
40 富岡多恵子『厭芸術反古草紙』思潮社、一九七〇年、同前『富岡多恵子詩集』四六九～五五五頁。
41 富岡多恵子「長い時間」『カリスマのカシの木』飯塚書店、一九五九年、同前『富岡多恵子詩集』一八四～一八五頁。
42 富岡多恵子「ちいさな二つの恋の唄」『響』一九六二年一二月、同前、『富岡多恵子詩集』、三七三頁。
43 八木忠栄「死の地平線へ　富岡多恵子の作品世界」『現代詩文庫一五　富岡多恵子詩集』思潮社、一九六八年、一二九頁。
44 富岡多恵子「女たち」『女友達』思潮社、一九六四年、註(39)、『富岡多恵子詩集』四〇三頁。
45 岩成達也「奥行きの問題」『現代詩手帖』第一九巻第六号一九七六年五月臨時増刊号、六一頁。
46 藤富保男「晴ときどき嵐」同前、一九一頁。
47 註(42)、五八四頁。

48 「詩への未練と愛想づかし」（初出『週間読書人』一九六八年四月一五日、『現代詩文庫一五　富岡多恵子詩集』一一七〜一一九頁）。「芸術という不渡手形」（初出『現代詩手帖』一九七一年二月号、『詩よ歌よ、さようなら』集英社文庫、一九八二年、六四〜七八頁）。「ウラミ・ノヴェル」（『早稲田文学』一九七三年二月号。『言葉の不幸』毎日新聞社、一九七六年、「後書」註（39）、『富岡多恵子詩集』五八二〜五八五頁。「『溝跨ぎ』回想」（『群像』第四〇巻第三号一九八五年三月、二三〇〜二三七頁）。「女と表現の岐路」（水田宗子編集『ニューフェミニズム・レビュー　女と表現　フェミニズム批評の現在』学陽書房、一九九一年、八〜一一頁）。「やわらかいものをやわらかいままで」（『富岡多恵子の発言　性という情緒』岩波書店、一九九五年、二三一〜二三四頁）、その他。

49 富岡多恵子『室生犀星』筑摩書房、一九八二年所収。

50 富岡多恵子「『溝跨ぎ』回想」『表現の風景』講談社、一九八五年、一一二頁。

51 同前、一二二頁。

52 註（48）、「やわらかいものをやわらかいままで」二三一〜二三四頁。

53 藤田和美「流行歌における女性の喫煙」『女性の喫煙と社会規範』たばこ総合研究センター・お茶の水女子大学女性文化研究センター、一九九五年、八二頁。

54 『はすかいの空』中央公論社、一九八三年、二三頁。

55 註（31）、一三二頁。

56 新井豊美『［女性詩］事情』思潮社、一九九四年、三三頁。

57 たとえば愛知県肺癌対策協会が実施している「二時間禁煙教室」の成功者は三人に一人の割合という。『日本経済新聞』二〇〇二年十二月十日夕刊、十四面参照。

58 松浦理英子「いつもそばに本が——読みつつ食べる快感　読みつつ深める禁煙」（『朝日新聞』二〇〇二年一月十三日）。

59 富岡多恵子ほか「われら嫌・嫌煙主義者」『文藝春秋』第五六巻第五号一九七八年五月、三八二〜三八八頁。

60 一九九六年現在

18　占領下における女性とたばこ

1　舘かおる「女性の喫煙とジェンダー規範」『女性の喫煙と社会規範』たばこ総合研究センター・お茶の水女子大学女性文化研究センター、一九九五年、一二七〜一六六頁。

2　街娼の定義について、渡辺洋二は「一般通行可能な場所に於いて積極的又は消極的誘客をなす娼婦又は男娼」としている（渡辺洋二『街娼の社会学的研究』鳳弘社、一九五〇年、五頁）。本稿でも、それに準じているが、ここでは男娼を除外し娼婦のみをさす。さらにパンパンという用語については、初めは異民族の軍隊という特殊集団の成員を対象として売淫行為をなす女子を概念としたのであるが、漸次その概念の範囲が拡大し日本人相手の売春婦についてもさすようになったという。また街娼は悉くパンパンと呼ばれその典型的存在であるが、凡てのパンパンが街娼であるとはいえないが「（パンパンは）ほぼ散娼の外延と一致するもの」と考えて間違いはないという（前掲渡辺、七頁）。そこで、外国人相手の娼婦と街娼の両者をパンパンとして表現した。

3　中村文「俳諧・川柳にみる喫煙表現と女性」『喫煙表現におけるジェンダー』たばこ総合研究センター・お茶の水女子大学女性文化研究センター、一九九六年、一〜二六頁。

4　渡辺洋二『街娼の社会学的研究』鳳弘社、一九五〇年、二〇頁。

5　註（4）、二一頁。

6　本稿では、以下の戦後刊行された売春女性の手記類を引用・参考にした。田中貴美子『女性の防波堤』第二書房、一九五七年。津田加寿子『男たちとの夜　赤線女給十年の手記』あまとりあ社、一九五七年。山口ナナ『女とMP』宮城書房、一九五七年。城田すず子『マリヤの賛歌』かにた出版部、一九七一年。竹中勝男・住谷悦共編『街娼——実態とその手記』有恒社、一九四九年。水野浩編『日本の貞操——外国兵に犯された女性たちの手記』蒼樹社、一九四八年。各務千代『悲しき抵抗——闇の女の手記』江戸橋書房、一九四八年。

7　吉田久一『日本の貧困』勁草書房、一九九五年、一八五、一八九頁。

8　日本たばこ産業株式会社広報部社史編纂室編『戦後の専売取締史』日本たばこ産業株式会社、一九八八年、三一頁。

9　註（8）、三四頁。

10　橋本嘉夫『百億円の売春市場』採光新社、一九五八年、八七頁。
11　芦田寿々子「捕まっても必死で闇煙草を作った日々よ」『婦人公論』第八二巻第八号、一九九七年八月、一四七〜一五三頁。
12　註（11）、一四九頁。
13　註（8）、三五頁。
14　註（8）、一五一頁。
15　大渓元千代『近代たばこ考』サンブライト、一九八一年、一五一頁。
16　註（11）、一四八頁。
17　註（4）、一五二頁。
18　日本専売公社専売史編纂室編『たばこ専売史　第三巻』日本専売公社、一九六四年、五六三頁。
19　西田稔『基地の女』河出書房、一九五三年、一三二〜一三三頁。
20　註（19）、二五頁。
21　竹中勝男・住谷悦治編『街娼——実態とその手記』有恒社、一九四九年、一九九頁。
22　小野年子「死に臨んで訴える」水野浩編『日本の貞操——外国兵に犯された女性たちの手記』蒼樹社、一九四八年、四七頁。
23　註（22）、四七頁。
24　註（10）、一四〇頁。
25　神崎清『夜の基地』河出書房、一九五三年、九五頁。
26　こうした事例は、さまざまに見られる。たとえば、註（10）など。
27　註（8）、一八一頁。
28　森田甫男「たばこ（もく）」『写真集立川基地　一九五〇—六〇　立川の中のアメリカ』豊文堂書店、一九九七年、一三一頁。
29　前掲註（28）、一三一頁。

30　前掲註（28）、二三二頁。
31　前掲註（28）、二三一頁。
32　『婦人の世紀』第九巻、東和社、一九四九年、三一頁。
33　藤目ゆき『性の歴史学』不二出版、一九九七年。小林大治郎・村瀬明『みんなは知らない』雄山閣、一九六一年。
34　「風紀についての世論調査」湯沢雍彦他監修『戦後婦人労働・生活調査資料集　第二三巻』クレス出版、一九九一年、一～五五頁。なお、この調査は、一九四八年三月一四日から三一日にかけて、全国都市に居住する満二〇歳以上六〇歳未満の日本人男女三〇〇〇名を対象に質問書による面接聴取によって実施された。対象者の抽出方法は、層化多段無作為抽出法を採っている。
35　註（22）、二三頁。
36　清水幾太郎他編『基地の子』光文社、一九五三年、四九頁。
37　註（36）、二〇二頁。
38　註（36）、一七三頁。
39　註（36）、二〇五頁。
40　註（19）、一七四頁。
41　註（19）、一七四頁。
42　城田すず子『マリヤの賛歌』かにた出版部、一九七一年、二九頁。
43　註（42）、二九頁。
44　註（42）、二九頁。
45　註（42）、二九頁。
46　註（42）、五〇頁。
47　註（42）、五〇頁。
48　註（42）、八七頁。
49　註（42）、八七頁。

50 註(42)、九四頁。
51 註(42)、八六頁。
52 註(42)、一四二頁。
53 各務千代『悲しき抵抗――闇の女の手記』江戸橋書房、一九四八年、四〇頁。
54 註(53)、四〇頁。
55 註(53)、四〇頁。
56 註(21)、二五二頁。
57 註(21)、二五二頁。
58 註(21)、二五二頁。
59 註(21)、一九九頁。
60 註(21)、一九九～二〇〇頁。
61 註(21)、一九九頁。
62 森光子『光明に芽ぐむ日』一九二五年、谷川健一編『近代民衆の記録三 娼婦』新人物往来社、一九五一年所収、二五一頁。
63 註(53)、一六二頁。
64 津田加寿子『男たちとの夜 赤線女給十年の手記』あまとりあ社、一九五七年、七二頁。
65 註(64)、七二頁。
66 註(42)、八六頁。
67 註(22)、二三頁。

19 現代の喫煙倫理とジェンダー

本稿は、TASCが研究資料として製作した「論調分析カード」の一部を用いて分析を行なったものであり、同資料は、朝日、毎日、読売、日本経済、産経、北海道、中日、沖縄タイムス、デイリースポーツ、赤旗、等々、中央紙、地方紙、スポーツ紙、政党機関紙ほか主要新聞が収録対象となっている。投書内容等の一部を引用、紹介したものについては、掲載紙名等を本文中に示している。

20 喫煙・禁煙・嫌煙とジェンダー規範

1 *Smokeless tobacco control, Report of a WHO Study Group,* Geneva, WHO, 1988 (WHO Technical Report Series, No.773). J.H.Samet & Soon-Young Yoon ed. *Women and the Tobacco Epidemic,* WHO, 2001.（この章におけるＷＨＯの文献は原文表記に従った）。

2 Traquet, Claire Chollat, Women and Tobacco, WHO (World Health Organization), 1992.（クレール・ショラー・トラケー『女性とたばこ』島津忠男ほか訳、財団法人日本結核予防会、一九九三年）

3 富山太佳夫『空から女が降ってくる――スポーツ文化の誕生』岩波書店、一九九三年、同「女、脚をあらわす」『へるめす』五三号、一九九五年一月参照。

4 註（2）、トラケー『女性とたばこ』九頁。

5 WHO Cross-National Study on Children's Health Behaviour.

6 Haglund, M., *Prevalence of smoking among teenage girls and women in Europe,* Paper presented to 2nd World No-Tobacco Day Conference, Copenhagen, WHO Regional Office for Europe, 1989. Pierce, J.P. et al., "Trends in cigarette smoking in the United States—educational differences are increasing", *Jornal of the American Medical Association,* 1989, 261 : 55-60.

7 Pierce, J. M. et al., Uptake and quitting smoking trends in Australia 1974-1984, *Preventive medicine,* 1987, 16 : 252-260. Greaves, L., *Background paper on women and tobacco,* Ottawa, Department of Health and Welfare, 1987. Action on Smoking and Health, *Women and smoking-a handbook for action,* London, Health Education Council, 1986. *Taking control, an action handbook on women and tobacco,* Ottawa, Canadian Council on Smoking and Health, 1989.

8 Bartal, M. et al., "Le tabagisme au Maroc, ébauche de lutte antitabac［An outline of Morocco's fight against tobacco use］", *Hygie*

1988, 7 : 30-32.

9 Elegbeleye OO, Femi-Pearse D., "Incidence and variables contributing to onset of cigarette smoking among secondary school children and medical students in Lagos, Nigeria", *British journal of preventive and social medicine*, 1976, 30 : 66-70.

10 トラケー『女性とたばこ』八九頁。

11 Graham, H., "The Changing patterns of women's smoking," *Health visitor*, 1989, 62 : 22-24.（前掲トラケー、九二頁）

12 トラケー『女性とたばこ』一〇一頁。

13 トラケー『女性とたばこ』一一九頁。

14 トラケー『女性とたばこ』一三三頁。

15 舘かおる「女性の参政権運動とジェンダー」原ひろ子他編『ジェンダー』新世社、一九九四、一二四～一四〇頁。

参考文献（WHOが一九九〇年前後に参照した文献を中心に掲載）

Aghi, M., Gupta, P.C., Mehta, F. S., "Impact of intervention on the reverse smoking habit of rural Indian women", In : Aoki, M. et al. ed., *Smoking and health, Proceedings of the 6th World Conference on Smoking and Health , Tokyo, 9-12 November 1987*, Amsterdam, Excerpta Medica, 1988, p.255.

Aghi, M. B., "Tobacco and the Indian women", In : *Proceedings of the 5th world Conference on Smoking and Health, Winnipeg, 10-15 July 1983*, Ottawa, Canadian Council on Smoking and Health, 1983, p.255.

Amos, A., Bostock, B., *Putting women in the picture : cigarette advertising policy and coverage of smoking and health in women's magazines in Europe*, London, British Medical Association, 1991.

Amos, A., Jacobson, B., White, P., "Cigarette advertising policy and coverage of smoking and health in British women's magazines", *Lancet*, 1991, 337 : 93-96.

Baron, J. A., Greenberg, E. R., "Cigarette smoking and estrogen-related disease in women", In : Rosenberg, M. J. ed., *Smoking and reproductive health*, Littleton, Massachussetts, PSG Publishing, 1987, pp.150-156.

Charlton, A., Blair, V., "Predicting the onest of smoking in boys and girls", *Social science and medicine*, 1989, 29 : 813-818.

Caching our breath, A journal about change for women who smoke, Winnipeg, Manitoba, Women's health clinic, 1990.

Delancey, S. F., *Women smokers can Quit : a different approach*, Evanston, IL, Women's Healthcare Press, 1989.

Ernest, V. L., Mixed messages for women : a social history of cigarette smoking and advertising, *New York state journal of medicine*, 1985, 316 : 725-732.

Facts and reflections on girls and substance use , New York, Girls Inc., 1989.

Fass, P., *The Damned and the Beautiful : American Youth in the 1920s*, New York, Oxford University Press, 1977.

Graham, H.,"Women and smoking in the UK : the implications for health promotion", *Health promotion*, 1989, 3 : 371-382.

Greaves, L., *The prevention and cessation of tobacco use : how are women a special case?*, Paper presented at the 7th world Conference on Tobacco and Health, Perth, 1-5 April, 1990.

Grunberg, N. E., Winders, S. E., Wewers, M. E., "Gender differences in tobacco use", *Health Psychology,* 1991, 10 : 143-153.

Haglund, M., "Development trends in smoking among women in Sweden an analysis", In : Aoki, M. et al., ed., *Smoking and health, Proceedings of the 6th World Conference on Smoking and Health, Tokyo, 9-12 November 1987*, Amsterdam, Excerpta Medica, 1988, pp.525-529.

Haines, J.," Women : targets of a tobacco industry pressure", *Canadian nurse*, 1988, 84 : 15-17.

The health consequences of smoking for women, A report of the Surgeon-General, Rockville, MD, US Department of Health and Human Services, Public Health Srevices, Office on Smoking and Health, 1980.

Hogue, C. J. R., Berman, S, M.," Smoking and the women's movement," In : Rosenberg, M. J. ed., *Smoking and reproductive health*, Littleton, Massachussetts, PSG Publishing, 1987, pp.23-25.

Humble, C. et al., "Passive smoking and 20-year cardiovascular disease mortality among non-smoking wives, Evans county, Georgia", *American journal of public health*, 1990, 80 : 559-601.

Jacobson, B., *Beating the Ladykillers : Women and Smoking*, London, Gollancz, 1988.

Jacobson, B.,*The Ladykiller—Why Smoking is a feminist Issue*, London, Pluto Press, 1981.

Loewen, G. M., Romano, C. F., "Lung cancer in women", *Journal of psychoactive drugs*, 1989, 21 : 319-321.

Mackay, J., *Smoking and women, Technical discussion*, Asian Consultansy on Tobacco Control, WHO Regional Office for the Western Pacific, Manila, 1989.

McLellan, D. L., *Toward an international network of women against tobacco,* Paper presented at "Women, tobacco, and health" workshop, 7th World Conference on Tobacco Health, Perth, 30 March 1990.

Noppa, H., Bengtsson, C., *Obesity in relation to smoking : a population study of women in Goteborg*, Sweden, Preventive medicine, 1980, 9 : 534-543.

Not far enough : women vs smoking, A workshop for women's group and women's health leaders, Rockville, MD., US Department of Health and Human Services, Public Health Service, Office on Smoking and Health,1987.

Piepe, T. et al., Girls smoking and self-esteem the adolescent context, *Health education journal*, 1988, 47 : 83-85.

Piper, J. M., Matanoski, G. M., Tonascia, J., "Bladder cancer in young women", *American journal of epidemiology*, 1986, 123 : 1033 -1042.

Pirie, P, L. et al., "Gender differences in cigarette smoking and quitting in a cohort of young adults", *American journal of public health*, 1991, 81 : 324-327.

Riboli, E. et al., "Exposure of nonsmoking women to environmental tobacco smoke : a 10-country collaborative study", *Cancer causes and control*, 1990,1 : 243-252.

Rigatto, M. et al., "Smoking control policies and female smoking habits in less developed countries", In : Rosenberg, M. J. ed., *Smoking and reproductive health*, Littlehorn, Massachussetts, PSG Publishing, 1987, p.207.

Rosenberg, L. et al., "Decline in the risk of myocardial infarction among women who stop smoking", *New England journal of medicine*, 1990, 322 : 213-217.

Rosero-Bixby, L., Oberle, M. W., "Tobacco use in Costa Rican women", *Ciencias sociales*, 1987, 35 : 95-102.

Smith, E. M., Sowers, M. F, Burns, T. L, "Effects of smoking on the developement of female reproductive cancers", *Journal of the National Cancer Institute*, 1984, 73 : 371-376.

Steinem, G.,"Sex, lies and advertising", *Ms.magazine*, 1990, July/August.

Waldron, I. et al., “Gender differences in tobacco use in Africa, Asia, the Pacific and Latin America”, *Social Science and Medicine,* 1988, 27 : 1269-75.

Waldron, I., “Patterns and causes of gender differences in smoking”, *Social science and medicine*, 1991, 32 : 989-1005.

図版一覧

はじめに

図　「ミスの座　煙と消える」カット（一九九一年四月一一日『朝日新聞』）

1　近代日本における女性の喫煙規範の成立

図1　たばこの作法（「教訓女禮式」『婦人雑誌』第七九号、一八九四年八月、口絵）
図2　生け花の中のたばこ盆（『風俗画報』第四七号、一八九二年一一月、八頁）
図3　教育熱心な母親と煙草盆（『婦人教育雑誌』第四六号、一八九一年一一月、一九頁）
図4　上流階級婦人の喫煙図（明治三〇年頃の口付紙巻煙草ポスター）（たばこと塩の博物館編集『ポスター1』財団法人たばこ産業弘済会、一九八七年、二二頁。以下、『ポスター1』とする）
図5　堂々たる婦人の喫煙（明治三四年頃の紙巻煙草ポスター）（『ポスター1』二六頁）
図6　近藤嘉三「八月茶席」（「室内装飾」『日本婦人』九号、一九〇〇年七月、三六頁）

図7　明治三二年『日本婦人』創刊号に掲載された岩谷商会の広告（『日本婦人』第一号、一八九九年一二月）

2　女性の喫煙についてのディスクールとジェンダー規範

図1　八〇歳の誕生日（一九六六年二月一〇日）の平塚らいてう（『続・元始、女性は太陽であった』大月書店、一九七二年、口絵）
図2　一九三二（昭和七）年製作の婦人向けたばこ「麗」のポスター（『ポスター1』四七頁）
図3　モダンという時代の女性（雑誌『女性』一九二三年一〇月一日、プラントン社発行。雑誌『女性』第九巻、日本図書センター、一九九一年）
図4　シックな装いのマダムのたばこ（『婦人文芸』一九三五年四月号）
図5　媚態をふりまくモダン令嬢のたばこ（『週刊朝日』一九三三年一月一日号）

3　江戸時代の女性の喫煙の諸相

図1　柴の上で喫煙する女（文化八年）（「春宵一服煙草二抄」たばこと塩の博物館編『版本』たばこ産業弘済会、一九九〇年、一五〇頁。以下、『版本』とする）
図2　店番する女の喫煙（明和六年）（「売飴土平伝」『版本』一六四頁）
図3　下女の喫煙（「女式目　下々おおくめしつかい給うてい」『江戸時代女性生活絵図大事典』第一巻、大空社、一九九三―一九九四年、七頁。以下、『江戸時代女性生活絵図大事典』とする）
図4　おいらんの喫煙（天明六年）（「北廓故実内所図絵」『版本』一四七頁）
図5　遊女と若侍の喫煙（「浮世絵本煖女鳥」不明『版本』三〇五頁）
図6　三つ布団の中での喫煙（文政三年）（「落噺生鯖船」『版本』一五八頁）
図7　接待の煙草（「をんな仁義物語」万治頃か『版本』四一頁）

図8　下女同士の喫煙（「女式目　上ろう文かき給ふてい」『江戸時代女性生活絵図大事典』第一巻、三八頁）
図9　農婦の喫煙（宝暦四年）（「女教補談嚢」『江戸時代女性生活絵図大事典』第三巻、二一四頁）
図10　夫婦けんか（天保七年）（「秀玉百人一首小倉栞」『江戸時代女性生活絵図大事典』第三巻、三〇頁）
図11　手習い師匠の喫煙（文政二年）（「女寿篷莢台」『江戸時代女性生活絵図大事典』第四巻、五〇頁）
図12　裁縫師匠の喫煙（文政二年）（「女寿篷莢台」『江戸時代女性生活絵図大事典』第四巻、一九頁）
図13　小言をいう姑の喫煙（慶応二年）（「女有職孝文庫」『江戸時代女性生活絵図大事典』第二巻、一一四頁）
図14　姑と煙管（慶応年間）（「女大学出世文庫」『江戸時代女性生活絵図大事典』第二巻、一九五頁）
図15　姑の喫煙と嫁（明和三年）（「女教訓鑛嚢」『江戸時代女性生活絵図大事典』第三巻、一五頁）
図16　後家の喫煙（文化五年）（「女撰要和国織」『江戸時代女性生活絵図大事典』第三巻、八三頁）
図17　妾の喫煙（文化五年）（「女撰要和国織」『江戸時代女性生活絵図大事典』第三巻、八四頁）
図18　後家と倅（慶応二年）（「女有職孛文庫」『江戸時代女性生活絵図大事典』第二巻、九八頁）
図19　女一人の喫煙（明和七年）（「絵本青楼美人合」『版本』一五頁）
図20　女一人の喫煙（享保一五年）（「狂歌奇妙集」『江戸時代女性生活絵図大事典』第二巻、二一八頁）
図21　立膝で喫煙する御女中（天明七年）（「女九九の声」『江戸時代女性生活絵図大事典』第三巻、九八頁）
図22　立膝でくつろぐ喫煙（天明七年）（「女九九の声」『江戸時代女性生活絵図大事典』第三巻、九八頁）
図23　女のみもち（宝暦六年）（「雛鶴百人一首花文遷」『江戸時代女性生活絵図大事典』第二巻、七六頁）
図24　女主人と使用人（天明七年）（「女九九の声」『江戸時代女性生活絵図大事典』第三巻、三九頁）
図25　女たちの喫煙（寛政三年）（「絵本四季花」『版本』二二頁）
図26　縁先での喫煙（延享四年）（「世継草」『版本』二八六頁）
図27　家族の女どうしの喫煙（延享元年）（「女文台綾織」『江戸時代女性生活絵図大事典』第二巻、二二四頁）
図28　夕涼み（享和元年）（「女忠教操文庫」『江戸時代女性生活絵図大事典』第三巻、一一七頁）
図29　観氷（享和元年）（「女忠教操文庫」『江戸時代女性生活絵図大事典』第五巻、三〇頁）
図30　遊びと喫煙（天明五年）（「女教文海智恵袋」『江戸時代女性生活絵図大事典』第三巻、一一七頁）

図31　老夫婦の喫煙（天保六年）（「女四書芸文図絵」『江戸時代女性生活絵図大事典』第三巻、一四六頁）
図32　農人と種蒔（『人倫訓蒙図彙』『東洋文庫519』平凡社、一九九二年。以下、『東洋文庫519』とする）
図33　喫煙する早乙女（『人倫訓蒙図彙』『東洋文庫519』）
図34　船頭（『人倫訓蒙図彙』『東洋文庫519』）
図35　炭焼（『人倫訓蒙図彙』『東洋文庫519』）
図36　馬上の客（『人倫訓蒙図彙』『東洋文庫519』）
図37　武家使者の駕篭舁（『人倫訓蒙図彙』『東洋文庫519』）
図38　張子師（『人倫訓蒙図彙』『東洋文庫519』）
図39　焼餅師（『人倫訓蒙図彙』『東洋文庫519』）
図40　唐物屋（『人倫訓蒙図彙』『東洋文庫519』）
図41　奉公人の女どもの喫煙（『百人女郎品定』享保一七年『版本』二二七頁）
図42　取りあげばゞ（産婆）と煙草盆（『百人女郎品定』享保一七年『版本』二二八頁）
図43　あづさ神子と煙草盆（『百人女郎品定』享保一七年『版本』二二八頁）
図44　格子女郎の喫煙（『人倫訓蒙図彙』『東洋文庫519』）
図45　惣嫁・夜鷹の喫煙（『百人女郎品定』享保一七年『版本』二二九頁）

4　「天狗煙草」ポスターに見る女性の裸体表象

図1　黒田清輝「朝妝」一八九三年（『結成一〇〇年記念　白馬会―明治洋画の新風』展図録、石橋財団ブリヂストン美術館、一九九六年、一二頁）
図2　ルーベンス「鏡の前のウェヌス」一六一四年頃（Collection Prince of Lie-chtenstein）
図3　ベラスケス「ウェヌスの化粧」一六五〇年頃（The National Gallery）

5　日清・日露戦争期におけるシガレットのジェンダー化

図1　日清戦争終結期の岩谷商会の新聞広告（『時事新報』明治二八＝一八九五年四月一一日七面・『読売新聞』一八九五年二月一八日六面）
図2　北清出兵時の岩谷商会の新聞広告（『読売新聞』明治三三＝一九〇〇年八月二三日）
図3　千葉商店の「オールマイト」新聞広告（『時事新報』明治二八＝一八九五年四月七日一〇面）
図4　村井兄弟商会「リーダー」のポスター（明治三七＝一九〇四年）（『ポスター1』三二頁）
図5　岩谷商会「まごころ」パッケージ（『民営時代　たばこの意匠』社団法人専売事業協会、一九七四年、四一頁）

6　昭和三〇年代のたばこ広告ポスターにおける女性像と新たな規範

（ポスターのタイトルは同一のものが多く特定しずらいため、筆者作成のキャプションを〈　〉に付した）

図1　「御贈答にタバコ」（一九三五年）（『ポスター1』五三頁）
図2　「御進物にたばこ」（一九五三年）（『ポスター1』六四頁）
図3　「紫煙に憩う近代美をあなたのものに」（一九五三年）（『ポスター1』一一二頁）
図4　映画「夜の女たち」ポスター（一九四八年）（松竹株式会社、一九四八年）
図5　「タバコは喫い方です」（一九五七年）（『ポスター1』一二二頁）
図6　「たばこは動くアクセサリー」〈学生風ヴァージョン〉（一九五八年）（『ポスター1』一二五頁）
図7　「たばこは動くアクセサリー」〈口元を強調したヴァージョン〉（一九五八年）（『ポスター1』一二五頁）
図8　「たばこは動くアクセサリー」〈和服ヴァージョン〉（一九五八年）（『ポスター1』一二四頁）
図9　「男性の条件」（一九六〇年）（『ポスター1』一三五頁）
図10　「仕事・いこい・仕事」（一九五九年）（『ポスター1』八〇頁）
図11　「よしあれだ！　今日も元気だタバコがうまい」（一九五九年）（『ポスター1』八〇頁）

図12「生活のなかのたばこ」（一九六〇年）（『ポスター1』一三四頁）
図13「たばこが いちばん うまいとき」（一九六一年）（『ポスター1』一三八頁）
図14「Midori 爽やかな香り」（一九五八年）（『ポスター1』一二六頁）
図15「Midori」〈つり橋ヴァージョン〉（一九五八年）（『ポスター1』一二六頁）
図16「Midori」〈湖ヴァージョン〉（一九五九年）（『ポスター1』一三〇頁）
図17「ソフトな味スリーエー」（一九六〇年）（『ポスター1』一三三頁）
図18「Midori―思考の扉をたたく」（一九五八年）（『ポスター1』一二八頁）
図19「ひといきするときにはよくたばこをふかす。」（一九六四年頃）（『ポスター1』一四八頁）

7 テレビコマーシャルに見るジェンダー

図1「セブンスター・カスタムライト」①（テレビコマーシャルについては一九九四年八月から一一月までに放映されたもの。以下、同様）
図2「ラーク」
図3「セブンスター・カスタムライト」②
図4「ヴァージニアスリム・メンソール」①
図5「ラッキーストライク・ライト」①
図6「ラッキーストライク・ライト」②
図7 オートバイ専門誌の中の女性（「Easyriders」261, March 1995.）
図8「政治の終焉」（一九六九年）（グレッチェン・エドグレン編『Playboy 40years ピクトリアルコレクション』常盤新平訳、同朋舎出版、一九九四年、一五三頁。以下、『Playboy 40years ピクトリアルコレクション』とする）
図9「プレイボーイ」一九九〇年一月号（『Playboy 40years ピクトリアルコレクション』三二八頁）
図10「ラッキーストライク・ライト」③

図11　「ラッキーストライク・ライト」④
図12　「ヴァージニアスリム・メンソール」②
図13　「ヴァージニアスリム・メンソール」③
図14　「ヴァージニアスリム・メンソール」④

8　たばこ広告に見る女性イメージ

図1　「たばこは動くアクセサリー」〈学生風ヴァージョン〉（一九五八年）（『ポスター1』一一五頁）
図2　「ヴァージニアスリム」①（一九六九年）（「LIFE」一九六九年七月一八日号）
図3　「ヴァージニアスリム」②（一九七一年）（「LIFE」一九七一年七月二日号）
図4　「クール」（一九六七年）（「LIFE」一九六七年三月一〇日号）
図5　「ラッキーストライク」（一九六一年）（「LIFE」一九六一年一月六日号）
図6　「オアシス」（一九六一年）（「LIFE」一九六一年三月三日号）
図7　「紫煙に憩う近代美をあなたのものに」（一九五三年）（『ポスター1』一一二頁）
図8　「味気ない男には、似合わない。」（一九七七年）（日本専売公社、一九七七年。たばこと塩の博物館）
図9　「タバコが似合う人だった。フーッ」（一九八七年）（日本たばこ産業株式会社、一九八七年。たばこと塩の博物館）
図10　「私のMR.SLIM」（一九七〇年代）（日本専売公社、マイクロフィルム№００５３３。たばこと塩の博物館）
図11　「御進物にたばこ」（一九五三年）（『ポスター1』六四頁）
図12　「プレイボーイ」一九九〇年一月号（『Playboy 40years　ピクトリアルコレクション』三二八頁）

9　男性の喫煙とジェンダー表象

図1　「岩井喜代太郎の金神長五郎」（大判錦絵・享和頃）〈歌川豊国〉（たばこと塩の博物館編『浮世絵』財団法人専売弘済

会、一九八四年、四〇頁。以下、『浮世絵』とする）
図2　「色子（大名と若衆）」（享保～安永頃）〈宮川一笑〉（『浮世絵』一七頁）
図3　「国分煙草七種の評並に賛」（天保三＝一八三二年）〈春木南溟〉（『浮世絵』二二頁）
図4　「陸海軍人高名鑑　第二軍司令官陸軍大将　大山巌君」（大判錦絵、明治二八＝一八九五年五月）〈小林清親〉（『浮世絵』五四頁）
図5　「忠勇」（明治三三＝一九〇〇年頃）（『ポスター1』二三頁）
図6　「保万礼」（二〇本）（大正二～昭和一五＝一九一三～一九四〇年）と「譽」（二〇本）（昭和一五～一八＝一九四〇～一九四三年）（たばこと塩の博物館編『日本のたばこデザイン』財団法人たばこ産業弘済会、一九八五年、二九頁）
図7　「G・G・C」（大正一三＝一九二四年）（『ポスター1』四二頁）
図8　「サロン」（昭和二＝一九二七年）（『ポスター1』四三頁）
図9　「響」（昭和七＝一九三二年）〈野村昇（D）〉（『ポスター1』四六頁）
図10　「國に國防　社交にタバコ」（昭和一二＝一九三七年）（『ポスター1』五六頁）
図11　火野葦平『麦と兵隊』表紙（『改造』改造社、一九三八年八月号）
図12　「今日も元気だ　たばこがうまい！」（いこい）（昭和三三＝一九五七年）〈田中冨吉（L）〉（『ポスター1』七二頁）
図13　「生活のなかのたばこ」（昭和三三＝一九五八年）〈東洋広報株式会社制作〉（『ポスター1』七五頁）
図14　「よし、あれだ！」（ピース）（昭和三四＝一九五九年）〈東洋広報株式会社制作〉（『ポスター1』八〇頁）
図15　「ソフトな味　スリーエー」（昭和三六＝一九六一年）（『ポスター1』八三頁）
図16　「攻める。」（キャビン）（昭和六〇～六三＝一九八五～八八年）（「ポスターマイクロフィルム」No.九七、たばこと塩の博物館）
図17　「男。二八歳。」（BESIDE）（平成二＝一九九〇年）（「ポスターマイクロフィルム」No.一三二七、たばこと塩の博物館）
図18　「MEN SOUL」（バリアント）（平成一一＝一九九九年）〈雑誌広告〉
図19　「たばこは、大人の嗜好品（JT）」（バリアント）（平成一一＝一九九九年）〈雑誌広告〉

10　流行歌における女性の喫煙

図1　カルメンの扮装をしている松井須磨子（一九一九年一月頃、早稲田大学演劇博物館蔵）
図2　『カルメン』のプログラム（一九一九年一月、早稲田大学演劇博物館蔵）
図3　「ルンペン節」チラシ（福田俊二編著『写真でみる昭和の歌謡史［Ⅰ］戦前・戦中編』柘植書房、一九九一年、四九頁。以下、『写真でみる昭和の歌謡史』とする）
図4　「港シャンソン」歌詞カード（『写真でみる昭和の歌謡史［Ⅰ］戦前・戦中編』一五七頁）
図5　「裏町人生」歌詞カード（『写真でみる昭和歌謡史［Ⅰ］戦前・戦中編』一一三頁）
図6　「星の流れに」楽譜表紙（『写真でみる昭和の歌謡史［Ⅱ］戦後編』一九九二年、四〇頁）
図7　小坂恭子「想い出まくら」レコードジャケット。
図8　「バットが一錢」月報の中の広告（『写真でみる昭和の歌謡史［Ⅰ］戦前・戦中編』一二〇頁）
図9　曽根史郎「若いお巡りさん」歌詞カード（『写真でみる昭和の歌謡史［Ⅱ］戦後編』一六五頁）

11　昭和初期日本映画における喫煙表現と社会的アイデンティティ形式

図1　山田五十鈴が演じるヒロインアヤ子（『浪花悲歌』ポスター、松竹株式会社、一九三六年）
図2　喫煙女性への視覚的修辞（『淑女は何を忘れたか』ポスター、松竹株式会社、一九三七年）
図3　時子を演ずる田中絹代（『非常線の女』監督／小津安二郎、一九三三年。写真提供・松竹株式会社）
図4　主人公謙二を演ずる高田稔（『朗らかに歩め』一九三〇年。写真協力・財団法人川喜多記念映画文化財団）
図5　八重子を演ずる逢初夢子（右）と京子を演ずる岡田嘉子（中）、隣の兄を演ずる大日方伝（左）（『隣の八重ちゃん』監督／島津保次郎、一九三四年。写真提供・松竹株式会社）
図6　節子を演ずる桑野通子（左）（『淑女は何を忘れたか』一九三七年。写真協力・財団法人川喜多記念映画文化財団）
図7　品子を演ずる高杉早苗（右）、紀久枝を演ずる三宅邦子（左）（『家庭日記』監督／清水宏、一九三八年。写真提供・松

竹株式会社）

13 『ブランコ・イ・ネグロ』に見る女性の喫煙

図1 紙巻きたばこを吸うアメリカ女性（『ブランコ・イ・ネグロ』一九二五年二月一五日号）
図2 紙巻きたばこを口にくわえるモデル（『ブランコ・イ・ネグロ』一九二六年三月一四日号）
図3 『火付け役、シャフェール』の挿絵（『ブランコ・イ・ネグロ』一九二六年八月二二日号）
図4 女優の喫煙姿（『ブランコ・イ・ネグロ』一九二九年一〇月二〇日号）
図5 シレノ「勝利を収めたフェミニズム」（『ブランコ・イ・ネグロ』一九二七年一〇月二三日号）
図6 練り歯磨きの広告（『ブランコ・イ・ネグロ』一九二五年一月一八日号）
図7 練り歯磨きの広告（『ブランコ・イ・ネグロ』一九二五年二月一五日号）
図8 整髪料の広告（『ブランコ・イ・ネグロ』一九二七年九月一八日号）
図9 整髪料の広告（『ブランコ・イ・ネグロ』一九二七年九月一八日号）

14 「たばこ屋の娘」のセクシュアリティ

図1 宝暦七（一七五七）年刊行「絵本雪月花」に見られるたばこ屋（『版本』二六二頁）
図2 近世のたばこ屋の店先（田中富吉『日本のたばこ』たばこ総合研究センター、一九九五年、五七頁）
図3 明治二三（一八九〇）年の国俗画法に見られる「美人たばこ売り」（三谷一馬『明治物売図聚』三樹書房、一九七七年、七九頁）

15 たばこ工場労働者カルメンの表象

図1　一九世紀スペインの女性たばこ労働者（一八六五年、J.Laurent 撮影）（*Sevilla y el Tabaco*, Exposición en el Rect-trado de la Universidad, 1984.）
図2　カルメンを当たり役としたメゾソプラノ歌手セレスティーヌ・ガッツ・マリーの一八七五年三月オペラ初演時の服装。パリにおける初演でカルメンを歌った（『ビゼー　カルメン』音楽之友社、一九九三年）
図3　ドン・ホセを演じた最初の歌手ポール・レリー。一八七五年、パリ初演時の服装（『ビゼー　カルメン』音楽之友社、一九九三年）
図4　カルロス・サウラ監督による現代的『カルメン』一九八三年。フラメンコを基調にした作品でアントニオ・ガデスが好演（『ビゼー　カルメン』音楽之友社、一九九三年）

16　小説『煙草工女』における労働とジェンダー

図　専売開始（明治三七年）頃のたばこの製造風景（『全専売労働運動史』第2巻、全専売労働組合、一九八二年、口絵）

18　占領下における女性とたばこ

図1　有刺鉄線越しに差しだされるたばこ（神崎清『夜の基地』河出書房、一九五三年、九五頁）
図2　街頭で喫煙する街娼（佐藤信一編『日本社会福祉大観』全国社会福祉協議会連合会、一九五三年、一九頁）

20　喫煙・禁煙・嫌煙とジェンダー規範

図1　ジョン・テニエール作「女性の解放」（『パンチ』一八五一年六月二八日号）
図2　シャルル・ルーポ「サト（たばこ）」（一九一九年）

図3　フランツ・レンハルト（イタリア）「モディアーノ」（一九三六年頃）（『ポスターの歴史一〇〇年・変わりゆく女性像』サントリー美術館、一九九五年。サントリーミュージアム［天保山］所蔵）
図4　北澤楽天「婦人が公民権を得るまで」（『時事漫画』一九三〇年一〇月五日号）
図5　「ヴァージニアスリム」の雑誌広告（一九九二年頃）（『TOBACCO BOOK '93』平凡社、一九九三年）
図6　「カプリ」の雑誌広告（一九九三年頃）
図7　「ヴォーグ」の雑誌広告（一九九二年頃）（『TOBACCO BOOK '93』平凡社、一九九三年）
図8　フランス制作ポスター「けむたくさせないでね」（一九九〇年頃）
図9　アメリカ制作ポスター「たばこを吸うと、あなたとその周囲すべてが汚染される」（一九九〇年頃）
図10　オーストラリア制作ポスター「そんなくさい息では、せっかくの美貌が台無しになる」（一九九〇年頃）
図11　オーストラリア制作ポスター「喫煙はよい事は何もない、死をも招く」（一九九〇年代前半）
図12　台湾制作ポスター「ひどいことをしていると思いませんか」（一九九〇年代前半）

女性とたばこの文化誌年表・一八六九～二〇一〇年

＊年号は以下の通りに略記している。明治は明、大正は大、昭和は昭、平成は平。
＊年齢による男女別の喫煙率（一九六五、七五、八五、九五、二〇〇五、一〇年度）は、日本専売公社、日本たばこ産業株式会社の調査に拠る。

年（年号）	一般事項・たばこ関連	女性史・「女性とたばこ」関連
一八六九年（明二）	東京遷都。版籍奉還。東京・麹町の土田安五郎が口付紙巻たばこを試製したといわれる（明治五年に試製という説もある）	
一八七二年（明五）		流行歌「しょんがいな」。学制発布、男女平等の義務教育制
一八七三年（明六）	地租改正・徴兵制実施。ウイーン万国博覧会に刻み機を出展。同博覧会で紙巻たばこ巻上機を購入。竹内毅、石川治平ら、紙巻たばこの工場設立（石川治平・明治一三年廃業、竹内毅・同一七年廃業）	
一八七五年（明八）		メリメの小説カルメンを基にビゼーがオペラ「カルメン」上演（紙巻たばこ製造工場の女工）

一八七六年（明九）	煙草税則施行により、政府、初めてたばこに税金を課す（営業税・印紙税）	
一八七七年（明十）	鹿児島で外国種葉たばこの試作開始。第一回内国勧業博覧会にたばこも出展。西南戦争	
一八七九年（明一二）		教育令公布、男女別学を規定
一八八〇年（明一三）		集会条例布告、女性の政治活動の制限
一八八三年（明一六）	鹿鳴館落成	岸田俊子「函入り娘、婚姻の不完全」
一八八四年（明一七）	岩谷商会、口付たばこ「天狗印」発売。商標条例施行（たばこの商標も登録）	
一八八五年（明一八）	この頃、舶来の手巻たばこが流行	明治女学校設立。『女学雑誌』創刊
一八八六年（明一九）	東京府における執務中の喫煙禁止	東京婦人矯風会発足（機関紙『東京婦人矯風会雑誌』）
一八八七年（明二〇）	アメリカ製両切紙巻たばこ「カメオ」「オールドゴールド」等を輸入発売（日本の両切たばこ不評で姿を消す）。千葉県郡役所の喫煙時間と喫煙室の設定	私立大日本婦人衛生会発足（機関紙『婦人衛生雑誌』）

一八八八年（明二一）	煙草税則改正で紙巻たばこにも課税。意匠条例施行（たばこの包装意匠も登録）	仏教系婦人雑誌『婦人教会雑誌』（『婦人雑誌』と改題）創刊
一八八九年（明二二）	大日本帝国憲法発布	
一八九一年（明二四）	京都の村井商会が、両切たばこ「サンライズ」発売	流行歌「（欣舞節）有耶無耶」
一八九二年（明二五）		『家庭雑誌』創刊
一八九三年（明二六）	出版法により猥褻な文書、図画等の出版を制限	
一八九四年（明二七）	村井商会が、アメリカ葉を輸入し「ヒーロー」発売。宮内省、岩谷商会に恩賜のたばこ製造委託。日清戦争開始（～一八九五）。この頃口付たばこの製造盛ん。小学校における生徒の喫煙を禁ずる文部大臣による訓令	たばこ会社、軍隊への寄贈品として適した商品としてたばこを宣伝
一八九五年（明二八）		黒田清輝「朝妝」出品。流行歌「名古屋甚句」、軍歌「櫻井輸送隊」、「雪の進軍」流行。樋口一葉「十三夜」
一八九六年（明二九）	村井商会、清国へ「ピーコック」、朝鮮へ「ヒーロー」を輸出。このころ両切紙巻たばこの製造盛ん	

一八九七年（明三〇）		村井兄弟商会の「星印」（口付紙巻たばこ）のポスターに喫煙する女性像が描かれる
一八九八年（明三一）	民法親族編・相続編公布。葉煙草専売法施行	帝国婦人協会発足（機関紙『日本婦人』）。村井兄弟会社の裸体画カードが出版法により取締まり
一八九九年（明三二）	村井商会、アメリカ・タバコ社と合同（日米煙草トラスト）。たばこパッケージ印刷会社東洋印刷株式会社設立 岩谷商会が中心となり、パッケージ印刷のため、凸版印刷合資会社設立	高等女学校令公布、良妻賢母主義教育確立
一九〇〇年（明三三）	未成年者喫煙禁止法公布（四月一日施行）。北清事変への出兵	村井兄弟商会上等口付き紙巻たばこ「忠勇」宣伝ポスター作成 岩谷商会「天狗煙草」裸体画ポスター作成
一九〇一年（明三四）	浅草警察署の喫煙禁止	村井兄弟商会の「ヒーロー」（紙巻たばこ）のポスターに喫煙する女性像描かれる
一九〇二年（明三五）	岩谷と村井のたばこ宣伝合戦始まる。日英同盟締結	
一九〇三年（明三六）	文部省、執務中の喫煙禁止	農商務省商工局『職工事情』
一九〇四年（明三七）	日露戦争開始（〜一九〇五）。煙草専売法施行（煙草専売局設置）。専売局製口付たばこ四種「敷島」「大和」「朝日」「山桜」、両切たばこ三種「スター」	皇后用特製たばこ「御料たばこ」製造

	「チェリー」「リリー」発売。運輸省（鉄道省）「鉄道営業法」喫煙禁止の場所及び車内で喫煙した際の罰則。京橋区役所執務中の喫煙罰則規定	
一九〇五年（明三八）	専売局製刻みたばこ六種発売。台湾にたばこ専売法施行	軍歌「戦友」
一九〇六年（明三九）	ゴールデンバット（両切）発売	
一九〇七年（明四〇）	葉巻の製造が専売局直営になる	
一九〇九年（明四二）	専売局初めて東京淀橋（現、新宿区）にたばこ製造工場を建設。樺太にたばこ専売法施行	
一九一一年（明四四）		有島武郎『或る女』（～一九）「青鞜」創刊
一九一三年（大二）	「ほまれ」（両切）軍隊専用たばことなる	
一九一四年（大三）	第一次世界大戦（～一九一八）	昭憲皇太后没
一九一五年（大四）	対華二一カ条の要求 初の記念たばこ大正天皇御大典記念「八千代」（口付）発売	

一九一六年（大五）		『婦人公論』創刊。ラッキーストライク発売
一九一七年（大六）		『主婦の友』創刊
一九一八年（大七）	米騒動。シベリア出兵	母性保護論争（〜一九一九）
一九一九年（大八）		芸術座舞台「カルメン」（主演松井須磨子・劇中歌「煙草のめのめ」）。新婦人協会結成
一九二〇年（大九）		芝専売支局赤羽工場の女工争議。たばこ製造工場に託児所設置
一九二一年（大一〇）	朝鮮たばこ専売法施行	日本基督教婦人矯風会、全国の小学校に禁煙・禁酒パンフレット配布
一九二二年（大一一）	専売創始二五周年記念たばこ「かをり」（口付）、「サロン」（両切）発売	「赤玉ポートワイン」女性半身ヌードポスター
一九二三年（大一二）	関東大震災。運輸省（鉄道省）「軌道運輸規定」市街地を運行する客車内等での喫煙禁止	
一九二四年（大一三）	紙巻たばこ、刻みたばこの製造量を上回る	谷崎潤一郎『痴人の愛』（〜一九二五）
一九二五年（大一四）	治安維持法公布。普通選挙法公布。紙巻たばこの紙巻をすべて国産に切り替える	細井和喜蔵『女工哀史』。マールボロ、ラッキーストライク、女性向けに宣伝

一九二七年（昭二）	金融恐慌。東京に地下鉄開通。「サロン」広告ポスター	
一九二八年（昭三）	御大典記念たばこ「昭和」（口付）「グローリー」（両切）発売	
一九二九年（昭四）		窪川いね子『煙草工女』
一九三〇年（昭五）	両切たばこ、口付たばこの製造量を上回る	「モダン日本」創刊。日本初、独身女性のための大塚女子アパート完成。同潤会「共同住宅居住者生活調査」雑役的職種に就いている女性の二人に一人が喫煙者
一九三一年（昭六）	満州事変。元売捌制度廃止により、たばこ販売が専売局直営となる	「須恵村の女」調査（〜一九三二）。映画「淑女と髯」、「マダムと女房」
一九三二年（昭七）	五・一五事件。「響」広告ポスター	婦人向け紙巻たばこ「麗」発売。ゴールデン・バットを喫煙する女性「バット・ガール」と呼ばれる。大日本国防婦人会創立
一九三三年（昭八）	国際連盟脱退	映画「非常線の女」、「港の日本娘」
一九三四年（昭九）	国産初のパイプたばこ「桃山」発売	女流愛煙家雑談会（北條たま子、藤原千良、森三千代、軽部清子、吉行あぐり）
一九三五年		佐藤春夫「椿巻煙草」。「ご贈答にタバコ」ポスタ

（昭和十）		ー
一九三六年（昭和一一）	二・二六事件	映画「浪花悲歌」
一九三七年（昭和一二）	日中戦争開始	流行歌「裏町人生」。映画「淑女は何を忘れたか」。流行歌「タバコやの娘」
一九三八年（昭和一三）	国家総動員法公布（五月五日施行）。国産初のメンソールたばこ「さかえ」発売	映画「家庭日記」。火野葦平『麦と兵隊』
一九四〇年（昭和一五）	横文字の使用禁止により「ゴールデンバット」は「金鵄」、「チェリー」は「桜」と改名	
一九四一年（昭和一六）	太平洋戦争開始	流行歌「煙草屋の娘」
一九四四年（昭和一九）	たばこ割当配給制実施	
一九四五年（昭和二〇）	たばこ配給量成年男子一人当り一日三本。ポツダム宣言受諾―敗戦	占領軍向け特殊慰安施設（ＲＡＡ）設置
一九四六年（昭和二一）	日本国憲法公布。ヤミたばこ横行。たばこ配給名簿に成人女性も登録	第一回衆院総選挙。初の女性参政権行使。ＧＨＱ公娼廃止を指令
一九四七年（昭和二二）	第一回国会開会。労働基準法公布。教育基本法公布	映画「こんな女に誰がした」の主題歌「星の流れに」。源氏鶏太『たばこ娘』

一九四八年（昭二三）	消防庁「消防法」たき火・喫煙の制限	映画「夜の女たち」
一九四九年（昭二四）	日本専売公社発足。たばこ配給量成年男女共一カ月六十本	住谷悦治他『街娼の記録』
一九五〇年（昭二五）	たばこ割当配給制廃止。完全自由販売。朝鮮戦争開始（〜一九五三）	
一九五一年（昭二六）		吉屋信子『安宅家の人々』
一九五二年（昭二七）	外国たばこを戦後初めて輸入	母子福祉資金の貸付等に関する法律
一九五三年（昭二八）		女性登用たばこポスター「ご進物にたばこ」、「近代美をあなたのものに」
一九五四年（昭二九）	地方公共団体に対するたばこ消費税新設	
一九五六年（昭三一）	禁煙表示のある車内における喫煙の禁止、乗務員の喫煙の制限。たばこキャッチコピーポスター「今日も元気だ、たばこがうまい」	流行歌「若いお巡りさん」。売春防止法成立
一九五七年（昭三二）	国産初のフィルター付たばこ「ホープ」発売	女性登用たばこポスター「タバコは喫い方です」 富岡多恵子『返禮』
一九五八年		女性登用たばこポスター「たばこは動くアクセサ

（昭三三）		リー」、「思考の扉をたたく」
一九五九年（昭三四）	たばこキャッチコピーポスター「よし、あれだ！今日も元気だたばこがうまい」	女性登用たばこポスター「さわやかな味みどり」
一九六〇年（昭三五）	ハイライト発売	
一九六三年（昭三八）		女性登用たばこ贈答用ポスター「贈り物にたばこ」など
一九六四年（昭三九）	厚生省、喫煙と肺がんに関する会議。厚生省児童局長通知「児童の喫煙禁止に関する啓発指導の強化について」	女性登用たばこポスター「ひといきするときにはよくたばこをふかす」
一九六五年（昭四〇）	東京三鷹市、本庁舎が喫煙室以外禁煙	専売公社の自主規制により、たばこポスターには喫煙する女性が登場しなくなる
一九六七年（昭四二）	「ハイライト」の販売数量が世界一となる。たばこのニコチン・タール含有量を公表	
一九六八年（昭四三）	第一回喫煙と健康世界会議（ニューヨーク）	「ヴァージニアスリム」の広告、雑誌「ライフ」に掲載。流行歌「盛り場ブルース」

●年齢による男女別の喫煙率（%）

	二〇歳代	三〇歳代	四〇歳代	五〇歳代	六〇歳以上	全年齢
男性	八〇・五	八四・七	八六・七	八一・四	七四・六	八二・三
女性	六・六	一三・五	一九・〇	二三・〇	二三・〇	一五・七

一九六九年（昭四四）	国産初のチャコールフィルター付たばこ「セブンスター」発売	たばこ広告の自主規制（女性を対象とした刊行物へのたばこ広告は行わない、女性に喫煙を薦めるような広告表現は避けること）
一九七一年（昭四六）		城田すず子『マリアの賛歌』
一九七二年（昭四七）	パッケージに「吸いすぎに注意」の表示を印刷	第一回ウーマン・リブ大会
一九七四年（昭四九）	「スモーキン・クリーン」キャンペーンを全国的に開始	WHO「女性の喫煙問題を取り扱う中で性差を認識すること」と報告。家庭科の男女共修をすすめる会発足
一九七五年（昭五〇）	ベトナム戦争終結	流行歌「想い出まくら」。国際女性年。第一回世界女性会議（メキシコ）

●年齢による男女別の喫煙率（%）

	二〇歳代	三〇歳代	四〇歳代	五〇歳代	六〇歳以上	全年齢
男性	八一・五	七七・〇	七六・三	七八・六	六五・八	七六・二
女性	一二・七	一三・五	一五・七	一七・九	一六・八	一五・一

一九七六年（昭五一）	国鉄新幹線こだま号に禁煙車両（一六号車）。WHO総会「広告宣伝の規制または禁止を含む勧告」決議	
一九七七年	「マイルドセブン」（フィルター付）発売〈小売定	

（昭五二）	価一五〇円〉	
一九七八年（昭五三）	国内線航空機・国鉄連絡船に禁煙席。「嫌煙権確立をめざす人々の会」（東京）。「全国禁嫌煙運動連絡協議会」（一一団体）	
一九七九年（昭五四）	刻みたばこ「ききょう」製造中止	
一九八〇年（昭五五）	厚生省公衆衛生局長通知「喫煙と健康問題に関する衛生教育について」（ＷＨＯが一九八〇年を禁煙年としたことに伴い喫煙対策の徹底を促したもの）。嫌煙権訴訟（初）。国鉄新幹線ひかり号に禁煙車両。専売納付金率の法定化（「マイルドセブン」〈小売定価一五〇円→一八〇円〉）	
一九八一年（昭五六）	「マイルドセブン」販売数量世界一となる。受動喫煙と肺がんの関係を示す疫学研究（平山雄）。輸入たばこに対する「広告宣伝及び販売促進に関する基準」	母子及び寡婦福祉法成立
一九八二年（昭五七）	国鉄特急列車の大部分に禁煙車両	流行歌「煙草」
一九八三年（昭五八）	「禁煙教育を進める会」設立。特例専売納付金の法定化（「マイルドセブン」〈小売定価一八〇円→二〇〇円〉）	富岡多恵子『波打つ土地』、干刈あがた『ウホッホ探検隊』

一九八五年（昭六〇）	日本専売公社が日本たばこ産業株式会社となる	男女雇用機会均等法成立。女性差別撤廃条約批准
一九八六年（昭六一）	文部省「小学校　喫煙防止に関する保健指導の手引」（日本学校保健会）。たばこ税増税（「マイルドセブン」〈小売定価二〇〇円→二二〇円〉）	
一九八七年（昭六二）	輸入たばこの関税無税化。第六回喫煙と健康世界会議（東京）	
一九八八年（昭六三）	運輸省、禁煙タクシー認可。第一回世界禁煙デー	
一九八九年（平成元）	総理府「喫煙問題に関する世論調査」。大蔵省告示「製造たばこに係る広告を行う際の指針」	家庭科男女共に必修
一九九〇年（平二）	大蔵省、注意表示改訂「あなたの健康を損なうおそれがありますので吸いすぎには注意しましょう。喫煙マナーをまもりましょう」。午前五時～午後九時五四分の間、たばこのテレビコマーシャル自主規制	たばこ「ビサイド」のキャッチコピー「男。」

●年齢による男女別の喫煙率（%）

	二〇歳代	三〇歳代	四〇歳代	五〇歳代	六〇歳以上	全年齢
男性	七一・八	七〇・二	六三・一	六三・三	五五・二	六四・六
女性	一六・六	一四・二	一三・二	一二・六	一二・四	一三・七

年		
一九九一年（平三）	午前五時～午後一〇時五四分の間、たばこのテレビコマーシャル自主規制	「ミス土浦コンテスト」二次審査で最高点の女性が喫煙を理由に六位に降格される。JTたばこ工場労働者数のうち、男性が女性を上回る。育児休業法成立
一九九二年（平四）	JR東日本、山手線各駅構内終日禁煙。山口県岩国市で市役所職員が市庁舎を全面禁煙にすることを求めた訴訟で、受忍限度を超えていないとして請求を棄却。地方自治体でごみの投げ捨てに罰金を科すなどの条例が作られる（和歌山市、福岡県北野町）	クレール・ショラー・トラケー『女性とたばこ』
一九九三年（平五）	JR東日本、首都圏全駅分煙。第三回アジア太平洋たばこ健康会議（大宮）	パートタイム労働法成立
一九九四年（平六）	JR西日本、全駅分煙。たばこの宣伝広告で「一mg」「軽さ」が登場	流行歌「スモーキン・ブギ　レディース」
一九九五年（平七）	日本たばこ協会「広島・販売促進活動に関する自主規準等の改訂」。テレビ・ラジオでたばこ広告自主規制実施。	第四回世界女性会議（北京）

●年齢による男女別の喫煙率（%）

	二〇歳代	三〇歳代	四〇歳代	五〇歳代	六〇歳以上	全年齢
男性	六四・七	六六・三	六二・一	五七・五	四四・七	五八・八
女性	二三・三	一九・三	一四・一	一二・六	七・九	一五・二

一九九六年（平八）	労働省「職場における分煙対策等検討会報告書」「職場における喫煙対策のためのガイドライン」。全国たばこ販売協同組合連合会、たばこ自動販売機の深夜稼動自主規制	
一九九七年（平九）	人事院「公務職場における喫煙対策に関する指針作成検討会報告書」。消費税率三％→五％（「マイルドセブン」〈小売定価二二〇円→二三〇円〉）	
一九九八年（平一〇）	テレビ・ラジオの製品広告の中止。たばこ特別税の導入。たばこ特別税の導入（「マイルドセブン」〈小売定価二三〇円→二五〇円〉）	
一九九九年（平一一）		改正男女雇用機会均等法施行。男女共同参画社会基本法成立。児童買春・ポルノ禁止法成立
二〇〇〇年（平一二）	「健康日本二一」公表（厚生省）。「未成年者喫煙禁止法」改正（罰則の強化）	流行歌「罪と罰」。ストーカー行為規制法成立 男女共同参画基本計画策定
二〇〇一年（平一三）	「未成年者喫煙禁止法」改正（年齢確認の徹底）	ＤＶ防止法成立
二〇〇二年（平一四）	『新版　喫煙と健康問題に関する報告書』保健同人社刊	
二〇〇三年（平一五）	健康増進法施行。ＷＨＯ「たばこ規制枠組条約」（たばこ広告の原則禁止）採択。たばこ税増税（「マイルドセブン」〈小売定価二五〇円→二七〇	

	円〉）	
二〇〇四年（平一六）	WHO「たばこ規制枠組条約」受諾（二〇〇五発効）	改正DV防止法成立。ジェンダー・バッシング相次ぐ
二〇〇五年（平一七）		男女共同参画基本計画改訂

●年齢による男女別の喫煙率（%）

	二〇歳代	三〇歳代	四〇歳代	五〇歳代	六〇歳以上	全年齢
男性	五一・六	五四・六	五三・九	四八・七	三一・四	四五・八
女性	二〇・九	二〇・九	一七・九	一四・四	五・五	一三・八

二〇〇六年（平一八）	たばこ税増税（「マイルドセブン」〈小売定価二七〇円→三〇〇円〉）	
二〇〇八年（平二〇）	たばこ自販機用の成人識別ICカード「taspo（タスポ）」全国稼動	
二〇〇九年（平二一）	受動喫煙防止対策のあり方に関する検討会報告書	
二〇一〇年（平二二）	たばこ税増税に伴う価格改定（「マイルドセブン」〈小売定価三〇〇円→四一〇円〉）。「電子たばこ」の発売急増。JT、無煙たばこ（ゼロスタイルミント）発売	

●年齢による男女別の喫煙率（%）

	二〇歳代	三〇歳代	四〇歳代	五〇歳代	六〇歳以上	全年齢
男性	三八・三	四三・四	四三・三	四二・九	二六・二	三六・六
女性	一五・一	一六・〇	一六・八	一四・〇	七・〇	一二・一

〈出典〉

たばこと塩の博物館編『たばこと塩の博物館（カタログ）』第三版、たばこと塩の博物館、二〇〇二年

たばこと塩の博物館編『たばこと塩の博物館　常設展示ガイドブック』たばこと塩の博物館、二〇〇七年（改訂）

日本専売公社専売史編纂室編『たばこ専売史』四巻（資料編）日本専売公社、一九六三年

日本専売公社専売史編纂室編『たばこ専売史』五巻（資料編）日本専売公社、一九七八年

日本たばこ産業株式会社社史編纂室編『たばこ専売史』六巻下　日本たばこ産業株式会社、一九九〇年

日本たばこ産業株式会社社史編纂室編『JT二〇年史』　日本たばこ産業株式会社、二〇〇六年

厚生労働省のTOBACCO or HEALTH『最新たばこ情報たばこ対策年表』http://www.health-net.or.jp/tobacco/mene01.html

日本たばこ産業株式会社「全国たばこ喫煙者率調査」

本書『女性とたばこの文化誌』から関連項目抜粋

あとがき

本書は、たばこ総合研究センター（以下、「ＴＡＳＣ」とする）の研究助成を受け、お茶の水女子大学女性文化研究センター（一九九六年からジェンダー研究センターと改称）とＴＡＳＣとの共同研究として行った、七冊の研究報告書の論文を一部リライトし、再構成して刊行したものである。

思い起こせば、清水碩先生（当時お茶の水女子大学理学部教授・元理学部長）が、女性文化研究センター長を併任してくださっていた一九九一年頃、たばこ総合研究センターと共同研究のご紹介があった。折角だから「女性とたばこ」に関わる研究をしようということはすぐに決まったと記憶している。研究メンバーは、ＴＡＳＣから松浦いね主任研究員、そしてお茶の水女子大学から、私と当時大学院生や研究生、聴講生、助手、教務補佐であった、藤田和美氏、山崎明子氏、西山千恵子氏、中村文氏、堀千鶴子氏、磯山久美子氏、サラ・ティーズリー氏が参加した。この共同研究会は、「女性とたばこ」研究会と呼称し、毎年度『研究報告書』を執筆した。

一九九二年度は、『女性とたばこをめぐるディスクールとビジュアル・メッセージ』を刊行した（なお、西山千恵子氏は同年度のみの参加であり、同報告書の氏の論考は本書に引用させて頂いている）。一九九四年度は『女性の喫煙と社会規範』、一九九五年度は『喫煙表現におけるジェンダー』、一九九六年度は『「たばこをめぐる女性」の表象』、一九九七年度は『喫煙倫理とジェンダー』、一九九八年度は『喫煙における差異化されたジェンダー』、一九九九年度は『女性とたばこの文化誌――ジェンダー規範と表象』を刊行した。なお、一九九三年度は、お茶の水女子大学女性文化研究センターの原ひろ子教授がやはり研究会を組織し、文化人類学の視点から『生活の中の楽しみ・気ばらしの研究――東北の山村の人々のくらしの中で』を刊行している。

＊

この研究を始めた頃、「たばこ」の弊害に対する取り組みの必要性がようやく日本社会にも浸透し始めていた。私たちが「女性とたばこ」の研究をしているというと、「今頃たばこの研究などナンセンス、TASCとの共同研究なら、日本たばこ産業株式会社に有利になるような研究をするのか」と批判的な目で見られる状況も生まれてきていた。しかし、「女性とたばこ」をめぐって、「女性の喫煙タブー規範」の成立から始めた私たちは、「喫煙」と「禁煙」と、どちらの立場が正しいかという、二者選択的な議論に回収されない研究が必要だと当初から感じていた。研究を重ねるうちに、その視点は、より明確になってきた。世界のあらゆる地域にある「たばこ」をめぐる文化、習慣、社会のあり様は、人類にとって、長い歴史を有するものである。歴史的スパンや当該社会での喫煙習慣を踏まえて見れば、簡単には、その存在を悪として全面否定するわけにはいかない。本書でもわずかにふれたが、フォークロアの世界には、薬功としてのたばこも存在する。

ただ、数ある嗜好品の中で、お茶や酒、菓子などと比較して、「たばこ」ほど喫煙していない人びとに迷惑がられるものはない。そこには、喫煙者が気づかない、周りにいる人が被る被害があるからである。特に現在では、副流煙による害が明らかになっている。また、とりわけ近代社会では、「たばこ」は、ジェンダーに関わる規範意識が強いものとなったが故に、その被害を被るのはまず女性であることが多かった。ところが、次第に男性からも異議申し立てがでてきて、新たな方策が立てられ始めた。その意味で、ジェンダー研究にとって、「たばこ」は、大変重要な研究対象であった。

実は、まだまだ遣り残したテーマはたくさんある。日本の植民地支配、大陸侵略とたばこポスターやパッケージの分析は、すでに試み始めているが、日韓中のたばことジェンダーの比較研究に興味を持っている人も多い。また、『健康帝国ナチス』（宮崎尊訳・草思社、二〇〇三年）の著者ロバート・プロクターが来日の折、タバコ撲滅運動と食生活改善運動を推進したナチ第三帝国のドイツと、たばこを専売制にして国家の巨大な税収とし、戦地に煙草を送り、天皇が煙草を下賜した近代天皇制国家の日本、この二つの全体主義国家体制下の「たばこ」の様相の違いを解明したいと話したこともある。さらに、「近代社会システム」を超えるために、世界中のたばこの薬功や害毒の具体相についても、ジェンダー分析を試みたいと思ったりしている。

＊

本書の刊行に至るまでには、色々な方の協力をえた。お世話になった年代順に、記しておきたい。

東洋広報株式会社の飯田鋭三氏（当時）には、ポスター制作に関わったときの話を聞かせていただくと共に、貴重なポスターコレクションを利用させていただいた。元専売公社社員森三郎氏からは、「たばこは動くアクセサリー」など、当時の数々の女性向けたばこポスター制作の体験談を伺った。主婦の友社の深尾恭子氏には、『主婦の友』の記事索引を利用させていただいた。たばこポスターその他の宣伝媒体物の調査では、マイクロフィルムの複写や「宇賀田文庫」の閲覧・利用のため、たばこと塩の博物館にお世話になった。平塚らいてうの孫にあたる都築正生氏には、書簡での問いあわせに快く応じていただいた。民俗学者臼田甚五郎氏の娘にあたる近まゆみ氏には、たばこと民族の資料についての照会に応じていただいた。故人となられてしまったが、千葉大学教授の若桑みどり氏には、ポスター分析につき、ご教示いただいた。東京国際禁煙博物館館長の藤生良博氏には、日本及び国際的な禁煙運動の状況を教えていただいた。日本婦人問題懇話会仲野暢子氏には、フェミニズムとたばこについて、貴重な示唆を受けた。たばこのアンケートに応えてくれた婦人保護施設の入所者、都内の大学・短大の学生たちにも感謝したい。

本書には、たくさんの画像や資料が掲載されている。特にポスターの掲載を許可してくださった方々、たばこと塩の博物館やなつメロ愛好会、川喜多記念映画文化財団、早大演劇博物館などの諸団体の厚意には大変感謝している。その他の著作権、肖像権についても連絡が取れた方々からは、掲載許可をいただいた。研究の過程で多くの人の協力をえたことは、執筆者にとり、素晴しい思い出として残っている。

本書の編集にあたっては、フリーの編集者の秩父啓子さんにお世話になった。共同研究者の一人である松浦いね氏には、さまざまな場面で多大な尽力をいただき、松浦氏の退職後はＴＡＳＣ前専務理事の岡本光義氏、現専務理事の清田康之氏、同主任研究員の松木修平氏ほかの方々にご協力いただいた。

世織書房の伊藤晶宣氏には、大部な本書の刊行をお引き受けいただき感謝している。伊藤さんが大好きなたばこに関する本だからか、途方もない程刊行が遅延した。ようやく刊行に行き着けたことに安堵している。

そして、何より残念なことは、執筆者の一人、中村文氏が、二〇一〇年一月に急逝されたことである。誰よりも本書の刊行を待ちわびて、伊藤さんや私に何度も電話をくださった。その中村さんに、本書を手にとってもらえなかったことは、何とも無念でならない。今となっては、中村氏が、「ようやくでたか」とニコニコしながら、何の気兼ねもせず、ゆっくりと煙草を吹かしてくださることを願っている。

二〇一〇年一二月二一日

舘かおる

編・著者（執筆分担）紹介

舘かおる（たち・かおる）——お茶の水女子大学大学院修士課程修了。現在、お茶の水女子大学大学院人間文化創成科学研究科ジェンダー学術研究専攻、ジェンダー研究センター教授。編著に『学校をジェンダー・フリーに』（共編、明石書店、二〇〇〇年）、『テクノ／バイオ・ポリティクス——科学・医療・技術のいま』（作品社、二〇〇八）、共著に目黒依子編『ジェンダー学と出会う』（勁草書房、二〇〇七年）、棚沢直子ほか編『フランスからみた日本ジェンダー史——権力と女性表象の日仏比較』（新曜社、二〇〇七年）などがある。▼はじめに・2章・9章・20章・21章・おわりに［編・著者］

磯山久美子（いそやま・くみこ）——お茶の水女子大学大学院博士課程修了（博士人文科学）。現在、法政大学非常勤講師、お茶の水女子大学ジェンダー研究センター研究協力員。著書に『断髪する女たち——一九二〇年代のスペイン社会とモダンガール』（新宿書房、二〇一〇年）、共著に『スペインの女性群像——その生の軌跡——』（行路社、二〇〇三年）、『現代スペイン情報ハンドブック』（三修社、二〇〇四年）、論文に「一九二〇年代スペインにおける女性の断髪化現象——分析概念としての cómodo——」（『スペイン史研究　第一八号』二〇〇四年）などがある。▼13章・15章

サラ・ティズリー（Sarah Teasley）——東京大学大学院博士後期課程単位取得満期退学。現在、ノースウエスタン大学人文理科学部美術史学科准教授。共著に『20世紀デザイン・ヒストリー』（プチグランパブリシング、二〇〇五年）、論文に「内側から改造する　一木檜恕一の家具と建築観」（『デザイン史学』二号、二〇〇四年）、「セクシュアリティの造形力——クィア映画の空間原理を出発点に」（『10＋1』四〇号、二〇〇五年）などがある。▼11章

中村　文（なかむら・ふみ）――お茶の水女子大学大学院博士課程修了（博士人文科学）。横浜国立大学非常勤講師。二〇一〇年急逝。著書に『信濃国の明治維新』（名著刊行会、二〇一一年刊行予定）。論文に「村と医療――信濃国を例として（『歴史学研究』六三九号、青木書店、一九九二年）、「磯子村の若者組――組織と財政を中心に――」（横浜開港資料館編『日記が語る一九世紀の横浜――関口日記と堤家文書』山川出版社、一九九八年）、「幕末維新期の『家』と『家族』――『妻と夫』『母と倅』の関係性を中心に」（『女の社会史』山川出版社、二〇〇一年）などがある。　▼3章

藤田和美（ふじた・かずみ）――お茶の水女子大学大学院博士課程満期退学。現在、青山学院女子短期大学兼任講師。共著に『樋口一葉を読みなおす』『『青鞜』を読む』（共に學藝書林、一九九四年、一九九八年）、編著に『女性のみた近代Ⅱ別巻アンソロジー女性観／男性観の変遷』（ゆまに書房、二〇〇五年）などがある。　▼1章・10章・16章・17章

堀　千鶴子（ほり・ちづこ）――一橋大学大学院博士課程単位取得満期退学。現在、城西国際大学福祉総合学部准教授。共著に『女性福祉とは何か』、『テキストブック家族関係学』（共に、ミネルヴァ書房、二〇〇四年、二〇〇六年）、『「婦人保護事業」五〇年』（ドメス出版、二〇〇八年）、論文に「ドメスティック・バイオレンス防止法施行以後の婦人保護事業――千葉県婦人相談所を中心として」（『城西国際大学紀要』第一四巻第三号、二〇〇六年三月）などがある。　▼14章・18章

松浦いね（まつうら・いね）――東京都立大学人文学部人文学科心理学専攻。元たばこ総合研究センター主任研究員。編著に『世界嗜好品百科』（山愛書院、二〇〇四年）、論文に「文学にみる近代生活の中のタバコ」（『風俗』第二六巻第四号、一九八七年）、「在職者の生涯設計に対する退職者の助言の分析研究」（『経営行動科学』第六巻第二号、一九九一年）などがある。　▼5章・12章・19章

山崎明子（やまざき・あきこ）――千葉大学社会文化科学研究科後期博士課程修了（博士文学）。現在、奈良女子大学助教、千葉大学非常勤講師。著書に『近代日本の「手芸」とジェンダー』（世織書房、二〇〇五年）、共著に『『青鞜』を読む』（學藝書林、一九九八年）、論文に「ジェンダーの視点による近代日本における美術教育の枠組みの検討――『女子の美術教育』というテーマをめぐって――」（『大学美術教育学会誌』二〇〇六年）などがある。　▼4章・6章・7章・8章

女性とたばこの文化誌——ジェンダー規範と表象

2011年3月30日　第1刷発行 ©

編　者	舘かおる
装幀者	M. 冠着
発行者	伊藤晶宣
発行所	(株)世織書房
印刷所	(株)三協印刷
製本所	協栄製本(株)

〒220-0042 神奈川県横浜市西区戸部町7丁目240番地 文教堂ビル
電話045(317)3176　振替00250-2-18694

落丁本・乱丁本はお取替いたします　Printed in Japan
ISBN978-4-902163-36-0